다니엘의 기도

다니엘의 기도

발행일   2016년 8월 31일

지은이   장덕재
펴낸이   최진숙
펴낸곳   다니엘미선
출판등록   제 2016-000042 호
주소   수원시 권선구 평동로 114-5, 103호
전화번호   010-8143-0972   이메일   djjbible@naver.com

ISBN   979-11-958538-2-3 03230

이 도서의 국립중앙도서관 출판예정도서목록(CIP)은 서지정보유통지원시스템 홈페이지(http://seoji.nl.go.kr)와
국가자료공동목록시스템(http://www.nl.go.kr/kolisnet)에서 이용하실 수 있습니다.
(CIP제어번호 : CIP2016021167)

다니엘의 기도

장덕재(Paul) 지음

복음으로 준비된 지도자가
어둠의 시대를 종식시킨다!

다니엘미션

출간에 즈음하여

말씀에 사로잡혀서 달려온 세월이 어언 30여 년이 되었습니다.

하나님께서는 어느 날, "이제는 그것들을 책으로 기록하라"고 명령하셨습니다. 무엇을 어디서부터 정리해야 할지 무척 난감했지만 기억나게 하시는 대로 하나씩 정리하다 보니 그것들이 10권의 책이 되었습니다. 모든 것은 그 분께서 하셨고 저는 그 분의 지시를 따라 '창고 정리'만 했을 따름입니다.

또 "그것들을 이제는 책으로 출간하라"고 말씀하셨습니다. 더더욱 두렵고 떨려서 많이 망설였습니다. 그러나 이제는 더 이상 회피할 수가 없어서 순종하는 마음으로 이렇게 출간을 합니다. 하나님께서 출간하라는 순서대로 출간을 하다 보니, 집필순서와는 다르게 〈찬미의 제사〉와 〈다니엘의 기도〉가 맨 먼저 출간이 되었습니다. 참된 예배의 회복과 인재 양성의 필요성을 강조하는 내용입니다. 하나님께서 우리에게 그것들을 최우선으로 요구하시는 것 같습니다.

이 책을 집필할 수 있도록 도움을 주신 성지구국기도원 원장님 내외분께 진심으로 감사를 드립니다. 7년 동안 이 동산에 머물며 기도와 집필에 전념할 수 있도록 환경과 여건을 제공해 주신 참으로 고마운 분들입니다. 또한 기도원 총무인 양창렬 전도사님께 감사를 드립니다.

기도원 관리를 도맡아 하면서도 한 번도 불평하지 아니하고 묵묵히 저를 후원하셨습니다. 또한 이 책의 출판을 후원해 주신 진재승 장로님(유한킴벌리 부사장) 내외분께 진심으로 감사를 드립니다. 장로님은 복음으로 인재를 키우는 사역에 지대한 관심과 열정을 갖고 계신 분이십니다. 마지막으로 아내 최진숙 사모와 아들 위민이에게 참으로 미안함과 고마움을 표합니다. 나의 나 된 것은 첫째는 하나님의 은혜요 다음은 가족의 희생이 있었기 때문입니다. 그들의 희생으로 인하여 이 책들이 세상에 빛을 보게 된 셈이기 때문입니다.

그러나 모든 공로는 최종적으로 우리 하나님께 있습니다. 그 분께서 이 모든 환경과 여건을 조성하시고 선한 길로 인도하셨기 때문입니다. 부디 이 책들이 이 시대의 교회와 성도를 깨우며 하나님의 기쁜 뜻을 이루는 거룩한 도구로 쓰임 받기를 간절히 소망합니다.

2016년 6월 5일, 성지동산 기도처에서

장 덕 재 (Paul Jang)

차례

하나님의 사람

'다니엘' 하면 여러분은 먼저 무엇이 떠오르나요? 사자굴? 풀무불? 기도의 사람? 용감한 사람? 결론은 '기도의 사람'... 그런데 사실은 더 중요한 부분들이 있습니다. 그는 철저하게 말씀의 사람이었습니다. 하나님의 말씀에 정통했습니다. 모세의 율법을 꿰뚫고 있었습니다. 또한 그는 찬송의 사람이었습니다. 죽음 앞에서도, 사자굴 속에서도, 하나님만을 찬양했던, 위대한 찬송의 사람이었습니다. 다니엘은 말씀과 기도와 찬양의 삼박자를 온전히 구비한, 위대한 하나님의 사람이었습니다.

1
말씀의 사람, 다니엘

다니엘의 사자굴 사건은 다리오 원년에 발생한 사건입니다. 즉, 고레스 왕 원년에 발생한 사건인 것입니다. 그 해에 그가 기도한 내용이 다니엘서 9장에 수록되어 있습니다. 그가 조국의 해방을 위하여 기도한 것입니다.

다니엘서 9장 그의 기도 내용을 살펴 보면 그가 얼마나 말씀에 정통한 인물인지를 알 수가 있습니다. 처음부터 끝까지 하나님의 언약인 말씀을 붙들고 기도를 하고 있습니다. 기도의 용어 자체가 아예 성경 본문의 말씀입니다.

또한 사자굴 사건을 불러 온 기도의 발단 역시 그가 '거룩한 책들'을 공부하면서부터입니다. 거룩한 책은 성경의 예레미야서를 의미합니다. 즉, 성경 말씀을 공부하면서부터 그의 기도가 시작 된 것입니다.

기도의 방법 또한 성경의 기록대로입니다. 예루살렘을 향하여 창문을 열고 하루 세 번씩 성경대로 드리는 기도입니다. 그가 왕의 음식을 거부한 것도 율법의 규정을 준수하기 위함이었습니다. 다니엘은 철저한 말씀의 사람이었습니다.

✝ 메대 족속 아하수에로의 아들 다리우스가 바빌로니아 나라의 왕이 된 첫해, 곧 그가 통치한 첫해에, 나 다니엘은 '거룩한 책들'(성경)을 공부하면서, 주께서 예레미야 예언자에게 하신 말씀, 곧 예루살렘이 칠십 년 동안 황폐한 상태로 있을 것을 생각하여 보았다. 응답을 들으려고, 나는 금식을 하면서 베옷을 걸치고, 재를 깔고 앉아서, 하나님께 기도를 드리면서 간구하였다.(단 9:1-3, 표준새번역)

해설 '거룩한 책'은 예레미야서를 의미합니다. 즉, 기도의 발단이 '성경 말씀을 공부하면서'입니다. 아주 중요한 자세입니다. 기도의 제목을 성경 본문의 말씀 가운데서 찾은 것입니다. 그리고 그 약속(하나님의 언약)을 붙들고 기도를 한 것입니다. 더 중요한 것은, 기도 자체를 아예 성경 본문으로 하고 있습니다. 기도의 용어 자체가 아예 성경 본문의 말씀입니다.

✝ 내 하나님 여호와께 기도하며 자복하여 이르기를, 크시고 두려워할 주 하나님, 주를 사랑하고 주의 계명을 지키는 자를 위하여 언약을 지키시고 그에게 인자를 베푸시는 자시여, 우리는 이미 범죄하여 패역하며 행악하며 반역하여 주의 법도와 규례를 떠났사오며, 우리가 또 주의 종 선지자들이 주의 이름으로 우리의 열왕과 우리의 방백과 열조와 온 국민에게 말씀한 것을 듣지 아니하였나이다. 주여, 공의는 주께로 돌아가고 수욕은 우리 얼굴로 돌아옴이 오늘날과 같아서, 유다 사람들과 예루살렘 거민들과 이스라엘이 가까운 데 있는 자나 먼 데 있는 자가 다 주께서 쫓아 보내신 각국에서 수욕을 입었사오니, 이는 그들이 주께 죄를 범하였음이니이다. 주여, 수욕이 우리에게 돌아오고 우리의 열왕과 우리의 방백과 열조에게 돌아온 것은, 우리가 주께 범죄하였음이니이다마는, 주 우리 하나님께는 긍휼과 사유하심이 있사오니 이는 우리가 주께 패역하였음이오며, 우리 하나님 여호와의 목소리를 청종치 아니하며, 여호와께서 그 종 선지자들에게 부탁하여 우리 앞에 세우신 율법을 행치 아니하였음이니이다. 온 이스라엘이 주의 율법을 범하고 치우쳐 가서, 주의 목소리를 청종치 아니하였으므로, 이 저주가 우리에게 내렸으되 곧 하나님의 종 모세의 율법 가운데 기록된 맹세대로 되었사오니, 이는 우리가 주께 범죄하였음이니이다. 주께서 큰 재앙을 우리에게 내리사, 우리와 우리를 재판하던 재판관을 쳐서 하신 말씀을 이루셨사오니, 온 천하에 예루살렘에

임한 일 같은 것이 없나이다. 모세의 율법에 기록된 대로 이 모든 재앙이 이미 우리에게 임하였사오나, 우리는 우리의 죄악을 떠나고 주의 진리를 깨닫도록, 우리 하나님 여호와의 은총을 간구치 아니하였나이다. 이러므로 여호와께서 이 재앙을 간직하여 두셨다가 우리에게 임하게 하셨사오니, 우리의 하나님 여호와는 행하시는 모든 일이 공의로우시나, 우리가 그 목소리를 청종치 아니하였음이니이다. 강한 손으로 주의 백성을 애굽 땅에서 인도하여 내시고, 오늘과 같이 명성을 얻으신 우리 주 하나님이여, 우리가 범죄하였고 악을 행하였나이다. 주여, 내가 구하옵나니 주는 주의 공의를 좇으사 주의 분노를 주의 성 예루살렘, 주의 거룩한 산에서 떠나게 하옵소서.(단 9장, 다니엘의 기도)

해설 다니엘서 9장에 있는 그의 기도 내용을 살펴보면, 창세기부터 열왕기까지 성경 내용을 그대로 압축해 놓은 듯한 느낌을 받습니다. 성경 말씀을 그대로 정확하게 인용하고 있습니다.

✝ 선지자 예레미야가 예루살렘에서 이 같은 편지를 느부갓네살이 예루살렘에서 바벨론으로 옮겨간 포로 중 남아 있는 장로들과 제사장들과 선지자들과 모든 백성에게 보내었는데, 때는 여고니야 왕과 국모와 환관들과 유다와 예루살렘 방백들과 목공들과 철공들이 예루살렘에서 떠난 후라. 유다 왕 시드기야가 바벨론으로 보내어 바벨론 왕 느부갓네살에게로 가게 한, 사반의 아들 엘라사와 힐기야의 아들 그마랴의 손에 위탁하였더라 일렀으되 여호와가 이같이 말하노라, '바벨론에서 칠십 년이 차면' 내가 너희를 권고하고, 나의 선한 말을 너희에게 실행하여 너희를 이곳으로 돌아오게 하리라. 나 여호와가 말하노라. 너희를 향한 나의 생각은 내가 아나니, 재앙이 아니라 곧 평안이요 너희 장래에 소망을 주려 하는 생각이라. 「너희는 내게 부르짖으며 와서 내게 기도하면 내가 너희를 들을 것이요, 너희가 전심으로 나를 찾고 찾으면 나를 만나리라」. 나 여호와가 말하노라. 내가 너희에게 만나지겠고, 너희를 포로된 중에서 다시 돌아오게 하되, 내가 쫓아 보내었던 열방과 모든 곳에서 모아, 사로잡혀 떠나게 하던 본 곳으로 돌아오게 하리라. 여호와의 말이니라 하셨느니라.(렘 29:1-14)

선지자 예레미야를 통해 선포된, 이 약속의 말씀을 붙들고 다니엘이 기도한 것입니다. 바벨론에서 70년이 차면 (하나님께서)이스라엘 민족을 포로에서 해방시키시는데, '누군가가 그 일을 위해서 전심으로 부르짖어 기도해야만 한다'는 내용입니다. 이에 다니엘이 그 일을 자처한 것입니다. 민족 해방을 위해서 자신이 기도의 제물이 되기로 자처한 것입니다.

† 전에는 지나가는 자의 눈에 황무하게 보이던 그 황무한 땅이 장차 기경이 될지라. 사람이 이르기를 이 땅이 황무하더니 이제는 에덴동산같이 되었고, 황량하고 적막하고 무너진 성읍들에 성벽과 거민이 있다 하리니, 너희 사면에 남은 이방 사람이, 나 여호와가 무너진 곳을 건축하며 황무한 자리에 심은 줄 알리라. 나 여호와가 말하였으니 이루리라. 나 주 여호와가 말하노라. 그래도 이스라엘 족속이 이와 같이 자기들에게 이루어 주기를, 내게 구하여야(기도해야) 할지라.(겔 36:34-37)

먼저는 (하나님의)약속의 말씀이 주어지되, 그 약속의 성취는 기도를 통하여 이루어진다는, 믿음의 공식입니다. 아주 중요한 믿음의 법칙입니다.

† 다니엘이 이 조서에 어인이 찍힌 것을 알고도 자기 집에 돌아가서는, 그 방의 '예루살렘으로 향하여 열린 창에서' 전에 행하던 대로 하루 세 번씩 무릎을 꿇고 기도하며 그 하나님께 감사하였더라.(단 6:10)

솔로몬 왕의 성전낙성식 기도의 언약을 붙들고 드리는 기도입니다.

정리하면 다니엘은 철두철미하게 말씀의 사람이었습니다. 구약성경을 정확하게 관통할 정도로 말씀의 기초가 탄탄한, 십자가의 정병이었습니다. 복음의 전신 갑주를 입은, 완벽한 인물이었습니다. 사단은 이런 자를 감당할 수가 없습니다. 사자굴도 풀무불도 통하질 않습니다. 공격할 틈이 없기 때문입니다.

참고로 다니엘서 6장 이하에 등장하는 다리오는 메대 왕 아스티아게스의 아들로, 고레스의 외삼촌이자 장인으로, 고레스 왕이 바벨론을 통치하도록 임명한 총독으로 보입니다. 바벨론을 멸망시킨 것은 분명히 바사 왕 고레스이고, 그 시대에 다리오란 인물이 다른 데는 전혀 기록이 없기 때문입니다. 에스라서에 등장하는 다리오 왕은 수십 년 후에 등장한 인물이기에, 다니엘서의 다리오와는 전혀 다른 인물입니다. 그는 '고레스의 아들인 캄비세스 2세의 계승자'로, BC 521-486년에 바사제국을 통치했습니다.

따라서 다니엘서에 등장하는 다리오는 '고레스 왕'으로 해석해야 역사적 사실과 부합하며, 더 정확한 번역이 될 것입니다. 그래서 70인역은 다니엘서11장의 다리오 원년을 '고레스 왕 원년'으로 번역하고 있습니다. 바벨론을 멸망시킨 것도 고레스 왕이었고, 이스라엘을 바벨론 포로에서 해방시킨 것도 고레스 왕이니, 그 중간에 발생한 다니엘의 사자굴 사건은, 당연히 바사 왕 고레스와 직접적으로 관련된 사건입니다.

† 이 다니엘이 다리오 왕의 시대 와, 바사 사람 고레스 왕의 시대에 형통하였더라.(단 6:28)

해설 아람어 접속사 '와'(우브말쿠트)를 '즉'으로 해석하면, 다리오 왕은 고레스 왕이 됩니다. 아람어 우브말쿠트는 '즉'이란 의미도 지니고 있기 때문입니다.

† 내가 또 메대 사람 다리오 원년에 일어나, 그를 돕고 강하게 한 일이었느니라.(단 11:1)
[LXX영문구약]단 11:1
And I in the first year of **Cyrus** stood to strengthen and confirm him.

2
기도의 사람, 다니엘

90세를 바라보는 노년의 다니엘이 왕의 명령을 어기고 기도하다가 사자굴에 들어가게 됩니다. 인생을 그렇게 비참하게 마무리하게 된 것입니다. 왕이 조서에 어인을 찍었다면, 그 조서(금령 문서)를 작성하여 왕에게 제출하는 과정에서, 마지막으로 총리가 도장을 찍었을 것입니다. 총리인 다니엘 자신도 그 조서(금령 문서)에 서명 날인을 했다는 이야기입니다.

그렇다면, '그 조서의 명령을 어기고 기도하면 죽게 된다'는 것을, 누구보다도 다니엘 자신이 잘 알고 있었다는 이야기입니다. 다니엘은, 그 조서에 서명 날인을 하면서 그 법이 바로 '자신을 죽이기 위한, 자신을 잡기 위한 법'이라는 사실을 잘 알고 있었다는 사실입니다.

✝ 이에 다리오 왕이 조서에 어인을 찍어 금령을 내니라. 다니엘이 '이 조서에 어인이 찍힌 것을 알고도' 자기 집에 돌아가서는, 그 방의 예루살렘으로 향하여 열린 창에서 전에 행하던 대로 하루 세 번씩 무릎을 꿇고 기도하며 그 하나님께 감사하였더라. 그 무리들이 모여서 다니엘이 자기 하나님 앞에 기도하며 간구하는 것을 발

그렇다면, (그 사실을 알고도)왜 계속해서 기도를 했나요? 신들의 지혜, 비상한 지혜를 가진 다니엘이, 왜 그렇게 어리석고 무모한 선택을 했나요? 신앙의 절개를 지키기 위해서입니까? 아니면, 십계명을 지키기 위해서입니까? 아닙니다. 그렇게만 말하면 설명이 많이 부족합니다. 이치적으로 논리적으로도, 너무나 빈약한 측면이 있습니다.

마음속으로 기도하면 어떻습니까? 창문을 닫고, 조용하게 기도하면 어떻습니까? 아니면, 30일만 기도하는 것을 조금 중단하면 어떻습니까? 총리의 자리가 얼마나 중요한 자리입니까? 바벨론에서 포로 생활을 하는 이스라엘 백성들에게, '동족인 다니엘이 총리로 있다'는 사실이, 얼마나 든든한 버팀목이 되었겠습니까?

그런데 그런 다니엘이, 제국의 총리가 그렇게 어리석은 선택을 하다니요? 그렇게 무모하게 자신의 목숨을 던지다니요? 쉽게 납득이 가질 않는 부분입니다. 이것은 풀무불 사건과는 차원이 또 다른 이야기입니다. 풀무불 사건은 우상 숭배이기 때문에, 직접적으로 십계명에 저촉되는 사건입니다. 하지만 이 경우는 십계명과도 직접적인 관련이 없는 사건입니다. 공개적으로 '우상에게 절하라'는 내용이 아니기 때문입니다. 얼마든지 피해 갈 수 있는 사건입니다. 아니, 지혜롭게 피해 가야 할 사건입니다. 다니엘이 살아서 해야 할 일이 많기 때문입니다. 동족을 위해서라도, 해야 할 일이 너무나 많기 때문입니다. 그런데 다니엘은 이 모든 사실을 알고도 계속해서 기도를 했습니다.

더욱 놀라운 것은, 그가 사자굴을 눈앞에 두고도 감사했다는 사실입니다. 기가 막힐 노릇입니다. 그 상황에 감사를 하다니요? 그렇게 억울한 죽음 앞에서 감사 기도를 하다니요? 도무지 이해가 가질 않습니다. 하지만 신들의 지혜, 비상한 지혜를 소유한 다니엘이, 인생의 경륜이 쌓일 대로 쌓인 노년의 다니엘이, 결코 어리석은 선택을 하지는 않았을 것입니다. 거기에는 충분한 이유가, 감사할 만한 충분한 이유가 있었을 것입니다.

그렇다면 그 이유는 도대체 무엇일까요? 죽음을 눈앞에 두고서도 감사할 수밖에 없는, 그 이유가 도대체 무엇인가요? 여기에 비밀이 있습니다. 사실은 비밀도 아닙니다. 역사적 사실입니다. 역사에 명백히 기록된 사실입니다. 사실은 성경에도 기록되어 있습니다. 그런데 우리가 그것들을 눈여겨 보지를 않습니다. 건성건성 스쳐 지나갑니다. 생명의 말씀을 그렇게 스쳐 지나갑니다. 아예 알려고 하지도 않습니다. 사자굴은 관심이 없습니다. 오로지 이 땅에서의 축복, 축복, 축복이 우리의 주된 관심사입니다. 이 시대의 교회, 특별히 한국교회의 주된 관심사입니다. 슬픈 현실입니다. 우리 믿음의 현주소입니다.

> † 다니엘이 이 조서에 어인이 찍힌 것을 알고도 자기 집에 돌아가서는, 그 방의 예루살렘으로 향하여 열린 창에서 전에 행하던 대로 하루 세 번씩 무릎을 꿇고 기도하며 그 하나님께 감사하였더라.(단 6:10)

그렇다면, 그 기도는 분명히, 아주 중요한 기도일 것입니다. 중단하거나 뒤로 미룰 수 없는 긴박한 기도일 것입니다. 생명과도 바꿀 수 없는 아주 소중한 기도일 것입니다. 죽음 앞에서도 감사할 수밖에 없는, 아주 특별한 기도일 것입니다.

　여기서 우리는 그 시대, 그 시점의 역사적 사건에 주목해야만 합니다. 거기에서 해답이 나오기 때문입니다. 사자굴 사건은, 다리오 원년인, 기원전 538년에 있었던 사건입니다. 바벨론 제국이 멸망하고 바사 제국이 들어선, 고레스 왕 원년의 사건입니다. 그 해에 이스라엘의 해방을 알리는 고레스 왕의 조서가 발표되고, 이스라엘은 70년 포로 생활에서 해방됩니다. 따라서 본문의 다리오 왕은 고레스 왕으로 해석해야 더 정확한 의미가 됩니다.

　기원전 538년에 있었던 중요한 두 가지 사건, 즉 ①바벨론이 멸망하고, 바사제국이 들어선 사건과 ②이스라엘의 해방을 알리는 고레스 왕의 조서가 발표된 사건, 그 중간에 다니엘의 사자굴 사건이 발생했습니다. 따라서 순서대로 정리하면 ①바사 제국의 등장 ②다니엘 사자굴 사건 ③고레스 왕의 조서 발표. 이렇게 정리됩니다. 모두 기원전 538년에 있었던 사건들입니다.

　그런데 바로 그 해에 다니엘이 기도한 내용이, 다니엘서 9장에 수록되어 있습니다. 민족의 해방과 성전 재건을 위해 간구하는 내용입니다. 조국의 해방을 위해 하나님께 중보기도하는 내용입니다. 그렇다면 사자굴을 눈앞에 두고 다니엘이 기도했던 기도의 제목과 기도의 성격이 명확하게 규명된 셈입니다. 다니엘이 죽음을 무릅쓰고 민족의 해방을 위한 중보의 기도를 드렸던 것입니다. 성경말씀(예레미야서)을 붙잡고, 조국의 해방을 위하여 하나님께 간절하게 기도하다가, 그만 사자굴 속에 들어가게 되었던 것입니다. 그리하여 하나님은 그 제물(다니엘)을 받으시고, (고레스 왕의 마음을 감동시켜)이스라엘을 70년 포로 생활에서 해방시켰던 것입니다. 다시 말해서, 다니엘의 기도가 이스라엘을, 70년 포로 생활에서 해방시킨 것입니다. 그래서 다니엘은, 자신을 조국의 해방을 위한 기도의 제물, 희생의 제물로 삼아 주심을 감사했기에, 감격에 넘쳐서 하나님께 감사 기도를 드렸던 것입니다. 그리고 기꺼이 자기의 몸을 사자의 먹이로 내 주었던 것입니다.

①다락방에서 ②창문을 열고 ③하루 세 번씩 ④무릎을 꿇고 ⑤감사하는 기도.

분류	내용	특징
기도의 장소	다락방(upstairs room)	골방 기도, 지성소 기도
기도의 방법	창문 열고, 세 번씩, 무릎 꿇고	성전향해, 말씀대로, 간절히
기도의 성격	회개기도, 감사기도, 중보기도	자신과 백성의 죄를 자백
기도의 목적	민족해방, 성전회복, 성읍복구	성전 재건, 성읍 복구
기도의 결과	고레스조서, 민족해방, 성전재건	포로 해방, 성전 재건

사자굴 속에서 '죽었다가 살아난' 다니엘의 모습을, 다리오가 지켜보고 있었습니다. 뜬눈으로 지켜보았습니다. 다시 말해서 '고레스 왕'이 지켜본 것입니다. 그리고 죽음에서 살아나온 다니엘을 고레스 왕이 부둥켜안고, '살아 돌아와 주어서 고맙다'고 진심으로 애정을 표시했을 것입니다. 그리고 네 소원이 무엇이냐? 라고 물었을 것입니다. '나라의 절반까지라도 주겠노라'고 말했을 것입니다.

✝ 왕이 궁에 돌아가서는 밤이 맞도록 금식하고 그 앞에 기악을 그치고 침수를 폐하니라. 이튿날에 왕이 새벽에 일어나 급히 사자굴로 가서 다니엘의 든 굴에 가까이 이르러는, 슬피 소리 질러 다니엘에게 물어 가로되, 사시는 하나님의 종 다니엘아, 너의 항상 섬기는 네 하나님이 사자에게서 너를 구원하시기에 능하셨느냐. 다니엘이 왕에게 고하되, 왕이여, 원컨대 왕은 만세수를 하옵소서. 나의 하나님이 이미 그 천사를 보내어 사자들의 입을 봉하셨으므로 사자들이 나를 상해치 아니하였사오니 이는 나의 무죄함이 그 앞에 명백함이오며, 또 왕이여, 나는 왕의 앞에도 해를 끼치지 아니하였나이다. 왕이 심히 기뻐서 명하여 다니엘을 굴에서 올리라 하매, 그들이 다니엘을 굴에서 올린즉, 그 몸이 조금도 상하지 아니하였으니, 이는 그가 자기 하나님을 의뢰함이었더라.(단 6:18-23)

지혜로운 다니엘은 하늘을 향하여 묵도하고, 기도한 후에(느헤미야처럼), 나중에 성경 이사야서 두루마기를 펼쳐서 보여줍니다. 고레스 왕보다 150여년 전에 기록된 성경 이사야서에는, 고레스 왕을 지칭하는 대목이 10군데 이상 발견이 됩니다. 특히 이사야 45장은 고레스의 이름을 구체적으로 거명하면서, 그의 사역까지 설명을 하고 있습니다.

✝ 고레스에 대하여는 이르기를 그는 나의 목자라 나의 모든 기쁨을 성취하리라 하며, 예루살렘에 대하여는 이르기를 중건되리라 하며, 성전에 대하여는 이르기를 네 기초가 세움이 되리라 하는 자니라. 나 여호와는 나의 기름 받은 고레스의 오른손을 잡고, 열국으로 그 앞에 항복하게 하며 열왕의 허리를 풀며 성 문을 그 앞에 열어서 닫지 못하게 하리라. 내가 고레스에게 이르기를, 내가 네 앞서 가서 험한 곳을 평탄케 하며 놋문을 쳐서 부수며 쇠빗장을 꺾고 네게 흑암 중의 보화와 은밀한 곳에 숨은 재물을 주어서, 너로 너를 지명하여 부른 자가 나 여호와 이스라엘의 하나님인 줄 알게 하리라. 내가 나의 종 야곱, 나의 택한 이스라엘을 위하여 너를 지명하여 불렀나니, 너는 나를 알지 못하였을지라도 나는 네게

칭호를 주었노라. 나는 여호와라 나 외에 다른 이가 없나니 나 밖에 신이 없느니라. 너는 나를 알지 못하였을지라도 나는 네 띠를 동일 것이요, 해 뜨는 곳에서든지 지는 곳에서든지 나 밖에 다른 이가 없는 줄을 무리로 알게 하리라. 나는 여호와라 다른 이가 없느니라.(사 44:28-45:6)

✝ 바로 내가 그를 '의의 도구'로 일으켰으니, 그의 모든 길을 평탄하게 하겠다. 그가 나의 도성을 재건하고, 포로된 나의 백성을 대가도 없이, 보상도 받지 않고, 놓아 줄 것이다. 만군의 주의 말씀이다.(사 45:13, 표준새번역)

[현대인의성경]사 45:13
내가 나의 의로운 목적을 이루기 위해서 키루스를 일으켰다. 내가 그의 모든 길을 곧게 할 것이니, 그가 내 성 예루살렘을 재건하고, 포로로 잡혀 있는 내 백성을 아무런 값이나 대가를 받지 않고 거저 놓아 줄 것이다. 이것은 전능한 나 여호와의 말이다.

해설 고레스를 도구로 사용하여 이스라엘을 해방시키는 것이 하나님의 경륜이었습니다. 그가 아무런 대가도, 보상도, 선물도 받지 아니하고, 이스라엘을 거저 해방시킬 것입니다.

(사자굴 속에서 살아 나온)다니엘이 성경의 두루마기를 펼쳐서, 바로 이 본문을 고레스 왕에게 보여준 것입니다. 이 성경 본문을 자신의 눈으로 직접 확인한 고레스 왕은, 깜짝 놀라서 졸도할 뻔합니다. 성경에 자신의 이름이 기록되어 있는 것입니다. 그것도 150여 년 전에 기록된 것입니다.

고레스 왕은 그때부터 성경에 기록된 자신의 역사를 이루기 위해, 혼신의 힘을 기울입니다. 그 첫 번째 조치가, 이스라엘의 포로 석방을 알리는 고레스 칙령입니다. 그리고 예루살렘에 하나님의 성전을 재건하도록 최선을 다하여 지원합니다. 에스라서 6장에 보면, 성전의 치수와 규격, 공사 방법, 경비의 조달 방법까지 구체적으로 지시하고 있습니다.

† 바사 왕 고레스 원년에 여호와께서 예레미야의 입으로 하신 말씀을 응하게 하시려고 바사 왕 고레스의 마음을 감동시키시매, 저가 온 나라에 공포도 하고 조서도 내려 가로되, 바사 왕 고레스는 말하노니, 하늘의 신 여호와께서 세상 만국으로 내게 주셨고, 나를 명하사 유다 예루살렘에 전을 건축하라 하셨나니, 이스라엘의 하나님은 참 신이시라. 너희 중에 무릇 그 백성 된 자는 다 유다 예루살렘으로 올라가서 거기 있는 여호와의 전을 건축하라. 너희 하나님이 함께 하시기를 원하노라. 무릇 그 남아 있는 백성이 어느 곳에 우거하였든지 그곳 사람들이 마땅히 은과 금과 기타 물건과 짐승으로 도와주고, 그 외에도 예루살렘 하나님의 전을 위하여 예물을 즐거이 드릴지니라 하였더라.(에스라 1:1-4)

† 고레스 왕 원년에 조서를 내려 이르기를, 예루살렘 하나님의 전에 대하여 이르노니, 이 전 곧 제사드리는 처소를 건축하되, 지대를 견고히 쌓고 그 전의 고는 육십 규빗으로, 광도 육십 규빗으로 하고, 큰 돌 세 켜에 새 나무 한 켜를 놓으라. 그 경비는 다 왕실에서 내리라. 또 느부갓네살이 예루살렘 전에서 취하여 바벨론으로 옮겼던 하나님의 전 금, 은 기명을 돌려 보내어, 예루살렘 전에 가져다가 하나님의 전 안 각기 본처에 둘지니라 하였더라.(에스라 6:3-5)

해설 성전의 치수와 규격까지 구체적으로 지시하고 있습니다. (이스라엘 백성 중)누군가가 그것을 고레스 왕에게 건의했다는 증거입니다.

그렇다면 (이스라엘 백성 중)누가 그 건의를 올렸을까요? 절대 권력자인 고레스 왕에게, 누가 감히 접근할 수가 있었을까요? 다니엘입니다. 제국의 총리인, 바로 그 다니엘입니다. 사자굴 속에서 살아나온 바로 그 다니엘이 조국의 해방을 위한 건의서를 손수 작성하여 고레스 왕에게 올린 것입니다. 성전의 치수와 규격까지 구체적으로 명기한, 조서의 내용까지 손수 작성하여 고레스 왕에게 건의한 것입니다. 고레스 왕은 그냥 서명 날인만 한 것입니다. 다 다니엘이 진행시킨 작품입니다.

참고로 역대기와 에스라서에 수록된 고레스 왕의 조서를 보면, 그 문체와 어투가 철저히 '다니엘서의 어투'입니다. '다니엘이 직접 그 조서를 작성했다'는 증거입니다.

참으로 위대한 하나님의 사람입니다. 조국을 70년 포로 생활에서 해방시킨 지대한 공로자입니다. 일은 하나님께서 행하시지만, 사람을 통해서 역사하십니다. 특히 하나님의 말씀을 붙잡고 기도하는 사람을 통해서 역사하십니다. 그 주인공이 바로 다니엘이었습니다. 다니엘은 위대한 기도의 사람이었습니다.

3
찬송의 사람, 다니엘

1. 꿈 해몽 사건

다니엘을 찬송의 사람이라고 이야기하면, 의아하게 생각하는 사람이 있을지도 모릅니다. 마치 사무엘이 춤추며 찬양하는 찬송의 사람이라고 했을 때, 의아하게 생각했듯이 말입니다. 그러나 살펴보니 사무엘은 확실한 찬송의 사람이었습니다. 마찬가지로, 다니엘도 확실하게 찬송의 사람이었습니다.

사람은 결정적인 순간에 어떤 말, 어떤 행동을 취하느냐가 그 사람의 본래 모습입니다. 그 사람의 본심입니다. 그런데 다니엘이 가장 결정적인 순간에 먼저 하나님을 찾고, 하나님께 찬송을 드리는 장면이 성경에 기록되어 있습니다. 다니엘서 2장에 기록된 느부갓네살 왕의 꿈 해몽 장면이 그것입니다.

> † 이 말을 듣자 왕은 성이 나서 크게 화를 내며 바빌론의 지혜자를 모두 죽이라는 명령을 내렸다. 명령이 공포되니 지혜자들이 죽게 되었다. 사람들은 다니엘과 그의 친구들도 지혜자들과 함께 죽

이려고 찾았다. 다니엘은 바빌론의 지혜자들을 죽이려고 나온 왕의 시위대 장관 아리옥에게 가서, 슬기로운 말로 조심스럽게 물어 보았다. "임금님의 명령이 어찌 그렇게 가혹합니까?" 아리옥이 다니엘에게 그 일을 설명해 주었다. 다니엘이 곧 왕에게로 가서 아뢰었다. "임금님께 임금님의 꿈을 해몽해 드릴 수 있는 시간을 저에게 주십시오." 그 다음에 다니엘은 집으로 돌아가서, 자기의 친구 하나냐와 미사엘과 아사랴에게 그 사실을 알려 주고, 그 친구들에게 말하였다. "너희와 나는 다른 바빌론의 지혜자들과 함께 죽지 않도록, 하늘의 하나님이 긍휼을 베풀어 주셔서 이 비밀을 알게 해주시기를 간구하자."(단 2:12-18, 표준새번역)

느부갓네살 왕의 꿈과 해몽을 알아내지 못하면, 바벨론의 모든 박사들이 죽임을 당하게 되고, 다니엘과 그의 세 친구까지도 죽임을 당할 수밖에 없는 절박한 처지에서, 그들이 합심해서 기도했더니 하나님께서 그날 밤에 다니엘에게 그 이상을 보여주십니다. 꿈과 해몽을 알려주십니다. 즉, 살 길이 열린 것입니다.

하지만 다니엘은 곧장 느부갓네살 왕에게로 달려가거나 시위대장을 찾아가지 아니하고, 먼저 하나님께 나아가 찬송을 드립니다. 감사 찬송을 올려드립니다. 보통 사람들 같으면 상상조차 할 수 없는 일입니다. 왕의 병사들이 들이닥치면 하시라도 죽임을 당할 수밖에 없는 절박한 순간에도, 다니엘은 사람을 찾아가지 아니하고 맨 먼저 하나님께 나아가 하나님께 찬양을 드린 것입니다. 하나님 앞에 찬양의 제사를 올려드린 것입니다. 그것이 다니엘의 평소 신앙의 모습이었다는 결론입니다. 다니엘은 확실한 찬송의 사람이었습니다.

✝ 바로 그 날 밤에 다니엘은 환상을 보고, 그 비밀을 밝히 알게 되었다. 다니엘은 하늘의 하나님을 찬송하였다. 다니엘은 다음과 같

이 찬송하였다. "지혜와 권능이 하나님의 것이니, 영원부터 영원까지 하나님의 이름을 찬송하여라. 때와 계절을 바뀌게 하시고 왕들을 폐하기도 하시고 세우기도 하신다. 지혜자들에게 지혜를 주시고, 총명한 사람들에게 지식을 주신다. 심오한 것과 비밀을 드러내시고, 어둠 속에 감추어진 것도 아신다. 그 분은 빛으로 둘러싸인 분이시다. 나의 조상을 돌보신 하나님, 나에게 지혜와 힘을 주시며 주님께 간구한 것을 들어주시며 왕이 명령한 것을 알게 해주셨으니, 주님께 감사하며 찬양을 드립니다."(단 2:19-23, 표준새번역)

2. 사자굴 속의 찬양

또 다니엘은 사자굴을 눈앞에 둔 상황에서도, 하나님 앞에서 감사 기도와 감사 찬송을 드렸습니다. 무엇을 감사했을까요? 하나님의 은혜를 감사한 것입니다. 60여 년을 바벨론 제국의 고위 공직자로 살게 하신 지난 세월의 은혜만도 감사한데, 또 자신을 민족 해방을 위한 제물로 삼아주시니, 그것을 감사한 것입니다. 그 은혜, 그 사랑에 감격해서 하나님을 찬양한 것입니다. 그 입술로 찬미의 제사를 드린 것입니다. 다니엘은 사자의 제물이 되기 전에 먼저 자신을 하나님께 감사의 제물로 드린 것입니다.

그렇다면, 이미 최고의 제사를 받으신 하나님께서 또 무슨 제물이 필요하겠습니까? "되었다. 그것으로 족하다." 그래서 하나님께서는 천사를 보내 사자들의 입을 봉해버린 것입니다. 그 제물(다니엘)을 받으시고, 하나님은 이스라엘을 바벨론 포로에서 해방시키셨습니다. 이것이 다니엘 기도의 본질입니다.

✝ 다니엘이 이 조서에 어인이 찍힌 것을 알고도 자기 집에 돌아가서는, 그 방의 예루살렘으로 향하여 열린 창에서 전에 행하던 대로 하루 세 번씩 무릎을 꿇고 기도하며 그 하나님께 감사하였더라.(단 6:10)

[공동번역]단 6:10

왕이 그 금령문서에 서명하였다는 것을 알고도, 다니엘은 집에 올라가 전처럼 자기 하느님 앞에 무릎을 꿇고 기도와 찬양을 올렸다. 그는 예루살렘 쪽으로 창이 나 있는 다락방에서 하루에 세 번씩 기도를 드렸다.

[GWT]단 6:10

When Daniel learned that the document had been signed, he went to his house. An upper room in his house had windows that opened in the direction of Jerusalem. Three times each day he got down on his knees and prayed to his God. He had always praised God this way.

해설 '감사하다'로 번역된 아람어 **예다**(אֵדָא)는 '감사하다, 찬양하다'의 뜻으로, 히브리어 **야다**(יָדָה)와 의미가 동일합니다. **야다**(יָדָה)는 '감사하다, 고백하다. 찬양하다'의 의미입니다. 즉, '감사 고백, 감사 찬양'이라는 뜻입니다.

- 일부 영어 성경은 감사를 찬송으로 번역하면서, '과거완료 시제'를 사용하고 있습니다. 직역하면, "그는 항상 이런 방법으로 하나님을 찬송해 왔다"입니다. 다시 말하면, "다니엘은 과거부터 현재까지 항상 이런 방법으로 기도하며, 하나님을 찬송해 왔다"라는 표현이 됩니다. 다니엘이 찬송의 사람이었음을 확실하게 증거하는 부분입니다.

그렇다면, 사자굴 속에 들어간 다니엘이, 그 사자굴 속에서 무엇을 하였을까요? 어떤 행동을 취하였을까요? 사자들 앞에서 부들부들 떨면서, 살려 달라고 애원했을까요? 자신을 잡아먹지 말아 달라고 애걸하였을까요? 아닙니다. 그렇다면 다니엘이 이곳까지 오지를 않았습니다. 기도 자체를 아예 하질 않았을 것입니다.

다니엘은 그곳에서도 하나님 앞에 감사 기도와 감사 찬송을 올려 드렸습니다. 사자굴 속에서도 하나님께 찬미의 제사를 올려드린 것입니다. 사자들 속에서, 사자들을 거느리고, 함께 찬양의 예배를 드렸습니다. 찬송의 집회를, 부흥회를 인도한 셈입니다.

그렇다면, (은혜받은)사자들이 어떻게 다니엘을 공격하겠습니까? 어떻게 그를 잡아먹을 수가 있겠습니까? 그 사자들도 하나님이 지으신 피조물입니다. 하나님의 통제 아래 있습니다. 전승에 의하면 (은혜받은)사자들이 다니엘을 포근히 감싸고 보호했다고 합니다. 찬송의 비밀입니다. 찬송의 능력입니다. 찬송은 하나님의 완전한 전신 갑주입니다. 다니엘은 이 전신 갑주를 입은 자입니다. 다니엘은 철저한 찬송의 사람이었습니다.

> † 다니엘이 왕에게 고하되, 왕이여 원컨대 왕은 만세수를 하옵소서. 나의 하나님이 이미 그 천사를 보내어 사자들의 입을 봉하셨으므로 사자들이 나를 상해치 아니하였사오니, 이는 나의 무죄함이 그 앞에 명백함이오며, 또 왕이여 나는 왕의 앞에도 해를 끼치지 아니하였나이다. 왕이 심히 기뻐서 명하여 다니엘을 굴에서 올리라 하매 그들이 다니엘을 굴에서 올린즉, 그 몸이 조금도 상하지 아니하였으니, 이는 그가 자기 하나님을 의뢰함이었더라.(단 6:21-23)

다니엘이 저들에 의해 사자굴로 끌려 갈 때, 그 모습은 어떤 모습이었을까요? 기죽은 모습으로 풀이 죽어서 끌려갔을까요? 미아리 고개에서 인민군에게 끌려가는 남편들의 모습이었을까요? 아닙니다. 그는 당당하게 걸어갔습니다. 점령군 사령관처럼 위엄차게 앞장서서 걸어갔습니다. 하나님을 찬송하면서, 감사 찬송을 하면서, 당당히 사자굴을 향해 전진했습니다. 그 당당함과 위엄 앞에서 사자들도 그만 압도를 당하고 말았습니다. 감사기도와 감사찬송으로 하나님의 전신 갑주를 입은 다니엘을, 사자들이 감히 넘볼 수가 없었던 것입니다.

요세푸스의 고대사를 살펴보면, 다니엘을 사자굴에 던져 넣고 개가를 부르던 총리와 방백들은, 다니엘이 사자굴에서 살아서 돌아오자, 자신들의 잘못을 뉘우치고 회개하기는커녕 왕을 찾아가서 거칠게 항의를 합니다. "왕이 사자들에게 (사전에)먹이를 배불리 주어서, 배가 부른 사자들이 다니엘을 잡아먹지 않았다"는 것입니다. 실제로 사자는 배가 부르면 얼마 동안은, 눈앞에 먹이가 지나가도 잡아먹지 않는다고 합니다.

화가 난 다리오 왕은, "그렇다면 과연 사자들이 배가 부르면 사람을 잡아먹지 아니하는지 한번 테스트하겠노라" 하면서, 먼저 사자들에게 먹이를 배불리 먹이라고 명령합니다. 그 후에 그들을 사자굴에 던져 넣었습니다. 사자가 이미 배가 불렀으니, 그렇다면 너희들을 잡아먹지 아니할 것이 아니냐? 라는 논리였습니다. 그러나 결과는 성경에 기록된 대로였습니다.

> † 왕이 명을 내려 다니엘을 참소한 사람들을 끌어오게 하고, 그들을 그 처자들과 함께 사자굴에 던져 넣게 하였더니, 그들이 굴 밑에 닿기 전에 사자가 곧 그들을 움켜서, 그 뼈까지도 부숴뜨렸더라.(단 6:24)

이 사건(다니엘의 사자굴사건)으로 인하여, 바벨론 제국 전체에 왕의 조서가 내려갑니다. 하나님의 영광이 극도로 높아집니다. 그리고 얼마 후에, 이스라엘의 해방을 알리는 고레스 왕의 조서가 발표됩니다. 마침내 이스라엘은 70년 포로 생활에서 해방됩니다. 모두가 다니엘의 공로입니다.

성경에는 아주 중요한 두 가지 원칙이 있습니다. 복음의 두 기둥입니다. 하나는, '피 흘림이 없이는 죄 사함이 없다'는 원칙이고, 다른 하나는, '누군가가 죽어야 누군가가 살게 된다'는 원칙입니다. 다니엘이 죽어서 이스라엘이 살게 된 것입니다.

그는 강력하게 예수님을 예표하는 인물입니다. 그가 사자굴을 눈앞에 두고 드린 기도는, 예수님의 겟세마네 기도를 연상케 합니다. 예수님의 기도와 십자가 지심으로 인류가 구원받고 죄와 사망에서 해방되었듯이, 다니엘의 기도와 사자굴 사건으로 인하여 이스라엘이 바벨론 포로에서 풀려나고 해방되었기 때문입니다.

그는 다윗처럼 말씀과 기도와 찬양으로 무장한, 완벽한 신앙의 인물이었습니다. 십자가의 최정예 병사였습니다. 그는 사자굴을 눈앞에 두고도 사자굴 속에서도 하나님을 찬양한, 위대한 찬송의 사람이었습니다. 그의 삶에 배어 있는 감사 기도와 감사 찬송의 무기로 조국을 바벨론 포로에서 해방시킨 지대한 공로자입니다. 다니엘은 예수님을 예표하는 성경의 인물입니다. 하나님의 사람 다니엘은, 확실한 찬송의 사람이었습니다.

그런 다니엘의 한평생을 하나님은 형통한 길로 인도하셨습니다. '권불 10년'이라고 했는데, 그는 60여 년을 제국의 고위 공직자로 있었고, 90세 이상을 장수하며, 노후를 아름답게 마무리했습니다. 에스겔서 14장은 노아, 다니엘, 욥을 인류 역사의 3대 의인으로 평가하고 있습니다.

†비록 노아, 다니엘, 욥, 이 세 사람이 거기 있을지라도, 그들은 자기의 의로 자기의 생명만 건지리라. 나 주 여호와의 말이니라.(겔 14:14)

3. 풀무불 속의 찬양

참고로 우리말 성경(히브리 사본)에는 빠져 있으나, 다니엘서의 헬라어 사본(공동번역)에 수록되어 있는 다니엘의 세 친구들의 찬양을 소개합니다. 그들이 풀무불 가운데서 하나님을 찬양하는, 감사 찬송의 기도문입니다. 참으로 가슴이 뭉클한 내용입니다. 사자굴 속의 다니엘의 찬양도 결코 우연이 아니었습니다. 그들이 그렇게 '훈련되고 양육되었다'는 증거입니다.

†때에 느부갓네살 왕이 놀라 급히 일어나서 모사들에게 물어 가로되, 우리가 결박하여 불 가운데 던진 자는 세 사람이 아니었느냐. 그들이 왕에게 대답하여 가로되 왕이여 옳소이다. 왕이 또 말하여 가로되, 내가 보니 결박되지 아니한 네 사람이 불 가운데로 다니는데, 상하지도 아니하였고, 그 넷째의 모양은 〈신들의 아들〉과 같도다 하고, 느부갓네살이 〈극렬히 타는 풀무〉 아구 가까이 가서 불러 가로되, 지극히 높으신 하나님의 종 사드락, 메삭, 아벳느고야 나와서 이리로 오라 하매, 사드락과 메삭과 아벳느고가 불 가운데서 나온지라. 방백과 수령과 도백과 왕의 모사들이 모여 이 사람들을 본즉, 불이 능히 그 몸을 해하지 못하였고, 머리털도 그슬리지 아니하였고, 고의 빛도 변하지 아니하였고, 불 탄 냄새도 없었더라.(단 3:24-27)

♫ 아자리야(아사랴)의 노래

24 그들(세 친구들)은 불길 가운데를 걸으면서, 하느님을 찬양하고 주님께 찬미를 드렸다.

25 아자리야는 불 속에 우뚝 서서 입을 열어 이렇게 노래하였다.

26 우리 조상들의 하느님이시며 공경하올 주님, 찬미받으소서. 당신의 이름이 영원히 찬미를 받으소서.

27 당신께서 우리에게 하신 모든 일이 옳았으며, 당신의 모든 약속은 어김없이 이루어졌사오며, 당신의 길은 곧바르며 당신의 심판은 언제나 올바르옵니다.

28 당신께서 우리들에게 내리신, 그리고 우리 조상들의 거룩한 도시 예루살렘에 내리신, 모든 징벌에 있어서 당신의 판결은 옳았습니다. 당신께서 우리에게 이런 징벌을 내리신 것은 우리의 죄 때문이고, 우리는 당신의 징벌을 받아 마땅하옵니다.

29 우리는 죄를 지었으며 당신을 떠남으로써 죄악을 저질렀습니다. 과연 우리는 큰 죄를 지었습니다. 우리는 당신의 율법이 명하는 것을 귀담아 듣지 않았으며

30 그것을 지키지도 않았습니다. 우리에게 잘되라고 명령하신 것을 우리는 지키지 않았습니다.

31 그러므로 당신께서 우리에게 내리신 모든 징벌과 당신께서 우리에게 하신 모든 일은 정의로우신 처사였습니다.

32 당신은 우리를 원수들의 손에 넘기셨으며, 율법을 모르는 자들과 최악의 배교자들 손에 넘기셨고, 온 세상에서 가장 나쁜 불의한 왕의 손에 넘기셨습니다.

33 그래서 오늘날 우리는 입이 있어도 말을 못하고, 당신을 섬기고 경배한다는 우리들이 차지할 몫은 치욕과 불명예뿐입니다.

34 그러나 당신의 이름에 의지하오니 언제까지나 우리를 저버리지 마시고 당신의 계약을 외면하지 마소서.

35 당신의 친구 아브라함과 당신의 종 이사악과 당신의 거룩한 백성 이스라엘을 보시고, 당신의 자비를 우리에게서 거두지 마소서.

36 당신은 하늘의 별과 같이 무수하고 바닷가의 모래알과 같이 수많은 자손을 약속하셨습니다.

37 주님, 이제 우리는 모든 민족 중에서 가장 작은 민족이 되었고, 오늘 우

리는 세상 어디에서나 천대받는 백성이 되었습니다. 이것은 우리의 죄 때문입니다.

38 지금 우리에게는 지도자도 예언자도 왕도 없으며, 번제물도 희생제물도 봉헌제물도 유향도 없고, 첫 열매를 바칠 장소조차 없습니다.

39 그러니 어디에서 당신의 자비를 구할 수 있겠습니까? 그러나 우리의 뉘우치는 마음과 겸손하게 된 정신을 받아 주소서.

40 이것을 염소와 황소의 번제물로 여기시며 수많은 살진 양으로 여기시고 받아 주소서. 이것이 오늘 당신께 바치는 제물이오니, 우리로 하여금 당신을 완전히 따르게 하소서. 당신께 희망을 건 사람들은 절대로 실망하지 않습니다.

41 이제 우리는 온전한 마음으로 당신을 따르렵니다. 그리고 당신을 두려워하며 당신의 얼굴을 다시 한번 뵈옵기를 갈망합니다.

42 우리로 하여금 부끄러움을 당하지 말게 하소서. 당신은 관대하시고 지극히 자비로운 분이시니 우리에게 관용을 베푸소서.

43 당신은 놀라운 업적을 이룩하신 분이시니, 우리를 구해 주소서. 주님, 당신 이름이 영광스럽게 빛나시기를 빕니다.

44 당신을 섬기는 사람을 학대하는 자들이 부끄러움을 당하게 하소서. 그들의 콧대가 꺾이고 힘을 박탈당하여 그들로 하여금 치욕을 뒤집어 쓰게 하소서.

45 당신 홀로 하느님이시고 주님이심을 알게 하시고 당신의 영광이 온 땅에 빛남을 알게 하소서.

46 왕의 종들은 그들을 불타는 가마 속에 집어 던지고, 거기에 나프다 기름과 송진과 삼 부스러기와 나뭇조각을 계속 넣었다.

47 그래서 불길이 가마 위로 마흔아홉 자나 치솟아 올라갔고

48 또 밖으로 퍼져 나와서, 가마 주위에 있던 갈대아 사람들을 태워 버렸다.

49 그러나 주의 천사가 가마로 내려와서 아자리야와 그의 동료들 곁으로 갔다. 그리고 불꽃을 가마 밖으로 내어 몰고

50 가마 가운데서 마치 산들바람이나 이슬과 같은 시원한 입김을 그들에게 불어 주었다. 그래서 불은 그들을 다치지 못하였고, 그들에게는 어떠한 아픔이나 괴로움도 미치지 않았다. (공동번역)

해설 다니엘의 친구인 아사랴가 풀무불 속에 우뚝 서서 하나님의 영광을 찬양하였습니다. 풀무불 속에서 '찬미의 제사'를 드린 것입니다. 영광 받으신 하나님은 당신의 천사를 보내어 그들을 지키고 보호하셨습니다. 풀무불의 권세를 압도하는 하나님의 능력으로 하나님을 의지하는 당신

의 종을 지키고 보호하신 것입니다. 찬양의 능력이 맹렬한 풀무불의 권세를 이긴 것입니다.

성도의 찬양은 하나님의 능력을 불러오는 강력한 수단입니다. 사단의 견고한 진을 파하는 강력한 무기입니다.

♫ 세 젊은이(친구들)의 노래

51 그때에 세 젊은이는 가마 속에서 입을 모아 하느님께 영광을 드리며, 하느님을 찬미하고 찬송하는 노래를 이렇게 불렀다.

52 우리 조상들의 주 하느님, 찬미받으소서. 영원무궁토록 주님을 높이 받들며 찬양합니다. 당신의 영광스럽고 거룩한 이름, 찬미받으소서. 영원무궁토록 그 이름 높이 받들며 찬양합니다.

53 성스럽고 영광스러운 성전 안에 계신 주님, 찬미받으소서. 영원무궁토록 모든 것 위에 주님을 높이 받들며 영광을 올립니다.

54 당신의 왕국을 통치하시는 주님, 찬미받으소서. 영원무궁토록 모든 것 위에 주님을 높이 받들며 찬양합니다.

55 거룹 위에 앉으시어 깊은 곳을 살피시는 주님, 찬미받으소서. 영원무궁토록 모든 것 위에 주님을 높이 받들며 영광을 올립니다.

56 높은 하늘에 계신 주님, 찬미받으소서.

57 주님께서 만드신 만물이여, 주님을 찬미하여라. 주님께 지극한 영광과 영원한 찬양을 드려라.

58 주님의 천사들이여, 모두 주님을 찬미하여라. 주님께 지극한 영광과 영원한 찬양을 드려라.

59 천체들이여, 주님을 찬미하여라. 주님께 지극한 영광과 영원한 찬양을 드려라.

60 하늘 위의 물들이여, 주님을 찬미하여라. 주님께 지극한 영광과 영원한 찬양을 드려라.

61 주님의 권세들이여, 모두 주님을 찬미하여라. 주님께 지극한 영광과 영원한 찬양을 드려라.

62 해와 달이여, 주님을 찬미하여라. 주님께 지극한 영광과 영원한 찬양을 드려라.

63 하늘의 별들이여, 주님을 찬미하여라. 주님께 지극한 영광과 영원한 찬양을 드려라.

64 비와 이슬이여, 모두 주님을 찬미하여라. 주님께 지극한 영광과 영원한 찬양을 드려라.

65 바람들이여, 모두 주님을 찬미하여라. 주님께 지극한 영광과 영원한 찬양을 드려라.

66 불과 열이여, 주님을 찬미하여라. 주님께 지극한 영광과 영원한 찬양을 드려라.

67 겨울의 추위와 여름의 더위여, 주님을 찬미하여라. 주님께 지극한 영광과 영원한 찬양을 드려라.

68 이슬과 우박이여, 주님을 찬미하여라. 주님께 지극한 영광과 영원한 찬양을 드려라.

69 서리와 추위여, 주님을 찬미하여라. 주님께 지극한 영광과 영원한 찬양을 드려라.

70 얼음과 눈이여, 주님을 찬미하여라. 주님께 지극한 영광과 영원한 찬양을 드려라.

71 밤과 낮들이여, 주님을 찬미하여라. 주님께 지극한 영광과 영원한 찬양을 드려라.

72 빛과 어둠이여, 주님을 찬미하여라. 주님께 지극한 영광과 영원한 찬양을 드려라.

73 번개와 구름이여, 주님을 찬미하여라. 주님께 지극한 영광과 영원한 찬양을 드려라.

74 땅이여, 주님을 찬미하여라. 주님께 지극한 영광과 영원한 찬양을 드려라.

75 산과 언덕들이여, 주님을 찬미하여라. 주님께 지극한 영광과 영원한 찬양을 드려라.

76 땅에서 자란 모든 것들이여, 주님을 찬미하여라. 주님께 지극한 영광과 영원한 찬양을 드려라.

77 샘물들이여, 주님을 찬미하여라. 주님께 지극한 영광과 영원한 찬양을 드려라.

78 바다와 강들이여, 주님을 찬미하여라. 주님께 지극한 영광과 영원한 찬양을 드려라.

79 고래와 바다에 사는 모든 것들이여, 주님을 찬미하여라. 주님께 지극한 영광과 영원한 찬양을 드려라.

80 하늘의 새들이여, 모두 주님을 찬미하여라. 주님께 지극한 영광과 영원한 찬양을 드려라.

81 야수들과 가축들이여, 주님을 찬미하여라. 주님께 지극한 영광과 영원한 찬양을 드려라.

82 사람의 아들들이여, 주님을 찬미하여라. 주님께 지극한 영광과 영원한 찬양을 드려라.

83 이스라엘아, 주님을 찬미하여라. 주님께 지극한 영광과 영원한 찬양을 드려라.

84 사제들이여, 주님을 찬미하여라. 주님께 지극한 영광과 영원한 찬양을 드려라.

85 주님의 종들이여, 주님을 찬미하여라. 주님께 지극한 영광과 영원한 찬양을 드려라.

86 의인들의 마음과 영혼이여, 주님을 찬미하여라. 주님께 지극한 영광과 영원한 찬양을 드려라.

87 성스러운 자들과 마음이 겸손한 사람들이여, 주님을 찬미하여라. 주님께 지극한 영광과 영원한 찬양을 드려라.

88 아나니야와 아자리야와 미사엘이여, 주님을 찬미하여라. 주님께 지극한 영광과 영원한 찬양을 드려라. 주님은 우리를 지옥에서 건져 주셨고 죽음의 손에서 빼내 주셨으며 불타는 가마 속에서 구해 주셨고 불길 속에서 구해 주셨다.

89 주님께 감사를 드려라. 주님은 선하시고 그 분의 사랑은 영원하시다.

90 주님을 경배하는 모든 이들이여, 모든 신들 위에 계시는 하느님을 찬미하여라. 그 분을 찬양하고 감사를 드려라. 그 분의 사랑은 영원하시다.(공동번역)

해설 풀무불의 권세를 압도하는 하나님의 능력으로 살아 남은 다니엘의 세 친구는, 풀무 가운데서 입을 모아 하나님의 영광을 찬양하였습니다. 찬미의 제사를 드린 것입니다. 하나님은 그런 당신의 종들을 머리털 하나 상하지 않도록 지키고 보호하셨습니다. 고난 속의 찬송은, 특별히 감사 찬송은, 하나님의 능력을 부르는 강력한 수단입니다. 풀무불의 권세를 압도하는 강력한 무기입니다. 하나님의 전신 갑주입니다.

※ 여기까지는 〈제4권, 찬미의 제사〉에서 다룬 내용입니다.

4
지혜의 사람, 다니엘

1. 다니엘은 지혜로운 사람이었습니다

다니엘은 지혜로운 인물이었습니다. 신들의 지혜, 비상한 지혜의 소유자였습니다. 성경의 인물가운데 가장 지혜로운 인물이었습니다. 「지혜」 하면 흔히들 솔로몬을 생각하는 경향이 있습니다. 하지만 솔로몬의 지혜는 다니엘의 지혜와 비교할 수가 없습니다. 다니엘의 지혜가 월등합니다. 솔로몬의 지혜가 세상의 것, 땅의 것이라면, 다니엘의 지혜는 하늘의 것, 영원한 것입니다. 솔로몬의 지혜가 인간적인 것이라면, 다니엘의 지혜는 신들의 지혜요 하나님의 지혜입니다. 차원이 다릅니다. 그래서 에스겔서는 인류 역사상 가장 지혜로운 인물로 다니엘을 거명하고 있는 것입니다. 다니엘은 바벨론 제국과 왕궁에서도 〈신적 지혜〉를 소유한 인물로 널리 정평이 나 있었습니다. 다니엘은 비상한 지혜의 소유자였습니다.

✝ 인자야 너는 〈두로 왕〉에게 이르기를 주 여호와의 말씀에, 네

마음이 교만하여 말하기를 나는 신이라 내가 하나님의 자리 곧 바다 중심에 앉았다 하도다. 네 마음이 하나님의 마음 같은 체 할지라도 너는 사람이요 신이 아니어늘, 네가 다니엘보다 지혜로워서 은밀한 것을 깨닫지 못할 것이 없다 하고,(겔 28:2-3)

해설 다니엘과 동 시대를 살았던 선지자 에스겔은, 인류 역사 가운데 가장 지혜로운 인물로 다니엘을 거명하고 있습니다. 그만큼 다니엘의 지혜가 뛰어났다는 이야기입니다.

1) 다니엘은 말씀의 사람입니다

다니엘은 철저하게 말씀의 사람이었습니다. 그는 모세 5경을 포함, 구약성경을 정확하게 꿰뚫고 있는, 말씀에 정통한 인물이었습니다. 그의 기도문인 다니엘서 9장을 보면, 마치 구약 성경을 압축해 놓은 듯한 느낌을 받습니다. 기도의 제목을 성경의 본문(=예레미야 29장)에서 찾았고, 기도의 방법도 철저하게 성경 본문대로(=열왕기상 8장, 역대하 6장)입니다. 기도의 내용 또한, 성경의 본문(=신명기) 말씀입니다.

그는 머리끝부터 발끝까지 하나님의 말씀에 잠겨 있는 말씀의 사람이었습니다. 사무엘이나 다윗과 흡사한 부분입니다. 말씀은 사람을 지혜롭게 만듭니다. 모든 성경은 지혜의 영인 성령의 감동으로 기록된 글이기 때문입니다. 그래서 하나님의 말씀을 가까이하는 사람은 반드시 지혜롭게 되어 있습니다.

다니엘은 하나님의 말씀을 즐거워하여 그 말씀을 주야로 묵상하는 복 있는 자였습니다. 말씀을 붙잡고 기도하는 가운데, 항상 하나님의 뜻을 구하는, 참으로 지혜로운 인물이었습니다.

✝ 여호와의 율법은 완전하여 영혼을 소성케 하고, 여호와의 증거

는 확실하여 우둔한 자로 지혜롭게 하며, 여호와의 교훈은 정직하여 마음을 기쁘게 하고, 여호와의 계명은 순결하여 눈을 밝게 하도다.(시 19:7-8)

† 내가 주의 법을 어찌 그리 사랑하는지요 내가 그것을 종일 묵상하나이다. 주의 계명이 항상 나와 함께 하므로 그것이 나로 원수보다 지혜롭게 하나이다. 내가 주의 증거를 묵상하므로 나의 명철함이 나의 모든 스승보다 승하며, 주의 법도를 지키므로 나의 명철함이 노인보다 승하니이다.(시 119:97-100)

† 또 네가 어려서부터 성경을 알았나니, 성경은 능히 너로 하여금 그리스도 예수 안에 있는 믿음으로 말미암아, 구원에 이르는 지혜가 있게 하느니라. 모든 성경은 하나님의 감동으로 된 것으로 교훈과 책망과 바르게 함과 의로 교육하기에 유익하니, 이는 하나님의 사람으로 온전케 하며 모든 선한 일을 행하기에 온전케 하려 함이니라.(딤후 3:15-17)

2) 다니엘은 하나님의 영이 충만한 사람입니다

바벨론 왕궁에서도 다니엘은 〈신들의 지혜〉, 〈비상한 지혜〉의 소유자로 정평이 나 있었습니다. 그것은 그가 거룩한 신들의 영을 소유했기 때문입니다. 거룩한 신은 하나님을 의미하며, 거룩한 신들의 영은 하나님의 영, 즉 성령을 의미합니다.

하나님은 거룩하시며 지혜로운 분이십니다. 지혜 그 자체이십니다. 따라서 그의 영 곧 성령은, 〈거룩한 영〉, 〈지혜의 영〉입니다. 그러한 하나님의 영을 소유한 다니엘은, 말씀이 충만함으로 성령이 충만하고, 성령이 충만함으로 지혜가 충만한 지혜의 사람이었습니다.

† 그 때에 사람의 손가락이 나타나서 왕궁 촛대 맞은편 분벽에 글

자를 쓰는데 왕이 그 글자 쓰는 손가락을 본지라. 때에 왕의 박사가 다 들어왔으나 능히 그 글자를 읽지 못하여 그 해석을 왕께 알게 하지 못하는지라. 그러므로 벨사살 왕이 크게 번민하여 그 낯빛이 변하였고 귀인들도 다 놀라니라. 태후가 왕과 그 귀인들의 말로 인하여 잔치하는 궁에 들어왔더니 이에 말하여 가로되, 왕이여 만세수를 하옵소서 왕의 생각을 번민케 말며 낯빛을 변할 것이 아니니이다. 왕의 나라에 〈거룩한 신들의 영〉이 있는 사람이 있으니, 곧 왕의 부친 때에 있던 자로서 명철과 총명과 지혜가 있어 〈신들의 지혜〉와 같은 자라. 왕의 부친 느부갓네살 왕이 그를 세워 박수와 술객과 갈대아 술사와 점장이의 어른을 삼으셨으니, 왕이 벨드사살이라 이름한 이 다니엘의 마음이 민첩하고 지식과 총명이 있어 능히 꿈을 해석하며 은밀한 말을 밝히며 의문을 파할 수 있었음이라. 이제 다니엘을 부르소서 그리하시면 그가 그 해석을 알려드리리이다. 이에 다니엘이 부름을 입어 왕의 앞에 나오매 왕이 다니엘에게 말하여 가로되, 네가 우리 부왕이 유다에서 사로잡아 온 유다 자손 중의 그 다니엘이냐. 내가 네게 대하여 들은즉 네 안에는 〈신들의 영〉이 있으므로 네가 명철과 총명과 비상한 지혜가 있다 하도다. 지금 여러 박사와 술객을 내 앞에 불러다가 그들로 이 글을 읽고 그 해석을 내게 알게 하라 하였으나, 그들이 다 능히 그 해석을 내게 보이지 못하였느니라. 내가 네게 대하여 들은즉 너는 해석을 잘하고 의문을 파한다 하도다.(단 5:5-16)

† 나 느부갓네살이 내 집에 편히 있으며 내 궁에서 평강할 때에 한 꿈을 꾸고 그로 인하여 두려워하였으되 곧 내 침상에서 생각하는 것과 뇌 속으로 받은 이상을 인하여 번민하였었노라. 이러므로 내가 명을 내려 바벨론 모든 박사를 내 앞으로 불러다가 그 꿈의 해석을 내게 알게 하라 하매 박수와 술객과 갈대아 술사와 점장이가 들어왔기로 내가 그 꿈을 그들에게 고하였으나 그들이 그 해석을 내게 알게 하지 못하였느니라. 그 후에 다니엘이 내 앞에 들어왔으니 그는 내 신의 이름을 좇아 벨드사살이라 이름한 자요 그의 안에는 〈거룩한 신들의 영〉이 있는 자라. 내가 그에게 꿈을 고하여 가로되 박수장 벨드사살아 네 안에는 〈거룩한 신들의 영〉이 있은즉, 아무 은밀한 것이라도 네게는 어려울 것이 없는 줄 내가 아

노니 내 꿈에 본 이상의 해석을 내게 고하라. 내가 침상에서 나의 뇌 속으로 받은 이상이 이러하니라… 나 느부갓네살 왕이 이 꿈을 꾸었나니 너 벨드사살아 그 해석을 밝히 말하라. 내 나라 모든 박사가 능히 그 해석을 내게 알게 하지 못하였으나, 오직 너는 능히 하리니, 이는 〈거룩한 신들의 영〉이 네 안에 있음이니라.(단 4:4-18)

3) 하나님의 영은 지혜와 총명의 영입니다

하나님은 거룩하시며 지혜로운 분이십니다. 지혜 그 자체이십니다. 그의 〈지혜의 말씀〉로 세상을 창조하셨고, 그의 〈지혜의 말씀〉으로 지금도 전체 우주를 붙들고 계십니다.

은하계(Galaxy)의 1,000억 개가 넘는 별의 숫자를 헤아리시고 각각의 이름을 부르시며, 그러한 은하계가 1,000억 개 이상이나 되는 전체 우주(Universe)의 모든 것들을 다 헤아리고 계십니다. 인간의 언어로는 도저히 표현할 수가 없는 참으로 광대한 지혜입니다. 열방의 지혜를 모두 합한다 해도 하나님의 지혜를 당할 수가 없습니다. 저울의 적은 티끌에도 미치지 못합니다.

하나님의 영은 지혜와 총명의 영입니다. 모략과 재능의 영입니다. 하나님의 영으로 충만한 다니엘이 그러한 하나님의 지혜를 소유한 것입니다.

> † 이새의 줄기에서 한 싹이 나며 그 뿌리에서 한 가지가 나서 결실할 것이요, 여호와의 신 곧 『지혜와 총명의 신이요 모략과 재능의 신이요 지식과 여호와를 경외하는 신』이 그 위에 강림하시리니, 그가 여호와를 경외함으로 즐거움을 삼을 것이며,(사 11:1-3)
>
> [NKJV]사 11:2
> The Spirit of the LORD shall rest upon Him, The Spirit of **wisdom**

and **understanding**, The Spirit of counsel and might, The Spirit of knowledge and of the fear of the LORD.

해설 여호와를 경외함이 지혜의 근본이기에 〈여호와의 종〉은 여호와를 경외하는 것을 즐거움으로 삼았습니다. 다니엘이 그러한 인물이었습니다.

✝ 내가 유다 지파 훌의 손자요 우리의 아들인 브사렐을 지명하여 부르고, 〈하나님의 신〉을 그에게 충만하게 하여 지혜와 총명과 지식과 여러가지 재주로 공교한 일을 연구하여 금과 은과 놋으로 만들게 하며(출 31:2-4)

✝ 깊도다 하나님의 지혜와 지식의 부요함이여, 그의 판단은 측량치 못할 것이며 그의 길은 찾지 못할 것이로다.(롬 11:33)

✝ 저가 별의 수효를 계수하시고 저희를 다 이름대로 부르시는도다. 우리 주는 광대하시며 능력이 많으시며 그 지혜가 무궁하시도다.(시 147:3-4)

✝ 영원하신 하나님 여호와, 땅 끝까지 창조하신 자는, 피곤치 아니하시며 곤비치 아니하시며 명철이 한이 없으시며(사 40:28)

2. 다니엘은 태생적으로도 지혜로운 사람이었습니다

왕족이요 귀족 출신의 다니엘은(요세푸스는 그를 시드기야 왕의 친족인 왕족으로 기록함), 태생적으로도 지혜로운 인물이었습니다. 기원전 621년 요시야 왕의 종교 개혁이 시작되기 직전에 태어났을 것으로 추정되는 다니엘이, 기원전 605년 바벨론 왕 느부갓네살의 제1차 포로에 포함된 것으로 보아서, 그가 사회적으로 중요한 위치에 있었음을 알 수 있습니다.

기원전 605년 제 2차 갈그미스 전투에서 애굽을 격파하고, 유대에 대한 지배권을 확보한 바벨론 왕 느부갓네살이, 바벨론에 대한 충성심을 확보하기 위하여 유대의 지도층을 인질로 데려갔는데, 그 중에 다니엘이 포함되었기 때문입니다.

다니엘은 신체적 결함이 없고 용모가 빼어났을 뿐만 아니라, 지능 지수도 높은 젊은이었습니다. 지혜롭고 민첩하며 지식과 통찰력을 구비한 다니엘은, 왕궁에서 섬기기에 조금도 부족함이 없는 엘리트 청년이었습니다.

> † 유다 왕 여호야김이 위에 있은 지 삼년에 바벨론 왕 느부갓네살이 예루살렘에 이르러 그것을 에워쌌더니, 주께서 유다 왕 여호야김과 하나님의 전 기구 얼마를 그의 손에 붙이시매, 그가 그것을 가지고 시날 땅 자기 신의 묘에 이르러 그 신의 보고에 두었더라. 왕이 환관장 아스부나스에게 명하여 이스라엘 자손 중에서 왕족과 귀족의 몇 사람, 곧 흠이 없고 아름다우며 모든 재주를 통달하며 지식이 구비하며 학문에 익숙하여 왕궁에 모실 만한 소년을 데려오게 하였고, 그들에게 갈대아 사람의 학문과 방언을 가르치게 하였고, 또 왕이 지정하여 자기의 진미와 자기의 마시는 포도주에서 그들의 날마다 쓸 것을 주어 삼 년을 기르게 하였으니, 이는 그 후에 그들로 왕의 앞에 모셔 서게 하려 함이었더라. 그들 중에 유다 자손 곧 다니엘과 하나냐와 미사엘과 아사랴가 있었더니, 환관장이 그들의 이름을 고쳐 다니엘은 벨드사살이라 하고 하나냐는 사드락이라 하고 미사엘은 메삭이라 하고 아사랴는 아벳느고라 하였더라.(단 1:1-7)

3. 여호와를 경외함이 지혜의 근본입니다

다니엘이란 이름의 뜻은 「하나님은 나의 심판자」, 「하나님은 나의 재판관」이란 의미입니다. '항상 하나님을 두려워하면서 살라'고, 그의 부모가 그에게 지어준 아주 특별한 이름입니다.

다니엘은 그 이름에 걸맞게, 한평생을 여호와를 경외하면서 살았습니다. 한평생을 두렵고 떨리는 마음으로 여호와를 섬기며 살았기에, 그는 성경의 인물 가운데 죄와 허물이 보이질 않는 거의 유일한 인물입니다. 의인 중에서도 특별한 의인입니다.

> † 여호와를 경외함이 곧 지혜의 근본이라. 그 계명을 지키는 자는 다 좋은 지각이 있나니, 여호와를 찬송함이 영원히 있으리로다.(시 111:10)

> † 여호와를 경외하는 것이 지식의 근본이어늘, 미련한 자는 지혜와 훈계를 멸시하느니라.(잠 1:7)

> † 여호와를 경외하는 것이 지혜의 근본이요, 거룩하신 자를 아는 것이 명철이니라.(잠 9:10)

왕족이요 귀족 출신으로 태생적으로도 지혜로운 다니엘은, 여호와를 경외하는 깨끗한 신앙을 소유함으로, 하늘의 지혜를 겸비한 자가 되었습니다. 그 결과 그 지혜와 총명이 온 나라 박수와 술객보다 십 배나 나았을 뿐 아니라, 총리와 방백들 위에도 뛰어난 탁월한 인물이 되었습니다. 여호와를 경외함이 모든 지혜와 지식의 근본이기 때문입니다.

> † 하나님이 이 네 소년에게 지식을 얻게 하시며 모든 학문과 재주에 명철하게 하신 외에, 다니엘은 또 모든 이상과 몽조를 깨달아 알더라. 왕의 명한바 그들을 불러들일 기한이 찼으므로 환관장이 그들을 데리고 느부갓네살 앞으로 들어갔더니, 왕이 그들과 말하여 보매 무리 중에 다니엘과 하나냐와 미사엘과 아사랴와 같은 자

없으므로 그들로 왕 앞에 모시게 하고, 왕이 그들에게 모든 일을 묻는 중에 그 지혜와 총명이 온 나라 박수와 술객보다 십 배나 나은 줄을 아니라.(단 1:17-20)

† 다리오가 자기의 심원대로 방백 일백이십 명을 세워 전국을 통치하게 하고, 또 그들 위에 총리 셋을 두었으니 다니엘이 그 중에 하나이라. 이는 방백들로 총리에게 자기의 직무를 보고하게 하여 왕에게 손해가 없게 하려함이었더라. 다니엘은 마음이 민첩하여 총리들과 방백들 위에 뛰어나므로 왕이 그를 세워 전국을 다스리게 하고자 한지라.(단 6:1~3)

[킹제임스흠정]단 6:3
그때에 이 다니엘이 총리들과 통치자들보다 앞섰으니, 이는 **뛰어난(=탁월한)** 영이 그 속에 있었기 때문이더라. 왕이 그를 세워 온 영토를 다스리게 하려고 생각하니라.

[NKJV]단 6:3
Then this Daniel **distinguished** himself above the governors and satraps, because an **excellent spirit** was in him; and the king gave thought to setting him over the whole realm.

느부갓네살 왕의 꿈을 해석하는 과정에서 보여준 다니엘의 담대함과 침착한 모습도, 다니엘의 지혜를 돋보이게 하는 부분입니다. 왕의 명령에 따라 바벨론 박사들을 멸하러 나선 시위대 장관을 만나서 지혜로운 말로 그를 설득하는 장면이나, 직접 왕 앞에 나아가서 꿈을 해몽할 수 있는 시간을 벌어들이는 장면 등이 그렇습니다.

시위대 장관을 만나야 할 부분에서는 시위대 장관을 만나고, 왕을 직접 만나서 담판을 해야 할 경우에는, 즉시로 왕을 만났습니다. 그리하여 자신뿐만 아니라, 바벨론의 다른 박사들이 그 사이에 죽임을 당하지 않도록 조치하였습니다. 다니엘이 민첩하게 움직인 결과, 바벨론의 다른 박사들이 죽임을 모면한 것입니다. 다니엘의 지혜의 공로입니다.

> † 왕의 시위대 장관 아리옥이 바벨론 박사들을 죽이러 나가매, 다
> 니엘이 '명철하고 슬기로운 말'로 왕의 장관 아리옥에게 물어 가로
> 되, 왕의 명령이 어찌 그리 급하뇨. 아리옥이 그 일을 다니엘에게
> 고하매, 다니엘이 들어가서 왕께 구하기를, 기한하여 주시면 왕에
> 게 그 해석을 보여 드리겠다 하니라.(단 2:14-16)

[표준새번역]단 2:14-16
다니엘은 바빌론의 지혜자들을 죽이려고 나온 왕의 시위대 장관 아리옥에게
가서, **슬기로운 말**로 조심스럽게 물어 보았다. "임금님의 명령이 어찌 그렇게
가혹합니까?" 아리옥이 다니엘에게 그 일을 설명해 주었다. 다니엘이 곧 왕에
게로 가서 아뢰었다. "임금님께 임금님의 꿈을 해몽해 드릴 수 있는 시간을 저
에게 주십시오(또는 '기한을 늦추어 주십시오')"

세 친구와 함께 합심하여 철야 기도하는 가운데, 하나님께로부터 꿈과
해몽을 얻은 다니엘은, 먼저 하나님 앞에 나아가 감사 기도와 감사 찬송
을 드립니다. 평소 그의 믿음을 보여 주는 단면입니다. 그리고서는 곧장
왕에게로 나아가지 아니하고 시위 대장을 찾아 가서, "자신이 꿈을 해석
할 터이니 바벨론의 다른 박사들을 멸하지 말 것"을 주문합니다.

바벨론의 박사들은 다니엘의 정적들입니다. 실제로 그들은 나중에
세 친구들을 송사하여 풀무불에 던져 넣은 장본인들입니다. 하지만 지
혜로운 다니엘은 그들을 죽이지 말 것을 주문했습니다. 만약에 다니엘
이 왕의 앞에서 "저들(=바벨론 박사들)은 엉터리들이니, 모두 잡아서 죽여
야 한다"고 주문했다면, 그들(=바벨론 박사들)은 모두 죽임을 당할 수도 있
었습니다. 하지만 만일 그랬다면, 주변의 모든 사람들은 다니엘의 적이
되었을 것입니다.

그러나 지혜로운 다니엘은 그들에게 선처를 호소함으로, 그들을 두 번 살려준 셈이 되었습니다. 첫째는) 자신이 꿈을 해몽함으로, 그들에게 살 길을 열어 준 것과, 둘째는) 자신이 그들을 제거할 수도 있었는데, 그렇게 처신하지 않은 것입니다. 다니엘의 지혜로운 모습입니다.

> † 이에 다니엘이 왕이 바벨론 박사들을 멸하라 명한 아리옥에게로 가서 이르매 그에게 이같이 이르되, '바벨론 박사들을 멸하지 말고' 나를 왕의 앞으로 인도하라 그리하면 내가 그 해석을 왕께 보여 드리리라. 이에 아리옥이 다니엘을 데리고 급히 왕의 앞에 들어가서 고하되, 내가 사로잡혀 온 유다 자손 중에서 한 사람을 얻었나이다 그가 그 해석을 왕께 아시게 하리이다. 왕이 대답하여 벨드사살이라 이름한 다니엘에게 이르되 내가 얻은 꿈과 그 해석을 네가 능히 내게 알게 하겠느냐. 다니엘이 왕 앞에 대답하여 가로되, 왕의 물으신바 은밀한 것은 박사나 술객이나 박수나 점장이가 능히 왕께 보일 수 없으되, 오직 은밀한 것을 나타내실 자는 하늘에 계신 하나님이시라. 그가 느부갓네살 왕에게 후일에 될 일을 알게 하셨나이다. 왕의 꿈 곧 왕이 침상에서 뇌 속으로 받은 이상은 이러하니이다. 왕이여 왕이 침상에 나아가서 장래 일을 생각하실 때에 은밀한 것을 나타내시는 이가 장래 일을 왕에게 알게 하셨사오며, 내게 이 은밀한 것을 나타내심은 내 지혜가 다른 인생보다 나은 것이 아니라, 오직 그 해석을 왕에게 알려서 왕의 마음으로 생각하던 것을 왕으로 알게하려 하심이니이다.(단 2:24-30)

다니엘을 통해서 생명의 구원을 얻은 바벨론의 박사들은, 그 후에 어떠한 명목으로도 다니엘을 송사할 수가 없었습니다(사자굴 사건은 그로부터 수십 년 후에 발생한 사건입니다). 자신들을 죽음에서 건져 준 생명의 은인이기 때문입니다. 그 후에 느부갓네살 왕이 세운 금 신상에게 절하지 않았다고 그들이 세 친구를 고발하면서도, 다니엘을 고발하지 못했던 이유가 거기에 있습니다.

하지만 실질적으로는 다니엘이 그들(=바벨론 박사들)을 모두 죽인 셈입니다. "왕의 물으신바 은밀한 것은 박사나 술객이나 박수나 점장이가 능히 왕께 보일 수 없으되, 오직 은밀한 것을 나타내실 자는 하늘에 계신 하나님이시라."고 선언함으로, 그들과 그들이 섬기는 신들의 무력함을 다니엘이 만천하에 폭로시켰기 때문입니다. 그들과 그들이 섬기는 신들이 동시에 사망 선고를 받은 셈이 되었기 때문입니다. 말로써 그들을 모두 죽인 것입니다. 하나님의 영광이 극도로 높아지는 장면입니다. 여호와를 경외하는 다니엘은 참으로 지혜로운 인물이었습니다.

5
공의의 사람, 다니엘

다니엘이란 이름은 「하나님은 나의 심판자」, 「하나님은 나의 재판관」이란 뜻입니다. "선악간에 인간의 모든 행위를 심판하시는 공의의 하나님을 생각하며, 항상 하나님 앞에서 두려운 마음을 가지고 의롭게 살라"고, 그의 부모가 그에게 지어 준 매우 특이한 이름입니다.

실제로 다니엘은, 그의 이름에 걸맞게, 한평생을 의롭고 깨끗하게 살았습니다. 성경의 인물 가운데 죄와 허물이 보이질 않는 거의 유일한 인물입니다. 그의 정적들이 그의 실수나 허물을 찾고자 눈을 밝히고 살펴보았지만, 그에게서 아무런 실책이나 허물을 찾지 못할 정도로 그는 깨끗한 인물이었습니다. 막대한 권력을 가진 바벨론 제국의 총리로 또는 고위 공직자로 수십 년을 봉직했음에도 불구하고, 그에게서 아무런 실책이나 과실을 발견할 수가 없을 정도로, 그는 공사(公私) 간에 흠이 없는 의로운 인물이었습니다. 다니엘은 철저하게 공의의 사람이었습니다.

✝ 다리오가 자기의 심원대로 방백 일백이십 명을 세워 전국을 통

치하게 하고, 또 그들 위에 총리 셋을 두었으니 다니엘이 그 중에 하나이라. 이는 방백들로 총리에게 자기의 직무를 보고하게 하여 왕에게 손해가 없게 하려함이었더라. 다니엘은 마음이 민첩하여 총리들과 방백들 위에 뛰어나므로 왕이 그를 세워 전국을 다스리게 하고자 한지라. 이에 총리들과 방백들이 국사에 대하여 다니엘을 고소할 틈을 얻고자 하였으나, 능히 아무 틈, 아무 허물을 얻지 못하였으니, 이는 그가 충성되어 아무 그릇함도 없고 아무 허물도 없음이었더라. 그 사람들이 가로되 이 다니엘은 그 하나님의 율법에 대하여 그 틈을 얻지 못하면 그를 고소할 수 없으리라 하고(단 6:1-5)

[공동번역]단 6:4-5
그러자 다른 정승들과 지방장관들은 다니엘이 정사에 무슨 실수라도 하지 않는가 **눈을 밝히고** 보았지만, 그에게서 **트집잡을 만한 허물은 하나도 찾아내지 못하였다.** 다니엘은 충직한 사람이었으므로 아무런 허물도 실수도 없었던 것이다. 그래서 그들은 다니엘에게는 트집잡을 만한 일이 하나도 없으니, 그의 종교를 걸어 트집을 잡자고 의논하였다.

다니엘과 동시대를 살았던 선지자 에스겔은, 인류역사상 하나님 앞에서 가장 의롭게 살다 간 의인 3명을 거론하며, 그 중에 한 사람으로 다니엘을 꼽고 있습니다. 다니엘이, 자신보다 2,000여 년 전의 〈의인 노아〉나, 1,500여 년 전의 〈의인 욥〉과 더불어, 당당히 인류역사 〈3대 의인〉의 반열에 올라 있는 것입니다.

하나님과 동행한 〈의인 에녹〉이나, 믿음의 조상 아브라함보다도, 다니엘이 하나님의 보시기에 더 의로운 인물이었다는 이야기입니다. 그렇게 깨끗하고 의로운 인물이었기에, 하나님께서는 그를 높이 들어 사용했을 뿐만 아니라, 민족 해방을 위한 제물로 받으신 것입니다.

✝ 비록 노아, 다니엘, 욥, 이 세 사람이 거기 있을지라도 그들은 자기의 의로 자기의 생명만 건지리라. 나 주 여호와의 말이니라.(겔 14:14)

† 그러나 노아는 여호와께 은혜를 입었더라. 노아의 사적은 이러 하니라. 노아는 의인이요 당세에 완전한 자라. 그가 하나님과 동행 하였으며(창 6:8-9)

† 우스 땅에 욥이라 이름하는 사람이 있었는데, 그 사람은 순전하 고 정직하여 하나님을 경외하며, 악에서 떠난 자더라.(욥 1:1)

하나님 앞에서 존귀하게 쓰임받은 성경의 인물들 가운데, 허물이나 결점이 보이지 않는 유일한 인물이 바로 다니엘입니다. 에스겔이 말하 는 세 명의 의인(=노아, 다니엘, 욥) 가운데, 다니엘을 제외한 두 명도, 따져 보면 그들에게서 허물이 보입니다.

노아는 홍수 후에 술에 취해서 자녀들에게 경건치 못한 모습을 보였 고, 욥도 극심한 고난을 견디지 못해 나중에는 하나님을 원망합니다. 또한 욥이 '자녀들을 신앙으로 엄격하게 양육했다'는 기록도 없습니다.

그러나 다니엘에게서는 아무런 실책이나 허물이 보이질 않습니다. 그 는 공사 간에 흠이 없는 깨끗한 인물이었습니다. 그렇게 깨끗하고 흠이 없는 인물이었기에, 하나님은 그를 택하셔서 민족해방을 위한 제물로 삼으신 것입니다.

다니엘의 기도문인 다니엘서 9장에는 '공의의 하나님'이란 단어가 세 번씩이나 반복해서 사용되고 있습니다. 하나님의 공의에 비추어 이스 라엘의 심판은 정당한 것이기에, 다니엘이 거기에 대해서 철저하게 회 개하는 기도를 드린 것입니다. 동족의 죄를 책임지고 대신하여 드리는 〈중보 기도〉요, 〈대제사장의 기도〉입니다.

또한 하나님의 공의를 의지하여 민족의 해방과 성전 복구를 위한 기 도를 드리고 있습니다. 하나님의 공의로 민족의 죄를 심판하셨듯이, 하나님의 공의로 이제는 심판을 끝내고 이스라엘을 회복시켜 달라는 것입니다. 공의는 긍휼과 자비의 또 다른 측면이기 때문입니다.

† 주여 공의는 주께로 돌아가고 수욕은 우리 얼굴로 돌아옴이 오늘날과 같아서, 유다 사람들과 예루살렘 거민들과 이스라엘이 가까운 데 있는 자나 먼 데 있는 자가 다 주께서 쫓아 보내신 각국에서 수욕을 입었사오니, 이는 그들이 주께 죄를 범하였음이니이다.(단 9:7)

† 이러므로 여호와께서 이 재앙을 간직하여 두셨다가 우리에게 임하게 하셨사오니, 우리의 하나님 여호와는 행하시는 모든 일이 공의로우시나 우리가 그 목소리를 청종치 아니하였음이니이다.(단 9:14)

† 주여 내가 구하옵나니 주는 주의 공의를 좇으사 주의 분노를 주의 성 예루살렘, 주의 거룩한 산에서 떠나게 하옵소서. 이는 우리의 죄와 우리의 열조의 죄악을 인하여 예루살렘과 주의 백성이 사면에 있는 자에게 수욕을 받음이니이다.(단 9:16)

벨사살 왕의 잔치에서 나타난 분벽의 글씨를 해석하는 장면에서도, 다니엘은 벨사살 왕에게 공의의 하나님을 강조하는 것을 볼 수가 있습니다. "선조인 느부갓네살 왕이 하나님 앞에서 교만하다가 책망을 받은 사건에 대해서 당신이 잘 알면서도, 어떻게 하나님 앞에서 그렇게 경거망동한 행동을 할 수가 있느냐"고, 벨사살 왕을 책망하는 내용입니다. 공의의 하나님께서 왕을 가만히 두지 아니하시고 책망할 것이라는 경고입니다.

실제로 분벽의 글씨를 해석한 결과, 공의의 하나님이 벨사살 왕을 심판하는 〈심판의 메시지〉임이 확인되었고, 벨사살 왕은 그날 밤에 메대와 바사의 연합군에게 죽임을 당하여, 그 일이 역사적으로도 성취가 되었습니다. 공의의 하나님을 정확하게 보여주는 단면입니다.

> † 왕이여 지극히 높으신 하나님이 왕의 부친 느부갓네살에게 나라와 큰 권세와 영광과 위엄을 주셨고, 그에게 큰 권세를 주셨으므로 백성들과 나라들과 각 방언하는 자들이 그의 앞에서 떨며 두려워하였으며, 그는 임의로 죽이며 임의로 살리며 임의로 높이며 임의로 낮추었더니, 그가 마음이 높아지며 뜻이 강퍅하여 교만을 행하므로 그 왕위가 폐한 바 되며 그 영광을 빼앗기고, 인생 중에서 쫓겨나서 그 마음이 들짐승의 마음과 같았고, 또 들나귀와 함께 거하며 또 소처럼 풀을 먹으며 그 몸이 하늘 이슬에 젖었으며, 지극히 높으신 하나님이 인간 나라를 다스리시며 자기의 뜻대로 누구든지 그 위에 세우시는 줄을 알기까지 이르게 되었었나이다. 벨사살이여 왕은 그의 아들이 되어서 이것을 다 알고도 오히려 마음을 낮추지 아니하고, 도리어 스스로 높여서 하늘의 주재를 거역하고 그 전 기명을 왕의 앞으로 가져다가 왕과 귀인들과 왕후들과 빈궁들이 다 그것으로 술을 마시고, 왕이 또 보지도 듣지도 알지도 못하는 금, 은, 동, 철과 목, 석으로 만든 신상들을 찬양하고 도리어 왕의 호흡을 주장하시고 왕의 모든 길을 작정하시는 하나님께는 영광을 돌리지 아니한지라. 이러므로 그의 앞에서 이 손가락이 나와서 이 글을 기록하였나이다. 기록한 글자는 이것이니 곧 『메네 메네 데겔 우바르신』이라. 그 뜻을 해석하건대 메네는 하나님이 이미 왕의 나라의 시대를 세어서 그것을 끝나게 하셨다 함이요, 데겔은 왕이 저울에 달려서 부족함이 뵈었다 함이요, 베레스는 왕의 나라가 나뉘어서 메대와 바사 사람에게 준 바 되었다 함이니이다.(단 5:18-28)

또한 분벽의 글씨를 해석하게 된 과정에서도, 다니엘의 지혜와 공의를 엿볼 수가 있습니다. 그것을 해석하는 데 따르는 왕의 예물과 상급을 다니엘이 정중하게 거절한 것입니다. 당연한 예물과 상급임에도 불구하고 그것들을 거절한 것입니다. 받아도 아무런 문제가 없는 예물임에도 불구하고 거절한 것입니다.

그것은 평소의 다니엘의 삶의 모습을 보여주는 단면입니다. 청렴결백하고 공의로운 다니엘의 품성을 엿볼 수 있는 부분입니다. 총리의 자리가 얼마나 많은 이권이 걸린 자리입니까? 하지만 그가 제국의 총리로, 또는 고위 공직자로 수십 년을 봉직했음에도 불구하고 아무런 허물이나 실책이 없었던 것은, 다니엘이 이런 부분에서 깨끗했기 때문이었습니다. 업무와 관련하여 아무런 뇌물이나 예물을 받지 아니하고, 오직 하나님의 공의에 비추어 범사를 처리했다는 증거입니다. 그래서 그의 정적들이 눈을 밝히고 그의 허물이나 실책을 찾아보려고 애를 썼지만, 전혀 발견할 수가 없었던 것입니다.

또한 '왕의 상급은 다른 사람에게 주시라'고 건의하는 부분에서, 그가 세상의 명예나 지위에도 욕심이 전혀 없는 인물임을 알 수가 있습니다. "하나님이 주신 지혜를 가지고 그것을 해석할 따름인데, 그로 인하여 자신이 명예를 얻고 지위가 높아지는 것을 원치 않는다"는 이야기입니다. 영광을 받으려면 하나님께서 받으셔야지, 자신이 상급을 받을 성격이 아니라는 것입니다. 그래서 '상급을 주시려거든 차라리 다른 사람에게 달라'는 것입니다.

참으로 겸손하고 의로운 모습입니다. '다니엘'이란 이름의 뜻에 걸맞는 모습입니다. 하나님은 이러한 다니엘을 귀하게 보시고, 그의 한평생을 존귀한 자리로 인도하셨습니다. 그리고 그를 제물로 삼아서, 이스라엘을 70년 포로 생활에서 해방시키셨습니다. 다니엘은 깨끗하고 흠이 없는 공의의 사람이었습니다.

✝ 내가 네게 대하여 들은즉 너는 해석을 잘하고 의문을 파한다 하도다. 그런즉 이제 네가 이 글을 읽고 그 해석을 내게 알게 하면 네게 자주옷을 입히고 금사슬을 네 목에 드리우고 너로 나라의 〈셋째 치리자〉를 삼으리라. 다니엘이 왕에게 대답하여 가로되, 왕의 예물은 왕이 스스로 취하시며, 왕의 상급은 다른 사람에게 주옵소서. 그럴지라도 내가 왕을 위하여 이 글을 읽으며 그 해석을 아시게 하리이다. (단 5:16-17)

느부갓네살 왕의 꿈을 해몽하는 장면에서도 다니엘은, 공의의 하나님을 강조하고 있습니다. 하나님 앞에서 교만한 마음을 버리고 겸손할 것과, 가난한 자들을 긍휼히 여기고 공의를 행함으로, 공의의 하나님께 죄 용서를 받으라는 권면입니다. 그렇게만 하면 긍휼의 하나님이 죄를 용서하시고, 징계를 면하게 하실지도 모른다는 충고입니다. 하지만 느부갓네살은 이 충고를 외면하고 교만한 행동을 취하다가, 하나님의 징계를 받아서 왕위에서 쫓겨나고, 7년 동안이나 짐승과 같은 삶을 살아야만 했습니다.

✝ 그런즉 왕이여 나의 간하는 것을 받으시고, 공의를 행함으로 죄를 속하고, 가난한 자를 긍휼히 여김으로 죄악을 속하소서. 그리하시면 왕의 평안함이 혹시 장구하리이다 하였느니라… 이 모든 일이 다 나 느부갓네살 왕에게 임하였느니라. 열두 달이 지난 후에 내가 바벨론 궁 지붕에서 거닐새, 나 왕이 말하여 가로되 이 큰 바벨론은 내가 능력과 권세로 건설하여 나의 도성을 삼고, 이것으로 내 위엄의 영광을 나타낸 것이 아니냐 하였더니, 이 말이 오히려 나 왕의 입에 있을 때에 하늘에서 소리가 내려 가로되, 느부갓네살 왕아 네게 말하노니 나라의 위가 네게서 떠났느니라. 네가 사람에게서 쫓겨나서 들짐승과 함께 거하며 소처럼 풀을 먹을 것이요, 이와 같이 〈일곱 때〉를 지내서 지극히 높으신 자가 인간나라를 다스리시며 자기의 뜻대로 그것을 누구에게든지 주시는 줄을

알기까지 이르리라 하더니, 그 동시에 이 일이 나 느부갓네살에게 응하므로, 내가 사람에게 쫓겨나서 소처럼 풀을 먹으며 몸이 하늘 이슬에 젖고, 머리털이 독수리 털과 같았고 손톱은 새 발톱과 같았었느니라. (단 4:27-33)

다니엘서의 마지막 부분에서도, 다니엘은 공의의 하나님을 강조하고 있습니다. 종말에 생명의 부활과 심판의 부활이 있을 것이며, 이 땅에 사는 동안 많은 사람을 옳은 길로 인도한 자들이, 하늘의 별과 같은 상급을 받게 된다는 것입니다.

공의의 하나님은 공평하시기에, 심는 대로 거두는 것이 하나님의 법칙입니다. 이 진리를 깨달은 다니엘은, 자신의 한평생을 하나님 앞에 제물로 드리는 삶을 살았습니다. 자신의 삶 전체를 하나님 앞에 제물로 바친 것입니다.

하나님은 거룩하시기에 흠있는 제물을 받지 않으십니다. 그래서 다니엘은 자신의 삶을 깨끗하게 유지하였습니다. 삶의 목적이 하나님 앞에 흠 없는 제물로 사용되는 데 있었기 때문입니다. 그것이 신앙의 본질이기 때문입니다.

하나님은 다니엘의 이러한 모습을 귀히 여기시고, 그를 들어 존귀하게 사용하였을 뿐만 아니라, 이스라엘의 해방을 위한 제물로 사용하셨습니다. 다니엘을 통해서 이스라엘 민족을 70년 포로 생활에서 해방시킨 것입니다. 그는 철저한 공의의 사람이었습니다.

† 그 때에 네 민족을 호위하는 대군 미가엘이 일어날 것이요, 또 환난이 있으리니 이는 개국 이래로 그 때까지 없던 환난일 것이며, 그 때에 네 백성 중 무릇 책에 기록된 모든 자가 구원을 얻을 것이라. 땅의 티끌 가운데서 자는 자 중에 많이 깨어 영생을 얻는 자도

있겠고, 수욕을 받아서 무궁히 부끄러움을 입을 자도 있을 것이며, 〈지혜 있는 자〉는 궁창의 빛과 같이 빛날 것이요, 〈많은 사람을 옳은 데로 돌아오게 한 자〉는 별과 같이 영원토록 비취리라. 다니엘아 마지막 때까지 이 말을 간수하고 이 글을 봉함하라. 많은 사람이 빨리 왕래하며 지식이 더하리라(단 12:1-4)

[공동번역]단 12:2-3
티끌로 돌아갔던 대중이 잠에서 깨어나 영원히 사는 이가 있는가 하면, 영원한 모욕과 수치를 받을 사람도 있으리라. 〈슬기로운 지도자들〉은 밝은 하늘처럼 빛날 것이다. 〈대중을 바로 이끈 지도자들〉은 별처럼 길이길이 빛날 것이다.

  자신을 하나님 앞에 제물로 드림으로 많은 사람을 옳은 데로 돌아오게 하고, 동족을 바벨론 포로 생활에서 해방시킨 다니엘은, 궁창의 빛과 같이 영원히 기억될 인물입니다. 그는, 600여 년 후에 이 땅에 오실 예수님을 강력하게 예표하는 인물이었습니다. 「하나님은 나의 심판자」라는 그의 이름에 걸맞게, 그는 하나님 앞에서 깨끗하고 의로운 삶을 살았습니다. 믿음의 사람 다니엘은, 공의의 사람이었습니다.

6
겸손한 사람, 다니엘

다니엘은 그의 전체 생애를 통해서, 교만함으로 하나님께 책망을 받거나 넘어지는 일이 전혀 없었습니다. 온유함이 지면의 모든 사람보다 뛰어났던 모세도 '가데스의 므리바 물가'에서 혈기를 부리고 교만한 말과 행동을 함으로 크게 넘어진 일이 있습니다. 그 일로 그는 가나안 땅에 입국할 수 있는 자격을 박탈당했습니다.

하나님의 마음에 합했던 다윗도 교만한 마음을 품고 왕궁의 옥상을 배회하다가 결국은 밧세바를 범하는 우를 범했습니다. 또한 교만한 마음으로 〈인구 조사〉를 실시했다가 하나님 앞에서 크게 책망을 받고, 무고한 백성이 온역으로 70,000명이나 죽는 엄청난 재앙을 불러왔습니다. 모세와 다윗도 그렇게 한순간의 교만함으로 넘어진 것입니다.

하지만 다니엘은 그의 삶 전체를 통해서 교만하여 하나님 앞에 책망을 받거나, 넘어진 일이 전혀 없었습니다. 그래서 그의 삶에 굴곡이 없이, 시종을 하나님 앞에 존귀하게 쓰임을 받은 것입니다. 하나님께서 그를 연단하실 이유가 없었기 때문입니다.

다니엘은 참으로 온유하고 겸손한 인물이었습니다. 온유하고 겸손하신 예수님을 예표하는 인물이었습니다.

느부갓네살의 꿈을 해석하는 장면에서도, 다니엘은 자신의 지혜를 과시하는 말이나 행동을 전혀 하지 않았습니다. 자신의 의를 조금도 드러내지 아니하고, 겸손한 자세로 오직 하나님의 영광만을 드러냈습니다. 벨사살 왕 때에 왕궁의 벽에 쓰여진 글씨를 해석함으로 자신에게 주어질 상급이나, 명예와 지위를 정중하게 거절하는 장면에서도, 그의 깨끗함과 겸손함을 엿볼 수 있습니다.

다니엘은 높은 지위나 명예에 관심이 없는, 깨끗하고 겸손한 인물이었습니다. 그래서 그의 정적들이 다니엘의 허물을 찾으려고 눈을 밝히고 살펴보았지만, 그에게서 아무 허물이나 과실을 찾을 수가 없었던 것입니다. 그러한 다니엘을 하나님은 높이 들어 존귀하게 사용하셨습니다.

> † 다니엘이 왕 앞에 대답하여 가로되, 왕의 물으신바 은밀한 것은 박사나 술객이나 박수나 점장이가 능히 왕께 보일 수 없으되, 오직 은밀한 것을 나타내실 자는 하늘에 계신 하나님이시라. 그가 느부 갓네살 왕에게 후일에 될 일을 알게 하셨나이다. 왕의 꿈 곧 왕이 침상에서 뇌 속으로 받은 이상은 이러하니이다. 왕이여 왕이 침상에 나아가서 장래 일을 생각하실 때에, 은밀한 것을 나타내시는 이가 장래 일을 왕에게 알게 하셨사오며, 내게 이 은밀한 것을 나타내심은 내 지혜가 다른 인생보다 나은 것이 아니라, 오직 그 해석을 왕에게 알려서 왕의 마음으로 생각하던 것을 왕으로 알게 하려 하심이니이다.(단 2:27-30)

> † 내가 네게 대하여 들은즉 너는 해석을 잘하고 의문을 파한다 하도다. 그런즉 이제 네가 이 글을 읽고 그 해석을 내게 알게 하면 네게 자주옷을 입히고 금사슬을 네 목에 드리우고 너로 나라의 〈셋째 치리자〉를 삼으리라. 다니엘이 왕에게 대답하여 가로되, 왕의

예물은 왕이 스스로 취하시며, 왕의 상급은 다른 사람에게 주옵소서. 그럴지라도 내가 왕을 위하여 이 글을 읽으며 그 해석을 아시게 하리이다.(단 5:16-17)

또한 정적들의 모함으로 무고히 죄를 입고 사자굴에 들어가게 되었으나, 하나님의 은혜로 보호하심을 입어 무사히 살아 나온 다니엘은, 왕 앞에서 자신의 정적들을 비방하거나 그들의 처벌을 주장하지 않았습니다. 오직 온유하고 겸손한 자세로, 자신의 무죄함을 간단하게 언급할 따름이었습니다.

† 이튿날에 왕이 새벽에 일어나 급히 사자굴로 가서 다니엘의 든 굴에 가까이 이르러는 슬피 소리질러 다니엘에게 물어 가로되, 사시는 하나님의 종 다니엘아, 너의 항상 섬기는 네 하나님이 사자에게서 너를 구원하시기에 능하셨느냐. 다니엘이 왕에게 고하되 왕이여 원컨대 왕은 만세수를 하옵소서. 나의 하나님이 이미 그 천사를 보내어 사자들의 입을 봉하셨으므로 사자들이 나를 상해치 아니하였사오니, 이는 나의 무죄함이 그 앞에 명백함이오며, 또 왕이여 나는 왕의 앞에도 해를 끼치지 아니하였나이다. 왕이 심히 기뻐서 명하여 다니엘을 굴에서 올리라 하매 그들이 다니엘을 굴에서 올린즉, 그 몸이 조금도 상하지 아니하였으니 이는 그가 자기 하나님을 의뢰함이었더라. 왕이 명을 내려 다니엘을 참소한 사람들을 끌어오게 하고, 그들을 그 처자들과 함께 사자굴에 던져 넣게 하였더니, 그들이 굴 밑에 닿기 전에 사자가 곧 그들을 움켜서 그 뼈까지도 부숴뜨렸더라.(단 6:19-24)

다니엘은, 바벨론 제국의 총리라는 높은 신분이었음에도 불구하고, 늘 하나님 앞에서 땅에 엎드려 기도를 하였습니다. 금식하며 베옷을 입고 재를 뒤집어쓰고, 땅에 엎드려서 간절하게 기도하였습니다. 제국의 총리임에도 불구하고, 하나님 앞에서 스스로를 낮추어 겸비한 (=humble)자세로 하나님의 뜻을 구한 것입니다. 그러한 다니엘에게 하나님은, 조국의 장래는 물론, 인류역사의 중요한 비밀들을 계시해 주셨습니다.

† 나 다니엘이 이 이상을 보고 그 뜻을 알고자 할 때에 사람 모양 같은 것이 내 앞에 섰고, 내가 들은즉 을래 강 두 언덕 사이에서 사람의 목소리가 있어 외쳐 이르되, 가브리엘아 이 이상을 이 사람에게 깨닫게 하라 하더니, 그가 나의 선 곳으로 나아왔는데 그 나아올 때에 내가 두려워서 얼굴을 땅에 대고 엎드리매, 그가 내게 이르되 인자야 깨달아 알라 이 이상은 〈정한 때 끝〉에 관한 것이니라. 그가 내게 말할 때에 내가 얼굴을 땅에 대고 엎드리어 깊이 잠들매 그가 나를 어루만져서 일으켜 세우며 가로되, 진노하시는 때가 마친 후에 될 일을 내가 네게 알게 하리니, 이 이상은 〈정한 때 끝〉에 관한 일임이니라. (단 8:15-19)

† 바사 왕 고레스 삼년에 한 일이 벨드사살이라 이름한 다니엘에게 나타났는데, 그 일이 참되니 곧 〈큰 전쟁〉에 관한 것이라. 다니엘이 그 일을 분명히 알았고 그 이상을 깨달으니라… 그러므로 나만 홀로 있어서 이 큰 이상을 볼 때에 내 몸에 힘이 빠졌고, 나의 아름다운 빛이 변하여 썩은 듯하였고 나의 힘이 다 없어졌으나, 내가 그 말소리를 들었는데 그 말소리를 들을 때에 내가 얼굴을 땅에 대고 깊이 잠들었었느니라. 한 손이 있어 나를 어루만지기로 내가 떨더니, 그가 내 무릎과 손바닥이 땅에 닿게 일으키고 내게 이르되, 은총을 크게 받은 사람 다니엘아 내가 네게 이르는 말을 깨닫고 일어서라. 내가 네게 보내심을 받았느니라. 그가 내게 이 말을 한 후에 내가 떨며 일어서매, 그가 이르되 다니엘아 두려워하지 말라. 네가 깨달으려 하여 네 하나님 앞에 스스로 겸비케 하기로 결심하던 첫 날부터 네 말이 들으신바 되었으므로, 내가 네 말로 인하여 왔느니라… 그가 이런 말로 내게 이를 때에 내가 곧 얼굴을 땅에 향하고 벙벙하였더니, 인자와 같은 이가 있어 내 입술을

만진지라. 내가 곧 입을 열어 내 앞에 섰는 자에게 말하여 가로되, 내 주여 이 이상을 인하여 근심이 내게 더하므로 내가 힘이 없어졌나이다. 내 몸에 힘이 없어졌고 호흡이 남지 아니하였사오니, 내 주의 이 종이 어찌 능히 내 주로 더불어 말씀할 수 있으리이까.(단 10:1-17)

다니엘서 9장은 그가 조국의 해방을 위해 기도한 기도문으로, 그의 겸손함이 돋보이는 부분입니다. 민족의 해방을 위하여 스스로 제물이 되기로 자처한 다니엘은, 베옷을 입고 재를 무릅쓴 채 금식하면서, 조국의 해방을 위하여 간절한 기도를 드렸습니다. 자신의 죄와 백성의 죄를 철저히 회개하는 〈제사장적 기도〉를 드린 것입니다.

다니엘은 이 기도를 드리다가 자신이 사자굴 속에 던져지는 비운을 겪었습니다. 하지만 하나님은 이 기도를 받으시고 고레스 왕의 마음을 감동시켜, 이스라엘을 70년 바벨론 포로 생활에서 해방시키셨습니다. 의인인 다니엘을 제물로 삼아서, 이스라엘을 해방시키신 것입니다.

흠이 없는 다니엘 자신이 기도의 제물과 희생의 제물이 되어서, 조국을 바벨론 포로에서 해방시킨 것입니다. 의인인 다니엘이 철저히 낮은 자의 자세로, 자신의 죄와 백성의 죄를 회개하는 참회의 기도를 드린 것입니다. 다니엘의 겸손함이요, 다니엘의 위대함입니다.

† 메대 족속 아하수에로의 아들 다리오가 갈대아 나라 왕으로 세움을 입던 원년, 곧 그 통치 원년에 나 다니엘이 서책으로 말미암아 여호와의 말씀이 선지자 예레미야에게 임하여 고하신 그 년수를 깨달았나니, 곧 예루살렘의 황무함이 칠십 년 만에 마치리라 하신 것이라. 내가 금식하며 베옷을 입고 재를 무릅쓰고, 주 하나님께 기도하며 간구하기를 결심하고, 내 하나님 여호와께 기도하며 자복하여 이르기를, 크시고 두려워할 주 하나님, 주를 사랑

하고 주의 계명을 지키는 자를 위하여 언약을 지키시고 그에게 인자를 베푸시는 자시여, 우리는 이미 범죄하여 패역하며 행악하며 반역하여 주의 법도와 규례를 떠났사오며, 우리가 또 주의 종 선지자들이 주의 이름으로 우리의 열왕과 우리의 방백과 열조와 온 국민에게 말씀한 것을 듣지 아니하였나이다.(단 9:1-6)

그렇다면, 백성의 죄는 그렇다 치더라도, 의인인 다니엘이 무슨 죄가 있어서 그렇게 자신의 죄를 철저히 회개하였을까요?

첫째는, 하나님 앞에서 〈기도하기를 게을리한 죄〉를 회개하였을 것입니다. 바쁜 총리의 일정상, 다니엘이 평소에 시간을 내어 하나님 앞에서 기도하기란 쉬운 일이 아니었을 것입니다. 또한 바벨론 제국의 총리로 있다 보니, 조국을 위해서 별도로 기도하기가 쉽지 않았을 것입니다. 다니엘이 그것을 회개한 것입니다. 지도자가 기도하기를 게을리하는 것은 죄 중에 죄이기 때문입니다.

둘째는, 하나님 앞에서 〈감사하기를 게을리한 죄〉를 회개하였을 것입니다. 포로의 신분인 자신에게 베풀어 주신 하나님의 망극한 은혜를 생각하며, 항상 감사하는 삶을 살아야만 했는데, 세월이 흐르면서 그 감각이 무디어진 것입니다. 감사 찬송, 감사 기도, 감사의 고백을 드리기에 게을리한 것입니다. 그것을 다니엘이 회개한 것입니다. 감사와 찬송과 고백은 히브리어 어원이 동일합니다. 동일한 의미입니다.

다니엘의 숨은 공로로, 이스라엘이 70년 포로 생활을 청산하고 해방이 되었습니다. 〈사자굴 사건〉에서부터 〈고레스의 칙령〉에 이르기까지, 그 모든 것에 관여한 주인공이 바로 다니엘입니다.

하지만 다니엘서 어디에도 거기에 대한 언급이 없습니다. 다니엘이 자신의 공로에 대해서 철저히 함구한 것입니다. 후대에 예루살렘 성벽을 건축한 총독 느헤미야가, 자신의 공로를 기록하고 그것을 인정해 달라고 하나님 앞에서 기도하는 장면과 비교할 때 너무나 대조를 이룹니다.

다니엘의 공로를 인정하고 그것을 기록한 것은, 600여 년 후의 역사가인 〈유대의 요세푸스〉입니다. 다니엘은 참으로 온유하고 겸손한 인물이었습니다. 그는 장차 오실 예수님을 완벽하게 예표하는, 진정한 믿음의 사람이었습니다.

7
경건의 사람, 다니엘

　믿음의 비밀과 복음의 비밀을 간직한 다니엘은, 대표적으로 경건의 비밀과 경건의 능력을 소유한 인물이었습니다. 「하나님은 나의 심판자」라는 그의 이름에 걸맞게, 다니엘은 한 평생을 여호와를 경외하는 가운데, 경건하고 흠이 없는 삶을 살았습니다. 그래서 사단은 그를 송사할 아무런 구실을 찾지 못했고, 하나님은 그러한 다니엘을 사랑하셔서, 그의 한 평생을 당신의 뜻을 이루는 도구로 존귀하게 사용하신 것입니다.

1. 다니엘은 경건의 비밀을 소유한 사람이었습니다

　깨끗한 양심에 믿음의 비밀을 간직한 다니엘은, 경건의 비밀을 소유한 인물이었습니다. 경건의 비밀은 복음의 비밀이요 하나님의 비밀입니다. 하나님의 말씀을 주야로 묵상하며, 항상 기도하는 가운데 하나님의 깊은 뜻을 헤아린 다니엘, 그 뜻을 이루기 위해서 발버둥을 쳤습니다. 경건하신 하나님은 경건한 자와 함께하시고 경건한 자의 기도를 들으시기에, 다니엘은 그것(=경건)을 이루기 위해서 부단한 노력을 한 것입니다.

하나님은 그러한 다니엘의 삶을 제물로 받으시고, 그를 통하여 당신의 영광을 크게 드러내셨습니다. 그의 한평생을 당신의 뜻을 이루는 거룩한 도구로 존귀하게 사용하신 것입니다. 다니엘은 경건의 비밀을 소유한 경건의 사람이었습니다.

† 크도다 〈경건의 비밀〉이여, 그렇지 않다 하는 이 없도다. 그는 육신으로 나타난 바 되시고 영으로 의롭다 하심을 입으시고, 천사들에게 보이시고 만국에서 전파되시고, 세상에서 믿은 바 되시고 영광 가운데서 올리우셨음이니라.(딤전 3:16)

† 망령되고 허탄한 신화를 버리고 오직 경건에 이르기를 연습하라. 육체의 연습은 약간의 유익이 있으나 경건은 범사에 유익하니, 금생과 내생에 약속이 있느니라.(딤전 4:7-8)

† 하나님이 죄인을 듣지 아니하시고, 〈경건하여 그의 뜻대로 행하는 자〉는 들으시는 줄을 우리가 아나이다.(요 9:31)

† 여호와께서 자기를 위하여 〈경건한 자〉를 택하신 줄 너희가 알지어다. 내가 부를 때에(=기도) 여호와께서 (언제나)들으시리로다.(시 4:3)

† 무릇 〈경건한 자〉는 주를 만날 기회를 타서(=죄를 깨달을 때에) 주께 기도할지라. 진실로 홍수가 범람할지라도 저에게 미치지 못하리이다.(시 32:6)

2. 다니엘은 경건의 능력을 소유한 사람이었습니다

경건의 비밀을 소유한 다니엘이 그것(=경건)을 이루기 위해 자신의 삶을 온전히 하나님께 드리자, 하나님은 그 제물을 받으시고, 그를 통하여 당신의 영광과 능력을 크게 드러내셨습니다. 대표적인 것이 〈사자굴 사건〉이며, 느부갓네살 왕의 〈꿈 해몽〉을 통하여 하나님의 영광이 크게 드러나는 장면입니다.

세 친구의 〈풀무불 사건〉도 이와 동일합니다. 경건의 능력이 하나님의 능력으로 나타나는 장면들입니다. 사자굴과 풀무불보다도 더 강력한 것이 경건의 능력입니다. 경건은 하나님의 능력이기 때문입니다. 경건은 복음의 능력이요 성령의 능력이기 때문입니다. 경건은 복음의 비밀이며 십자가의 비밀입니다.

1) 비상한 지혜와 뛰어남

경건은 하나님의 능력이자 하나님의 지혜입니다. 온 우주를 창조하시고 붙드시며 별의 숫자를 헤아리시는 하나님의 능력과 지혜입니다. 그분의 지혜와 능력에 비교한다면 인간의 지혜와 능력은 티끌이나 먼지에도 비교할 수 없습니다. 열방의 지혜를 모두 합한다 해도 하나님의 능력과 지혜에 비교하면 통의 한 방울 물에도 미치지 못합니다.

경건의 능력을 소유한 다니엘이 그러한 하나님의 지혜를 소유했습니다. 모든 인간의 지혜를 압도적으로 능가하는 탁월한 지혜요, 비상한 지혜인 것입니다.

✝ 하나님이 이 네 소년에게 지식을 얻게 하시며, 모든 학문과 재주

에 명철하게 하신 외에, 다니엘은 또 모든 이상과 몽조를 깨달아 알더라. 왕의 명한바 그들을 불러들일 기한이 찼으므로, 환관장이 그들을 데리고 느부갓네살 앞으로 들어갔더니, 왕이 그들과 말하여 보매, 무리 중에 다니엘과 하나냐와 미사엘과 아사랴와 같은 자 없으므로, 그들로 왕 앞에 모시게 하고, 왕이 그들에게 모든 일을 묻는 중에 그 지혜와 총명이 온 나라 박수와 술객보다 십 배나 나은 줄을 아니라.(단 1:17-20)

† 왕의 나라에 〈거룩한 신들의 영〉이 있는 사람이 있으니, 곧 왕의 부친 때에 있던 자로서 명철과 총명과 지혜가 있어 〈신들의 지혜〉와 같은 자라. 왕의 부친 느부갓네살 왕이 그를 세워 박수와 술객과 갈대아 술사와 점장이의 어른을 삼으셨으니, 왕이 벨드사살이라 이름한 이 다니엘의 마음이 민첩하고 지식과 총명이 있어 능히 꿈을 해석하며 은밀한 말을 밝히며 의문을 파할 수 있었음이라. 이제 다니엘을 부르소서 그리하시면 그가 그 해석을 알려드리리이다. 이에 다니엘이 부름을 입어 왕의 앞에 나오매 왕이 다니엘에게 말하여 가로되, 네가 우리 부왕이 유다에서 사로잡아 온 유다 자손 중의 그 다니엘이냐. 내가 네게 대하여 들은즉 네 안에는 〈신들의 영〉이 있으므로 네가 명철과 총명과 비상한 지혜가 있다 하도다.(단 5:11-14)

† 다니엘은 마음이 민첩하여 총리들과 방백들 위에 뛰어나므로, 왕이 그를 세워 전국을 다스리게 하고자 한지라.(단 6:3)

[공동번역]단 6:3
다니엘에게는 **놀라운 신통력**이 있어서 어느 정승이나 지방장관보다 뛰어났으므로, 왕은 그에게 전국을 다스리게 하였다.

[NKJV]단 6:3
Then this Daniel **distinguished** himself above the governors and satraps, because an **excellent spirit** was in him; and the king gave thought to setting him over the whole realm.

2) 하나님의 전신갑주

경건은 비둘기같이 순결한 하나님의 지혜입니다. 너무나 깨끗해서 아무리 털어도 먼지가 나질 않습니다. 허물이나 틈이 전혀 보이지 않는 완벽한 무기입니다. 하나님의 전신갑주인 것입니다.

사단은 그러한 자를 공격할 수가 없습니다. 공격할 틈이 없기 때문입니다. 사자굴도 풀무불도 통하질 않습니다. 환경을 초월한 하나님의 능력이기 때문입니다.

다니엘이 그러한 능력을 소유한 인물이었습니다. 그래서 그가 사자와 같은 정적들의 틈에서 그렇게 생존할 수가 있었던 것입니다. 실제로 사자굴 속에서도 생존할 수가 있었던 것입니다. 경건의 능력은 하나님의 전신갑주입니다.

✝ 다니엘은 마음이 민첩하여 총리들과 방백들 위에 뛰어나므로, 왕이 그를 세워 전국을 다스리게 하고자 한지라. 이에 총리들과 방백들이 국사에 대하여 다니엘을 고소할 틈을 얻고자 하였으나, 능히 아무 틈, 아무 허물을 얻지 못하였으니, 이는 그가 충성되어 아무 그릇함도 없고 아무 허물도 없음이었더라. 그 사람들이 가로되 이 다니엘은 그 하나님의 율법에 대하여 그 틈을 얻지 못하면 그를 고소할 수 없으리라 하고(단 6:3-5)

✝ 이튿날에 왕이 새벽에 일어나 급히 사자굴로 가서 다니엘의 든 굴에 가까이 이르러는 슬피 소리질러 다니엘에게 물어 가로되, 사시는 하나님의 종 다니엘아, 너의 항상 섬기는 네 하나님이 사자에게서 너를 구원하시기에 능하셨느냐. 다니엘이 왕에게 고하되 왕이여 원컨대 왕은 만세수를 하옵소서. 나의 하나님이 이미 그 천사를 보내어 사자들의 입을 봉하셨으므로, 사자들이 나를 상해치 아니하였사오니, 이는 나의 무죄함이 그 앞에 명백함이오며, 또 왕이여 나는 왕의 앞에도 해를 끼치지 아니하였나이다. 왕이 심히 기

뻐서 명하여 다니엘을 굴에서 올리라 하매 그들이 다니엘을 굴에서 올린즉, 그 몸이 조금도 상하지 아니하였으니 이는 그가 자기 하나님을 의뢰함이었더라. 왕이 명을 내려 다니엘을 참소한 사람들을 끌어오게 하고, 그들을 그 처자들과 함께 사자굴에 던져 넣게 하였더니, 그들이 굴 밑에 닿기 전에 사자가 곧 그들을 움켜서 그 뼈까지도 부숴뜨렸더라. (단 6:19-24)

† 왕이 또 말하여 가로되, 내가 보니 결박되지 아니한 네 사람이 불 가운데로 다니는데 상하지도 아니하였고, 그 넷째의 모양은 〈신들의 아들〉과 같도다 하고, 느부갓네살이 극렬히 타는 풀무 아구 가까이 가서 불러 가로되, 지극히 높으신 하나님의 종 사드락, 메삭, 아벳느고야 나와서 이리로 오라 하매, 사드락과 메삭과 아벳느고가 불 가운데서 나온지라. 방백과 수령과 도백과 왕의 모사들이 모여 이 사람들을 본즉, 불이 능히 그 몸을 해하지 못하였고 머리털도 그슬리지 아니하였고 고의 빛도 변하지 아니하였고 불 탄 냄새도 없었더라. (단 3:25-27)

3) 강하고 담대한 믿음

경건의 능력을 소유한 자는 강하고 담대할 수밖에 없습니다. 만유를 통치하시고 다스리시는 하나님의 능력이 함께하기 때문입니다. 모든 환경과 장애를 초월하는 하나님의 능력이 함께하기 때문입니다. 경건의 능력은 사자의 이빨보다도 강하고, 풀무불의 권세보다도 강력한 하나님의 능력입니다. 다니엘이 그 믿음을 소유했기에 강하고 담대하게 장애물들을 극복할 수가 있었습니다.

† 다니엘이 이 조서에 어인이 찍힌 것을 알고도 자기 집에 돌아가서는, 그 방(=다락방)의 예루살렘으로 향하여 열린 창에서 전에 행하던 대로, 하루 세 번씩 무릎을 꿇고 기도하며 그 하나님께 감사(=

찬송)하였더라. 그 무리들이 모여서 다니엘이 자기 하나님 앞에 기도하며 간구하는 것을 발견하고, 이에 그들이 나아가서 왕의 금령에 대하여 왕께 아뢰되, 왕이여 왕이 이미 금령에 어인을 찍어서, 이제부터 삼십일 동안에 누구든지 왕 외에 어느 신에게나 사람에게 구하면 〈사자굴〉에 던져 넣기로 하지 아니하였나이까. 왕이 대답하여 가로되, 이 일이 적실하니 메대와 바사의 변개치 아니하는 규례대로 된 것이니라. 그들이 왕 앞에서 대답하여 가로되, 왕이여 사로잡혀 온 유다 자손 중에 그 다니엘이, 왕과 왕의 어인이 찍힌 금령을 돌아보지 아니하고, 하루 세 번씩 기도하나이다.(단 6:10-13)

† 느부갓네살 왕이 노하고 분하여 사드락과 메삭과 아벳느고를 끌어 오라 명하매, 드디어 그 사람들을 왕의 앞으로 끌어온지라. 느부갓네살이 그들에게 물어 가로되, 사드락, 메삭, 아벳느고야 너희가 내 신을 섬기지 아니하며, 내가 세운 그 신상에게 절하지 아니하니 짐짓 그리하였느냐. 이제라도 너희가 예비하였다가 언제든지 나팔과 피리와 수금과 삼현금과 양금과 생황과 및 모든 악기 소리를 듣거든, 내가 만든 신상 앞에 엎드리어 절하면 좋거니와, 너희가 만일 절하지 아니하면 즉시 너희를 〈극렬히 타는 풀무〉 가운데 던져 넣을 것이니, 능히 너희를 내 손에서 건져낼 신이 어떤 신이겠느냐. 사드락과 메삭과 아벳느고가 왕에게 대답하여 가로되, 느부갓네살이여 우리가 이 일에 대하여 왕에게 대답할 필요가 없나이다. 만일 그럴 것이면 왕이여, 우리가 섬기는 우리 하나님이 우리를 극렬히 타는 풀무 가운데서 능히 건져 내시겠고, 왕의 손에서도 건져내시리이다. 그리 아니하실지라도 왕이여 우리가 왕의 신들을 섬기지도 아니하고, 왕의 세우신 금 신상에게 절하지도 아니할 줄을 아옵소서.(단 3:13-18)

4) 복음의 능력, 십자가의 능력

믿음의 비밀인 경건은 복음의 능력이자 십자가의 능력입니다. 살고자 하면 죽고 죽고자 하면 사는 것이 십자가의 비밀입니다. 우겨쌈을 당하고 답답한 일을 당하고 거꾸러뜨림을 당하여도, 묵묵히 주어진 십자가를 감당하면, 예수의 생명이 우리에게 나타나 넉넉히 살고 승리하는 역사가 있는 것입니다. 또한 경건의 삶은 곧 십자가의 삶이기에, 십자가의 능력이 곧 경건의 능력이 되는 것입니다. 복음의 비밀입니다.

† 만일 우리 복음이 가리웠으면 망하는 자들에게 가리운 것이라. 그 중에 이 세상 신이 믿지 아니하는 자들의 마음을 혼미케 하여, 〈그리스도의 영광의 복음의 광채〉가 비취지 못하게 함이니, 그리스도는 하나님의 형상이니라. 우리가 우리를 전파하는 것이 아니라, 오직 그리스도 예수의 주 되신 것과, 또 예수를 위하여 우리가 너희의 종 된 것을 전파함이라. 어두운 데서 빛이 비취리라 하시던 그 하나님께서, 예수 그리스도의 얼굴에 있는 〈하나님의 영광을 아는 (지식의)빛〉을 우리 마음에 비취셨느니라. 우리가 이 보배를 질그릇에 가졌으니 이는, 능력의 심히 큰 것이 하나님께 있고 우리에게 있지 아니함을 알게 하려 함이라. 우리가 사방으로 우겨쌈을 당하여도 싸이지 아니하며 답답한 일을 당하여도 낙심하지 아니하며, 핍박을 받아도 버린 바 되지 아니하며 거꾸러뜨림을 당하여도 망하지 아니하고, 우리가 항상 〈예수 죽인 것(=십자가)〉을 몸에 짊어짐은, 예수의 생명도 우리 몸에 나타나게 하려 함이라. 우리 산 자가 항상 예수를 위하여 죽음에 넘기움은, 예수의 생명이 또한 우리 죽을 육체에 나타나게 하려 함이니라. 그런즉 사망은 우리 안에서 역사하고 생명은 너희 안에서 하느니라.(고후 4:3-12)

해설 질그릇에 담긴 보배는 '복음의 빛, 복음의 광채, 예수 십자가'를 의미합니다. 복음의 능력이 십자가의 능력이며 경건의 능력인 것입니다. 질그릇은 연약하지만 그 안에 담긴 보배가 능력이 있어서 생명과 승리의 역사를 일으킵니다.

† 우리가 이 직책이 훼방을 받지 않게 하려고 무엇에든지 아무에게도 거리끼지 않게 하고, 오직 모든 일에 하나님의 일꾼으로 자천하여, 많이 견디는 것과 환난과 궁핍과 곤란과, 매맞음과 갇힘과 요란한 것과 수고로움과 자지 못함과 먹지 못함과, 깨끗함과 지식

과 오래 참음과 자비함과 성령의 감화와 거짓이 없는 사랑과, 〈진리의 말씀〉과 〈하나님의 능력〉 안에 있어 의의 병기로 좌우하고, 영광과 욕됨으로 말미암으며 악한 이름과 아름다운 이름으로 말미암으며, 속이는 자 같으나 참되고 무명한 자 같으나 유명한 자요, 죽는 자 같으나 보라 우리가 살고 징계를 받는 자 같으나 죽임을 당하지 아니하고, 근심하는 자 같으나 항상 기뻐하고 가난한 자 같으나 많은 사람을 부요하게 하고, 아무 것도 없는 자 같으나 모든 것을 가진 자로다.(고후 6:3-10)

† 이에 예수께서 제자들에게 이르시되, 아무든지 나를 따라 오려거든 자기를 부인하고, 자기 십자가를 지고 나를 좇을 것이니라. 누구든지 제 목숨을 구원코자 하면 잃을 것이요, 누구든지 나를 위하여 제 목숨을 잃으면 찾으리라.(마 16:24-25)

† 내가 복음을 부끄러워하지 아니하노니, 이 복음은 모든 믿는 자에게 구원을 주시는 〈하나님의 능력〉이 됨이라. 첫째는 유대인에게요 또한 헬라인에게로다. 복음에는 하나님의 의가 나타나서 믿음으로 믿음에 이르게 하나니, 기록된 바 오직 의인은 믿음(=복음)으로 말미암아 살리라 함과 같으니라.(롬 1:16-17)

† 오직 성령이 너희에게 임하시면 너희가 권능을 받고, 예루살렘과 온 유대와 사마리아와 땅 끝까지 이르러 내 증인이 되리라 하시니라.(행 1:8)

8
절제의 사람, 다니엘

경건한 다니엘의 삶은 시종일관 철저히 자신을 절제하는 삶이었습니다. 그래서 그가 사자들의 틈바구니에서 생존할 수가 있었을 뿐만 아니라, 사자굴과 풀무불의 시험을 통과하고 끝까지 살아 남을 수가 있었습니다.

그는 성경 전체의 인물 중에서도 흠을 찾을 수가 없는 거의 유일한 인물입니다. 부단한 경건의 훈련을 통하여 경건의 능력을 쌓은 결과입니다. 경건의 능력을 소유한 다니엘은, 자신을 절제할 수 있는 힘을 지닌 절제의 사람이었습니다.

1. 음식의 절제

육신은 영혼을 담고 있는 그릇이기에, 육신이 정결하지 못하면 영혼의 거룩을 기대할 수가 없습니다. 그러므로 다니엘은 부단히 자신의 육신을 정결케 하기 위해 노력하였습니다. 육신이 죄의 도구로 사용되지 않도록 정결한 삶을 살았을 뿐만 아니라, 먹는 음식까지도 절제하여 부정한 것들을 멀리하였습니다. 왕의 진미와 포도주는 통상 우상에게 바쳤던 제물들입니다. 그래서 우상의 제물인 그것들을 다니엘이 거부한 것입니다.

또한 다니엘은 중요한 목적을 두고 기도할 때마다 금식하거나 좋은 음식들을 멀리하였습니다. 육신이 안일하면, 영혼이 민감할 수가 없기 때문입니다.

✝ 다니엘은 뜻을 정하여, 왕의 진미와 그의 마시는 포도주로 자기를 더럽히지 아니하리라 하고, 자기를 더럽히지 않게 하기를 환관장에게 구하니, 하나님이 다니엘로 환관장에게 은혜와 긍휼을 얻게 하신지라. 환관장이 다니엘에게 이르되, 내가 내 주 왕을 두려워하노라. 그가 너희 먹을 것과 너희 마실 것을 지정하셨거늘, 너희의 얼굴이 초췌하여 동무 소년들만 못한 것을 그로 보시게 할 것이 무엇이냐. 그렇게 되면 너희 까닭에 내 머리가 왕 앞에서 위태하게 되리라 하니라. 환관장이 세워 다니엘과 하나냐와 미사엘과 아사랴를 감독하게 한 자에게 다니엘이 말하되, 청하오니 당신의 종들을 열흘 동안 시험하여 채식을 주어 먹게 하고 물을 주어 마시게 한 후에, 당신 앞에서 우리의 얼굴과 왕의 진미를 먹는 소년들의 얼굴을 비교하여 보아서, 보이는 대로 종들에게 처분하소서 하매, 그가 그들의 말을 좇아 열흘을 시험하더니, 열흘 후에 그들의 얼굴이 더욱 아름답고 살이 더욱 윤택하여 왕의 진미를 먹는 모든 소년보다 나아 보인지라. 이러므로 감독하는 자가 그들에게 분정된 진미와 마실 포도주를 제하고 채식을 주니라.(단 1:8-16)

✝ 메대 족속 아하수에로의 아들 다리오가 갈대아 나라 왕으로 세움을 입던 원년, 곧 그 통치 원년에 나 다니엘이 서책으로 말미암아 여호와의 말씀이 선지자 예레미야에게 임하여 고하신 그 년수를 깨달았나니, 곧 예루살렘의 황무함이 칠십 년 만에 마치리라 하신 것이니라. 내가 금식하며 베옷을 입고 재를 무릅쓰고, 주 하

나님께 기도하며 간구하기를 결심하고, 내 하나님 여호와께 기도하며 자복하여 이르기를,(단 9:1-4)

† 바사 왕 고레스 삼년에 한 일이 벨드사살이라 이름한 다니엘에게 나타났는데, 그 일이 참되니 곧 큰 전쟁에 관한 것이라. 다니엘이 그 일을 분명히 알았고 그 이상을 깨달으니라. 그 때에 나 다니엘이 세 이레 동안을 슬퍼하며, 세 이레가 차기까지 좋은 떡을 먹지 아니하며 고기와 포도주를 입에 넣지 아니하며, 또 기름을 바르지 아니하니라.(단 10:1-3)

2. 감정의 절제

사람이 자신의 감정을 다스린다는 것은 결코 쉬운 일이 아닙니다. 그것은 성을 빼앗기보다 더 어려운 일입니다. 우리 마음에는 아담의 범죄 이후에 자리잡은 악한 본성이 있어서, 그것들이 끊임없이 요동하며 우리의 감정과 기분을 원치 않는 방향으로 이끌어 가는 성향이 있기 때문입니다. 감정의 주인이 내가 아니라, 내 안에 자리한 악한 세력이라는 것입니다. 그것들을 몰아내야 생명의 근원인 우리의 마음을 지킬 수가 있습니다. 그것은 하나님의 거룩한 영이 우리를 강력하게 사로잡을 때에만 가능한 일입니다.

하나님의 영으로 충만한 다니엘은, 자신의 마음과 감정까지도 다스릴 수 있는 성숙한 믿음의 소유자였습니다.

† 노하기를 더디하는 자는 용사보다 낫고, 자기의 마음을 다스리는 자는 성을 빼앗는 자보다 나으니라.(잠 16:32)
무릇 지킬만한 것보다 더욱 네 마음을 지키라. 생명의 근원이 이에

서 남이니라.(잠 4:23)

✝ 아무 것도 염려하지 말고 오직 모든 일에 기도와 간구로, 너희 구할 것을 감사함으로 하나님께 아뢰라. 그리하면 모든 지각에 뛰어난 하나님의 평강이 그리스도 예수 안에서 너희 마음과 생각을 지키시리라.(빌 4:6-7)

✝ 이에 다니엘이 자기 집으로 돌아가서 그 동무 하나냐와 미사엘과 아사랴에게 그 일을 고하고, 하늘에 계신 하나님이 이 은밀한 일에 대하여 긍휼히 여기사, 자기 다니엘과 동무들이 바벨론의 다른 박사와 함께 죽임을 당치 않게 하시기를 그들로 구하게 하니라. 이에 이 은밀한 것이 밤에 이상으로 다니엘에게 나타나 보이매, 다니엘이 하늘에 계신 하나님을 찬송하니라. 다니엘이 말하여(찬송하여) 가로되, 영원 무궁히 하나님의 이름을 찬송할 것은 지혜와 권능이 그에게 있음이로다. 그는 때와 기한을 변하시며 왕들을 폐하시고 왕들을 세우시며 지혜자에게 지혜를 주시고 지식자에게 총명을 주시는도다. 그는 깊고 은밀한 일을 나타내시고 어두운 데 있는 것을 아시며 또 빛이 그와 함께 있도다. 나의 열조의 하나님이여 주께서 이제 내게 지혜와 능력을 주시고 우리가 주께 구한바 일을 내게 알게 하셨사오니 내가 주께 감사하고 주를 찬양하나이다. 곧 주께서 왕의 그 일을 내게 보이셨나이다 하니라.(단 2:17-23)

해설 하나님께서 보여 주신 이상을 통하여 느부갓네살 왕의 꿈을 해석할 수 있게 된 다니엘이, 흥분된 마음에 곧장 왕에게로 달려가지 아니하고, 먼저 하나님께 나아가 감사 찬송, 감사의 예배를 드립니다. 고도의 훈련이 아니면 참으로 어려운 일입니다. 자신의 감정을 절제하는 다니엘의 모습입니다.

✝ 이에 다니엘이 왕이 바벨론 박사들을 멸하라 명한 아리옥에게로 가서 이르매 그에게 이같이 이르되, '바벨론 박사들을 멸하지 말고' 나를 왕의 앞으로 인도하라. 그리하면 내가 그 해석을 왕께 보여 드리리라.(단 2:24)

해설 그들은 다니엘의 정적들입니다. 그들이 나중에 다니엘의 세 친구를 참소하여 풀무불에 들어가게 만든 장본인들입니다. 다니엘인들 어찌 감정이 없겠습니까. 그러나 지혜로운 다니엘은 그러한 감정을 절제하고, 그들을 죽이지 말 것을 요청합니다.

† 다니엘이 왕 앞에 대답하여 가로되, 왕의 물으신바 은밀한 것은 박사나 술객이나 박수나 점장이가 능히 왕께 보일 수 없으되, 오직 은밀한 것을 나타내실 자는 하늘에 계신 하나님이시라. 그가 느부갓네살 왕에게 후일에 될 일을 알게 하셨나이다. 왕의 꿈 곧 왕이 침상에서 뇌 속으로 받은 이상은 이러하니이다. 왕이여 왕이 침상에 나아가서 장래 일을 생각하실 때에, 은밀한 것을 나타내시는 이가 장래 일을 왕에게 알게 하셨사오며, 내게 이 은밀한 것을 나타내심은, 내 지혜가 다른 인생보다 나은 것이 아니라, 오직 그 해석을 왕에게 알려서 왕의 마음으로 생각하던 것을 왕으로 알게하려 하심이니이다.(단 2:27-30)

해설 느부갓네살 왕의 꿈을 해석하면서도 자신의 감정과 언어를 절제하는 다니엘의 모습입니다. 조금도 자신의 의와 공로를 드러내지 아니하고, 침착하게 겸손한 자세로 꿈과 그 해석을 왕에게 알리고 있습니다.

† 이튿날에 왕이 새벽에 일어나 급히 사자굴로 가서, 다니엘의 든 굴에 가까이 이르러는 슬피 소리질러 다니엘에게 물어 가로되, 사시는 하나님의 종 다니엘아 너의 항상 섬기는 네 하나님이 사자에게서 너를 구원하시기에 능하셨느냐. 다니엘이 왕에게 고하되, 왕이여 원컨대 왕은 만세수를 하옵소서. 나의 하나님이 이미 그 천사를 보내어 사자들의 입을 봉하셨으므로 사자들이 나를 상해치 아니하였사오니, 이는 나의 무죄함이 그 앞에 명백함이오며, 또 왕이여 나는 왕의 앞에도 해를 끼치지 아니하였나이다.(단 6:19-22)

해설 사자굴에 던져졌던 다니엘이 사자굴에서 살아 남아 왕과 대화하면서도, 조금도 정적들의 잘못을 지적하거나 그들의 처벌을 요구하지 않았습니다. 자신이 무죄하다는 사실만 간단하게 언급하였습니다. 감정을 절제한 것입니다.

3. 언어의 절제

다니엘은 말에 실수가 없는 온전한 인물이었습니다. 그의 말은 명철하고 슬기로우며 지혜가 있었습니다. 온화하고 부드러워 상대방을 편안하게 하는 힘이 있었습니다. 그의 말은 겸손하여 상대에게 거부감을 주지 않았습니다. 무엇보다도 그의 언어가 마음의 감정에 휘둘리지 않았습니다. 언어를 절제한 것입니다. 마음을 다스리고 감정을 다스리고 혀를 다스릴 줄 아는 다니엘은, 참으로 경건의 능력을 소유한 인물이었습니다.

† 오래 참으면 관원이 그 말을 용납하나니, 〈부드러운 혀〉는 뼈를 꺾느니라.(잠 25:15)
〈온량한 혀〉는 곧 생명 나무라도, 패려한 혀는 마음을 상하게 하느니라.(잠 15:4)

† 우리가 다 실수가 많으니, 만일 〈말에 실수가 없는 자〉면 곧 온전한 사람이라. 능히 온 몸도 굴레 씌우리라.(약 3:2)

† 너희 말을 항상 은혜 가운데서 소금으로 고루게 함 같이 하라. 그리하면 각 사람에게 마땅히 대답할 것을 알리라.(골 4:6)

† 왕의 시위대 장관 아리옥이 바벨론 박사들을 죽이러 나가매, 다니엘이 〈명철하고 슬기로운 말〉로 왕의 장관 아리옥에게 물어 가로되, 왕의 명령이 어찌 그리 급하뇨. 아리옥이 그 일을 다니엘에게 고하매, 다니엘이 들어가서 왕께 구하기를, 기한하여 주시면 왕에게 그 해석을 보여 드리겠다 하니라.(단 2:14-16)

해설 바벨론의 박사들을 죽이러 나온 시위대 장관에게 다니엘이 명철하고 슬기롭게 접근하는 장면입니다. 그의 지혜롭고 슬기로운 말로 꿈을 해몽할 수 있는 시간을 벌었습니다. 언어를 절제하는 그의 말에는 설득력이 있었습니다.

† 다니엘이 왕 앞에 대답하여 가로되, 왕의 물으신바 은밀한 것은 박사나 술객이나 박수나 점장이가 능히 왕께 보일 수 없으되, 오직 은밀한 것을 나타내실 자는 하늘에 계신 하나님이시라. 그가 느부 갓네살 왕에게 후일에 될 일을 알게 하셨나이다. 왕의 꿈 곧 왕이 침상에서 뇌 속으로 받은 이상은 이러하니이다. 왕이여 왕이 침상에 나아가서 장래 일을 생각하실 때에, 은밀한 것을 나타내시는 이가 장래 일을 왕에게 알게 하셨사오며, 내게 이 은밀한 것을 나타내심은, 내 지혜가 다른 인생보다 나은 것이 아니라, 오직 그 해석을 왕에게 알려서 왕의 마음으로 생각하던 것을 왕으로 알게 하려 하심이니이다.(단 2:27-30)

해설 느부갓네살 왕의 꿈을 해석하면서도 자신의 감정과 언어를 절제 하는 다니엘의 모습입니다. 조금도 자신의 의와 공로를 드러내지 아니하 고, 겸손하게 절제된 언어로 꿈과 그 해석을 왕에게 알리고 있습니다.

† 나 느부갓네살 왕이 이 꿈을 꾸었나니 너 벨드사살아 그 해석을 밝히 말하라. 내 나라 모든 박사가 능히 그 해석을 내게 알게 하지 못하였으나 오직 너는 능히 하리니 이는 〈거룩한 신들의 영〉이 네 안에 있음이니라. 벨드사살이라 이름한 다니엘이 얼마 동안 놀라 벙벙하며 마음이 번민하여 하는지라. 왕이 그에게 말하여 이르기를, 벨드사살아 너는 이 꿈과 그 해석을 인하여 번민할 것이 아니니라. 벨드사살이 대답하여 가로되, 내 주여 그 꿈은 왕을 미워하는 자에게 응하기를 원하며, 그 해석은 왕의 대적에게 응하기를 원하나이다… 그런즉 왕이여 나의 간하는 것을 받으시고, 공의를 행함으로 죄를 속하고 가난한 자를 긍휼히 여김으로 죄악을 속하소서. 그리하시면 왕의 평안함이 혹시 장구하리이다 하였느니라.(단 4:18-27)

해설 왕의 잘못을 직접적으로 지적하거나 책망하는 대신, 공손하게 절 제된 언어로 왕이 살 길을 제시하고 있습니다. 느부갓네살 왕이 그러한 다니엘의 권고를 수용했더라면, 하나님의 징계의 때를 모면할 수가 있었 을 것입니다.

✝ 이튿날에 왕이 새벽에 일어나 급히 사자굴로 가서, 다니엘의 든 굴에 가까이 이르러는 슬피 소리질러 다니엘에게 물어 가로되, 사시는 하나님의 종 다니엘아 너의 항상 섬기는 네 하나님이 사자에게서 너를 구원하시기에 능하셨느냐. 다니엘이 왕에게 고하되, 왕이여 원컨대 왕은 만세수를 하옵소서. 나의 하나님이 이미 그 천사를 보내어 사자들의 입을 봉하셨으므로 사자들이 나를 상해치 아니하였사오니, 이는 나의 무죄함이 그 앞에 명백함이오며, 또 왕이여 나는 왕의 앞에도 해를 끼치지 아니하였나이다. (단 6:19-22)

해설 사자굴에 던져졌던 다니엘이 사자굴에서 살아 남아 왕과 대화하면서도, 조금도 그들의 잘못을 지적하거나 그들의 처벌을 주장하지 않았습니다. 언어와 감정을 절제한 것입니다.

✝ 나라와 권세와 온 천하 열국의 위세가 지극히 높으신 자의 성민에게 붙인 바 되리니, 그의 나라는 영원한 나라이라. 모든 권세 있는 자가 다 그를 섬겨 복종하리라 하여 그 말이 이에 그친지라. 나 다니엘은 중심이 번민하였으며 내 낯 빛이 변하였으나, 내가 이 일을 마음에 감추었느니라. (단 7:27-28)

✝ 이미 말한 바 2,300주야에 대한 이상이 확실하니, 너는 그 이상을 간수하라 이는 여러 날 후의 일임이니라. 이에 나 다니엘이 혼절하여 수일을 앓다가 일어나서 왕의 일을 보았느니라. 내가 그 이상을 인하여 놀랐고 그 뜻을 깨닫는 사람도 없었느니라 (단 8:26-27)

✝ 지혜 있는 자는 궁창의 빛과 같이 빛날 것이요 많은 사람을 옳은 데로 돌아오게 한 자는 별과 같이 영원토록 비취리라. 다니엘아 마지막 때까지 이 말을 간수하고 이 글을 봉함하라. 많은 사람이 빨리 왕래하며 지식이 더하리라. (단 12:3-4)

해설 절제의 사람 다니엘은 하나님께서 그에게 보여주신 계시와 환상들을 끝까지 간직하고 봉함했습니다. 함부로 발설하거나 누설하지 않았습니다. 언어를 절제한 것입니다.

4. 탐심의 절제

다니엘은 물질이나 명예, 권세 등 모든 탐심을 초월한 깨끗한 인물이 었습니다. 만약 다니엘에게 조금이라도 탐심이 있었다면, 원수들에게 자신을 송사할 틈을 주어서, 총리의 자리를 그렇게 오래 유지할 수 없었을 것입니다.

하지만 그의 대적들이, 다니엘에게 무슨 허물이나 실수가 있는지 눈을 밝히고 찾아보았지만, 아무런 허물이나 실책을 찾을 수 없었습니다. 절제된 다니엘의 삶이, 그를 사자들의 틈바구니에서 생존할 수 있도록 만든 것입니다. 실제로 그가 사자굴 속에서 건짐받은 것도, 절제된 그의 삶의 결과입니다. 하나님은 경건한 자의 기도를 들으시고, 그를 환난에서 건지시는 분이기 때문입니다.

> † 많은 황소가 나를 에워싸며 바산의 힘센 소들이 나를 둘렀으며, 내게 그 입을 벌림이 찢고 부르짖는 사자 같으니이다… 개들이 나를 에워쌌으며 악한 무리가 나를 둘러 내 수족을 찔렀나이다… 내 영혼을 칼에서 건지시며, 내 유일한 것을 개의 세력에서 구하소서. 나를 사자 입에서 구하소서, 주께서 내게 응락하시고 들소 뿔에서 구원하셨나이다.(시 22:12-21)

> † 보라 내가 너희를 보냄이 양을 이리 가운데 보냄과 같도다. 그러므로 너희는 뱀 같이 지혜롭고 비둘기 같이 순결하라.(마 10:16)

> † 하나님이 죄인(=죄인의 청)을 듣지 아니하시고, 〈경건하여 그의 뜻대로 행하는 자〉는 들으시는 줄을 우리가 아나이다.(요 9:31)

> † 이에 총리들과 방백들이 국사에 대하여 다니엘을 고소할 틈을 얻고자 하였으나 능히 아무 틈, 아무 허물을 얻지 못하였으니, 이는 그가 충성되어 아무 그릇함도 없고 아무 허물도 없음이었더라.

그 사람들이 가로되 이 다니엘은 그 하나님의 율법에 대하여 그 틈을 얻지 못하면 그를 고소할 수 없으리라 하고(단 6:4-5)

[공동번역]단 6:5

그러자 다른 정승들과 지방장관들은, 다니엘이 정사에 무슨 실수라도 하지 않는가 **눈을 밝히고** 보았지만, 그에게서 **트집잡을 만한 허물은 하나도 찾아 내지 못하였다.** 다니엘은 충직한 사람이었으므로, 아무런 허물도 실수도 없었던 것이다.

† 이것이 그 꿈인데, '우리가' 그것을 풀이하여 임금님께 말씀드리겠습니다.(단 2:36, 표준새번역)

[NIV]단 2:36

This was the dream, and now **we** will interpret it to the king.

[NRSV]단 2:36

This was the dream; now **we** will tell the king its interpretation.

해설 느부갓네살 왕의 꿈을 해석하면서 다니엘은 '내가'가 아닌 '우리가'라는 표현을 쓰고 있습니다. 대부분의 영어성경은 그렇게 번역하고 있습니다. 다니엘이 꿈 해몽의 공로를 친구들과 함께 나눈 것입니다. 탐심의 절제입니다.

† 왕이 또 다니엘의 청구대로, 사드락과 메삭과 아벳느고를 세워 바벨론 도의 일을 다스리게 하였고, 다니엘은 왕궁에 있었더라.(단 2:49)

해설 좋은 것을 혼자서 누리거나 독차지하려 하지 아니하고, 같이 나누며 공존하는 길을 선택하는 다니엘의 모습입니다. 모든 욕심이나 탐심을 초월하여 절제하는 모습입니다.

† 내가 네게 대하여 들은즉, 너는 해석을 잘하고 의문을 파한다 하도다. 그런즉 이제 네가 이 글을 읽고 그 해석을 내게 알게 하면, 네게 자주옷을 입히고 금사슬을 네 목에 드리우고 너로 나라의 〈셋째 치리자〉를 삼으리라. 다니엘이 왕에게 대답하여 가로되, 왕의 예물은 왕이 스스로 취하시며 왕의 상급은 다른 사람에게 주옵소서. 그럴지라도 내가 왕을 위하여 이 글을 읽으며 그 해석을 아시게 하리이다.(단 5:16-17)

해설 명예나 권력을 탐하지 아니하는 다니엘의 모습입니다. 오히려 그 것들을 다른 사람에게 양보함으로, 더불어 공존하는 길을 선택하는 지혜로운 모습입니다. 자신이 좋은 것을 독차지하고 누리고자 하는 것이 인간의 욕심일진대, 그는 그것들(=탐심)을 절제하고 평화로운 공존의 길을 선택한 것입니다.

† 그러므로 땅에 있는 지체를 죽이라. 곧 음란과 부정과 사욕과 악한 정욕과 탐심이니, 탐심은 우상 숭배니라.(골 3:5)

† 여자가 그 나무(=선악과 나무)를 본즉, 먹음직도 하고 보암직도 하고 지혜롭게 할 만큼 탐스럽기도 한 나무인지라. 여자가 그 실과를 따먹고, 자기와 함께한 남편에게도 주매 그도 먹은지라.(창 3:6)

에덴동산의 인류가 선악과를 범하고 추방당한 것도, 그의 탐심의 죄악 때문이었습니다. 탐심은 모든 죄악의 뿌리인데, 아담과 하와가 그것을 절제하지 못하고, 죄악의 열매를 따서 먹은 것입니다. 그래서 잠언의 기자는 "무릇 지킬 만한 것보다 마음을 지키라. 생명의 근원이 마음에서 남이라"고 기록한 것입니다.

마음의 절제가 그렇게 중요합니다. 그래서 경건의 훈련이 필요한 것입니다. 경건의 능력을 소유한 다니엘은 또한 절제의 사람이었습니다. 모든 죄악의 뿌리인 탐심을 절제한 것입니다.

† 무릇 지킬 만한 것보다 더욱 네 마음을 지키라. 생명의 근원이 이에서 남이니라.(잠 4:23)

5. 은사의 절제

다니엘에게는 꿈(=이상과 몽조)을 해석하는 특별한 은사가 있었습니다.

또한 그는 누구보다도 영적인 비밀을 크게 깨달은 인물이었습니다. 그가 받은 은사가 특별하여, 하나님의 비밀들을 어렵지 않게 해석할 뿐만 아니라, 인류 역사를 종말까지 정확하게 관통하고 있었습니다. 실제로 다니엘서의 뒷받침이 없으면 계시록의 해석이 불가능할 정도로, 그는 하나님의 비밀들을 크게 깨달은 인물이었습니다.

하지만 그는 한 번도 그것을 자랑하거나 교만하여 넘어진 일이 없습니다. 하나님의 각양 은혜를 맡은 선한 청지기처럼, 끝까지 겸손하게 자신을 절제하면서, 하나님께서 주신 은사를 잘 관리했기 때문입니다. 그래서 그가 하나님 앞에서 끝까지 존귀하게 쓰임을 받은 것입니다. 다니엘은 그렇게 은사의 사용과 절제에 있어서도 뛰어난 인물이었습니다.

† 각각 은사를 받은 대로 하나님의 각양 은혜를 맡은 〈선한 청지기〉 같이 서로 봉사하라. 만일 누가 말하려면 하나님의 말씀을 하는 것 같이 하고, 누가 봉사하려면 하나님의 공급하시는 힘으로 하는 것 같이 하라. 이는 범사에 예수 그리스도로 말미암아 하나님이 영광을 받으시게 하려 함이니, 그에게 영광과 권능이 세세에 무궁토록 있느니라.(벧전 4:10-11)

† 하나님이 이 네 소년에게 지식을 얻게 하시며 모든 학문과 재주에 명철하게 하신 외에, 다니엘은 또 모든 이상과 몽조를 깨달아 알더라.(단 1:17)

† 다니엘이 왕 앞에 대답하여 가로되, 왕의 물으신바 은밀한 것은 박사나 술객이나 박수나 점장이가 능히 왕께 보일 수 없으되, 오직 은밀한 것을 나타내실 자는 하늘에 계신 하나님이시라. 그가 느부갓네살 왕에게 후일에 될 일을 알게 하셨나이다. 왕의 꿈 곧 왕이 침상에서 뇌 속으로 받은 이상은 이러하니이다. 왕이여 왕이 침상에 나아가서 장래 일을 생각하실 때에 은밀한 것을 나타내시는 이가 장래 일을 왕에게 알게 하셨사오며, 내게 이 은밀한 것을 나타

내심은 내 지혜가 다른 인생보다 나은 것이 아니라, 오직 그 해석을 왕에게 알려서 왕의 마음으로 생각하던 것을 왕으로 알게하려 하심이니이다.(단 2:27-30)

해설 교만하거나 자랑하거나 떠들지 아니하고, 하나님의 은사를 맡은 청지기의 자세로 겸손히 자신에게 주신 은사를 사용하고 있습니다. 은사의 주인은 하나님이시기에 하나님께만 영광을 돌리고 있습니다.

✝ 벨드사살이라 이름한 다니엘이 얼마 동안 놀라 벙벙하며 마음이 번민하여 하는지라. 왕이 그에게 말하여 이르기를, 벨드사살아 너는 이 꿈과 그 해석을 인하여 번민할 것이 아니니라. 벨드사살이 대답하여 가로되, 내 주여 그 꿈은 왕을 미워하는 자에게 응하기를 원하며, 그 해석은 왕의 대적에게 응하기를 원하나이다.(단 4:19)

해설 느부갓네살 왕의 흉한 꿈을 해석하면서 번민하는 다니엘의 모습입니다. 신중하고 절제하는 가운데 겸손한 자세로 자신에게 주어진 은사를 사용한 것입니다.

✝ 이에 다니엘이 부름을 입어 왕의 앞에 나오매 왕이 다니엘에게 말하여 가로되 네가 우리 부왕이 유다에서 사로잡아 온 유다 자손 중의 그 다니엘이냐. 내가 네게 대하여 들은즉 네 안에는 〈신들의 영〉이 있으므로 네가 명철과 총명과 〈비상한 지혜〉가 있다 하도다. 지금 여러 박사와 술객을 내 앞에 불러다가 그들로 이 글을 읽고 그 해석을 내게 알게 하라 하였으나 그들이 다 능히 그 해석을 내게 보이지 못하였느니라. 내가 네게 대하여 들은즉 너는 해석을 잘하고 의문을 파한다 하도다. 그런즉 이제 네가 이 글을 읽고 그 해석을 내게 알게 하면 네게 자주옷을 입히고 금사슬을 네 목에 드리우고 너로 나라의 〈셋째 치리자〉를 삼으리라. 다니엘이 왕에게 대답하여 가로되, 왕의 예물은 왕이 스스로 취하시며, 왕의 상급은 다른 사람에게 주옵소서. 그럴지라도 내가 왕을 위하여 이 글을 읽으며 그 해석을 아시게 하리이다.(단 5:13-17)

해설 다니엘은 자신의 명예와 이익을 위해서 은사를 사용하지 않았습니다. 오직 하나님의 영광을 위하여, 하나님의 공의를 위해서만 사용하였습니다. 하나님을 두려워하는 가운데, 은사의 사용을 절제한 것입니다.

다니엘이 하나님께 받은 은사가 특별하여, 모든 꿈(=이상과 몽조)을 해석하는 능력 외에도, 그는 많은 환상과 계시들을 보았습니다. 주위에 발설하거나 자랑할 수도 있는 대단한 내용들입니다. 인류 역사를 관통하는 하나님의 비밀이요 천국의 비밀들입니다.

그러나 다니엘은 하나님께서 자신에게 보여 주신 그 엄청난 계시와 환상들을 잘 간수하고 끝까지 봉함했습니다. 입으로 떠들어대거나, 그로 인하여 자고하지 아니하고, 마음속에 신중하게 간직한 것입니다.

받은 계시와 비밀들을 신중하게 간직하며 절제하는 다니엘의 모습에서, 은사를 관리하는 선한 청지기의 모형을 발견하게 됩니다.

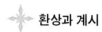 **환상과 계시**

> 네 백성과 네 거룩한 성을 위하여 〈칠십 이레〉로 기한을 정하였나니, 허물이 마치며 죄가 끝나며 죄악이 영속되며 영원한 의가 드러나며, 이상과 예언이 응하며 또 지극히 거룩한 자가 기름부음을 받으리라. 그러므로 너는 깨달아 알지니라. 「예루살렘을 중건하라는 영」이 날 때부터 기름부음을 받은 자 곧 왕이 일어나기까지 일곱 이레와 육십이 이레가 지날 것이요, 그 때 곤란한 동안에 성이 중건되어 거리와 해자가 이룰 것이며, 육십이 이레 후에 기름부음을 받은 자가 끊어져 없어질 것이며, 장차 한 왕의 백성이 와서 그 성읍과 성소를 훼파하려니와 그의 종말은 홍수에 엄몰됨 같을 것이며, 또 끝까지 전쟁이 있으리니 황폐할 것이 작정되었느니라. 그가 장차 많은 사람으로 더불어 한 이레 동안의 언약을 굳게 정하겠고, 그가 그 이레의 절반에 제사와 예물을 금지할 것이며, 또 〈잔포하여 미운 물건〉이 날개를 의지하여 설 것이며, 또 이미 정한 종말까지 진노가 황폐케 하는 자에게 쏟아지리라 하였느니라.(단 9:24-27)

해설 70이레 환상으로, 이스라엘의 역사를 관통하는 엄청난 내용입니다. 다니엘이 조국의 해방을 위해 기도하던 중 이 계시를 받았고, 그것들의 성취를 위해 계속 기도하다가 사자굴에 던져지는 사건을 겪었습니다. 하지만 다니엘은 그 비밀들을 기록만 하였을 뿐, 입으로 발설하지 않았습니다. 은사의 절제입니다.

† 그 때에 네 민족을 호위하는 대군 미가엘이 일어날 것이요, 또 환난이 있으리니 이는 개국 이래로 그 때까지 없던 환난일 것이며, 그 때에 네 백성 중 무릇 책에 기록된 모든 자가 구원을 얻을 것이라. 땅의 티끌 가운데서 자는 자 중에 많이 깨어 영생을 얻는 자도 있겠고, 수욕을 받아서 무궁히 부끄러움을 입을 자도 있을 것이며, 〈지혜 있는 자〉는 궁창의 빛과 같이 빛날 것이요, 〈많은 사람을 옳은 데로 돌아오게 한 자〉는 별과 같이 영원토록 비취리라. 다니엘아 마지막 때까지 이 말을 간수하고 이 글을 봉함하라. 많은 사람이 빨리 왕래하며 지식이 더하리라.(단 12:1-4)

해설 다니엘이 깨달은 종말론입니다. 역사의 비밀이요 천국의 비밀입니다. 천국이 철저한 계급사회임을 암시하고 있습니다. 이 땅에서 심은 대로 거두는 것입니다. 다니엘은 자신이 깨달은 이 비밀들을 끝까지 간수하고 봉함했습니다. 받은 은사를 절제한 것입니다. 다니엘은 하나님의 은사를 맡은 선한 청지기의 모형입니다.

9
화평의 사람, 다니엘

다니엘은 평화를 사랑하는 화평의 사람이었습니다. 다니엘이 마음만 먹었다면 그의 대적들을 모조리 제거할 수 있는 기회가 적어도 두 번 이상 있었습니다. 풀무불 사건까지 포함하면 세 번 이상입니다.

하지만 평화를 사랑하는 다니엘은 그러한 방법을 사용하지 않았습니다. 그러한 생각도 전혀 갖고 있지를 않았습니다. 오히려 그는 그의 대적들까지도 사랑으로 껴안고 포용하며, 더불어 공존하는 상생의 길을 선택하였습니다. 다니엘은 선으로 악을 이기는 사랑의 사람이요, 위대한 평화의 사람이었습니다.

1. 꿈해몽 사건

느부갓네살 왕의 꿈을 해석하지 못한 바벨론의 모든 박사들에게, 그들을 모조리 잡아서 죽이라는 왕의 명령이 내려져 있었습니다. 그때에 다니엘이 나서서 "자신이 그 꿈을 해석할 터이니 그들을 죽이지 말아 달라"고 건의를 합니다. 그리고 실제로 그 꿈을 해석하여 그들이 죽임 당함을 막아냈습니다. 보통 사람들 같으면 그 기회를 놓치지 않고, 그 기회에 자신의 정적들을 모조리 제거하려고 하였을 것입니다.

하지만 평화의 사람 다니엘은 그들까지도 사랑하여 포용하고, 공존의 길을 선택했습니다. 오히려 죽어야 할 그들을 자신의 공로로 살려 냈습니다. 다니엘이 그들에게 생명의 은인이 된 셈입니다. 그래서 나중에 풀무불 사건 때에, 그들이 세 친구는 고발하면서도, 다니엘은 감히 고발할 엄두를 내지 못했던 것입니다. 자신들이 가진 최소한의 양심 때문이었습니다.

하지만 사자굴 사건에서처럼, 결국은 그들이 다니엘을 모함하여 그를 제거하려고 하였습니다(물론 사자굴 사건은 수십 년 이후의 일이고, 제국이 바뀐 다음의 사건이기에, 그들이 동일 인물일 수는 없습니다). 하지만 다니엘은 그들까지도 항변하거나 처벌을 주장하지 않았습니다. 자신들 스스로가 억지 주장을 하며 악을 꾀하다가, 자멸하였을 뿐입니다. 다니엘은 그토록 평화를 사랑하는 평화의 사람이었습니다.

> † 아무에게도 악으로 악을 갚지 말고 모든 사람 앞에서 선한 일을 도모하라. 할 수 있거든 너희로서는 모든 사람으로 더불어 평화하라. 내 사랑하는 자들아 너희가 친히 원수를 갚지 말고 진노하심에 맡기라. 기록되었으되 원수 갚는 것이 내게 있으니 내가 갚으리라고 주께서 말씀하시니라. 네 원수가 주리거든 먹이고 목마르거든 마시우라. 그리함으로 네가 숯불을 그 머리에 쌓아 놓으리라. 악에게 지지 말고 선으로 악을 이기라.(롬 12:17-21)

> † 〈화평케 하는 자〉는 복이 있나니, 저희가 하나님의 아들이라 일컬음을 받을 것임이요(마 5:9)

✝ 너희 원수를 사랑하며, 너희를 핍박하는 자를 위하여 기도하라.(마 5:44)

너희 원수를 사랑하며 너희를 미워하는 자를 선대하며, 너희를 저주하는 자를 위하여 축복하며 너희를 모욕하는 자를 위하여 기도하라.(눅 6:27-28)

✝ 이에 다니엘이 왕이 바벨론 박사들을 멸하라 명한 아리옥에게로 가서 이르매, 그에게 이같이 이르되 '바벨론 박사들을 멸하지 말고' 나를 왕의 앞으로 인도하라. 그리하면 내가 그 해석을 왕께 보여 드리리라. 이에 아리옥이 다니엘을 데리고 급히 왕의 앞에 들어가서 고하되, 내가 사로잡혀 온 유다 자손 중에서 한 사람을 얻었나이다. 그가 그 해석을 왕께 아시게 하리이다.(단 2:24-25)

✝ 이에 느부갓네살 왕이 엎드려 다니엘에게 절하고, 명하여 예물과 향품을 그에게 드리게 하니라. 왕이 대답하여 다니엘에게 이르되, 너희 하나님은 참으로 모든 신의 신이시요 모든 왕의 주재시로다. 네가 능히 이 은밀한 것을 나타내었으니 네 하나님은 또 은밀한 것을 나타내시는 자시로다. 왕이 이에 다니엘을 높여 귀한 선물을 많이 주며, 세워 바벨론 모든 박사의 어른을 삼았으며, 왕이 또 다니엘의 청구대로 사드락과 메삭과 아벳느고를 세워 바벨론 도의 일을 다스리게 하였고 다니엘은 왕궁에 있었더라.(단 2:46-49)

해설 꿈 해몽의 공로를 친구들과 함께 나누며, 더불어 공존하기를 원하는 평화의 사람 다니엘의 모습입니다. 그래서 그들이 바벨론 제국 방백의 자리에 오르게 되었고, 나중에 풀무불 사건이 있을 때 그들이 몸을 던져 신상의 제막을 막아 낸 것입니다. 그렇지 아니하고 다니엘만 혼자서 총리의 자리에 올랐다면 친구들과의 관계도 멀어졌을 것입니다.

✝ 이것이 그 꿈인데, '우리가' 그것을 풀이하여 임금님께 말씀드리겠습니다.(단 2:36, 표준새번역)

[NIV]단 2:36

This was the dream, and now **we** will interpret it to the king.

[NRSV]단 2:36

This was the dream; now **we** will tell the king its interpretation.

해설 느부갓네살 왕의 꿈을 해석하면서 다니엘은 '내가'가 아닌 '우리가'라는 표현을 쓰고 있습니다. 일부 역본과 대부분의 영어성경은 그렇게 번역을 하고 있습니다. 다니엘이 꿈 해몽의 공로를 친구들과 함께 나누며 더불어 공존하기를 희망한 것입니다. 다니엘은 진심으로 평화를 사랑하는 화평의 사람이었습니다.

2. 사자굴 사건

평화의 사람 다니엘의 진가는, 그의 사자굴 사건에서 더욱 극명하게 드러납니다. 그의 정적들은 다니엘을 모함하여, 무죄한 그를 사자굴 속에 던져 넣었습니다. 하지만 하나님의 은혜로 사자굴 속에서 살아 나온 다니엘은, 왕 앞에서 그의 대적들을 비방하거나 그들의 처벌을 주장하지 않았습니다. 자신의 무죄함만을 짧게 언급할 따름이었습니다. 또한 저들에 의해서 사자굴 속으로 끌려갈 때에도, 자신을 항변하거나 저들의 잘못을 지적하지 않았습니다. 순한 양처럼 끌려갔을 따름입니다.

† 이튿날에 왕이 새벽에 일어나 급히 사자굴로 가서, 다니엘의 든 굴에 가까이 이르러는 슬피 소리질러 다니엘에게 물어 가로되, 사시는 하나님의 종 다니엘아, 너의 항상 섬기는 네 하나님이 사자에게서 너를 구원하시기에 능하셨느냐. 다니엘이 왕에게 고하되, 왕이여 원컨대 왕은 만세수를 하옵소서. 나의 하나님이 이미 그 천사를 보내어 사자들의 입을 봉하셨으므로, 사자들이 나를 상해치 아니하였사오니, 이는 나의 무죄함이 그 앞에 명백함이오며, 또 왕이여 나는 왕의 앞에도 해를 끼치지 아니하였나이다. 왕이 심히 기뻐서 명하여 다니엘을 굴에서 올리라 하매, 그들이 다니엘을 굴에서 올린즉 그 몸이 조금도 상하지 아니하였으니, 이는 그가 자기 하나님을 의뢰함이었더라.(단 6:19-23)

요세푸스의 고대사를 살펴보면, 다니엘을 사자굴에 던져 넣고 개가를 부르던 총리와 방백들은, 다니엘이 사자굴에서 살아서 돌아오자, 자신들의 잘못을 뉘우치고 회개하기는커녕, 왕을 찾아가서 거칠게 항의합니다. "왕이 사자들에게 (사전에)먹이를 배불리 주어서, (배가 부른)사자들이 다니엘을 잡아먹지 않았다"고 주장한 것입니다. 실제로 사자는 배가 부르면, 눈앞에 먹이가 지나가도 잡아먹지를 않는다고 합니다.

화가 난 다리오 왕은, "그렇다면 과연 사자들이 배가 부르면 사람을 잡아먹지 아니하는지 한번 테스트하겠노라" 하면서, 먼저 사자들에게 먹이를 배불리 먹이라고 명령합니다. 그 후에 그들을 사자굴에 던져 넣었습니다. 사자가 이미 배가 불렀으니, 그렇다면 너희들을 잡아먹지 아니할 것이 아니냐? 라는 논리였습니다. 그러나 결과는 성경에 기록된 대로였습니다. 평화의 사람 다니엘이 선으로 악을 이긴 것입니다.

> † 왕이 명을 내려 다니엘을 참소한 사람들을 끌어오게 하고, 그들을 그 처자들과 함께 사자굴에 던져 넣게 하였더니, 그들이 굴 밑에 닿기 전에 사자가 곧 그들을 움켜서, 그 뼈까지도 부숴뜨렸더라.(단 6:24)

3. 풀무불 사건

세 친구가 당한 풀무불 사건도, 사실상 다니엘 자신이 당한 사건과 마찬가지입니다. 왕의 신상에게 절하지 아니한 것은 다니엘 역시 마찬가지였지만, 그들이 감히 다니엘은 고발할 엄두를 내지 못했기 때문에, 다니엘이 사건에서 제외되었을 뿐입니다. 왜냐하면, 이전에 느부갓네살의 〈꿈 해몽 사건〉 때, 자신들이 다니엘에게 진 빚이 있었기 때문입니다. 또한 다니엘은 그 사건 이후로 느부갓네살 왕과 함께, 이미 〈신적인 대우〉를 받는 위치에 있었기 때문에, 고발의 대상이 되질 않았을 뿐입니다.

하지만 세 친구가 그렇게 담대한 믿음의 행동을 취할 수 있었던 것은, 자신들의 믿음뿐만 아니라, 동료이자 리더인 다니엘의 영향력이라고 볼 수가 있습니다. 우선은 그들이 신상에게 절을 하는지의 여부를, 단상에서 다니엘이 지켜보고 있었을 것입니다. 느부갓네살 왕은 단상에서 절하지 아니하는 자를 색출하기 위하여 지켜보았을 것이고, 다니엘은 자신의 동료인 세 친구가 우상에게 절을 하는지 여부를 지켜보았을 것입니다.

† 그 때에 어떤 갈대아 사람들(=점성가들)이 나아와 유다 사람들을 참소하니라. 그들이 느부갓네살 왕에게 고하여 가로되, 왕이여 만세수를 하옵소서. 왕이여 왕이 명령을 내리사 무릇 사람마다 나팔과 피리와 수금과 삼현금과 양금과 생황과 및 모든 악기 소리를 듣거든, 엎드리어 금 신상에게 절할 것이라. 누구든지 엎드리어 절하지 아니하는 자는 〈극렬히 타는 풀무〉 가운데 던져 넣음을 당하리라 하지 아니하셨나이까. 이제 몇 유다 사람 사드락과 메삭과 아벳느고는 왕이 세워 바벨론 도를 다스리게 하신 자이어늘, 왕이여 이 사람들이 ①왕을 높이지 아니하며, ②왕의 신들을 섬기지 아니하며, ③왕이 세우신 금 신상에게 절하지 아니하나이다. 느부갓네살 왕이 노하고 분하여 사드락과 메삭과 아벳느고를 끌어 오라 명하매, 드디어 그 사람들을 왕의 앞으로 끌어온지라. 느부갓네살이 그들에게 물어 가로되, 사드락, 메삭, 아벳느고야. 너희가 내 신을 섬기지 아니하며 내가 세운 그 신상에게 절하지 아니하니 짐짓 그리하였느냐. 이제라도 너희가 예비하였다가 언제든지 나팔과 피리와 수금과 삼현금과 양금과 생황과 및 모든 악기 소리를 듣거든, 내가 만든 신상 앞에 엎드리어 절하면 좋거니와, 너희가 만일 절하지 아니하면 즉시 너희를 극렬히 타는 풀무 가운데 던져 넣을 것

아니, 능히 너희를 내 손에서 건져낼 신이 어떤 신이겠느냐. 사드락과 메삭과 아벳느고가 왕에게 대답하여 가로되, 느부갓네살이여 우리가 이 일에 대하여 왕에게 대답할 필요가 없나이다. 만일 그럴 것이면 왕이여 우리가 섬기는 우리 하나님이 우리를 극렬히 타는 풀무 가운데서 능히 건져 내시겠고, 왕의 손에서도 건져시리이다. 그리 아니하실지라도 왕이여, 우리가 왕의 신들을 섬기지도 아니하고, 왕의 세우신 금 신상에게 절하지도 아니할 줄을 아옵소서.(단 3:8-18)

　또한 그보다 먼저 다니엘과 세 친구 간에, 이 사건에 대한 대처 방안이 충분히 논의가 되었을 것입니다. 그들은 총리이고 방백들인지라 신상 제막에 대한 정보를 사전에 알고 있었고, 거기에 대한 자신들의 행동 방안도 이미 수립된 상태였을 것입니다. 이전에 느부갓네살의 꿈 해몽 사건에서처럼, 그들은 이 문제를 두고 사전에 충분히 기도했을 것입니다. 그리고 거기에 대한 하나님의 응답도 받았을 것입니다.

　그래서 「세 친구는 풀무불에 들어가야 할 상황이면 풀무불에 들어가고, 다니엘은 남아서 뒷일을 수습하며, 총리로서 포로로 잡혀 와 있는 동족들을 끝까지 돌보는 것」으로, 의견의 일치를 보았을 것입니다. 결과는 하나님의 손에 맡기는 것입니다. 그랬기 때문에 사건 당일에 그들이 그렇게 일사분란한 행동을 취할 수가 있었을 것입니다. 그리고 그 모든 과정은 다니엘이 주도했을 것입니다. 적어도 다니엘이 절대적인 영향을 끼쳤을 것입니다.

　아무튼 이 사건으로 인하여 신상 제막식은 〈신상의 폐막식〉이 되어버렸고, 그들이 섬기는 우상 대신에 하나님의 영광이 극도로 높아졌습니다. 우상을 찬양하던 느부갓네살의 입에서조차 하나님을 찬양하는 목소리가 울려 퍼지는, 〈여호와 축제의 한 마당〉이 되어버렸습니다.

그리고 하나님의 영광을 찬양하는 내용의 조서가, 제국의 전역에 내려 갔습니다.

✝ 느부갓네살이 분이 가득하여 사드락과 메삭과 아벳느고를 향하여 낯빛을 변하고, 명하여 이르되 그 풀무를 뜨겁게 하기를 평일보다 칠 배나 뜨겁게 하라 하고, 군대 중 용사 몇 사람을 명하여 사드락과 메삭과 아벳느고를 결박하여 〈극렬히 타는 풀무〉 가운데 던지라 하니, 이 사람들을 고의와 속옷과 겉옷과 별다른 옷을 입은 채 결박하여 극렬히 타는 풀무 가운데 던질 때에, 왕의 명령이 엄하고 풀무가 심히 뜨거우므로 불꽃이 사드락과 메삭과 아벳느고를 붙든 사람을 태워 죽였고, 이 세 사람 사드락과 메삭과 아벳느고는 결박된 채 극렬히 타는 풀무 가운데 떨어졌더라. 때에 느부갓네살 왕이 놀라 급히 일어나서 모사들에게 물어 가로되, 우리가 결박하여 불가운데 던진 자는 세 사람이 아니었느냐. 그들이 왕에게 대답하여 가로되 왕이여 옳소이다. 왕이 또 말하여 가로되, 내가 보니 결박되지 아니한 네 사람이 불 가운데로 다니는데 상하지도 아니하였고, 그 넷째의 모양은 〈신들의 아들〉과 같도다 하고, 느부갓네살이 극렬히 타는 풀무 아구 가까이 가서 불러 가로되, 지극히 높으신 하나님의 종 사드락, 메삭, 아벳느고야 나와서 이리로 오라 하매, 사드락과 메삭과 아벳느고가 불 가운데서 나온지라. 방백과 수령과 도백과 왕의 모사들이 모여 이 사람들을 본즉, 불이 능히 그 몸을 해하지 못하였고 머리털도 그슬리지 아니하였고 고의 빛도 변하지 아니하였고 불 탄 냄새도 없었더라. 느부갓네살이 말하여 가로되, 사드락과 메삭과 아벳느고의 하나님을 찬송할지로다. 그가 그 사자를 보내사 자기를 의뢰하고 그 몸을 버려서 왕의 명을 거역하고 그 하나님 밖에는 다른 신을 섬기지 아니하며 그에게 절하지 아니한 종들을 구원하셨도다. 그러므로 내가 이제 조서를 내리노니, 각 백성과 각 나라와 각 방언하는 자가 무릇 사드락과 메삭과 아벳느고의 하나님께 설만히 말하거든, 그 몸을 쪼개고 그 집으로 거름터를 삼을지니, 이는 이같이 사람을 구원할 다른 신이 없음이라 하고, 왕이 드디어 사드락과 메삭과 아벳느고를 바벨론 도에서 더욱 높이니라. (단 3:19-30)

이쯤 되면 다니엘과 세 친구들이 왕에게, "자신들을 참소한 갈대아 점성가들을 처벌하여 달라"고 요구할 수도 있었을 것입니다. 분위기를 감안했을 때, 풀무불을 통과한 그들에게는 그러한 권리도 충분히 있었습니다. 저들이 세 친구를 모함했던 내용 가운데는, 사실이 아닌 부분도 포함되어 있었기 때문입니다.

하지만 풀무불 속에서 살아 나온 그들은, 항변하거나 저들의 처벌을 주장하지 않았습니다. 풀무불을 앞에 두고 왕의 엄한 명령을 단호하게 거절했던 그들의 모습과는 사뭇 대조가 되는 부분입니다. 문제를 제기하지 아니하고 모든 것을 조용하게, 평화적으로 마무리한 것입니다.

그 배경에는 평화의 사람 다니엘의 조언이 있었던 것으로 보입니다. 평화의 사람 다니엘이 개입하여, 문제를 평화적으로 마무리할 것을 세 친구들에게 주문한 것입니다. 정적들을 제거하기보다는 저들을 포용하면서, 더불어 공존하는 상생의 길을 선택한 것입니다. 성령의 사람 다니엘은, 실로 위대한 평화의 사람이었습니다. 평화는 성령의 열매입니다.

† 이제 몇 유다 사람 사드락과 메삭과 아벳느고는 왕이 세워 바벨론 도를 다스리게 하신 자이어늘, 왕이여 이 사람들이 ①왕을 높이지 아니하며, ②왕의 신들을 섬기지 아니하며, ③왕이 세우신 금 신상에게 절하지 아니하나이다.(단 3:12)

해설 그들이 세 친구를 참소하는 목록 중, 첫 번째는 사실이 아닙니다. 그들(=세 친구들)은 우상이나 금 신상에게 절하지 아니하였을 뿐, 왕에게는 충성하는 충성된 종들이었습니다. 그러나 그들(=다니엘과 세 친구들)은 그러한 것들을 문제삼지 않았습니다. 평화의 사람 다니엘의 공로입니다.

10
충성의 사람, 다니엘

성령의 열매인 충성은, 「마음의 중심이 오직 하나님을 향하여 똑바로 서 있는 상태」를 말합니다. 하나님은 심지가 견고한 자를 평강에 평강으로 지키시고, 그를 통하여 역사하십니다.

다니엘은 출애굽의 지도자 모세와 더불어, 하나님 앞에서 충성된 종으로 손에 꼽히는 인물입니다. 충성된 종 모세를 통해서 出애굽의 역사를 이룩하신 하나님은, 충성된 종 다니엘을 통해서 出바벨론(=바사)의 역사를 이루셨습니다. 出바벨론(=바사)뿐만 아니라 入바벨론의 역사까지도, 사실은 다니엘을 통하여 시작하셨습니다. 다니엘과 세 친구가 기원전 605년 바벨론 1차 포로로 잡혀가서, 바벨론 제국의 총리와 방백의 자리에 오름으로, 이스라엘이 포로로 정착할 수 있는 기반을 마련한 셈이기 때문입니다.

> † 이에 총리들과 방백들이 국사에 대하여 다니엘을 고소할 틈을 얻고자 하였으나 능히 아무 틈, 아무 허물을 얻지 못하였으니, 이는 그가 충성되어 아무 그릇함도 없고 아무 허물도 없음이었더라.(단 6:4)

다니엘은 하나님 앞에서나 사람 앞에서 주어진 일에 최선을 다하는 충성된 종이었습니다. 그는 맡은 바 일에 충실하고 충직하여, 아무런 실책이나 허물을 찾을 수가 없는 완벽한 인물이었습니다. 실수나 허물을 찾을 수가 없어서 그의 대적들이 두 손을 들 만큼, 그는 정직하고 공평하게 주어진 업무를 처리하였습니다.

또한 그는 왕을 보필하는 과정에서도 아첨하거나 비굴한 모습을 보이지 아니하고, 필요할 때마다 왕에게 정직한 조언과 충성된 권고를 아끼지 아니한, 충직한 종이었습니다.

† 그러자 다른 정승들과 지방장관들은 다니엘이 정사에 무슨 실수라도 하지 않는가 눈을 밝히고 보았지만, 그에게서 트집잡을 만한 허물은 하나도 찾아내지 못하였다. 다니엘은 충직한 사람이었으므로 아무런 허물도 실수도 없었던 것이다. 그래서 그들은 "다니엘에게는 트집잡을 만한 일이 하나도 없으니, 그의 종교를 걸어 트집을 잡자"고 의논하였다.(단 6:4-5, 공동번역)

† 왕이여 그 해석은 이러하니이다. 곧 지극히 높으신 자의 명정하신 것이 내 주 왕에게 미칠 것이라. 왕이 사람에게서 쫓겨나서 들짐승과 함께 거하며 소처럼 풀을 먹으며 하늘 이슬에 젖을 것이요, 이와 같이 일곱 때를 지낼 것이라. 그 때에 지극히 높으신 자가 인간 나라를 다스리시며 자기의 뜻대로 그것을 누구에게든지 주시는 줄을 아시리이다. 또 그들이 그 나무 뿌리의 그루터기를 남겨 두라 하였은즉, 하나님이 다스리시는 줄을 왕이 깨달은 후에야 왕의 나라가 견고하리이다. 그런즉 왕이여 나의 간하는 것(=조언)을 받으시고, 공의를 행함으로 죄를 속하고 가난한 자를 긍휼히 여김으로 죄악을 속하소서. 그리하시면 왕의 평안함이 혹시 장구하리이다 하였느니라.(단 4:24-27)

해설 느부갓네살 왕에게 살 길을 제시하는 다니엘의 모습입니다. 충성된 신하만이 할 수 있는 충직한 조언입니다. 느부갓네살이 다니엘의 이 조언을 받아 들였다면, 징계의 때를 면했을지도 모릅니다. 하지만 그는 이 조언을 무시하고 교만한 행동을 취했다가, 왕위에서 쫓겨나 일곱 때를 짐승처럼 살아야 하는, 가혹한 시련을 겪었습니다.

† 벨사살이여 왕은 그의 아들이 되어서 이것을 다 알고도, 오히려 마음을 낮추지 아니하고, 도리어 스스로 높여서 하늘의 주재를 거역하고, 그 전 기명을 왕의 앞으로 가져다가 왕과 귀인들과 왕후들과 빈궁들이 다 그것으로 술을 마시고, 왕이 또 보지도 듣지도 알지도 못하는 금, 은, 동, 철과 목, 석으로 만든 신상들을 찬양하고, 도리어 왕의 호흡을 주장하시고 왕의 모든 길을 작정하시는 하나님께는 영광을 돌리지 아니한지라. 이러므로 그의 앞에서 이 손가락이 나와서 이 글을 기록하였나이다. 기록한 글자는 이것이니 곧 『메네 메네 데겔 우바르신』이라. 그 뜻을 해석하건대 메네는 하나님이 이미 왕의 나라의 시대를 세어서 그것을 끝나게 하셨다 함이요, 데겔은 왕이 저울에 달려서 부족함이 뵈었다 함이요, 베레스는 왕의 나라가 나뉘어서 메대와 바사 사람에게 준 바 되었다 함이니이다. (단 5:22-28)

해설 경거망동한 벨사살 왕에게 직언을 하는 다니엘의 모습입니다. 교만하여 하나님을 거역하고 모욕한 벨사살 왕을 책망하며, '이미 하나님의 심판이 끝났다'는 메시지를 가감없이 전달하고 있습니다. 바벨론 제국의 왕인 절대 권력자에게, 그렇게 담대하게 〈심판의 메시지〉를 선포한 것입니다. 그가 하나님만을 두려워하는 충성된 종이었기에 가능한 일입니다. 공의의 사람 다니엘은 충성된 종이었습니다.

또한 비상한 지혜와 놀라운 통찰력을 소유했음에도 불구하고, 다니엘은 결코 교만하거나 자신의 의를 드러내지 아니하고, 끝까지 온유하고 겸손한 자세를 유지하였습니다. 온유와 겸손은 지도자의 필수 덕목이요, 충성의 밑거름입니다. 성경의 인물 중에는 모세가 대표적으로 온유하고 겸손한 인물이었습니다. 그는 대표적으로 하나님 앞에 충성된 종이었습니다.

그러한 모세와 더불어, 하나님 앞에서 충성된 종으로 인정받은 또 하나의 인물이 바로 다니엘입니다. 그래서 한 사람은 出애굽의 지도자로, 한 사람은 出바벨론(=바사)의 지도자로 귀하게 쓰임을 받은 것입니다. 온유하고 겸손하며 충성된 종들이었기 때문입니다. 하나님의 사람 다니엘은 모든 충성된 자들의 표본입니다.

† 다니엘이 왕 앞에 대답하여 가로되, 왕의 물으신바 은밀한 것은 박사나 술객이나 박수나 점장이가 능히 왕께 보일 수 없으되, 오직 은밀한 것을 나타내실 자는 하늘에 계신 하나님이시라. 그가 느부 갓네살 왕에게 후일에 될 일을 알게 하셨나이다. 왕의 꿈 곧 왕이 침상에서 뇌 속으로 받은 이상은 이러하니이다. 왕이여 왕이 침상에 나아가서 장래 일을 생각하실 때에 은밀한 것을 나타내시는 이가 장래 일을 왕에게 알게 하셨사오며, 내게 이 은밀한 것을 나타내심은 내 지혜가 다른 인생보다 나은 것이 아니라, 오직 그 해석을 왕에게 알려서 왕의 마음으로 생각하던 것을 왕으로 알게 하려 하심이니이다.(단 2:27-30)

해설 느부갓네살 왕의 꿈을 해석하는 과정에서도, 다니엘은 결코 자신의 공로나 의를 드러내지 아니하고, 오직 겸손한 자세로 꿈과 그 해석을 알렸습니다. 온유와 겸손은 충성의 밑바탕입니다. 다니엘은 사람 앞에서나 하나님 앞에서 그렇게 온유하고 겸손하며 끝까지 충성하는 충성된 종이었습니다.

11
성령의 사람, 다니엘

1. 청렴한 사람, 다니엘

벨사살 왕의 잔치에서 나타난 분벽의 글씨를 읽고 해석함으로, 자신에게 당연히 주어질 상급과 예물까지도 정중하게 거절하는 다니엘의 모습에서, 그의 깨끗하고 청렴한 모습을 살펴볼 수가 있습니다. 그것은 그가 평소에도 깨끗하게 살았다는 증거이기 때문입니다.

그는 수십 년을 바벨론 제국의 고위 공직자로 복무하면서도, 뇌물이나 사례를 받지 아니한 깨끗한 인물이었습니다. 그러므로 그의 대적들이 그러한 부분이 있는지 눈을 밝히고 살펴보았지만, 티끌만한 허물도 찾을 수가 없었던 것입니다.

그는 오늘날처럼 국회의 인사 청문회가 필요 없는 깨끗한 인물이었습니다. 오늘날처럼 고위 공직자 재산신고를 한다면, 총리인 다니엘이 아마 제일 꼴찌일 것입니다. 그는 그렇게 청렴한 인물이었습니다.

사단은 그러한 자를 송사할 수가 없습니다. 공격할 수 있는 틈이 없기 때문입니다. 깨끗하고 청렴한 다니엘은, 시대를 초월하여 모든 고위 공직자의 표상인 셈입니다.

✝ 내가 네게 대하여 들은즉 너는 해석을 잘하고 의문을 파한다 하
도다. 그런즉 이제 네가 이 글을 읽고 그 해석을 내게 알게 하면,
네게 자주옷을 입히고 금사슬을 네 목에 드리우고 너로 나라의 〈
셋째 치리자〉를 삼으리라. 다니엘이 왕에게 대답하여 가로되, 왕
의 예물은 왕이 스스로 취하시며 왕의 상급은 다른 사람에게 주
옵소서. 그럴지라도 내가 왕을 위하여 이 글을 읽으며 그 해석을
아시게 하리이다.(단 5:16)

✝ 이에 총리들과 방백들이 국사에 대하여 다니엘을 고소할 틈을
얻고자 하였으나, 능히 아무 틈, 아무 허물을 얻지 못하였으니, 이
는 그가 충성되어 아무 그릇함도 없고 아무 허물도 없음이었더라.
그 사람들이 가로되 이 다니엘은 그 하나님의 율법에 대하여 그
틈을 얻지 못하면 그를 고소할 수 없으리라 하고(단 6:4-5)

[공동번역]단 6:4-5
그러자 다른 정승들과 지방장관들은 다니엘이 정사에 무슨 실수라도 하지 않
는가 **눈을 밝히고** 보았지만, 그에게서 **트집잡을 만한 허물**은 하나도 찾아내지
못하였다. 다니엘은 **충직한** 사람이었으므로 아무런 허물도 실수도 없었던 것
이다. 그래서 그들은 "다니엘에게는 트집잡을 만한 일이 하나도 없으니, 그의
종교를 걸어 트집을 잡자"고 의논하였다.

2. 성령의 사람, 다니엘

성령은 거룩한 영입니다. 그가 흠이 없이 깨끗한 삶을 유지할 수 있
었던 비결은, 하나님의 거룩한 영으로 충만했기 때문입니다. 또한 그가
비상한 지혜와 총명을 보유한 것도, 지혜와 총명의 영인 성령으로 충만
했기 때문입니다. 그의 놀라운 능력도 성령이 주신 성령의 권능입니다.

다니엘이 삶 가운데서 맺은 그 귀한 열매들은 한결같이 성령의 열매들인 것입니다. 믿음의 사람 다니엘은 하나님의 거룩한 영으로 충만한, 성령의 사람이었습니다.

1) 성령의 지혜

'지혜와 총명의 신이요 모략과 재능의 신인 성령', 그에게 비상한 지혜와 통찰력을 제공하였습니다. 그래서 다니엘은 뛰어난 자들 중에서도 뛰어난 자가 된 것입니다. 바벨론 모든 박사들을 합하여도 그 지혜가 다니엘 한 사람을 당할 수가 없었습니다. 하나님의 영인 성령은 지혜와 권능의 영이기 때문입니다. 하나님의 거룩한 영으로 충만한 다니엘은, 하나님께서 주신 지혜로 충만한 지혜의 사람이었습니다.

> † 왕이 그들과 말하여 보매, 무리 중에 다니엘과 하나냐와 미사엘과 아사랴와 같은 자 없으므로, 그들로 왕 앞에 모시게 하고, 왕이 그들에게 모든 일을 묻는 중에, 그 지혜와 총명이 온 나라 박수와 술객보다 십 배나 나은 줄을 아니라.(단 1:19-20)

> † 다니엘은 마음이 민첩하여 총리들과 방백들 위에 뛰어나므로, 왕이 그를 세워 전국을 다스리게 하고자 한지라.(단 6:3)

> † 그 후에 다니엘이 내 앞에 들어왔으니, 그는 내 신의 이름을 좇아 벨드사살이라 이름한 자요, 그의 안에는 〈거룩한 신들의 영〉이 있는 자라. 내가 그에게 꿈을 고하여 가로되 박수장 벨드사살아 네 안에는 〈거룩한 신들의 영〉이 있은즉, 아무 은밀한 것이라도 네게는 어려울 것이 없는 줄을 내가 아노니 내 꿈에 본 이상의 해석을 내게 고하라. 내가 침상에서 나의 뇌 속으로 받은 이상이 이러하니라. 나 느부갓네살 왕이 이 꿈을 꾸었나니 너 벨드사살아 그 해석을 밝히 말하라. 내 나라 모든 박사가 능히 그 해석을 내게 알

게 하지 못하였으나, 오직 너는 능히 하리니, 이는 〈거룩한 신들의 영〉이 네 안에 있음이니라.(단 4:8-18)

† 태후가 왕과 그 귀인들의 말로 인하여 잔치하는 궁에 들어왔더니 이에 말하여 가로되, 왕이여 만세수를 하옵소서 왕의 생각을 번민케 말며 낯빛을 변할 것이 아니니이다. 왕의 나라에 〈거룩한 신들의 영〉이 있는 사람이 있으니, 곧 왕의 부친 때에 있던 자로서 명철과 총명과 지혜가 있어 〈신들의 지혜〉와 같은 자라. 왕의 부친 느부갓네살 왕이 그를 세워 박수와 술객과 갈대아 술사와 점장이의 어른을 삼으셨으니, 왕이 벨드사살이라 이름한 이 다니엘의 마음이 민첩하고 지식과 총명이 있어 능히 꿈을 해석하며 은밀한 말을 밝히며 의문을 파할 수 있었음이라. 이제 다니엘을 부르소서 그리하시면 그가 그 해석을 알려드리리이다. 이에 다니엘이 부름을 입어 왕의 앞에 나오매 왕이 다니엘에게 말하여 가로되, 네가 우리 부왕이 유다에서 사로잡아 온 유다 자손 중의 그 다니엘이냐. 내가 네게 대하여 들은즉 네 안에는 〈신들의 영〉이 있으므로 네가 명철과 총명과 비상한 지혜가 있다 하도다. 지금 여러 박사와 술객을 내 앞에 불러다가 그들로 이 글을 읽고 그 해석을 내게 알게 하라 하였으나, 그들이 다 능히 그 해석을 내게 보이지 못하였느니라. 내가 네게 대하여 들은즉 너는 해석을 잘하고 의문을 파한다 하도다.(단 5:10-16)

† 이새의 줄기에서 한 싹이 나며 그 뿌리에서 한 가지가 나서 결실할 것이요, 여호와의 신 곧 『지혜와 총명의 신이요 모략과 재능의 신이요 지식과 여호와를 경외(하게)하는 신』이 그 위에 강림하시리니, 그가 여호와를 경외함으로 즐거움을 삼을 것이며(사 11:1-2)

† 깊도다 하나님의 지혜와 지식의 부요함이여, 그의 판단은 측량치 못할 것이며 그의 길은 찾지 못할 것이로다.(롬 11:33)

† 영원하신 하나님 여호와, 땅 끝까지 창조하신 자는, 피곤치 아니하시며 곤비치 아니하시며 명철이 한이 없으시며(사 40:28)

† 저가 별의 수효를 계수하시고 저희를 다 이름대로 부르시는도다. 우리 주는 광대하시며 능력이 많으시며 그 지혜가 무궁하시도다.(시 147:3-4)

2) 성령의 권능

(세 친구를 포함해서)다니엘은 성령의 권능에 사로잡힌 성령의 사람이었습니다. 성령의 권능에 사로잡힌 그의 심장은 풀무불보다 더 뜨거웠고, 그가 지닌 성령의 검과 두루마기는 사자의 이빨이나 발톱보다 더 강력했습니다. 그러한 성령의 권능으로 강력하게 무장을 했기에, 그가 사자굴과 풀무불의 시험을 이겨낸 것입니다. 하나님의 사람 다니엘은 머리 끝부터 발끝까지, 성령의 권능으로 무장한, 성령의 사람이었습니다.

> † 이튿날에 왕이 새벽에 일어나 급히 사자굴로 가서, 다니엘의 든 굴에 가까이 이르러는 슬피 소리질러 다니엘에게 물어 가로되, 사시는 하나님의 종 다니엘아 너의 항상 섬기는 네 하나님이 사자에게서 너를 구원하시기에 능하셨느냐. 다니엘이 왕에게 고하되 왕이여 원컨대 왕은 만세수를 하옵소서. 나의 하나님이 이미 그 천사를 보내어 사자들의 입을 봉하셨으므로, 사자들이 나를 상해치 아니하였사오니 이는 나의 무죄함이 그 앞에 명백함이오며, 또 왕이여 나는 왕의 앞에도 해를 끼치지 아니하였나이다. 왕이 심히 기뻐서 명하여 다니엘을 굴에서 올리라 하매 그들이 다니엘을 굴에서 올린즉, 그 몸이 조금도 상하지 아니하였으니 이는 그가 자기 하나님을 의뢰함이었더라. 왕이 명을 내려 다니엘을 참소한 사람들을 끌어오게 하고, 그들을 그 처자들과 함께 사자굴에 던져 넣게 하였더니, 그들이 굴 밑에 닿기 전에 사자가 곧 그들을 움켜서 그 뼈까지도 부숴뜨렸더라.(단 6:19-24)

해설 성령의 두루마기를 입은 다니엘과, 비무장으로 사자굴 속에 던져진 그의 대적들이 극명한 대조를 이룹니다. 성령 충만은 하나님의 전신

갑주입니다. 성령의 권능으로 무장한 자들을 해할 세력이 세상에는 없습니다. 하나님의 권능이기 때문입니다.

✝ 느부갓네살이 분이 가득하여 사드락과 메삭과 아벳느고를 향하여 낯빛을 변하고, 명하여 이르되 그 풀무를 뜨겁게 하기를 평일보다 칠 배나 뜨겁게 하라 하고, 군대 중 용사 몇 사람을 명하여 사드락과 메삭과 아벳느고를 결박하여 〈극렬히 타는 풀무〉 가운데 던지라 하니, 이 사람들을 고의와 속옷과 겉옷과 별다른 옷을 입은 채 결박하여 〈극렬히 타는 풀무〉 가운데 던질 때에, 왕의 명령이 엄하고 풀무가 심히 뜨거우므로 불꽃이 사드락과 메삭과 아벳느고를 붙든 사람들을 태워 죽였고, 이 세 사람 사드락과 메삭과 아벳느고는 결박된 채 〈극렬히 타는 풀무〉 가운데 떨어졌더라. 때에 느부갓네살 왕이 놀라 급히 일어나서 모사들에게 물어 가로되, 우리가 결박하여 불가운데 던진 자는 세 사람이 아니었느냐 그들. 이 왕에게 대답하여 가로되 왕이여 옳소이다. 왕이 또 말하여 가로되 내가 보니 결박되지 아니한 네 사람이 불 가운데로 다니는데 상하지도 아니하였고 그 넷째의 모양은 〈신들의 아들〉과 같도다 하고, 느부갓네살이 극렬히 타는 풀무 아구 가까이 가서 불러 가로되, 지극히 높으신 하나님의 종 사드락, 메삭, 아벳느고야 나와서 이리로 오라 하매, 사드락과 메삭과 아벳느고가 불 가운데서 나온지라. 방백과 수령과 도백과 왕의 모사들이 모여 이 사람들을 본즉, 불이 능히 그 몸을 해하지 못하였고 머리털도 그슬리지 아니하였고 고의 빛도 변하지 아니하였고 불 탄 냄새도 없었더라.(단 3:19-27)

해설 극렬히 타는 풀무 속에서도 머리털 하나 상하지 아니한 〈세 친구들〉과, 풀무 근처에 갔다가 타져서 죽어 버린 〈군대의 용사들〉이 대조를 이룹니다. 성령의 두루마기를 입은 세 친구들과, 갑옷으로 무장한 군대의 용사들은 비교가 되질 않습니다.
- 또한 성령의 권능은 극렬히 타는 풀무와도 비교가 되질 않습니다. 풀무불과는 비교조차 할 수가 없는, 뜨거운 권능이기 때문입니다. 제 아무리 뜨거운 풀무불이라도 순간적으로 식혀버리는 강력한 권능이기 때문입니다. 다니엘서 헬라어 사본에는 이 부분이 자세히 수록되어 있습니다.

✝ 왕의 종들은 그들을 불타는 가마 속에 집어 던지고, 거기에 나프다 기름과 송진과 삼 부스러기와 나뭇조각을 계속 넣었다. 그래서 불길이 가마 위로 마흔 아홉 자나 치솟아 올라 갔고 또 밖으로 퍼져 나와서, 가마 주위에 있던 갈대아 사람들을 태워 버렸다. 그러나 〈주의 천사〉가 가마로 내려 와서 아자리야와 그의 동료들 곁으로 갔다. 그리고 불꽃을 가마 밖으로 내어 몰고 가마 가운데서 마치 산들바람이나 이슬과 같은 시원한 입김을 그들에게 불어 주었다. 그래서 불은 그들을 다치지 못하였고, 그들에게는 어떠한 아픔이나 괴로움도 미치지 않았다.(단 3:46-50, 공동번역)

해설 불길이 가마 위로 49자(=15미터)나 치솟은 뜨거운 풀무불도 성령의 권능을 당할 수는 없었습니다. 성령의 권능은 풀무불의 권세를 압도하는 하나님의 강력한 권능이기 때문입니다. 그 권능으로 하나님은 당신을 전적으로 의지하는 당신의 종들(=다니엘의 세 친구들)을 머리털 하나 상하지 않도록 풀무 가운데서 안전하게 지키시고 보호하셨습니다.

✝ 사드락과 메삭과 아벳느고가 왕에게 대답하여 가로되, 느부갓네살이여 우리가 이 일에 대하여 왕에게 대답할 필요가 없나이다. 만일 그럴 것이면 왕이여, 우리가 섬기는 우리 하나님이 우리를 〈극렬히 타는 풀무〉 가운데서 능히 건져 내시겠고, 왕의 손에서도 건져내시리이다. 그리 아니하실지라도 왕이여 우리가 왕의 신들을 섬기지도 아니하고, 왕의 세우신 금 신상에게 절하지도 아니할 줄을 아옵소서.(단 3:16-18)

해설 풀무불을 두려워하지 아니하고, 절대 권력자 앞에서 담대하게 자신의 신앙을 표출하는 세 친구의 모습입니다. 방백과 수령과 도백과 왕의 모사등 바벨론 제국의 권력자들이 총 집결해 있는 장소입니다. 성령의 권능이 아니라면 상상도 할 수 없는 장면입니다.

✝ 오직 성령이 너희에게 임하시면 너희가 권능을 받고, 예루살렘과 온 유대와 사마리아와 땅 끝까지 이르러 내 증인이 되리라 하시니라.(행 1:8)

성령의 「권능」으로 번역된 헬라어 **뒤나미스**(δύναμις)는, '힘, 권세, 권능, 능력, 세력, 기적, 놀라운 일' 등 초자연적인 힘을 나타내는 단어입니다. 여기에서 유래된 영어 단어가 ①dynamite(폭발적인 힘)와 ② dynamic(역동적인 힘)인데, 성령의 권능을 표현하기에 아주 적절한 단어입니다.

우리에게 성령이 임하면 권능(=뒤나미스)이 주어지는데, 그것은 ① 폭발적인 권능과 ②역동적인 권능으로 나타납니다.

①폭발적인 권능은 다이나마이트와 같은 권능으로, 태산을 평지로 만들어버리는 권능입니다. 총독 스룹바벨이나 지렁이 같은 야곱에게 주어진 권능입니다. 아합 왕조를 무너뜨린 엘리야나 엘리사에게 주어진 권능입니다. 다니엘이 꿈에서 본 바, 「산에서 뜨인 돌」이 거대한 금 신상을 쳐서 부수는 장면도 폭발적인 성령의 권능을 상징합니다.

반면에 ②역동적인 권능은 쓰나미와 같이 강력한 영향력을 상징합니다. 사도 바울을 통하여 전파된 그리스도의 복음이 마치 홍수처럼 로마제국을 덮어버리는 경우입니다. 악한 유다 왕들과 싸우는 이사야나 예레미야에게 주어진 권능입니다. 에스겔 선지자의 대언을 통해서 마른 뼈들이 살아나는 장면도 성령의 역동적인 측면입니다. 오순절 마가의 다락방에 임한 성령도, 역동적인 측면이 강합니다.

3) 성령의 열매

지금까지 살펴본 대로, 다니엘의 삶을 통하여 나타난 귀한 열매들은 한결같이 성령의 열매들입니다. 하나님의 거룩한 영에 사로잡힌 다니엘의 삶 전체가, 성령의 열매 그 자체인 셈입니다. 하나님의 사람 다니엘은 성령의 권능에 사로잡힌 성령의 사람이었습니다.

† 오직 성령의 열매는 사랑과 희락(=기쁨)과 화평(=평화)과 오래 참음(=인내)과 자비(=친절)와 양선(=선함,선행)과 충성(=신실,진실)과 온유와 절제니, 이같은 것을 금지할 법이 없느니라.(갈 5:22-23)

[NIV]갈 5:22-23
But the fruit of the Spirit is love, joy, peace, patience, kindness, goodness, faithfulness, gentleness and self-control. Against such things there is no law.

† 이로써 그 보배롭고 지극히 큰 약속을 우리에게 주사, 이 약속으로 말미암아 너희로 정욕을 인하여 세상에서 썩어질 것을 피하여, 신(=하나님)의 성품에 참예하는 자가 되게 하려 하셨으니, 이러므로 너희가 더욱 힘써 너희 「믿음에 덕을, 덕에 지식을, 지식에 절제를, 절제에 인내를, 인내에 경건을, 경건에 형제 우애를, 형제 우애에 사랑을」 공급하라.(벧후 1:4-7)

해설 베드로가 말하는 성령의 열매들입니다. 하나님의 성품(=divine nature)을 나타내는 것들입니다.

다니엘의 기도

다니엘서에는 크게 세 차례 다니엘의 기도가 언급됩니다.

첫째는, 느부갓네살 왕의 꿈 해몽 사건과 관련된 기도로, 간구와 감사 찬송의 기도입니다.

둘째는, 고레스 왕 원년에 조국의 해방을 위하여 드리는 두 차례의 중보 기도로, 사자굴 사건과 관련됩니다.

셋째는, 고레스 왕 3년에 세계 역사의 계시를 위하여 드리는 기도로, 3주간의 고행 기도입니다.

2부에서는 다니엘서 6장과 9-10장을 중심으로 다니엘의 기도 전반을 살펴보겠습니다.

12
기도의 동기

1. 말씀을 묵상

다니엘서 6장과 9장은 그 시간과 배경이 동일합니다. 모두가 바사 왕 다리오(=고레스) 원년에 발생한 사건입니다. 즉, 다니엘이 조국의 해방을 위하여 작정 기도를 하다가 환상을 보았고(9장), 그 환상을 보고 계속 기도하다가 정적들의 모함을 받아 사자굴에 들어가는 사건이 발생하는데(6장), 모두가 다리오(=고레스) 원년에 발생한 사건입니다.

말씀에 정통한 다니엘은 바벨론 제국이 멸망하고 바사 제국 고레스 왕조가 들어서자, 직감적으로 조국이 해방될 시기임을 알아차렸습니다. 왜냐하면 고레스 왕보다 150여 년 전에 기록된 성경의 이사야서에 이미 고레스에 대한 기사가 구체적으로 기록되어 있기 때문입니다.

> † 다리오가 자기의 심원대로 방백 일백이십 명을 세워 전국을 통치하게 하고, 또 그들 위에 총리 셋을 두었으니 다니엘이 그 중에 하나이라. 이는 방백들로 총리에게 자기의 직무를 보고하게 하여 왕에게 손해가 없게 하려함이었더라. 다니엘은 마음이 민첩하여 총리들과 방백들 위에 뛰어나므로, 왕이 그를 세워 전국을 다스리

게 하고자 한지라.(단 6:1-3)

✝ 메대 족속 아하수에로의 아들 다리오가 갈대아 나라 왕으로 세움을 입던 원년, 곧 그 통치 원년에, 나 다니엘이 서책으로 말미암아 여호와의 말씀이 선지자 예레미야에게 임하여 고하신 그 년수를 깨달았나니, 곧 예루살렘의 황무함이 칠십 년 만에 마치리라 하신 것이니라. 내가 금식하며 베옷을 입고 재를 무릅쓰고 주 하나님께 기도하며 간구하기를 결심하고(단 9:1-3)

✝ 고레스에 대하여는 이르기를 그는 나의 목자라 나의 모든 기쁨을 성취하리라 하며, 예루살렘에 대하여는 이르기를 중건 되리라 하며, 성전에 대하여는 이르기를 네 기초가 세움이 되리라 하는 자니라. 나 여호와는 나의 기름 받은 고레스의 오른손을 잡고, 열국으로 그 앞에 항복하게 하며 열왕의 허리를 풀며 성 문을 그 앞에 열어서 닫지 못하게 하리라. 내가 고레스에게 이르기를, 내가 네 앞서 가서 험한 곳을 평탄케 하며 놋문을 쳐서 부수며 쇠빗장을 꺾고 네게 흑암 중의 보화와 은밀한 곳에 숨은 재물을 주어서, 너로 너를 지명하여 부른 자가 나 여호와 이스라엘의 하나님인 줄 알게 하리라. 내가 나의 종 야곱, 나의 택한 이스라엘을 위하여 너를 지명하여 불렀나니, 너는 나를 알지 못하였을지라도 나는 네게 칭호를 주었노라. 나는 여호와라 나 외에 다른 이가 없나니 나 밖에 신이 없느니라. 너는 나를 알지 못하였을지라도 나는 네 띠를 동일 것이요, 해 뜨는 곳에서든지 지는 곳에서든지 나 밖에 다른 이가 없는 줄을 무리로 알게 하리라. 나는 여호와라 다른 이가 없느니라.(사 44:28-45:6)

✝ 내가 의로 그(=고레스)를 일으킨지라. 그(=고레스)의 모든 길을 곧게 하리니, 그(=고레스)가 나의 성읍을 건축할 것이며, 나의 사로잡힌 자들을 값이나 갚음 없이 놓으리라, 만군의 여호와의 말이니라 하셨느니라.(사 45:13)

[현대인의성경]사 45:13
"내가 나의 **의로운 목적**을 이루기 위해서 **키루스**를 일으켰다. 내가 그의 모든 길을 곧게 할 것이니, 그가 내 성 예루살렘을 재건하고, 포로로 잡혀 있는 내

백성을 아무런 값이나 대가를 받지 않고 거저 놓아 줄 것이다. 이것은 전능한 나 여호와의 말이다."

해설 고레스를 도구로 사용하여, 이스라엘을 해방시키는 것이 하나님의 경륜이었습니다. 그가 아무런 대가도, 보상도, 선물도 받지 아니하고, 이스라엘을 거저 해방시킬 것입니다.

그래서 다니엘은 자신이 간직하고 있던 〈예레미야서의 두루마기〉를 펼쳐서 공부하는 중에, 이스라엘의 해방 시기를 확실하게 깨달았습니다. "바벨론에서 70년이 차면, 이스라엘을 포로에서 해방시키겠다"는 하나님의 약속인데, 지금이 바로 그 시기인 것입니다. 유다 왕 시드기야의 시대에, 예레미야가 바벨론에 포로로 잡혀 있는 동족들에게 보낸 편지의 내용입니다.

기도의 발단이 거기서부터 시작되었습니다. 아주 중요한 자세입니다. 기도의 제목을 성경 본문 가운데서 찾은 것입니다. 그리고 자신이 그 일을 이루기 위한 기도의 제물이 되기로 작정한 것입니다. 그것이 사자 굴 사건을 불러온, 다니엘 기도의 발단입니다.

† 메대 족속 아하수에로의 아들 다리오가 갈대아 나라 왕으로 세움을 입던 원년, 곧 그 통치 원년에 나 다니엘이 '서책으로 말미암아' 여호와의 말씀이 선지자 예레미야에게 임하여 고하신 그 년수를 깨달았나니, 곧 예루살렘의 황무함이 칠십 년 만에 마치리라 하신 것이니라. 내가 금식하며 베옷을 입고 재를 무릅쓰고 주 하나님께 기도하며 간구하기를 결심하고(단 9:1-3)

[GNT]단 9:2

In the first year of his reign I was **studying** the sacred books and thinking about the seventy years that Jerusalem would be in ruins, according to what the LORD had told the prophet Jeremiah.

해설 서책은 예레미야서를 의미합니다. 기도의 발단이 성경을 공부(=깊이 연구)하면서부터 시작되었습니다.

✝ 나 여호와가 이같이 말하노라. 바벨론에서 칠십 년이 차면, 내가 너희를 권고하고 나의 선한 말을 너희에게 실행하여, 너희를 이곳으로 돌아오게 하리라. 나 여호와가 말하노라 너희를 향한 나의 생각은 내가 아나니, 재앙이 아니라 곧 평안이요 너희 장래에 소망을 주려는 생각이라. 너희는 내게 부르짖으며 와서 내게 기도하면 내가 너희를 들을 것이요, 너희가 전심으로 나를 찾고 찾으면 나를 만나리라. 나 여호와가 말하노라 내가 너희에게 만나지겠고 너희를 포로된 중에서 다시 돌아오게 하되, 내가 쫓아 보내었던 열방과 모든 곳에서 모아, 사로잡혀 떠나게 하던 본 곳으로 돌아오게 하리라. 여호와의 말이니라 하셨느니라.(렘 29:10-14)

✝ 보라 내가 보내어 북방 모든 족속과 내 종 바벨론 왕 느부갓네살을 불러다가, 이 땅과 그 거민과 사방 모든 나라를 쳐서 진멸하여, 그들로 놀램과 치소거리가 되게 하며 땅으로 영영한 황무지가 되게 할 것이라. 내가 그들 중에서 기뻐하는 소리와 즐거워하는 소리와 신랑의 소리와 신부의 소리와 맷돌소리와 등불 빛이 끊쳐지게 하리니, 이 온 땅이 황폐하여 놀램이 될 것이며, 이 나라들은 칠십 년 동안 바벨론 왕을 섬기리라. 나 여호와가 말하노라 칠십 년이 마치면 내가 바벨론 왕과 그 나라와 갈대아인의 땅을 그 죄악으로 인하여 벌하여 영영히 황무케 하되, 내가 그 땅에 대하여 선고한 바 곧 예레미야가 열방에 대하여 예언하고 이 책에 기록한 나의 모든 말을 그 땅에 임하게 하리니(렘 25:9-13)

✝ 나 주 여호와가 말하노라, 그래도 이스라엘 족속이 이와 같이 자기들에게 이루어 주기를, 내게 구하여야 할지라.(겔 36:37)

해설 하나님의 언약이 주어져 있을지라도, 누군가 그 일을 위해 기도해야만 합니다. 기도해야 하나님의 팔이 움직입니다. 그 일을 다니엘이 자처한 것입니다. 조국의 해방을 위하여 자신이 기도의 제물이 되기로 자처한 것입니다.

2. 계시와 환상

또한, 하나님께서 보여 주신 계시와 환상을 깨닫기 위해서 기도한 것입니다. 고레스 3년에 다니엘은 하나님의 비밀인 〈진리의 책〉에 기록된 인류 역사의 비밀을 깨닫기 위하여, 세 이레 동안 고행을 하면서 작정 기도를 하였습니다. 그런 다니엘에게 하나님은 천사장 가브리엘을 보내서, 앞으로 전개될 인류 역사의 진행 과정을 보여 주셨습니다. 그것이 실제 역사와 얼마나 정확하게 일치했는지, 후대에 다니엘서의 저자와 저작 시기에 대해서 논란이 일어날 정도였습니다. 다니엘의 기도의 동기는 계시와 환상을 깨닫기 위함이었습니다.

† 바사 왕 〈고레스 삼년〉에 한 일이 벨드사살이라 이름한 다니엘에게 나타났는데, 그 일이 참되니 곧 〈큰 전쟁〉에 관한 것이라. 다니엘이 그 일을 분명히 알았고 그 이상을 깨달으니라. 그 때에 나 다니엘이 세 이레 동안을 슬퍼하며, 세 이레가 차기까지 좋은 떡을 먹지 아니하며 고기와 포도주를 입에 넣지 아니하며, 또 기름을 바르지 아니하니라.(단 10:1-3)

† 한 손이 있어 나를 어루만지기로 내가 떨더니, 그가 내 무릎과 손바닥이 땅에 닿게 일으키고 내게 이르되, 은총을 크게 받은 사람 다니엘아 내가 네게 이르는 말을 깨닫고 일어서라 내가 네게 보내심을 받았느니라. 그가 내게 이 말을 한 후에 내가 떨며 일어서매 그가 이르되, 다니엘아 두려워하지 말라. 네가 깨달으려 하여 네 하나님 앞에 스스로 겸비케 하기로 결심하던 첫 날부터 네 말(=기도, 간구)이 들으신 바 되었으므로, 내가 네 말로 인하여 왔느니라. 그런데 바사국 군이 이십일 일 동안 나를 막았으므로 내가 거기 바사국 왕들과 함께 머물러 있더니, 군장 중 하나 미가엘이 와서 나를 도와주므로, 이제 내가 〈말일에 네 백성의 당할 일〉을 네게 깨닫게 하러 왔노라. 대저 이 이상은 오래 후의 일이니라.(단

10:10-14)

✝ 그가 이런 말로 내게 이를 때에 내가 곧 얼굴을 땅에 향하고 벙
벙하였더니, 인자와 같은 이가 있어 내 입술을 만진지라. 내가 곧
입을 열어 내 앞에 선 자에게 말하여 가로되, 내 주여 이 이상을
인하여 근심이 내게 더하므로 내가 힘이 없어졌나이다. 내 몸에 힘
이 없어졌고 호흡이 남지 아니하였사오니, 내 주의 이 종이 어찌
능히 내 주로 더불어 말씀할 수 있으리이까. 또 사람의 모양 같은
것 하나가 나를 만지며 나로 강건케 하여 가로되, 〈은총을 크게 받
은 사람〉이여 두려워하지 말라 평안하라 강건하라 강건하라. 그가
이같이 내게 말하매 내가 곧 힘이 나서 가로되, 내 주께서 나로 힘
이 나게 하셨사오니 말씀하옵소서. 그가 이르되, 내가 어찌하여
네게 나아온 것을 네가 아느냐. 이제 내가 돌아가서 바사 군과 싸
우려니와, 내가 나간 후에는 헬라 군이 이를 것이라. 오직 내가 먼
저 〈진리의 글〉에 기록된 것으로 네게 보이리라. 나를 도와서 그
들을 대적하는 자는 너희 군 미가엘뿐이니라. 내가 또 메대 사람
다리오(=고레스) 원년에 일어나, 그를 돕고 강하게 한 일이 있었느니
라.(단 10:15-11:1)

계시와 환상을 깨닫기 위해 다니엘이 기도를 시작하자, 하늘에서는
'치열한 영적 전투'가 벌어졌습니다. 의인인 다니엘이 기도를 시작하자
하나님의 즉각적인 응답이 주어졌는데, 그 응답을 가지고 내려오는 가
브리엘 천사장을, 바사의 천사장(=호국신)이 가로막고 방해한 것입니다.
그러자 이스라엘의 천사장인 미가엘이 날아와 가브리엘 천사장을 도와
주어서, 가브리엘 천사장이 기도 응답을 가지고 다니엘에게 도착할 수
가 있었습니다. 물론 땅에서는 다니엘의 기도가 계속되고 있었습니다.

그렇다면 다니엘서 9장의 〈70이레 환상〉도 동일한 관점에서 생각해
볼 수가 있습니다. 다니엘은 민족의 해방을 위하여 기도했는데(4절~19

절), 하나님은 70이레 환상을 통하여 민족의 해방뿐만 아니라, 수백 년 후에 펼쳐질 조국의 역사와 메시야의 비밀까지를 계시해 주셨습니다. 다니엘은 그 비밀을 깨닫기 위해서, 또 고레스 왕의 칙령을 이끌어 내기 위해서 다시 기도를 시작했고, 그 과정에서 사자굴 사건이 발생한 것입니다. 기도 응답을 방해하려고, 공중의 악한 세력들이 다니엘의 대적들을 동원하여, 〈다니엘 죽이는 법령〉을 제정하게 만든 것입니다.

다니엘의 기도의 동기는, 계시와 환상을 온전히 깨닫고, 그것을 이루기 위함이었습니다. 그리고 그 과정은 치열한 영적 전투의 과정이었습니다.

> † 내가 이같이 말하여 기도하며 내 죄와 및 내 백성 이스라엘의 죄를 자복하고, 내 하나님의 거룩한 산을 위하여 내 하나님 여호와 앞에 간구할 때, 곧 내가 말하여 기도할 때에, 이전 이상 중에 본 그 사람 가브리엘이 빨리 날아서 저녁 제사를 드릴 때 즈음에 내게 이르더니, 내게 가르치며 내게 말하여 가로되, 다니엘아 내가 이제 네게 지혜와 총명을 주려고 나왔나니, 곧 네가 기도를 시작할 즈음에 명령이 내렸으므로 이제 네게 고하러 왔느니라. 너는 〈크게 은총을 입은 자〉라. 그런즉 너는 이 일을 생각하고 그 이상을 깨달을지니라.(단 9:20-23)

 ## 70이레 환상

네 백성과 네 거룩한 성을 위하여 〈칠십 이레〉로 기한을 정하였나니, 허물이 마치며 죄가 끝나며 죄악이 영속되며 영원한 의가 드러나며, 이상과 예언이 응하며 또 지극히 거룩한 자가 기름부음을 받으리라. 그러므로 너는 깨달아 알지니라. 『예루살렘을 중건하라는 영』이 날 때부터 기름부음을 받은 자(=메시야) 곧 왕이 일어나기까지, 일곱 이레와 육십이 이레가 지날 것이요, 그 때 곤란한 동안에

성이 중건되어 거리와 해자가 이룰 것이며, 육십이 이레 후에 기름 부음을 받은 자(=메시야)가 끊어져 없어질 것이며, 장차 한 왕의 백성이 와서 그 성읍과 성소를 훼파하려니와 그의 종말은 홍수에 엄몰됨 같을 것이며, 또 끝까지 전쟁이 있으리니 황폐할 것이 작정되었느니라. 그가 장차 많은 사람으로 더불어 한 이레 동안의 언약을 굳게 정하겠고, 그가 그 이레의 절반에 제사와 예물을 금지할 것이며, 또 〈잔포하여 미운 물건〉이 날개를 의지하여 설 것이며, 또 이미 정한 종말까지 진노가 황폐케 하는 자에게 쏟아지리라 하였느니라.(단 9:24-27)

3. 영적 전쟁

이스라엘이 바벨론 포로에서 해방된 것이, 표면상으로는 고레스 왕의 칙령에 의해서 그냥 쉽게 이루어진 것처럼 보입니다. 하지만 그 일이 이루어진 과정의 배후에는, '치열한 영적 싸움'이 있었음을 간과해서는 안 됩니다.

땅에서는 다니엘의 목숨을 건 '기도의 싸움'이 있었고, 공중에서는 천사장들 사이에 치열한 전투가 있었습니다. 그리고 다니엘의 사자굴 사건이 있었습니다. 그 결과가 고레스의 칙령과 이스라엘의 포로 해방으로 나타난 것입니다. 그 모든 발단은 다니엘의 기도에서부터 시작되었습니다. 기도는 치열한 영적 전투이며, 그것이 다니엘이 기도를 지속한 배경입니다.

† 바사 왕 고레스 원년에 여호와께서 예레미야의 입으로 하신 말씀을 응하게 하시려고 바사 왕 고레스의 마음을 감동시키시매, 저가 온 나라에 공포도 하고 조서도 내려 가로되, 바사 왕 고레스는

말하노니, 하늘의 신 여호와께서 세상 만국으로 내게 주셨고, 나를 명하사 유다 예루살렘에 전을 건축하라 하셨나니, 이스라엘의 하나님은 참 신이시라. 너희 중에 무릇 그 백성 된 자는 다 유다 예루살렘으로 올라가서 거기 있는 여호와의 전을 건축하라. 너희 하나님이 함께 하시기를 원하노라. 무릇 그 남아 있는 백성이 어느 곳에 우거하였든지 그곳 사람들이 마땅히 은과 금과 기타 물건과 짐승으로 도와주고, 그 외에도 예루살렘 하나님의 전을 위하여 예물을 즐거이 드릴지니라 하였더라.(에스라 1:1-4)

✝ 내가 어찌하여 네게 나아온 것을 네가 아느냐. 이제 내가 돌아가서 '바사 군'과 싸우려니와, 내가 나간 후에는 '헬라 군'이 이를 것이라. 오직 내가 먼저 〈진리의 글〉에 기록된 것으로 네게 보이리라. 나를 도와서 그들을 대적하는 자는 '너희 군 미가엘'뿐이니라. 내가 또 메대 사람 다리오(=고레스) 원년에 일어나, 그를 돕고 강하게 한 일이 있었느니라.(단 10:20-11:1)

[표준새번역]단 10:20-11:1
그가 말하였다. "너는, 내가 왜 네게 왔는지 아느냐? 나는 이제 돌아가서, **페르시아의 천사장**과 싸워야 한다. 내가 나간 다음에, **그리스의 천사장**이 올 것이다. 나는 '**진리의 책**'에 기록된 것을 네게 알려 주려고 한다. (너희의 천사장 미가엘 외에는, 아무도 나를 도와서 그들을 대적할 이가 없다. 내가 메대 사람 다리우스(=고레스) 일년에, 그를 강하게 하고 보호하려고 일어섰다.)"

✝ 이에 다리오 왕이 조서에 어인을 찍어 금령을 내리라. 다니엘이 이 조서에 어인이 찍힌 것을 알고도 자기 집에 돌아가서는, 그 방의 예루살렘으로 향하여 열린 창에서 전에 행하던 대로, 하루 세 번씩 무릎을 꿇고 기도하며 그 하나님께 감사하였더라.(단 6:10)

✝ 메대 족속 아하수에로의 아들 다리오가 갈대아 나라 왕으로 세움을 입던 원년, 곧 그 통치 원년에 나 다니엘이 서책으로 말미암아 여호와의 말씀이 선지자 예레미야에게 임하여 고하신 그 년수를 깨달았나니, 곧 예루살렘의 황무함이 칠십 년 만에 마치리라 하신 것이라. 내가 금식하며 베옷을 입고 재를 무릅쓰고 주 하

나님께 기도하며 간구하기를 결심하고(단 9:1-3)

의인인 다니엘이 기도의 제물이 되어서 민족의 해방을 위하여 기도하자, 하나님의 즉각적인 응답이 있었습니다. 의인의 간구는 역사하는 힘이 크기 때문입니다. 하지만 그 응답을 전달하기 위하여 천사들이 오고 가는 과정에서, 그것을 가로막는 공중의 악한 세력들과의 치열한 전쟁이 있었습니다. 그래서 실제적인 응답이 늦어졌습니다.

그러므로 만약, 이 기간에 다니엘이 기도하는 것을 중단했다면, 천사장이 더 이상 공중에서 싸울 이유도 없었고, 응답을 가지고 내려오다가도 그냥 철수했을 것입니다. 그것이 사자굴을 앞에 두고도 다니엘이 기도를 중단할 수가 없었던 이유입니다. 다니엘이 두려워서 기도하기를 중단한다면, 결과적으로 민족의 해방은 불가능하기 때문입니다.

하나님의 약속이 주어졌다 할지라도, 누군가가 그 일을 위하여 기도해야만 합니다. 기도해야 하나님의 팔이 움직입니다. 그것이 믿음의 법칙입니다. 그러므로 다니엘의 기도가 동족을 바벨론 포로에서 해방시킨 것입니다. 그 과정에 사자굴 사건이 있었습니다. 다니엘의 기도의 배경은 그가 이러한 영적 전쟁의 실체를 정확하게 깨달음에서부터 시작된 것입니다.

예수 이름으로 올리는 기도에 하나님의 팔이 움직여지고
지옥 터 흔들려 넘어질 것이니 기도용사들아 간절히 빌자.
예수 이름은 권세 있도다 예수 이름으로 나가 싸우자
예수 이름이 들려지는 때 만물들이 모두 무릎 꿇리라.

(복음성가 16장)

믿음의 기도는 쇠사슬을 끊고, 옥문도 열리어 해방을 주리라 기도 제단에 향을 올리자 얻기까지 우리는 힘써 간구하자.
기도의 사람을 주는 요구하니, 순교적 기도를 충성히 올리자.

(복음성가 4장)

기도의 무릎 강한 자 세상을 이기네
비겁히 떨지 말고서 기도를 하여라.
믿음으로 기도하라 무슨 일이나
간절하게 구하여라 다 얻으리라.
마귀가 제일 힘써서 기도 방해하니
모략에 걸리지 말고 힘써 기도하라.

(복음성가 85장)

† 내가 이같이 말하여 기도하며 내 죄와 및 내 백성 이스라엘의 죄를 자복하고, 내 하나님의 거룩한 산을 위하여 내 하나님 여호와 앞에 간구할 때, 곧 내가 말하여 기도할 때에, 이전 이상 중에 본 그 사람 가브리엘이 빨리 날아서 저녁 제사를 드릴 때 즈음에 내게 이르더니, 내게 가르치며 내게 말하여 가로되, 다니엘아 내가 이제 네게 지혜와 총명을 주려고 나왔나니, 곧 네가 기도를 시작할 즈음에 명령이 내렸으므로 이제 네게 고하러 왔느니라. 너는 〈크게 은총을 입은 자〉라. 그런즉 너는 이 일을 생각하고 그 이상을 깨달을지니라.(단 9:20-23)

[공동번역]단 9:23
네가 **간절한 기도**를 올리자 곧 대답이 내렸는데 나는 그 대답을 일러 주려왔다. 하느님께서 너를 사랑하셔서 이렇게 대답해 주시는 것이니, 이 말씀을 잘 듣고 환상의 뜻을 깨닫도록 하여라.

[NIV]단 9:23
As soon as you began to pray, an answer was given, which I have come to tell you, for you are highly esteemed. Therefore, consider the message and understand the vision:

† 그가 이르되, 다니엘아 두려워하지 말라 네가 깨달으려 하여 네 하나님 앞에 스스로 겸비케 하기로 결심하던 첫 날부터 네 말(=기도, 간구)이 들으신 바 되었으므로, 내가 네 말로 인하여 왔느니라. 그런데 '바사국 군'이 이십일 일 동안 나를 막았으므로 내가 거기 '바사

국 왕들'과 함께 머물러 있더니, 군장 중 하나 미가엘이 와서 나를 도와주므로, 이제 내가 〈말일에 네 백성의 당할 일〉을 네게 깨닫게 하러 왔노라. 대저 이 이상은 오래 후의 일이니라.(단 10:10-14)

† 또 사람의 모양 같은 것 하나가 나를 만지며 나로 강건케 하여 가로되, 〈은총을 크게 받은 사람〉이여 두려워하지 말라 평안하라 강건하라 강건하라. 그가 이같이 내게 말하매 내가 곧 힘이 나서 가로되, 내 주께서 나로 힘이 나게 하셨사오니 말씀하옵소서. 그가 이르되, 내가 어찌하여 네게 나아온 것을 네가 아느냐. 이제 내가 돌아가서 '바사 군'과 싸우려니와, 내가 나간 후에는 '헬라 군'이 이를 것이라. 오직 내가 먼저 〈진리의 글〉에 기록된 것으로 네게 보이리라. 나를 도와서 그들을 대적하는 자는 '너희 군 미가엘'뿐이니라. 내가 또 메대 사람 다리오(=고레스) 원년에 일어나, 그를 돕고 강하게 한 일이 있었느니라.(단 10:18-11:1)

[현대인의성경]단 10:20-11:1

그는 나에게 이렇게 말하였다. '너는 내가 너에게 온 이유를 아느냐? 그것은 진리의 책에 기록된 것을 너에게 말해 주기 위해서이다. 이제 나는 돌아가서 〈페르시아를 지배하고 있는 악령〉과 싸워야 한다. 내가 가면 〈그리이스를 지배하는 악령〉이 나타날 것이다. 나를 도와 그들을 대적하게 할 자는 〈이스라엘의 수호 천사〉인 미가엘밖에 없다.' 그 천사는 다시 말을 이었다. 나는 메디아 사람 다리우스 원년에 다리우스를 도운 일이 있었으나

다리오(=고레스)가 승리할 수 있도록 강하게 붙들어 준 것은 '인자와 같은 이, 사람의 모양 같은 것'이었습니다. 이유는 고레스를 통해서 이스라엘을 해방코자 하는 하나님의 계획이 있었기 때문입니다. 인자는 ①가브리엘 천사장(9:21,10:13), 또는 ②예수님(10:5-6)을 상징하는 실체입니다. 7장에서는 인자가 예수님을 나타내고 있습니다(7:13-14).

다니엘이 다리오(=고레스) 원년에 기도하다가, 가브리엘 천사장의 방문을 받고 메시야(=예수님)에 대한 계시를 받았는데(9:26), 이제는 환상 중에 그 실체(=메시야)를 직접 보고 만난 것입니다. 70이레 환상을 두고 기

도했던 다니엘이, 이제는 그 가운데 언급된 메시야(=예수님)를 직접 만난 것입니다.

✝ 내가 또 밤 이상 중에 보았는데, 〈인자 같은 이〉가 하늘 구름을 타고 와서 〈옛적부터 항상 계신 자〉에게 나아와 그 앞에 인도되매, 그에게 권세와 영광과 나라를 주고 모든 백성과 나라들과 각 방언 하는 자로 그를 섬기게 하였으니, 그 권세는 영원한 권세라 옮기지 아니할 것이요 그 나라는 폐하지 아니할 것이니라.(단 7:13-14)

✝ 그 때에 내가 눈을 들어 바라본즉, 한 사람(=인자)이 세마포 옷을 입었고 허리에는 우바스 정금 띠를 띠었고, 그 몸은 황옥 같고 그 얼굴은 번갯빛 같고, 그 눈은 횃불 같고 그 팔과 발은 빛난 놋과 같 고 그 말소리는 무리의 소리와 같더라.(단 10:5-6)

✝ 촛대 사이에 〈인자 같은 이〉가 발에 끌리는 옷을 입고 가슴에 금띠를 띠고, 그 머리와 털의 희기가 흰 양털 같고 눈 같으며 그의 눈은 불꽃 같고, 그의 발은 풀무에 단련한 빛난 주석 같고 그의 음성은 많은 물소리와 같으며, 그 오른손에 일곱 별이 있고 그 입 에서 좌우에 날선 검이 나오고, 그 얼굴은 해가 힘있게 비취는 것 같더라.(계 1:13-16)

해설 다니엘과 요한이 본 예수님의 모습이 정확하게 일치하고 있습니 다. 그렇다면 계시록을 기록한 사도 요한보다도 600여 년 전에, 다니엘은 이미 예수님을 만나 본 셈입니다.

다니엘이 조국의 해방을 위하여 기도하자 하나님(=예수님)의 팔이 움직 여서, 그 팔이 이스라엘의 수호 천사인 미가엘 천사장의 팔을 강하게 붙든 것입니다. 그래서 미가엘 천사장이 이스라엘을 대적하는 공중의 권세들을 물리치고, 공중의 싸움에서 승리하여, 이스라엘이 포로에서 해방될 수 있도록 환경을 만든 것입니다.

결론적으로 다니엘의 결사적인 기도가 예수님의 팔을 움직였고, 그 팔이 고레스를 붙들고 그의 마음을 움직여서, 이스라엘이 포로에서 석방되었습니다. "다니엘의 기도가 민족의 해방을 가져왔다"는 결론입니다. 이것이 영적 전쟁의 실체이며, 다니엘 기도의 핵심입니다.

내가 또 메대 사람 다리오(=고레스) 원년에 일어나, 그를 돕고 강하게 한 일이 있었느니라.(단 11:1)

예수 이름으로 올리는 기도에 하나님의 팔이 움직여지고
지옥 터 흔들려 넘어질 것이니 기도용사들아 간절히 빌자.
예수 이름은 권세 있도다 예수 이름으로 나가 싸우자
예수 이름이 들려지는 때 만물들이 모두 무릎 꿇리라.

(복음성가 16장)

13
기도의 목적

다니엘서에는 크게 세 차례 다니엘의 기도가 언급이 됩니다. 첫째는, 느부갓네살의 꿈 해몽사건과 관련된 기도로, 간구와 감사 찬송의 기도 입니다. 둘째는, 고레스 원년에 조국의 해방을 위하여 드리는 두 차례 의 중보 기도로, 사자굴 사건과 관련이 됩니다. 셋째는, 고레스 3년에 세계 역사의 계시를 위하여 드리는 기도로, 3주간의 고행 기도입니다.

1. 민족의 해방

다리오(=이하 고레스) 원년에 다니엘이 〈예레미야 선지자의 글〉을 읽는 중에, 동족인 이스라엘의 포로 해방 시기를 깨닫습니다. 바벨론이 멸 망하고 바사의 고레스 왕조가 들어선 지금이 바로 그 시기인 것입니다. 그런데 예레미야 선지자는 (바벨론 포로에게 보낸)그의 편지에서 기록하기 를, "누군가가 그 일을 위하여, 전심으로 부르짖어 기도해야만 한다"는 것이었습니다. 그래서 다니엘은 자신이 그 사명을 감당하기로 결심하고, 조국의 해방을 위한 작정 기도에 들어갔습니다.

✝ 메대 족속 아하수에로의 아들 다리오가 갈대아 나라 왕으로 세움을 입던 원년, 곧 그 통치 원년에 나 다니엘이 서책으로 말미암아 여호와의 말씀이 선지자 예레미야에게 임하여 고하신 그 년수를 깨달았나니, 곧 예루살렘의 황무함이 칠십 년 만에 마치리라 하신 것이니라. 내가 금식하며 베옷을 입고 재를 무릅쓰고 주 하나님께 기도하며 간구하기를 결심하고(단 9:1-3)

[현대인의성경]단 9:1-3
크셀크세스의 아들인 메디아 사람 다리우스가 바빌로니아를 통치하던 원년에 나 다니엘은 예언자 〈예레미야의 책〉을 통해 여호와께서 그에게 말씀하신 대로 예루살렘이 70년 동안 황폐할 것이라는 것을 알게 되었다. 그래서 나는 굵은 삼베 옷을 입고 잿더미에 앉아 금식하며 주 하나님께 간절히 기도하였다.

✝ 나 여호와가 이같이 말하노라. 바벨론에서 칠십 년이 차면, 내가 너희를 권고하고 나의 선한 말을 너희에게 실행하여, 너희를 이곳으로 돌아오게 하리라. 나 여호와가 말하노라 너희를 향한 나의 생각은 내가 아나니, 재앙이 아니라 곧 평안이요 너희 장래에 소망을 주려하는 생각이라. 「너희는 내게 부르짖으며 와서 내게 기도하면 내가 너희를 들을 것이요, 너희가 전심으로 나를 찾고 찾으면 나를 만나리라」. 나 여호와가 말하노라 내가 너희에게 만나지겠고 너희를 포로된 중에서 다시 돌아오게 하되, 내가 쫓아 보내었던 열방과 모든 곳에서 모아, 사로잡혀 떠나게 하던 본 곳으로 돌아오게 하리라.(렘 29:10-14)

그런 다니엘에게 하나님은 민족의 해방뿐만 아니라, 수백 년 후에 펼쳐질 조국의 역사와 메시야의 비밀까지를 계시해 주셨습니다. 이른바 〈70이레 환상〉을 보여주신 것입니다.

그래서 다니엘은 ①조국의 해방을 위한 〈고레스 왕의 칙령〉을 이끌어 내기 위해서, 또 ②그 엄청난 계시의 비밀을 깨닫기 위해서 다시 기도를 시작했고, 그 과정에서 사자굴 사건이 발생하게 됩니다. 기도 응답을 방해하려고, 공중의 악한 세력들이 다니엘의 대적들을 동원하여, 〈다니엘 죽이는 법령〉을 제정하게 만든 것입니다.

✝ 내가 이같이 말하여 기도하며 내 죄와 및 내 백성 이스라엘의 죄를 자복하고, 내 하나님의 거룩한 산을 위하여 내 하나님 여호와 앞에 간구할 때, 곧 내가 말하여 기도할 때에, 이전 이상 중에 본 그 사람 가브리엘이 빨리 날아서 저녁 제사를 드릴 때 즈음에 내게 이르더니, 내게 가르치며 내게 말하여 가로되, 다니엘아 내가 이제 네게 지혜와 총명을 주려고 나왔나니, 곧 네가 기도를 시작할 즈음에 명령이 내렸으므로 이제 네게 고하러 왔느니라. 너는 크게 은총을 입은 자라. 그런즉 너는 이 일을 생각하고 그 이상을 깨달을지니라.(단 9:20-23)

 ## 70이레 환상

네 백성과 네 거룩한 성을 위하여 〈칠십 이레〉로 기한을 정하였나니, 허물이 마치며 죄가 끝나며 죄악이 영속되며 영원한 의가 드러나며, 이상과 예언이 응하며 또 지극히 거룩한 자가 기름부음을 받으리라. 그러므로 너는 깨달아 알지니라. 『예루살렘을 중건하라는 영』이 날 때부터 기름부음을 받은 자(=메시야) 곧 왕이 일어나기까지, 일곱 이레와 육십이 이레가 지날 것이요, 그 때 곤란한 동안에 성이 중건되어 거리와 해자가 이룰 것이며, 육십이 이레 후에 기름부음을 받은 자(=메시야)가 끊어져 없어질 것이며, 장차 한 왕의 백성이 와서 그 성읍과 성소를 훼파하려니와 그의 종말은 홍수에 엄몰됨 같을 것이며, 또 끝까지 전쟁이 있으리니 황폐할 것이 작정되었느니라. 그가 장차 많은 사람으로 더불어 한 이레 동안의 언약을 굳게 정하겠고, 그가 그 이레의 절반에 제사와 예물을 금지할 것이며, 또 〈잔포하여 미운 물건〉이 날개를 의지하여 설 것이며,

또 이미 정한 종말까지 진노가 황폐케 하는 자에게 쏟아지리라 하였느니라.(단 9:24-27)

70이레 환상은 세 가지로 요약됩니다. ①고레스 칙령 ②메시야 ③70이레의 역사입니다. 민족의 해방, 메시야의 출현, 조국의 장래 역사 등으로, 아주 중요한 역사의 비밀들입니다. 그래서 예수님께서도 이 부분을 인용하셨습니다.

다니엘은 그것들을 구체적으로 깨닫기 위해서, 무엇보다도 조국의 해방을 위한 〈고레스 왕의 칙령〉을 이끌어 내기 위해서, 다시 작정 기도에 들어갔습니다. 그 과정에서 사자굴 사건이 발생한 것입니다.

† 그러므로 너희가 선지자 다니엘의 말한 바, 〈멸망의 가증한 것〉이 거룩한 곳에 선 것을 보거든 (읽는 자는 깨달을진저), 그 때에 유대에 있는 자들은 산으로 도망할지어다.(마 24:15-16)

해설 예수님께서도 자신에게 대하여 기록한 다니엘서의 본문을 인용하고 계십니다.

† 이에 다리오 왕이 조서에 어인을 찍어 금령을 내니라. 다니엘이 이 조서에 어인이 찍힌 것을 알고도 자기 집에 돌아가서는, 그 방의 예루살렘으로 향하여 열린 창에서 전에 행하던 대로, 하루 세 번씩 무릎을 꿇고 기도하며 그 하나님께 감사하였더라.(단 6:10)

해설 조국의 해방을 위한 고레스의 칙령을 받아 내기 위해서, 사자굴에 던져지는 죽음을 무릅쓰고 다니엘은 계속 기도를 하였습니다.

2. 고레스 칙령

70이레 환상을 통하여 고레스 칙령에 대한 계시를 받은 다니엘은, 그것을 받아 내기 위하여 또 다시 결사적인 기도를 드립니다. 그러자 공중의 악한 세력들은 그 기도를 차단하고자, 다니엘의 대적들을 동원하여 〈다니엘 죽이는 법〉을 제정하게 한 것입니다. 다니엘의 기도를 통하여 이스라엘이 포로에서 해방되는 것을 막으려는 것입니다.

그 과정에서 다니엘이 모함을 받아 사자의 먹이로 던져졌습니다. 하지만 하나님의 은혜로 극적으로 살아서, 마침내 고레스왕의 조서를 이끌어 낸 것입니다. 그 결과 이스라엘은 70년 포로 생활에서 해방되었습니다. 모두가 다니엘의 공로입니다. 기도의 제물이 된 것도, 순교의 제물이 된 것도, 모두가 다니엘의 역할이었습니다.

> † 그 무리들이 모여서 다니엘이 자기 하나님 앞에 기도하며 간구하는 것을 발견하고, 이에 그들이 나아가서 왕의 금령에 대하여 왕께 아뢰되, 왕이여 왕이 이미 금령에 어인을 찍어서 이제부터 삼십일 동안에 누구든지 왕 외에 어느 신에게나 사람에게 구하면 〈사자굴〉에 던져 넣기로 하지 아니하였나이까. 왕이 대답하여 가로되 이 일이 적실하니 메대와 바사의 변개치 아니하는 규례대로 된 것이니라. 그들이 왕 앞에서 대답하여 가로되, 왕이여 사로잡혀 온 유다 자손 중에 그 다니엘이 왕과 왕의 어인이 찍힌 금령을 돌아보지 아니하고 하루 세 번씩 기도하나이다… 이에 왕이 명하매 (그들이)다니엘을 끌어다가 〈사자굴〉에 던져 넣는지라. 왕이 다니엘에게 일러 가로되, 너의 항상 섬기는 네 하나님이 너를 구원하시리라 하니라. 이에 돌을 굴려다가 굴 아구를 막으매 왕이 어인과 귀인들의 인을 쳐서 봉하였으니, 이는 다니엘 처치한 것을 변개함이 없게 하려 함이었더라. (단 6:11-17)

사자굴 속에서 '죽었다가 살아난' 다니엘의 모습을, 다리오가 지켜보고 있었습니다. 뜬 눈으로 지켜보았습니다. 다시 말해서 '고레스 왕'이 지켜본 것입니다. 그리고 죽음에서 살아나온 다니엘을 고레스 왕이 부둥켜안고, '살아 돌아와 주어서 고맙다'고 진심으로 애정을 표시했을 것입니다. 그리고 "네 소원이 무엇이냐? 나라의 절반까지라도 주겠노라"고 말했을 것입니다.

> † 왕이 궁에 돌아가서는 밤이 맞도록 금식하고 그 앞에 기악을 그치고 침수를 폐하니라. 이튿날에 왕이 새벽에 일어나 급히 사자굴로 가서 다니엘의 든 굴에 가까이 이르러는, 슬피 소리질러 다니엘에게 물어 가로되, 사시는 하나님의 종 다니엘아 너의 항상 섬기는 네 하나님이 사자에게서 너를 구원하시기에 능하셨느냐. 다니엘이 왕에게 고하되 왕이여 원컨대 왕은 만세수를 하옵소서, 나의 하나님이 이미 그 천사를 보내어 사자들의 입을 봉하셨으므로 사자들이 나를 상해치 아니하였사오니 이는 나의 무죄함이 그 앞에 명백함이오며, 또 왕이여 나는 왕의 앞에도 해를 끼치지 아니하였나이다. 왕이 심히 기뻐서 명하여 다니엘을 굴에서 올리라 하매, 그들이 다니엘을 굴에서 올린즉, 그 몸이 조금도 상하지 아니하였으니, 이는 그가 자기 하나님을 의뢰함이었더라.(단 6:18-23)

지혜로운 다니엘은 충분히 기도한 후에, 나중에 성경 〈이사야서의 두루마기〉를 펼쳐서 고레스 왕에게 보여줍니다. 고레스 왕보다 150여 년 전에 기록된 성경 이사야서에는, 고레스 왕을 지칭하는 대목이 많이 있습니다. 특별히 이사야 45장은 고레스의 이름을 구체적으로 거명하면서 그의 사역까지 설명하고 있습니다.

> † 고레스에 대하여는 이르기를 그는 나의 목자라 나의 모든 기쁨을 성취하리라 하며, 예루살렘에 대하여는 이르기를 중건 되리라 하며, 성전에 대하여는 이르기를 네 기초가 세움이 되리라 하는 자니라. 나 여호와는 나의 기름 받은 고레스의 오른손을 잡고, 열

국으로 그 앞에 항복하게 하며 열왕의 허리를 풀며 성 문을 그 앞에 열어서 닫지 못하게 하리라. 내가 고레스에게 이르기를, 내가 네 앞서 가서 험한 곳을 평탄케 하며 놋문을 쳐서 부수며 쇠빗장을 꺾고 네게 흑암 중의 보화와 은밀한 곳에 숨은 재물을 주어서, 너로 너를 지명하여 부른 자가 나 여호와 이스라엘의 하나님인 줄 알게 하리라. 내가 나의 종 야곱, 나의 택한 이스라엘을 위하여 너를 지명하여 불렀나니, 너는 나를 알지 못하였을지라도 나는 네게 칭호를 주었노라. 나는 여호와라 나 외에 다른 이가 없나니 나 밖에 신이 없느니라. 너는 나를 알지 못하였을지라도 나는 네 띠를 동일 것이요, 해 뜨는 곳에서든지 지는 곳에서든지 나 밖에 다른 이가 없는 줄을 무리로 알게 하리라. 나는 여호와라 다른 이가 없느니라.(사 44:28-45:6)

✝ 내가 의로 그(=고레스)를 일으킨지라. 그(=고레스)의 모든 길을 곧게 하리니, 그(=고레스)가 나의 성읍을 건축할 것이며, 나의 사로잡힌 자들을 값이나 갚음 없이 놓으리라, 만군의 여호와의 말이니라 하셨느니라.(사 45:13)

[현대인의성경]사 45:13
"내가 나의 **의로운 목적**을 이루기 위해서 **키루스**를 일으켰다. 내가 그의 모든 길을 곧게 할 것이니, 그가 내 성 예루살렘을 재건하고, 포로로 잡혀 있는 내 백성을 아무런 값이나 대가를 받지 않고 거저 놓아 줄 것이다. 이것은 전능한 나 여호와의 말이다."
해설 고레스를 도구로 사용하여, 이스라엘을 해방시키는 것이 하나님의 경륜이었습니다. 그가 아무런 대가도, 보상도, 선물도 받지 아니하고, 이스라엘을 거저 해방시킬 것입니다.

(사자굴 속에서 살아 나온)다니엘이 성경 이사야서의 두루마기를 펼쳐서, 바로 이 본문을 고레스 왕에게 보여드린 것입니다. 자신의 눈으로 그것을 직접 확인한 고레스 왕은 깜짝 놀라서 졸도할 뻔합니다. 성경에 〈자신의 이름〉이 기록되어 있는 것입니다. 그것도 〈150여 년 전〉에 기록

된 것입니다.

고레스 왕은 그때부터 성경에 기록된 자신의 역사를 이루기 위해, 혼신의 힘을 다 기울입니다. 그 첫 번째 조치가, 이스라엘의 포로 석방을 알리는 고레스 칙령입니다. 그리고 예루살렘에 하나님의 성전을 재건하도록, 최선을 다하여 지원합니다. 에스라서 6장에 보면, 성전의 치수와 규격, 공사 방법, 경비의 조달 방법까지 구체적으로 지시하고 있습니다.

† 바사 왕 고레스 원년에 여호와께서 예레미야의 입으로 하신 말씀을 응하게 하시려고 바사 왕 고레스의 마음을 감동시키시매, 저가 온 나라에 공포도 하고 조서도 내려 가로되, 바사 왕 고레스는 말하노니, 하늘의 신 여호와께서 세상 만국으로 내게 주셨고, 나를 명하사 유다 예루살렘에 전을 건축하라 하셨나니, 이스라엘의 하나님은 참 신이시라. 너희 중에 무릇 그 백성 된 자는 다 유다 예루살렘으로 올라가서 거기 있는 여호와의 전을 건축하라. 너희 하나님이 함께 하시기를 원하노라. 무릇 그 남아 있는 백성이 어느 곳에 우거하였든지 그곳 사람들이 마땅히 은과 금과 기타 물건과 짐승으로 도와주고, 그 외에도 예루살렘 하나님의 전을 위하여 예물을 즐거이 드릴지니라 하였더라.(에스라 1:1-4)

† 고레스 왕 원년에 조서를 내려 이르기를, 예루살렘 하나님의 전에 대하여 이르노니, 이 전 곧 제사드리는 처소를 건축하되, 지대를 견고히 쌓고 그 전의 고는 육십 규빗으로, 광도 육십 규빗으로 하고, 큰 돌 세 켜에 새 나무 한 켜를 놓으라. 그 경비는 다 왕실에서 내리라. 또 느부갓네살이 예루살렘 전에서 취하여 바벨론으로 옮겼던 하나님의 전 금, 은 기명을 돌려 보내어, 예루살렘 전에 가져다가 하나님의 전 안 각기 본처에 둘지니라 하였더라.(에스라 6:3-5)

해설 성전의 치수와 규격까지 구체적으로 지시하고 있습니다. (이스라엘 백성 중)누군가가 그것을 고레스 왕에게 건의했다는 증거입니다.

그렇다면 (이스라엘 백성 중)누가 그 건의를 올렸을까요? 절대 권력자인 제국의 왕 고레스에게, 누가 감히 접근할 수가 있었을까요? 다니엘입니다. 제국의 총리인, 바로 그 다니엘입니다. 사자굴 속에서 살아 나온 그 다니엘이, 조국의 해방을 위한 건의서를 손수 작성하여, 고레스 왕에게 올린 것입니다. 성전의 치수와 규격까지 구체적으로 명기해서, 고레스 왕에게 건의한 것입니다. 고레스 왕은 그냥 서명 날인만 한 것입니다. 다 다니엘이 진행시킨 작품입니다.

참고로 역대기와 에스라서에 수록된 고레스 왕의 조서를 보면, 그 문체와 어투가 철저히 '다니엘서의 어투'입니다. '다니엘이 직접 그 조서를 작성했다'는 증거입니다. 다니엘은 조국을 70년 포로생활에서 해방시킨 지대한 공로자입니다. 일은 하나님께서 행하시지만, 사람을 통해서 역사하십니다. 특별히 기도하는 종을 통해서 역사하십니다. 그 주인공이 바로 다니엘이었습니다.

> † 나 주 여호와가 말하노라, 그래도 이스라엘 족속이 이와 같이 자기들에게 이루어 주기를, 내게 구하여야 할지라.(겔 36:37)
>
> **해설** 조국의 해방을 위한 고레스의 칙령을 받아 내기 위하여, 다니엘이 기도의 제물이 되어 필사적으로 기도한 것입니다.

3. 역사의 계시

70이레 환상은 세 가지로 요약됩니다. ①고레스 칙령 ②메시야 ③70이레의 역사입니다. 민족의 해방, 메시야의 출현, 조국의 장래 역사 등으로, 아주 중요한 역사의 비밀들입니다.

고레스 칙령으로 민족의 해방을 목격한 다니엘은, 나머지 기도 제목을 가지고 「그것들을 온전히 깨닫기 위해서」 계속하여 기도를 드립니다. 그것이 다니엘서 10장 이하의 내용입니다. 음식을 절제하고 고행하는 가운데, 3주간의 작정기도를 드렸습니다.

> † 바사 왕 〈고레스 삼년〉에 한 일이 벨드사살이라 이름한 다니엘에게 나타났는데, 그 일이 참되니 곧 〈큰 전쟁〉에 관한 것이라. 다니엘이 그 일을 분명히 알았고 그 이상을 깨달으니라. 그 때에 나 다니엘이 세 이레 동안을 슬퍼하며, 세 이레가 차기까지 좋은 떡을 먹지 아니하며 고기와 포도주를 입에 넣지 아니하며, 또 기름을 바르지 아니하니라.(단 10:1-3)

이에 하나님께서는 가브리엘 천사장을 보내셔서, 다니엘의 기도에 응답하셨습니다. 하나님의 비밀인 〈진리의 책〉에 기록된 역사의 진행과정을 구체적으로 계시해 주신 것입니다. 조국 이스라엘을 중심으로 펼쳐질 세계 역사의 비밀들입니다.

실제로 그것들은 거의 문자적으로도 성취가 되었습니다. 얼마나 정확하게 성취되었는지, 후대에 다니엘서의 저자와 저작 시기에 대해서 논란이 일어날 정도였습니다.

또한 9장에서 계시로 받았던 메시야(=인자)를, 다니엘이 구체적으로 보고, 직접 만나는 체험을 하게 되었습니다. 그리하여 70이레 환상에 대한 계시의 해석을 모두 받은 셈이 되었습니다.

> † 한 손이 있어 나를 어루만지기로 내가 떨더니, 그가 내 무릎과 손바닥이 땅에 닿게 일으키고 내게 이르되, 〈은총을 크게 받은 사

람) 다니엘아 내가 네게 이르는 말을 깨닫고 일어서라 내가 네게 보내심을 받았느니라. 그가 내게 이 말을 한 후에 내가 떨며 일어서매 그가 이르되, 다니엘아 두려워하지 말라 네가 깨달으려 하여 네 하나님 앞에 스스로 겸비케 하기로 결심하던 첫 날부터 네 말(=기도, 간구)이 들으신 바 되었으므로, 내가 네 말로 인하여 왔느니라. 그런데 바사국 군이 이십일 일 동안 나를 막았으므로 내가 거기 바사국 왕들과 함께 머물러 있더니, 군장 중 하나 미가엘이 와서 나를 도와주므로, 이제 내가 〈말일에 네 백성의 당할 일〉을 네게 깨닫게 하러 왔노라. 대저 이 이상은 오래 후의 일이니라.(단 10:10-14)

† 그가 이런 말로 내게 이를 때에 내가 곧 얼굴을 땅에 향하고 벙벙하였더니, 〈인자와 같은 이〉가 있어 내 입술을 만진지라. 내가 곧 입을 열어 내 앞에 섰는 자에게 말하여 가로되, 내 주여 이 이상을 인하여 근심이 내게 더하므로 내가 힘이 없어졌나이다. 내 몸에 힘이 없어졌고 호흡이 남지 아니하였사오니, 내 주의 이 종이 어찌 능히 내 주로 더불어 말씀할 수 있으리이까. 또 〈사람의 모양 같은 것〉 하나가 나를 만지며 나로 강건케 하여 가로되, 은총을 크게 받은 사람이여 두려워하지 말라 평안하라 강건하라 강건하라. 그가 이같이 내게 말하매 내가 곧 힘이 나서 가로되, 내 주께서 나로 힘이 나게 하셨사오니 말씀하옵소서. 그가 이르되, 내가 어찌하여 네게 나아온 것을 네가 아느냐. 이제 내가 돌아가서 바사 군과 싸우려니와, 내가 나간 후에는 헬라 군이 이를 것이라. 오직 내가 먼저 〈진리의 글〉에 기록된 것으로 네게 보이리라. 나를 도와서 그들을 대적하는 자는 너희 군 미가엘뿐이니라. 내가 또 메대 사람 다리오(=고레스) 원년에 일어나, 그를 돕고 강하게 한 일이 있었느니라.(단 10:15-11:1)

〈인자와 같은 이〉, 〈사람의 모양 같은 것〉, 인자(=Son of Man)를 누구로 볼 것인가?는 해석상 난해한 부분입니다. ①가브리엘 천사장 ②예수님, 둘 다 해석이 가능하기 때문입니다. 7장에서는 인자가 명백하게 예수님을 나타내는 용어로 사용되고 있으며, 복음서에서도 예수님께서 당신을 지칭하실 때 인자라는 표현을 사용하고 계십니다.

여기에서 인자가 만일 예수님이라면, 그것은 성육신하기 이전의 예수님의 현현인 셈입니다. 다니엘이 메시야의 비밀에 대해서 알고자 기도하자, 예수님께서 직접 나타나셔서 자신의 모습을 구체적으로 보여 주시고, 그를 직접 만나주신 것입니다. 다니엘서 8장에서도 동일한 장면이 나타납니다.

✝ 내가 또 밤 이상 중에 보았는데, 〈인자 같은 이〉가 하늘 구름을 타고 와서 〈옛적부터 항상 계신 자〉에게 나아와 그 앞에 인도되매, 그에게 권세와 영광과 나라를 주고 모든 백성과 나라들과 각 방언 하는 자로 그를 섬기게 하였으니, 그 권세는 영원한 권세라 옮기지 아니할 것이요 그 나라는 폐하지 아니할 것이니라.(단 7:13-14)

✝ 나 다니엘이 이 이상을 보고 그 뜻을 알고자 할 때에, 〈사람 모양 같은 것〉이 내 앞에 섰고, 내가 들은즉 을래 강 두 언덕 사이에서 사람의 목소리가 있어 외쳐 이르되, 가브리엘아 이 이상을 이 사람에게 깨닫게 하라 하더니, 그가 나의 선 곳으로 나아왔는데 그 나아올 때에 내가 두려워서 얼굴을 땅에 대고 엎드리매, 그가 내게 이르되 인자야 깨달아 알라 이 이상은 〈정한 때 끝〉에 관한 것이니라.(단 8:15-17)

 예수님의 현현

그 때에 내가 눈을 들어 바라본즉, 한 사람(=인자)이 세마포 옷을 입었고 허리에는 우바스 정금 띠를 띠었고, 그 몸은 황옥 같고 그 얼굴은 번갯빛 같고, 그 눈은 횃불 같고 그 팔과 발은 빛난 놋과 같고 그 말소리는 무리의 소리와 같더라.(단 10:5-6)

✝ 촛대 사이에 〈인자 같은 이〉가 발에 끌리는 옷을 입고 가슴에 금띠를 띠고, 그 머리와 털의 희기가 흰 양털 같고 눈 같으며 그의 눈은 불꽃 같고, 그의 발은 풀무에 단련한 빛난 주석 같고 그의 음성은 많은 물소리와 같으며, 그 오른손에 일곱 별이 있고 그 입에서 좌우에 날선 검이 나오고, 그 얼굴은 해가 힘있게 비취는 것 같더라.(계 1:13-16)

해설 다니엘이 본 예수님의 모습이 요한계시록의 예수님 모습과 정확하게 일치하고 있습니다. 그렇다면 계시록을 기록한 사도 요한보다도 600여 년 전에, 다니엘은 이미 예수님을 보고 만난 셈입니다.

14
기도의 방법

1. 금식 기도

선지자 예레미야의 글을 통해서 조국의 해방 시기가 임박하였음을 깨달은 다니엘은, 하나님의 뜻을 구하기 위해서 금식 기도를 하였습니다. 베옷을 입고 재를 무릅쓰고, 간구하며 기도하였습니다. 예레미야 29장의 내용대로 「전심으로 부르짖어 간구하며」 기도하였습니다.

하나님은 의인인 다니엘의 금식 기도에 즉시로 응답하셨고, 70이레 환상을 통하여 민족의 해방은 물론 조국의 먼 장래의 역사까지 계시해 주셨습니다.

> † 메대 족속 아하수에로의 아들 다리오가 갈대아 나라 왕으로 세움을 입던 원년, 곧 그 통치 원년에 나 다니엘이 서책으로 말미암아 여호와의 말씀이 선지자 예레미야에게 임하여 고하신 그 년수를 깨달았나니, 곧 예루살렘의 황무함이 칠십 년 만에 마치리라 하신 것이니라. 내가 '금식하며 베옷을 입고 재를 무릅쓰고', 주 하나님께 기도하며 간구하기를 결심하고(단 9:1-3)

✝ 나 여호와가 이같이 말하노라. 바벨론에서 칠십 년이 차면, 내가 너희를 권고하고 나의 선한 말을 너희에게 실행하여, 너희를 이곳으로 돌아오게 하리라. 나 여호와가 말하노라 너희를 향한 나의 생각은 내가 아나니, 재앙이 아니라 곧 평안이요 너희 장래에 소망을 주려하는 생각이라. 「너희는 내게 부르짖으며 와서 내게 기도하면 내가 너희를 들을 것이요, 너희가 전심으로 나를 찾고 찾으면 나를 만나리라」. 나 여호와가 말하노라 내가 너희에게 만나지겠고 너희를 포로된 중에서 다시 돌아오게 하되, 내가 쫓아 보내었던 열방과 모든 곳에서 모아, 사로잡혀 떠나게 하던 본 곳으로 돌아오게 하리라. 여호와의 말이니라 하셨느니라.(렘 29:10-14)

✝ 내가 이같이 말하여 기도하며 내 죄와 및 내 백성 이스라엘의 죄를 자복하고, 내 하나님의 거룩한 산을 위하여 내 하나님 여호와 앞에 간구할 때, 곧 내가 말하여 기도할 때에, 이전 이상 중에 본 그 사람 가브리엘이 빨리 날아서 저녁 제사를 드릴 때 즈음에 내게 이르더니, 내게 가르치며 내게 말하여 가로되, 다니엘아 내가 이제 네게 지혜와 총명을 주려고 나왔나니, 곧 네가 기도를 시작할 즈음에 명령이 내렸으므로 이제 네게 고하러 왔느니라. 너는 크게 은총을 입은 자라. 그런즉 너는 이 일을 생각하고 그 이상을 깨달을지니라.(단 9:20-23)

2. 결사적 기도

다니엘은 임박한 조국의 해방을 위해서 필요한 〈고레스의 칙령〉을 받아 내기 위해서, 다시 결사적인 기도에 들어갔습니다. 자신의 기도가 동족의 해방과 직결되기 때문이었습니다.

그러자 사단은 그 일을 방해하기 위해서 다니엘의 정적들을 동원하여, 〈다니엘을 죽이기 위한 법령〉을 제정하게 만들었습니다. 다니엘의 기도를 막아서, 이스라엘의 포로 해방을 방해하려는 것입니다.

그러한 사단의 계략을 간파한 다니엘은 더욱 결사적으로 기도하였고, 그 과정에서 자신이 사자의 먹이로 던져지게 되었습니다. 민족 해방을 위한 희생의 제물이 된 것입니다.

> † 이에 다리오 왕이 조서에 어인을 찍어 금령을 내리니라. 다니엘이 '이 조서에 어인이 찍힌 것을 알고도' 자기 집에 돌아가서는, 그 방의 예루살렘으로 향하여 열린 창에서 전에 행하던 대로, 하루 세 번씩 무릎을 꿇고 기도하며 그 하나님께 감사하였더라.(단 6:10)

왕이 금령 문서(=법령)에 도장을 찍었다면, 그 법령을 제출하는 과정에서 총리인 다니엘도 마지막으로 도장을 찍었을 것입니다. 그렇다면 그 법령을 어기면 죽음이라는 사실을, 누구보다도 다니엘 자신이 잘 알고 있었다는 이야기입니다.

그런데 왜 다니엘이 계속해서 기도를 했나요? 왜 죽음을 무릅쓰고도 그렇게 기도를 했나요? 자신이 기도를 멈추면 〈고레스의 칙령〉을 받을 수가 없어서, 이스라엘의 포로 해방이 불가하기 때문이었습니다. 결국 그가 희생의 제물이 되어 사자굴 속에 던져졌고, 하나님의 보호하심으로 살아서 고레스의 칙령을 받아냄으로, 동족을 해방시키는 밑거름이 되었습니다.

기도의 사람 다니엘은 그 모든 영적 비밀을 익히 알고 있었습니다. 그래서 그렇게 담대한 행동을 취할 수가 있었던 것입니다. 다니엘은 영적 비밀을 소유한, 위대한 기도의 사람이었기 때문입니다. 조국의 해방을 위한 다니엘의 기도는, 사자굴을 두려워하지 않은 결사적 기도였습니다.

3. 지성소 기도

다니엘의 기도는 골방(=다락방)에서 은밀하게 드리는 지성소 기도였습니다. 다니엘은 자신의 집 2층 다락에, 자신의 기도 처소를 갖고 있었습니다. 그가 하나님을 만나는 은밀한 처소였습니다. 다니엘의 지성소인 셈입니다. 그곳에서 다니엘은 은밀한 중에 보시는 하나님께 자신의 소원을 간구하였습니다.

물론 총리인 다니엘이 자신의 집 골방 기도처를 찾아서 기도한다는 것은 그렇게 쉬운 일이 아니었을 것입니다. 총리의 집무실에서 간단하게 기도할 수도 있었을 것입니다. 하지만 그는 자신의 집 2층의 골방 기도 처소를 찾아서 기도를 드렸습니다. 그곳이 그가 하나님을 만나는 지성소였기 때문입니다. 예수님께서도 골방 기도의 중요성을 강조하고 계십니다.

> ✝ 이에 다리오 왕이 조서에 어인을 찍어 금령을 내리라. 다니엘이 이 조서에 어인이 찍힌 것을 알고도 자기 집에 돌아가서는, 그 방의 '예루살렘으로 향하여 열린 창'에서 전에 행하던 대로, 하루 세 번씩 무릎을 꿇고 기도하며 그 하나님께 감사하였더라(단 6:10)

[표준새번역]단 6:10
다니엘은, 왕이 금령 문서에 도장을 찍은 것을 알고도, 자기의 집으로 돌아가서, **다락방**으로 올라갔다. 그 다락방은 예루살렘 쪽으로 창문이 나 있었다. 그는 늘 하듯이, 하루에 세 번씩 그의 하나님께 무릎을 꿇고 기도하며, 감사를 드렸다.

[현대인의 성경]단 6:10
다니엘은 그 조서에 어인이 찍힌 것을 알고도 자기 집으로 돌아가 '예루살렘을 향해 창문을 열어 둔 자기 **다락방**에서' 전에 항상 하던 대로 하루 세 번씩 무릎을 꿇고 기도하며 그의 하나님께 감사하였다.

또 너희가 기도할 때에 외식하는 자와 같이 되지 말라. 저희는 사람에게 보이려고 회당과 큰 거리 어귀에 서서 기도하기를 좋아하느니라. 내가 진실로 너희에게 이르노니 저희는 자기 상을 이미 받았느니라. 너는 기도할 때에 네 골방에 들어가 문을 닫고 은밀한 중에 계신 네 아버지께 기도하라. 은밀한 중에 보시는 네 아버지께서 갚으시리라.(마 6:5-6)

4. 규칙적 기도

다니엘의 기도는 뜻을 정하여 하루에 세 번씩 드리는 규칙적인 기도였습니다. 국무에 분주한 총리가 매일같이 하루에 세 번씩이나 시간을 내어 기도한다는 것은 결코 쉬운 일이 아닙니다. 그것도 총리의 집무실이 아닌, 자신의 집을 찾아서 매일같이 그렇게 한다는 것은, 사실상 불가능한 일입니다.

하지만 다니엘은 실제로 매일같이 그렇게 하였습니다. 시간을 정해서 규칙적으로 〈작정 기도〉를 드린 것입니다. 그렇다면 그 기도는 아주 특별한 기도요, 절박한 기도요, 중요한 기도였다는 이야기입니다. 꼭 응답을 받아야만 할 매우 절실한 기도였다는 것입니다. 이미 살펴본 대로, 그것은 조국의 해방을 위한, 아주 특별한 기도였습니다. 중단하거나 뒤로 미룰 수 없는, 아주 중요한 기도였습니다.

> † 이에 다리오 왕이 조서에 어인을 찍어 금령을 내니라. 다니엘이 이 조서에 어인이 찍힌 것을 알고도 자기 집에 돌아가서는, 그 방의 예루살렘으로 향하여 열린 창에서 전에 행하던 대로, '하루 세 번씩' 무릎을 꿇고 기도하며 그 하나님께 감사하였더라.(단 6:10)

혹자는 이 부분을 문자적으로 해석하여, '다니엘이 공직 생활 60여 년을 내내 그렇게 기도했다'고 생각하는 경향이 있습니다. 하지만 그것은 너무 무리한 생각입니다. 분주한 제국의 총리가 어떻게 하루에 세 번씩이나 자신의 집을 찾아서, 매일같이 기도할 수가 있겠습니까? 총리가 집무실을 비우고 매일같이 자신의 기도처를 찾아 간다면, 그 시간 동안에 긴급한 국사는 누가 처리한다는 말입니까? 총리의 스케줄이 얼마나 빼곡합니까?

이것은 후대에 유대인들이 하루에 세 번씩 습관적으로 드리는 기도와는 성격이 전혀 다릅니다. 그것은 다니엘에게 특별한 기도의 제목이 있어서, 한시적으로 드리는 작정 기도였습니다. 민족의 해방을 위하여 고레스의 칙령을 얻어 내기 위한, 〈특별 작정 기도〉였습니다. 다니엘이 자신의 죄와 동족의 죄를 철저하게 회개하는 〈특별 회개의 기도〉였습니다. 다니엘서 9장이 바로 그 내용입니다.

그렇다면 의인인 다니엘이, (동족의 죄는 그렇다 치고)무슨 죄가 있어서 그렇게까지 자신의 죄를 철저히 회개했다는 말입니까? 에스겔서 14장에는 다니엘이 노아, 욥과 더불어 인류 역사의 3대 의인으로 나타납니다. 실제로 다니엘은 성경의 인물 중에서도 흠을 찾을 수가 없는, 거의 유일한 인물입니다. 그러한 그가 무슨 죄를 그렇게 지었다는 말입니까?

여기서 우리는 한 가지 중요한 사실을 발견하게 됩니다. 바로, '기도하지 못한 죄'입니다. 다니엘이 60여 년 세월을 고위 공직자로 생활하다 보니, 총리의 바쁜 일정상, 조국과 민족을 위해서 충분하게 기도를 하지 못한 것입니다. 그럴 시간도 주어지질 않았습니다. 이제 나이 90세를 바라보는 인생의 황혼에, 다니엘이 그런 자신을 돌아보면서, 하나님 앞에서 철저하게 회개한 것입니다. 자신이 바벨론 제국의 총리라는 이유로, 조국과 민족을 위해서 '충분하게 기도하지 못한 죄'를 회개한 것입니다.

그러던 차에 자신이 조국을 위해서 마지막으로 기도할 수 있는 기회가 주어지자, 다니엘이 기꺼이 그 짐을 지기로 결단한 것입니다. 자신이 '기도의 제물'이 되어서 동족의 죄를 책임지고 기도하기로 결심한 것입니다. 조국의 해방을 위하여 자신이 '기도의 제물'이 되기로 결단한 것입니다. 그것이 조국과 하나님 앞에 자신의 삶에 대한 빚을 갚는 길이었기 때문입니다. 그 일을 작정하고서 다니엘은 매일같이 규칙적으로 기도를 드렸습니다.

조국의 해방을 위한 다니엘의 기도는 시간을 정하여 규칙적으로 드린 〈특별 작정 기도〉였습니다.

† 내가 금식하며 베옷을 입고 재를 무릅쓰고 주 하나님께 기도하며 간구하기를 결심하고, 내 하나님 여호와께 기도하며 (백성의 죄를)자복하여 이르기를, 크시고 두려워할 주 하나님, 주를 사랑하고 주의 계명을 지키는 자를 위하여 언약을 지키시고 그에게 인자를 베푸시는 자시여, 우리는 이미 범죄하여 패역하며 행악하며 반역하여 주의 법도와 규례를 떠났사오며… 내가 이같이 말하여 기도하며 내 죄와 및 내 백성 이스라엘의 죄를 자복하고 내 하나님의 거룩한 산을 위하여 내 하나님 여호와 앞에 간구할 때(단 9:3-20, 다니엘의 기도)

† 나는 너희를 위하여 〈기도하기를 쉬는 죄〉를 여호와 앞에 결단코 범치 아니하고, 선하고 의로운 도로 너희를 가르칠 것인즉(삼상 12:23)

† 비록 노아, 다니엘, 욥, 이 세 사람이 거기 있을지라도, 그들은 자

기의 의로 자기의 생명만 건지리라. 나 주 여호와의 말이니라.(겔 14:14)

5. 간절한 기도

조국의 해방을 위하여 〈특별 작정 기도〉에 들어간 다니엘은, 금식하는 가운데 하루에 세 번씩 무릎을 꿇고서, 하나님 앞에 간절한 기도를 올렸습니다. 자신의 기도가 조국의 해방과 직결되었기 때문입니다. 어떻게 하든지 〈고레스 왕의 칙령〉을 받아 내야만 하는, 절박한 상황이었기 때문입니다.

90세를 바라보는 고령의 다니엘이, 금식하는 가운데 하루에 세 번씩 무릎을 꿇고 기도한다는 것은, 결코 쉬운 일이 아니었을 것입니다. 그만큼 그의 마음의 간절함을 보여주는 대목입니다. 다니엘이 조국과 민족을 사랑했기에, 동족의 해방을 위해서 그렇게 간절한 기도를 올린 것입니다.

> † 이에 다리오 왕이 조서에 어인을 찍어 금령을 내니라. 다니엘이 이 조서에 어인이 찍힌 것을 알고도 자기 집에 돌아가서는, 그 방의 예루살렘으로 향하여 열린 창에서 전에 행하던 대로, '하루 세 번씩 무릎을 꿇고' 기도하며 그 하나님께 감사하였더라. 그 무리들이 모여서 다니엘이 자기 하나님 앞에 기도하며 간구하는 것을 발견하고(단 6:10-11)

또한 굵은 베옷을 입고 재를 뒤집어쓴 채 낮은 자의 자세로 기도를 하였습니다. 그의 마음이 그만큼 간절하고 절박했던 것입니다. 조국의 해방을 위해서 드리는 매우 중대한 기도였기 때문입니다. 다니엘이 조국의 해방을 위해서 드리는 기도는 그렇게 간절한 기도였습니다.

> ✝ 메대 족속 아하수에로의 아들 다리오가 갈대아 나라 왕으로 세움을 입던 원년, 곧 그 통치 원년에 나 다니엘이 서책으로 말미암아 여호와의 말씀이 선지자 예레미야에게 임하여 고하신 그 년수를 깨달았나니, 곧 예루살렘의 황무함이 칠십 년 만에 마치리라 하신 것이니라. 내가 '금식하며 베옷을 입고 재를 무릅쓰고', 주 하나님께 기도하며 간구하기를 결심하고(단 9:1-3)

6. 언약 기도

다니엘의 기도는 철저하게 하나님의 언약을 붙들고 드리는,언약 기도였습니다. 다니엘서 9장의 그의 기도 내용을 살펴보면, 신명기의 모세 언약과 솔로몬의 성전 낙성식 기도의 내용입니다. 모두가 하나님과 이스라엘 백성 간의 언약입니다.

기도의 출발 역시 예레미야의 편지에서 시작되었습니다. 바벨론에 포로로 잡혀간 이스라엘 백성들을 향하여, 하나님께서 예레미야 선지자를 통해 선포한 언약의 내용입니다. 다니엘이 그 언약을 붙들고 기도한 것입니다. 아주 중요한 사실입니다. 다니엘이 성경 말씀에 정통한 〈말씀의 종〉이었기에 가능한 일이었습니다.

1) 예레미야의 편지

유다 왕 시드기야의 때에, 바벨론에 포로로 잡혀간 포로들에게, 선지자 예레미야가 써서 보낸 편지입니다. "포로 생활의 기간이 (70년으로) 너희의 생각보다 길 것이니, 그곳에 정착하여 포로 생활에 잘 적응하되, 포로의 해방을 위하여 전심으로 부르짖어 기도하라"는 메시지입니다. 그 당시 포로들은 〈거짓 선지자들〉의 말을 듣고, 자신들이 금방 고국으로 돌아갈 것을 기대하여, 일손을 놓고 있는 상태였습니다. 그래서 그들의 말을 듣지 말라고 경고한 것입니다. 또한 바벨론에서 70년이 차면 (하나님께서)너희를 포로 생활에서 해방시키겠지만, 그 일을 위해서 너희가 「전심으로 부르짖어 기도해야」만 한다는 것입니다.

✝ 선지자 예레미야가 예루살렘에서 이같은 편지를, 느부갓네살이 예루살렘에서 바벨론으로 옮겨간 포로 중 남아 있는 장로들과 제사장들과 선지자들과 모든 백성에게 보내었는데, 때는 여고니야 왕과 국모와 환관들과 및 유다와 예루살렘 방백들과 목공들과 철공들이 예루살렘에서 떠난 후라, 유다 왕 시드기야가 바벨론으로 보내어 바벨론 왕 느부갓네살에게로 가게 한 사반의 아들 엘라사와 힐기야의 아들 그마랴의 손에 위탁하였더라. 일렀으되 만군의 여호와 이스라엘의 하나님 내가 예루살렘에서 바벨론으로 사로잡혀 가게 한 모든 포로에게 이같이 이르노라. 너희는 집을 짓고 거기 거하며 전원을 만들고 그 열매를 먹으라. 아내를 취하여 자녀를 생산하며 너희 아들로 아내를 취하며 너희 딸로 남편을 맞아 그들로 자녀를 생산케 하여 너희로 거기서 번성하고 쇠잔하지 않게 하라. 너희는 내가 사로잡혀 가게 한 그 성읍의 평안하기를 힘쓰고 위하여 여호와께 기도하라. 이는 그 성이 평안함으로 너희도 평안할 것임이니라. 만군의 여호와 이스라엘의 하나님이 이같이 말하노라. 너희 중 선지자들에게와 복술(=점쟁이)에게 혹하지 말며, 너희

가 꾼 바 꿈(=꿈쟁이들)도 신청하지 말라. 내가 그들을 보내지 아니하였어도 그들이 내 이름으로 거짓을 예언함이니라 여호와의 말이니라. 나 여호와가 이같이 말하노라. '바벨론에서 칠십 년이 차면', 내가 너희를 권고하고 나의 선한 말을 너희에게 실행하여, 너희를 이곳으로 돌아오게 하리라. 나 여호와가 말하노라 너희를 향한 나의 생각은 내가 아나니, 재앙이 아니라 곧 평안이요 너희 장래에 소망을 주려하는 생각이라. 「너희는 내게 부르짖으며 와서 내게 기도하면 내가 너희를 들을 것이요, 너희가 전심으로 나를 찾고 찾으면 나를 만나리라」. 나 여호와가 말하노라 내가 너희에게 만나지겠고 너희를 포로된 중에서 다시 돌아오게 하되, 내가 쫓아 보내었던 열방과 모든 곳에서 모아, 사로잡혀 떠나게 하던 본 곳으로 돌아오게 하리라. 여호와의 말이니라 하셨느니라.(렘 29:1-14)

✝ 이 해 유다 왕 시드기야의 즉위한 지 오래지 않은 해 곧 사년 오월에, 기브온 앗술의 아들 선지자 하나냐가 여호와의 집에서 제사장들과 모든 백성 앞에서 내게 말하여 가로되, 만군의 여호와 이스라엘의 하나님이 이같이 말씀하여 가라사대, 내가 바벨론 왕의 멍에를 꺾었느니라. 내가 바벨론 왕 느부갓네살의 이곳에서 바벨론으로 옮겨간 여호와의 집 모든 기구를 두 해가 차기 전에 다시 이곳으로 가져오게 하겠고, 내가 또 유다 왕 여호야김의 아들 여고니야와 바벨론으로 간 유다 모든 포로를 다시 이곳으로 돌아오게 하리니, 이는 내가 바벨론 왕의 멍에를 꺾을 것임이니라 여호와의 말이니라 하셨다 하는지라.(렘 28:1-4)

해설 거짓 선지자들은 포로들이 금방 석방될 것처럼 감언이설로 백성들을 현혹하였습니다. 포로들은 그들의 말을 듣고 자신들이 곧 고국으로 돌아갈 것을 믿고 일손을 놓은 상태였습니다.

하지만 수십년의 세월이 흐르면서, 하나님의 이 언약은 사람들의 기억에서 차츰 잊혀져 갔고, 나이가 든 〈포로 1세대들〉은 하나둘씩 세상을 떠나면서, 이제는 그 일을 위해 전심으로 부르짖어 기도할 사람조차 찾기가 어려운 실정이었습니다.

또한 바벨론에 정착하여 자리를 잡은 그들은, 자신들의 풍족한 삶을 버리고 구태여 조국으로 돌아갈 이유도 없었습니다. 기도할 사람도 없고, 기도할 이유도 없어진 것입니다. 이 어려운 시기에, 다니엘이 그 일을 자처한 것입니다.

나이 90세를 바라보는 인생의 황혼에, 지나 온 자신의 삶의 자취를 돌아보며, 마지막으로 자신의 삶을 조국을 위해 헌신하기로 작정한 것입니다. 그것이 하나님과 조국에 진, 자신의 빚을 청산하는 길이었기 때문입니다. 그래서 자신을 조국의 해방을 위한 〈기도의 제물〉로, 〈순교의 제물〉로 바친 것입니다.

> † 너희는 내게 부르짖으며 와서 내게 기도하면 내가 너희를 들을 것이요, 너희가 전심으로 나를 찾고 찾으면 나를 만나리라.(렘 29:12-13)

> † 일을 행하는 여호와, 그것을 지어 성취하는 여호와, 그 이름을 여호와라 하는 자가 이같이 이르노라. 너는 내게 부르짖으라 내가 네게 응답하겠고, 네가 알지 못하는 크고 비밀한 일을 네게 보이리라.(렘 33:2-3)

> † 나 주 여호와가 말하노라, 그래도 이스라엘 족속이 이와 같이 자기들에게 이루어 주기를, 내게 구하여야 할지라.(겔 36:37)

2) 솔로몬의 기도

솔로몬 성전의 낙성식에서, 그가 하나님 앞에 드린 기도의 내용 중에 〈포로의 회복 조건〉이 들어 있습니다. "전심으로 회개하여 기도하고,

죄악의 길에서 돌아서면, 그들이 어느 곳에 사로잡혀 가 있다 할지라도 그들을 회복시켜 달라"는 내용의 기도입니다.

하나님은 솔로몬의 이 기도를 받으시고, 하늘에서 불을 내리시므로 그 기도에 응답하셨습니다. 즉, 이스라엘 백성과 언약을 맺으신 것입니다. 그래서 다니엘이 이 언약을 붙들고 담대하게 기도를 드린 것입니다.

또한 회복과 관련한 동일한 내용이 역대하 7장에 더 나타납니다. 솔로몬이 성전과 왕궁의 공사를 필역한 후에, 여호와께서 밤에 솔로몬에게 나타나서 그에게 약속하신, 언약의 내용입니다. 회복과 관련된, 아주 중요한 구절입니다. 그래서 미국의 16대 대통령 링컨이 이 본문에 손을 얹고 취임사를 하였고, 오바마 대통령도 이 본문을 가지고 취임사를 가졌습니다.

> † 범죄치 아니하는 사람이 없사오니 저희가 주께 범죄하므로 주께서 저희에게 진노하사 저희를 적국에게 붙이시매 적국이 저희를 사로잡아 땅의 원근을 물론하고 끌어간 후에, 저희가 사로잡혀 간 땅에서 스스로 깨닫고 그 사로잡은 자의 땅에서 돌이켜 주께 간구하기를, 우리가 범죄하여 패역을 행하며 악을 지었나이다 하며, 자기를 사로잡아 간 적국의 땅에서 온 마음과 온 뜻으로 주께 돌아와서, 주께서 그 열조에게 주신 땅과 주의 빼신 성과 내가 주의 이름을 위하여 건축한 전 있는 편을 향하여 기도하거든, 주는 계신 곳 하늘에서 저희의 기도와 간구를 들으시고 저희의 일을 돌아 보옵시며 주께 득죄한 주의 백성을 용서하옵소서. 나의 하나님이여 이제 이곳에서 하는 기도에 눈을 드시고 귀를 기울이소서. 솔로몬이 기도를 마치매 불이 하늘에서부터 내려와서 그 번제물과 제물들을 사르고 여호와의 영광이 그 전에 가득하니,(대하 6:36-7:1)

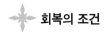 **회복의 조건**

솔로몬이 여호와의 전과 왕궁을 필역하고, 무릇 그 심중에 여호와의 전과 자기의 궁궐에 어떻게 만들고자 한 것을 다 형통하게 이루니라. 밤에 여호와께서 솔로몬에게 나타나사 이르시되, 내가 이미 네 기도를 듣고 이 곳을 택하여 내게 제사하는 전을 삼았으니, 혹 내가 하늘을 닫고 비를 내리지 아니하거나 혹 메뚜기로 토산을 먹게 하거나 혹 염병으로 내 백성 가운데 유행하게 할 때에, 내 이름으로 일컫는 내 백성이 그 악한 길에서 떠나 스스로 겸비하고 기도하여 내 얼굴을 구하면, 내가 하늘에서 듣고 그 죄를 사하고 그 땅을 고칠지라. 이 곳에서 하는 기도에 내가 눈을 들고 귀를 기울이리니, 이는 내가 이미 이 전을 택하고 거룩하게 하여 내 이름으로 여기 영영히 있게 하였음이라. 내 눈과 내 마음이 항상 여기 있으리라. (대하 7:11-16)

[표준새번역]대하 7:14

내 이름으로 일컫는 나의 백성이 스스로 겸손해져서, 기도하며 나를 찾고, 악한 길에서 떠나면, 내가 하늘에서 듣고, 그 죄를 용서하여 주며, 그 땅을 다시 번영시켜 주겠다.

[NIV]대하 7:14

if my people, who are called by my name, will **humble** themselves and pray and seek my face and turn from their wicked ways, then will I hear from heaven and will forgive their sin and will heal their land.

해설 회복의 조건은 ①겸비(=humble) ②기도(=pray) ③찾고(=seek) ④떠나면(=turn)입니다. 중요한 믿음의 공식입니다. 문제 해결의 길입니다.

† 그들이 자기 죄와 그 열조의 죄와 및 그들이 나를 거스린 허물을 자복하고, 또 자기들이 나를 대항하였으므로 나도 그들을 대항하여 그 대적의 땅으로 끌어 갔음을 깨닫고, 그 할례받지 아니한 마음이 낮아져서 그 죄악의 형벌을 순히 받으면, 내가 야곱과 맺은 내 언약과 이삭과 맺은 내 언약을 생각하며 아브라함과 맺은 내 언약을 생각하고 그 땅을 권고하리라. (레 26:40-42)

[표준새번역]레 26:40-42

그러나 그들이, 자기들이 지은 죄와 조상들이 지은 죄 곧 그들이 나를 배신하고 나에게 반항한 허물을 고백하면, 또 그들이 나를 거슬렀으므로, 내가 그들을 거스르지 않을 수 없었다는 것과, 그래서 내가 그들을 곧 원수가 사는 땅으로 보냈다는 것을 깨닫고, 할례 받지 못한 그들의 마음이 겸손해져서, 자기들이 지은 죄로 벌을 기꺼이 받으면, 나는, 야곱과 맺은 언약과 이삭과 맺은 언약과 아브라함과 맺은 언약을 기억하고, 또 그 땅도 기억하겠다.

해설 회복의 조건은 죄를 자백하고 겸손해지는 것입니다. 공통적으로 겸손(=humble)입니다. 낮아지고 겸손해지면 어떤 경우에도 살 길이 열립니다.

3) 모세 언약

솔로몬의 기도나 예레미야의 편지 내용은, 이미 하나님께서 모세를 통하여 그들의 조상들에게 반복하여 강조했던 내용들입니다. 거역하고 불순종하면 필수적으로 그들에게 재난이 닥치고 포로로 잡혀가는 재앙을 당하지만, 만일 그들이 회개하고 돌아서면 포로에서 회복시키고, 그 땅을 고치시겠다는 언약의 내용입니다. 말씀의 종 다니엘이, 이 언약을 붙잡고 간절하게 기도한 것입니다.

 시내산 언약(출애굽 1세대)

그러나 너희가 내게 청종치 아니하여, 이 모든 명령을 준행치 아니하며, 나의 규례를 멸시하며 마음에 나의 법도를 싫어하여 나의 모든 계명을 준행치 아니하며 나의 언약을 배반할진대… 그 땅을 황무케 하리니, 거기 거하는 너희 대적들이 그것을 인하여 놀랄 것이며, 내가 너희를 열방 중에 흩을 것이요 내가 칼을 빼어 너희를 따르게 하리니, 너희의 땅이 황무하며 너희의 성읍이 황폐하리라.

너희가 대적의 땅에 거할 동안에 너희 본토가 황무할 것이므로 땅이 안식을 누릴 것이라. 그 때에 땅이 쉬어 안식을 누리리니, 너희가 그 땅에 거한 동안 너희 안식시에 쉼을 얻지 못하던 땅이 그 황무할 동안에는 쉬리라… 그들이 자기 죄와 그 열조의 죄와 및 그들이 나를 거스린 허물을 자복하고, 또 자기들이 나를 대항하였으므로 나도 그들을 대항하여 그 대적의 땅으로 끌어 갔음을 깨닫고, 그 할례받지 아니한 마음이 낮아져서 그 죄악의 형벌을 순히 받으면, 내가 야곱과 맺은 내 언약과 이삭과 맺은 내 언약을 생각하며 아브라함과 맺은 내 언약을 생각하고 그 땅을 권고하리라. 그들이 나의 법도를 싫어하며 나의 규례를 멸시하였으므로, 그 땅을 떠나서 사람이 없을 때에, 땅이 황폐하여 안식을 누릴 것이요, 그들은 자기 죄악으로 형벌을 순히 받으리라. 그런즉 그들이 대적의 땅에 거할 때에, 내가 싫어 버리지 아니하며 미워하지 아니하며 아주 멸하지 아니하여, 나의 그들과 세운 언약을 폐하지 아니하리니, 나는 여호와 그들의 하나님이 됨이라. 내가 그들의 하나님이 되기 위하여 열방의 목전에 애굽에서 인도하여 낸, 그들의 열조와 맺은 언약을 그들을 위하여 기억하리라 나는 여호와니라. 이상은 여호와께서 시내 산에서 자기와 이스라엘 자손 사이에 모세로 세우신 규례와 법도와 율법이니라.(레 26:14-46)

 모압 평지 언약(출애굽 2세대)

너희는 스스로 삼가서 너희 하나님 여호와께서 너희와 세우신 언약을 잊어버려서, 네 하나님 여호와께서 금하신 아무 형상의 우상이든지 조각하지 말라. 네 하나님 여호와는 소멸하는 불이시요 질투하는 하나님이시니라. 네가 그 땅에서 아들을 낳고 손자를 얻으며 오래 살 때에, 만일 스스로 부패하여 무슨 형상의 우상이든지 조각하여, 네 하나님 여호와 앞에 악을 행함으로 그의 노를 격발하면, 내가 오늘날 천지를 불러 증거를 삼노니, 너희가 요단을 건너가서 얻는 땅에서 속히 망할 것이라. 너희가 거기서 너희 날이 길지 못하고 전멸될 것이니라. 여호와께서 너희를 열국 중에 흩으실 것이요, 여호와께서 너희를 쫓아 보내실 그 열국 중에 너희의 남은 수가 많지 못할 것이며, 너희는 거기서 사람의 손으로 만든 바, 보지도 못하며 듣지도 못하며 먹지도 못하며 냄새도 맡지 못하는 목석의 신들을 섬기리라. 그러나 네가 거기서 네 하나님 여호와를 구하게 되리니, 만일 마음을 다하고 성품을 다하여 그를 구하면 만나리라. 이 모든 일이 네게 임하여 환난을 당하다가, 끝날에 네가 네 하나님 여호와께로 돌아와서 그 말씀을 청종하리니, 네 하나님 여호와는 자비하신 하나님이심이라. 그가 너를 버리지 아니하시며 너를 멸하지 아니하시며, 네 열조에게 맹세하신 언약을 잊지 아니하시리라.(신 4:23-31)

7. 성경대로

다니엘의 기도는, 그의 집 2층 ①다락방(=골방)에서 ②창문을 열고 ③예루살렘 성전을 향하여 드리는 기도였습니다. 솔로몬이 성전 낙성식에서 기도한 내용이며, 하나님은 하늘에서 불을 내리심으로, 그 기도에 응답하셨습니다. 그렇게 기도하면 응답하시겠다고 하나님께서 약속(=언약)하신 것입니다. 그래서 다니엘이 그 언약을 붙들고, 성경대로 기도한 것입니다.

또한 예수님께서도 은밀한 기도를 강조하셨는데, 다니엘은 그렇게 자신의 은밀한 기도처소인 다락방(=골방)에서 기도를 드렸습니다. 성경을 기준한 기도의 방법입니다.

1) 예루살렘 성전을 향하여

예루살렘을 향하여 열린 창에서 예루살렘 성전을 바라보며 기도하였습니다. 성경대로 드리는 기도입니다.

✝ 이에 다리오 왕이 조서에 어인을 찍어 금령을 내니라. 다니엘이 이 조서에 어인이 찍힌 것을 알고도 자기 집에 돌아가서는, 그 방의 '예루살렘으로 향하여 열린 창'에서 전에 행하던 대로, 하루 세 번씩 무릎을 꿇고 기도하며 그 하나님께 감사하였더라.(단 6:10)

[킹제임스흠정역]단 6:10
그런데 다니엘은 그 조서에 도장이 찍힌 것을 알고도 자기 집에 들어가 자기 방에서 '**예루살렘**을 향하여 창문을 열고' 전에 하던 대로 하루에 세 번씩 무릎을 꿇고 기도하며 자기 하나님 앞에서 감사를 드리더라.

[현대인의 성경]단 6:10
다니엘은 그 조서에 어인이 찍힌 것을 알고도 자기 집으로 돌아가 '예루살렘을 향해 창문을 열어 둔 **자기 다락방**에서' 전에 항상 하던 대로 하루 세 번씩 무릎을 꿇고 기도하며 그의 하나님께 감사하였다.

✝ 범죄치 아니하는 사람이 없사오니, 저희가 주께 범죄함으로 주께서 저희에게 진노하사 저희를 적국에게 붙이시매, 적국이 저희를 사로잡아 원근을 물론하고 적국의 땅으로 끌어간 후에, 저희가 사로잡혀 간 땅에서 스스로 깨닫고, 그 사로잡은 자의 땅에서 돌이켜 주께 간구하기를, 우리가 범죄하여 패역을 행하며 악을 지었나이다 하며, 자기를 사로잡아 간 적국의 땅에서 온 마음과 온 뜻으로 주께 돌아와서, 주께서 그 열조에게 주신 땅 곧 주의 빼신 성과 내가 주의 이름을 위하여 건축한 전 있는 편을 향하여 주께 기도하거든, 주는 계신 곳 하늘에서 저희 기도와 간구를 들으시고 저희의 일을 돌아보옵시며, 주께 범죄한 백성을 용서하시며 주께 범한 그 모든 허물을 사하시고, 저희를 사로잡아 간 자의 앞에서 저희로 불쌍히 여김을 얻게 하사, 그 사람들로 저희를 불쌍히 여기게 하옵소서.(왕상 8:46-50)

2) 골방(=다락방) 기도

자신의 은밀한 기도처소인 다락방에서 무릎을 꿇고 간절하게 기도하였습니다. 사람의 시선을 의식하지 않고, 은밀한 중에 보시는 하나님께만 기도한 것입니다. 성경을 기준한 기도입니다.

† 또 너희가 기도할 때에 외식하는 자와 같이 되지 말라. 저희는 사람에게 보이려고 회당과 큰 거리 어귀에 서서 기도하기를 좋아하느니라. 내가 진실로 너희에게 이르노니 저희는 자기 상을 이미 받았느니라. 너는 기도할 때에 네 골방에 들어가 문을 닫고 은밀한 중에 계신 네 아버지께 기도하라. 은밀한 중에 보시는 네 아버지께서 갚으시리라.(마 6:5-6)

† 다니엘은, 왕이 금령 문서에 도장을 찍은 것을 알고도, 자기의 집으로 돌아가서, 다락방으로 올라갔다. 그 다락방은 예루살렘 쪽으로 창문이 나 있었다. 그는 늘 하듯이, 하루에 세 번씩 그의 하나님께 무릎을 꿇고 기도하며, 감사를 드렸다.(단 6:10, 표준새번역)

[공동번역]단 6:10
왕이 그 금령 문서에 서명하였다는 것을 알고도 다니엘은 집에 올라가 전처럼 자기 하느님 앞에 무릎을 꿇고 기도와 찬양을 올렸다. 그는 예루살렘 쪽으로 창이 나 있는 **다락방**에서 하루에 세 번씩 기도를 드렸다.

[현대인의 성경]단 6:10
다니엘은 그 조서에 어인이 찍힌 것을 알고도 자기 집으로 돌아가 예루살렘을 향해 창문을 열어 둔 **자기 다락방**에서 전에 항상 하던 대로 하루 세 번씩 무릎을 꿇고 기도하며 그의 하나님께 감사하였다.

8. 성경 본문으로

다니엘의 기도는, 기도의 내용 자체가 철저히 성경의 본문을 인용한 것입니다. 단어 하나 철자 하나까지, 정확하게 성경의 본문을 인용하고 있습니다. 다니엘서 9장 그의 기도를 살펴보면, 구약성경의 핵심을 그

대로 압축해 놓은 듯한 느낌을 받습니다. 다니엘이 얼마나 말씀에 정통한 인물인지를 보여주는 부분입니다.

　기도 중의 기도는 성경의 본문을 가지고, 성경의 본문으로 드리는 기도입니다. 물을 타지 아니한, 포도주 원액과 같은 기도이기 때문입니다. 그것은 오랜 세월 말씀의 묵상이 뒷받침되지 않으면 절대로 불가능합니다. 말씀의 분량이 쌓이지 않으면 어려운 일입니다. 다니엘이 그러한 기도를 드렸습니다. 말씀의 사람 다니엘은, 성경을 가지고 성경의 본문으로 기도하는, 기도의 사람이었습니다.

15
기도의 성격

1. 회개의 기도

다니엘서 9장 다니엘의 기도는, 자신의 죄와 백성의 죄를 철저하게 회개하는, 통회의 기도입니다. 금식하며 베옷을 입고 재를 무릅쓴 채 죄수의 모습으로, 자신을 포함한 동족의 죄를 철저하게 회개하였습니다. 애통하는 심령으로 마음을 찢는 회개의 기도였습니다. 그 죄가 자신들을 포로로 만든 원인이었기 때문입니다. 하나님의 공의에 비추어 볼 때 자신들이 심판을 받은 것은 너무나 당연한 것이며, 자신들이 저지른 죄에 비하면 죄의 값이 오히려 가벼운 셈이었기 때문입니다.

회복의 첫 단추는 철저한 죄의 회개입니다. 회개하는 곳에서 회복의 역사가 일어나기 때문입니다. 다니엘이 (고레스 원년에)자신의 동족을 위해 드린 기도는 철저한 회개의 기도였습니다.

✝ 내가 '금식하며 베옷을 입고 재를 무릅쓰고' 주 하나님께 기도하며 간구하기를 결심하고, 내 하나님 여호와께 기도하며 자복하여 이르기를, 크시고 두려워할 주 하나님, 주를 사랑하고 주의 계명을

지키는 자를 위하여 언약을 지키시고 그에게 인자를 베푸시는 자시여, 우리는 이미 범죄하여 패역하며 행악하며 반역하여 주의 법도와 규례를 떠났사오며, 우리가 또 주의 종 선지자들이 주의 이름으로 우리의 열왕과 우리의 방백과 열조와 온 국민에게 말씀한 것을 듣지 아니하였나이다. 주여 공의는 주께로 돌아가고 수욕은 우리 얼굴로 돌아옴이 오늘날과 같아서, 유다 사람들과 예루살렘 거민들과 이스라엘이 가까운 데 있는 자나 먼 데 있는 자가 다 주께서 쫓아 보내신 각국에서 수욕을 입었사오니, 이는 그들이 주께 죄를 범하였음이니이다. 주여 수욕이 우리에게 돌아오고 우리의 열왕과 우리의 방백과 열조에게 돌아온 것은, 우리가 주께 범죄하였음이니이다 마는, 주 우리 하나님께는 긍휼과 사유하심이 있사오니 이는 우리가 주께 패역하였음이오며, 우리 하나님 여호와의 목소리를 청종치 아니하며, 여호와께서 그 종 선지자들에게 부탁하여 우리 앞에 세우신 율법을 행치 아니하였음이니이다. 온 이스라엘이 주의 율법을 범하고 치우쳐 가서, 주의 목소리를 청종치 아니하였으므로, 이 저주가 우리에게 내렸으되, 곧 하나님의 종 모세의 율법 가운데 기록된 맹세대로 되었사오니, 이는 우리가 주께 범죄하였음이니이다. 주께서 큰 재앙을 우리에게 내리사 우리와 및 우리를 재판하던 재판관을 쳐서 하신 말씀을 이루셨사오니, 온 천하에 예루살렘에 임한 일 같은 것이 없나이다. 모세의 율법에 기록된 대로 이 모든 재앙이 이미 우리에게 임하였사오나, 우리는 우리의 죄악을 떠나고 주의 진리를 깨닫도록 우리 하나님 여호와의 은총을 간구치 아니하였나이다. 이러므로 여호와께서 이 재앙을 간직하여 두셨다가 우리에게 임하게 하셨사오니, 우리의 하나님 여호와는 행하시는 모든 일이 공의로우시나, 우리가 그 목소리를 청종치 아니하였음이니이다. 강한 손으로 주의 백성을 애굽 땅에서 인도하여 내시고 오늘과 같이 명성을 얻으신 우리 주 하나님이여, 우리가 범죄하였고 악을 행하였나이다… 내가 이같이 말하여 기도하며 '내 죄와 및 내 백성 이스라엘의 죄를 자복하고' 내 하나님의 거룩한 산을 위하여 내 하나님 여호와 앞에 간구할 때 곧 내가 말하여 기도할 때에(단 9:3-20)

† 여호와의 말씀에 너희는 이제라도 금식하며 울며 애통하고 마음

을 다하여 내게로 돌아오라 하셨나니, 너희는 옷을 찢지 말고 마음을 찢고 너희 하나님 여호와께로 돌아올지어다. 그는 은혜로우시며 자비로우시며 노하기를 더디하시며 인애가 크시사 뜻을 돌이켜 재앙을 내리지 아니하시나니(욜 2:12-13)

2. 중보의 기도

에스겔서 14장에는 다니엘이 노아, 욥과 더불어 인류 역사의 〈3대 의인〉으로 나타납니다. 실제로 다니엘은 성경의 인물 중에서도 흠을 찾을 수가 없는 유일한 인물입니다. 그런 다니엘이 먼저 자신의 죄를 철저하게 회개합니다. 그리고 동족의 죄를 책임지고 회개하는 중보의 기도를 드립니다.

"죄의 삯은 사망이기에, 하나님의 공의에 비추어 자신들이 당한 심판은 너무나도 당연한 것이지만, 또한 하나님은 긍휼이 풍성하시기에 그 큰 긍휼로 인하여 동족의 죄를 용서하시고, 이제는 포로에서 해방시켜 달라"는 〈대제사장적 기도〉인 것입니다.

의인의 간구는 역사하는 힘이 커서, 하나님은 그의 기도를 들으시고, 결국은 이스라엘을 바벨론 포로에서 해방시키셨습니다.

> ✝ 비록 노아, 다니엘, 욥, 이 세 사람이 거기 있을지라도, 그들은 자기의 의로 자기의 생명만 건지리라. 나 주 여호와의 말이니라.(겔 14:14)

또한 사자굴을 앞두고 동족의 해방을 위해서 드리는 그의 기도는, 죄

중에 빠진 인류의 구원을 위해서 드리는 예수님의 〈겟세마네 기도〉를 연상케 합니다. 그의 기도로 마른 뼈와 같았던 이스라엘이, 바벨론이란 무덤에서 구원을 받았기 때문입니다. 동족을 위한 다니엘의 중보 기도는 ①대제사장적 기도요, ②메시야적 기도였습니다.

또한 다니엘의 기도는 ③우주적 기도였습니다. 우주의 비밀과 영적 전쟁의 실체를 정확하게 파악한 다니엘은, 하나님의 선한 뜻이 이 땅에서뿐만 아니라, 궁창에서도 선하게 펼쳐지도록 기도하였습니다. 다니엘의 기도는 땅과 하늘을 총괄하는 웅장하고 광활한 기도였습니다.

† 그러므로 너는 대언하여 그들에게 이르기를, 주 여호와의 말씀에 내 백성들아 내가 너희 무덤을 열고 너희로 거기서 나오게 하고, 이스라엘 땅으로 들어가게 하리라. 내 백성들아 내가 너희 무덤을 열고 너희로 거기서 나오게 한즉 너희가 나를 여호와인 줄 알리라.(겔 37:12-13)

† 지혜 있는 자는 궁창의 빛과 같이 빛날 것이요, 많은 사람을 옳은 데로 돌아오게 한 자는 별과 같이 영원토록 비취리라.(단 12:3)

1) 대제사장적 기도

다니엘서 9장 다니엘의 기도는, 솔로몬의 성전 낙성식 기도와 함께, 성경에서도 손에 꼽히는 〈대제사장적 기도〉입니다. 의인인 다니엘이 대제사장적 입장에서 동족의 죄를 위하여 간구하는, 참으로 위대한 중보의 기도입니다. 동족을 대표하여 백성의 죄를 철저히 회개하는 한편, "이제는 약속하신 포로의 기간이 찼으니, 동족을 포로에서 해방시켜 달라"고 공의의 하나님 앞에 간구하는 대제사장적 기도인 것입니다.

의인의 간구는 역사하는 힘이 크기에, 하나님은 그의 기도에 응답하 서서, 결국은 이스라엘을 바벨론 포로에서 해방시키셨습니다.

✝ 내가 금식하며 베옷을 입고 재를 무릅쓰고 주 하나님께 기도하 며 간구하기를 결심하고, 내 하나님 여호와께 기도하며 (백성의 죄 를)자복하여 이르기를, 크시고 두려워할 주 하나님, 주를 사랑하고 주의 계명을 지키는 자를 위하여 언약을 지키시고 그에게 인자를 베푸시는 자시여, 우리는 이미 범죄하여 패역하며 행악하며 반역 하여 주의 법도와 규례를 떠났사오며… 내가 이같이 말하여 기도 하며 내 죄와 및 내 백성 이스라엘의 죄를 자복하고 내 하나님의 거룩한 산을 위하여 내 하나님 여호와 앞에 간구할 때(단 9:3-20)

✝ 주여 내가 구하옵나니 주는 주의 공의를 좇으사 주의 분노를 주 의 성 예루살렘, 주의 거룩한 산에서 떠나게 하옵소서. 이는 우리 의 죄와 우리의 열조의 죄악을 인하여 예루살렘과 주의 백성이 사 면에 있는 자에게 수욕을 받음이니이다. 그러하온즉 우리 하나님 이여 지금 주의 종의 기도와 간구를 들으시고, 주를 위하여 주의 얼굴 빛을 주의 황폐한 성소에 비취시옵소서. 나의 하나님이여 귀 를 기울여 들으시며 눈을 떠서 우리의 황폐된 상황과 주의 이름으 로 일컫는 성을 보옵소서, 우리가 주의 앞에 간구는 것은 우리의 의를 의지하여 하는 것이 아니요 주의 큰 긍휼을 의지하여 함이오 니, 주여 들으소서 주여 용서하소서 주여 들으시고 행하소서 지체 치 마옵소서. 나의 하나님이여 주 자신을 위하여 하시옵소서. 이 는 주의 성과 주의 백성이 주의 이름으로 일컫는 바 됨이니이다.(단 9:16-19)

선지자 예레미야의 글에는, "포로의 기간 70년이 차면 내가 (고레스를 통해서)너희를 해방시키겠지만, 그 일을 위해서 (누군가가)전심으로 부르짖 어 간구해야 한다"고 기록되어 있습니다. 누군가가 희생의 제물이 되어 서 전심으로 그 일을 위해 기도해야만 한다는 내용인 것입니다.

하지만 수십 년의 세월이 흐르면서 예레미야를 통해서 선포한 하나님의 그 약속은 잊혀져 가고, 바벨론 포로 1세대들은 나이가 들어 하나 둘씩 세상을 떠나갔습니다. 또한 남아 있는 대부분의 포로들은, 바벨론의 풍족한 삶에 안주한 나머지, 구태여 고국에 돌아갈 생각이 없었습니다. 왜냐하면 그들 대부분은 이미 바벨론 사회에 정착해서, 안정되고 부유한 삶을 살고 있었기 때문입니다. 또한 고국에 돌아가서 폐허가 된 성읍을 복구하고 성전을 재건한다는 것이 결코 쉬운 일이 아니었기 때문입니다.

조국의 해방을 위해서 기도할 사람도 없고, 기도할 이유도 없어진 것입니다. 이 어려운 시기에 다니엘이 나서서 그 일을 자처한 것입니다.

✝ 나 여호와가 말하노라. '바벨론에서 칠십 년이 차면', 내가 너희를 권고하고 나의 선한 말을 너희에게 실행하여, 너희를 이곳으로 돌아오게 하리라. 나 여호와가 말하노라 너희를 향한 나의 생각은 내가 아나니, 재앙이 아니라 곧 평안이요 너희 장래에 소망을 주려 하는 생각이라. 「너희는 내게 부르짖으며 와서 내게 기도하면 내가 너희를 들을 것이요, 너희가 전심으로 나를 찾고 찾으면 나를 만나리라」. 나 여호와가 말하노라 내가 너희에게 만나겠고 너희를 포로된 중에서 다시 돌아오게 하되, 내가 쫓아 보내었던 열방과 모든 곳에서 모아, 사로잡혀 떠나게 하던 본 곳으로 돌아오게 하리라. 여호와의 말이니라 하셨느니라.(렘 29:10-14)

✝ 일을 행하는 여호와, 그것을 지어 성취하는 여호와, 그 이름을 여호와라 하는 자가 이같이 이르노라. 너는 내게 부르짖으라 내가 네게 응답하겠고, 네가 알지 못하는 크고 비밀한 일을 네게 보이리라.(렘 33:2-3)

✝ 나 주 여호와가 말하노라, 그래도 이스라엘 족속이 이와 같이 자기들에게 이루어 주기를, 내게 구하여야 할지라.(겔 36:37)

하나님은 그의 기도에 즉각적으로 응답하셔서 동족의 죄를 사하시고, 천사장 가브리엘을 보내서 포로 해방의 길과 조국의 먼 장래 역사까지를 계시해 주셨습니다. 이른바 〈70이레 환상〉으로, 거기에는 메시야의 강림과 적그리스도의 출현 등, 중요한 역사의 비밀들이 계시되어 있습니다. 특히 포로의 해방을 위한 〈고레스의 칙령〉이 내려질 것이 명시되어 있습니다.

고레스에 관하여는, 150여 년 전에 기록된 이사야서에 이미 기록이 되어 있는 사실입니다. 그래서 다니엘이 그 제목(=고레스 칙령)을 가지고 다시 작정기도에 들어갔습니다. 그리고 그 과정에 다니엘서 6장의 사자굴 사건이 발생하게 된 것입니다.

> † 내가 이같이 말하여 기도하며 내 죄와 및 내 백성 이스라엘의 죄를 자복하고, 내 하나님의 거룩한 산을 위하여 내 하나님 여호와 앞에 간구할 때, 곧 내가 말하여 기도할 때에, 이전 이상 중에 본 그 사람 가브리엘이 빨리 날아서 저녁 제사를 드릴 때 즈음에 내게 이르더니, 내게 가르치며 내게 말하여 가로되, 다니엘아 내가 이제 네게 지혜와 총명을 주려고 나왔나니, 곧 네가 기도를 시작할 즈음에 명령이 내렸으므로 이제 네게 고하러 왔느니라. 너는 〈크게 은총을 입은 자〉라. 그런즉 너는 이 일을 생각하고 그 이상을 깨달을지니라.(단 9:20-23)

70이레 환상

네 백성과 네 거룩한 성을 위하여 〈칠십 이레〉로 기한을 정하였나니, 허물이 마치며 죄가 끝나며 죄악이 영속되며 영원한 의가 드러나며, 이상과 예언이 응하며 또 지극히 거룩한 자가 기름부음을 받으리라. 그러므로 너는 깨달아 알지니라. 『예루살렘을 중건하라는 영』이 날 때부터 기름부음을 받은 자(=메시야) 곧 왕이 일어나기까지, 일곱 이레와 육십이 이레가 지날 것이요, 그 때 곤란한 동안에 성이 중건되어 거리와 해자가 이룰 것이며, 육십이 이레 후에 기름 부음을 받은 자(=메시야)가 끊어져 없어질 것이며, 장차 한 왕의 백성이 와서 그 성읍과 성소를 훼파하려니와 그의 종말은 홍수에 엄몰됨 같을 것이며, 또 끝까지 전쟁이 있으리니 황폐할 것이 작정되었느니라. 그가 장차 많은 사람으로 더불어 한 이레 동안의 언약을 굳게 정하겠고, 그가 그 이레의 절반에 제사와 예물을 금지할 것이며, 또 〈잔포하여 미운 물건〉이 날개를 의지하여 설 것이며, 또 이미 정한 종말까지 진노가 황폐케 하는 자에게 쏟아지리라 하였느니라.(단 9:24-27)

해설 70이레 환상은 3가지로 요약됩니다. ①고레스 칙령 ②메시야의 출현 ③70이레의 역사입니다. 민족의 해방, 메시야의 출현, 조국의 장래 역사 등으로, 아주 중요한 역사의 비밀들입니다. 그래서 예수님께서도 이 부분을 인용하고 계십니다.

다니엘은 그것들을 구체적으로 깨닫기 위해서, 무엇보다도 조국의 해방을 위한 〈고레스의 칙령〉을 이끌어 내기 위해서, 다시 작정 기도에 들어갔습니다. 그 과정에서 사자굴 사건이 발생한 것입니다.

† 그러므로 너희가 선지자 다니엘의 말한 바, 〈멸망의 가증한 것〉이 거룩한 곳에 선 것을 보거든 (읽는 자는 깨달을진저), 그 때에 유대에 있는 자들은 산으로 도망할지어다.(마 24:15-16)

의인인 다니엘이 동족의 해방을 위해서 기도하자, 천사들이 분주하게 움직였습니다. 이스라엘의 포로 해방이 임박한 것입니다. 다니엘의 기도가 하나님의 팔을 움직인 결과입니다.

이 과정을 지켜보던 사단은, 문제의 발단인 다니엘의 기도를 차단하기 위해서, 그의 정적들을 동원하여 〈다니엘 죽이는 법령〉을 제정하게 만들었습니다. 표면상으로는 총리와 방백들이 동원되었지만, 그 배후에는 공중의 악한 세력들이 개입한 사건입니다. 그것이 영적 싸움의 본질이요 실체입니다. 다니엘의 기도를 차단하여 이스라엘의 포로 해방을 막으려는 것입니다.

기도의 사람 다니엘은 사단의 이러한 계략을 이미 정확하게 간파하고 있었습니다. 그래서 사자굴을 앞에 두고도 물러서지 아니하고, 더욱 더 담대하게 기도를 드린 것입니다. 자신이 이 싸움에서 물러서면, 조국의 해방을 가져올 수가 없기 때문입니다. 그래서 필요하면 자신을 기꺼이 조국의 해방을 위한 〈희생의 제물〉로 드리겠다는 결사적 각오로 기도의 싸움을 싸운 것입니다.

그 과정에 그가 사자의 먹이로 던져졌고, 그가 희생의 제물이 된 결과, 이스라엘이 바벨론 포로에서 구원을 받았습니다. 피흘림이 없이는 죄 사함이 없기 때문입니다. 다니엘의 기도는 조국의 해방을 위해 자신의 모든 것을 내어 던지는 위대한 대제사장적 기도였습니다.

2) 메시야적 기도

사자굴을 눈앞에 두고 드린 다니엘의 기도는, 예수님의 〈겟세마네 기도〉를 강력하게 예표합니다. 예수님께서 잡히시기 전날 밤에 겟세마네 동산에서, 땀방울이 핏방울이 되도록 간절하게 기도하셨던 바로 그 모습입니다.

대제사장이신 예수님께서는 인류의 죄를 대속하기 위해서, 자신을 십자가의 제물로 드리기 이전에, 먼저 하나님 앞에서 간절한 기도를 드렸습니다. 땀방울이 핏방울이 되어 뚝뚝 떨어지도록, 간절한 기도를 드렸습니다. 겟세마네 동산의 기도입니다.

예수님은 자신이 십자가의 제물이 되기 전에, 먼저 하나님 앞에서 기도의 제물이 된 것입니다. 기도의 싸움에서 승리한 결과, 십자가의 싸움에서 승리한 것입니다.

† 저희를 떠나 돌 던질 만큼 가서 무릎을 꿇고 기도하여 가라사대, 아버지여 만일 아버지의 뜻이어든 이 잔을 내게서 옮기시옵소서. 그러나 내 원대로 마옵시고 아버지의 원대로 되기를 원하나이다 하시니, 사자(=천사)가 하늘로부터 예수께 나타나 힘을 돕더라. 예수께서 '힘쓰고 애써 더욱 간절히' 기도하시니, 땀이 땅에 떨어지는 핏방울 같이 되더라.(눅 22:41-44)

[공동번역]눅 22:44
예수께서는 마음의 고통과 싸우면서도, 굽히지 않고 더욱 열렬하게 기도하셨다. 그러는 동안 '**핏방울 같은 땀**'이 뚝뚝 흘러 땅에 떨어졌다.

[NKJV]눅 22:44
And being in agony, He prayed more **earnestly**. Then His sweat became like great drops of blood falling down to the ground.

[GNT]눅 22:44
In great anguish he prayed even more **fervently**; his sweat was like drops of blood falling to the ground.

† 우리를 거스리고 우리를 대적하는 〈의문에 쓴 증서〉를, 도말하시고 제하여 버리사 십자가에 못 박으시고, 정사와 권세를 벗어버려 밝히 드러내시고 십자가로 승리하셨느니라.(골 2:14-15)

[표준새번역]골 2:14-15
하나님께서는 우리에게 '불리한 조문들'이 들어 있는 **빚문서**를 지워 버리시고, 그것을 십자가에 못박으셔서, 우리 가운데서 제거해버리셨습니다. 그리고 모든 통치자들과 권력자들의 '**무장을 해제**'시키시고, 그들을 그리스도의 개선 행진에 포로로 내세우셔서, 뭇 사람의 '**구경거리**'로 삼으셨습니다.

다니엘 역시 사자굴을 눈앞에 두고, 동족의 해방을 위하여 동일한 기도를 드린 것입니다. 그는 자신의 다락방에서 동족의 해방을 위해 간절한 기도를 드렸습니다. 혼신의 힘을 다하여 부르짖어 간구하였습니다.

다니엘의 기도는 여러 측면에서, 십자가를 앞에 둔 예수님의 기도를 예표합니다. 둘 다, ①죽음을 앞에 둔 기도이며, ②백성의 구원(해방)을 위한 대제사장적 기도이고, ③무릎을 꿇고 간절하게 드린 기도입니다.

기도의 결과 ④사단의 권세를 벗어버리고, ⑤백성의 구원(해방)을 성취한 점 역시 동일합니다. 그의 기도로 마른 뼈와 같았던 이스라엘이, 바벨론이란 무덤에서 구원을 받았기 때문입니다.

다니엘의 기도는, 600여 년 후에 이 땅에 오셔서 자신의 몸을 제물로 드린, 예수님의 기도를 예표하는 메시야적 기도인 것입니다.

† 그러므로 너는 대언하여 그들(=마른 뼈들)에게 이르기를, 주 여호와의 말씀에 내 백성들아 내가 너희 무덤을 열고 너희로 거기서 나오게 하고, 이스라엘 땅으로 들어가게 하리라. 내 백성들아 내가 너희 무덤을 열고 너희로 거기서 나오게 한즉, 너희가 나를 여호와인 줄 알리라.(겔 37:12-13)

요세푸스의 고대사를 살펴보면, 다니엘을 사자굴에 던져 넣고 개가를 부르던 총리와 방백들은, 다니엘이 사자굴에서 살아서 돌아오자, 자신들의 잘못을 뉘우치고 회개하기는커녕, 왕을 찾아가서 거칠게 항의를 합니다. "왕이 사자들에게 (사전에)먹이를 배불리 주어서, 사자들이 배가 부른 까닭에 다니엘을 잡아먹지 않았다"는 것입니다. 실제로 사자는 배가 부르면, 눈앞에 먹이가 지나가도 잡아먹지를 않는다고 합니다.

화가 난 다리오 왕(=고레스 왕)은, "그렇다면 과연 사자들이 배가 부르면 사람을 잡아먹지 아니하는지 한번 테스트하겠노라" 하면서, 먼저 사자들에게 먹이를 배불리 먹이라고 명령합니다. 그 후에 그들을 사자굴에 던져 넣었습니다. 사자가 이미 배가 불렀으니, 그렇다면 너희들을 잡아먹지 아니할 것이 아니냐? 라는 논리였습니다. 그러나 결과는 성경에 기록된 대로였습니다.

> † 왕이 명을 내려 다니엘을 참소한 사람들을 끌어오게 하고, 그들을 그 처자들과 함께 사자굴에 던져 넣게 하였더니, 그들이 굴 밑에 닿기 전에 사자가 곧 그들을 움켜서, 그 뼈까지도 부숴뜨렸더라.(단 6:24)

이 사건으로 인하여 〈다니엘의 대적들〉이 깨끗하게 제거됩니다. 다니엘의 손을 대지 않고도, 스스로 무너진 것입니다. 만약에 그들이 살아 있었다면, 또 어떤 방법을 동원해서라도 다니엘을 모함하고 이스라엘의 포로 해방을 방해했을 것입니다. 그런데 저희들 스스로 그렇게 자멸한 것입니다. 우리의 생각을 뛰어넘은 하나님의 방법입니다. 다니엘의 기도와 사자굴 사건이 불러온 결과입니다. 예수님께서 십자가를 지심으로, 모든 정사와 권세를 벗어버리고 통쾌하게 승리하신 사건과 너무나도 일치합니다.

다니엘의 사자굴 사건은 여러 측면에서 예수님의 십자가와 일치합니다. 사자굴을 앞에 둔 다니엘의 기도 역시, 십자가를 앞에 둔 예수님의 기도와 일치합니다. 다니엘의 기도는 예수님의 기도를 예표하는 메시야적 기도인 셈입니다.

> † 우리를 거스리고 우리를 대적하는 의문에 쓴 증서를, 도말하시

고 제하여 버리사 십자가에 못 박으시고, 정사와 권세를 벗어버려 밝히 드러내시고 십자가로 승리하셨느니라.(골 2:14-15)

이 사건(=다니엘의 사자굴사건)으로 인하여, 바벨론 제국 전체에 왕의 조서가 내려갑니다. 그리고 얼마 후에, 이스라엘의 해방을 알리는 고레스 왕의 조서가 발표됩니다. 마침내 이스라엘은 70년 포로 생활에서 해방됩니다. 모두가 다니엘의 공로입니다.

다니엘의 기도는 죄와 사망 가운데서 인류를 구원하신 예수님의 기도를 강력하게 예표합니다. 인류의 구원자로 이 땅에 오실 메시야를 예표하는 메시야적 기도인 것입니다.

† 바사 왕 〈고레스 원년〉에 여호와께서 예레미야의 입으로 하신 말씀을 응하게 하시려고 바사 왕 고레스의 마음을 감동시키시매, 저가 온 나라에 공포도 하고 조서도 내려 가로되, 바사 왕 고레스는 말하노니, 하늘의 신 여호와께서 세상 만국으로 내게 주셨고, 나를 명하사 유다 예루살렘에 전을 건축하라 하셨나니, 이스라엘의 하나님은 참 신이시라. 너희 중에 무릇 그 백성 된 자는 다 유다 예루살렘으로 올라가서 거기 있는 여호와의 전을 건축하라. 너희 하나님이 함께 하시기를 원하노라. 무릇 그 남아 있는 백성이 어느곳에 우거하였든지 그곳 사람들이 마땅히 은과 금과 기타 물건과 짐승으로 도와주고, 그 외에도 예루살렘 하나님의 전을 위하여 예물을 즐거이 드릴지니라 하였더라.(에스라 1:1-4)

3) 우주적 기도

다니엘의 기도는 다시 3가지로 분류해서 살펴볼 수가 있습니다. ① 조국의 해방을 위한 기도 ②역사의 계시를 깨닫기 위한 기도 ③역사의 주관자이신 하나님의 우주적 통치를 위한 기도입니다. ①조국의 해방을 위한 기도는, 고레스 칙령으로 인한 포로의 해방으로 성취가 되었습니다. 그 과정에서 사자굴 사건이 있었습니다. ②역사의 계시를 깨닫기 위한 기도 역시, 고레스 3년에 하나님의 비밀인 〈진리의 글〉을 계시 받음으로, 응답이 되었습니다. 그의 나이 90세를 바라보는 시점입니다.

다니엘이 〈진리의 글〉을 계시받았다는 것은 참으로 놀라운 사실입니다. 인류의 역사를 종말까지 정확하게 관통한 것입니다.

> † 오직 내가 먼저 〈진리의 글〉에 기록된 것으로 네게 보이리라. 나를 도와서 그들을 대적하는 자는 너희 군 미가엘뿐이니라.(단 10:21)

[표준새번역]단 10:21
나는 **진리의 책**에 기록된 것을 네게 알려 주려고 한다. 너희의 수호신, 천사장 미가엘 외에는, 아무도 나를 도와서 그들을 대적할 이가 없다.

[공동번역]단 10:21
나는 **반드시 이루어질 일을 기록한 책**에 있는 것을 너에게 일러 준다. 그들과 대항하는 데 지금은 너희의 수호신 미가엘 외에 나를 도울 이가 없다.

또한 다니엘의 기도는 ③우주적 기도였습니다. 우주의 비밀과 영적 전쟁의 실체를 정확하게 파악한 다니엘은, 하나님의 선한 뜻이 이 땅에서뿐만 아니라, 궁창에서도 아름답게 펼쳐지도록 기도하였습니다.

다니엘은 5번에 걸쳐 자신이 받은 계시와 환상을 통해서, 세계 역사의 큰 흐름을 감지하고 있었습니다. 표면적으로는 이 땅의 역사가 사람이나 국가에 의해 주도되는 것처럼 보이지만, 그 모든 역사를 주관하시는 분은 하나님이십니다. 하나님께서 계획하시고 허락하신 뜻만이 이 땅에서 펼쳐질 따름입니다.

하지만 하나님의 선한 뜻이 펼쳐지는 과정에는, 반드시 그것을 방해하는 세력들이 존재합니다. 그것은 땅에도 존재하고 우주 공간에도 존재합니다. 하지만 땅의 존재들은, 그들을 배후에서 조종하는 공중의 악한 세력들의 지배를 받고 있으니, 하나님의 선한 뜻을 방해하는 실체는, 결국 공중의 권세를 장악한 악한 세력들인 것입니다.

다니엘은 이 사실을 잘 알고 있었습니다. 그래서 그는 자신을 모함하고 핍박하는 대적들과는 한 번도 싸우지 않았습니다. 그들은 실체가 아니기 때문입니다. 그 대신 그들을 배후에서 주장하는 실체인, 공중의 악한 세력들과 싸웠습니다. 그것을 위해서 치열한 기도의 싸움을 싸웠습니다. 그것이 영적 싸움의 본질이기 때문입니다. 사도 바울도 동일한 고백을 하고 있으며, 주기도문도 동일한 내용입니다.

우주의 비밀과 영적 세계의 실체를 깨달은 다니엘의 기도는, 땅과 하늘을 총괄하는, 웅장하고 광활한 기도였습니다. 다니엘의 기도는 우주적 기도였습니다.

† 하늘에 계신 우리 아버지여 이름이 거룩히 여김을 받으시오며, 나라이 임하옵시며, 뜻이 하늘에서 이룬 것 같이 땅에서도 이루어지이다.(마 6:9-10, 주기도문)

† 진실로 너희에게 이르노니, 무엇이든지 너희가 땅에서 매면 하늘에서도 매일 것이요, 무엇이든지 땅에서 풀면 하늘에서도 풀리리라.(마 18:18)

† 우리의 씨름(=싸움)은 혈과 육에 대한 것이 아니요, 『정사와 권세와 이 어두움의 세상 주관자들과, 하늘에 있는 악의 영들』에게 대함이라.(엡 6:12)
[표준새번역]엡 6:12

우리의 싸움은 피와 살을 가진 사람들을 상대로 하는 것이 아니라, 통치자와 권세자들과 이 어두운 세계의 지배자들과 하늘에 있는 **악한 영들**을 상대로 하는 것입니다.

[NLT]엡 6:12

For we are not fighting against people made of flesh and blood, but against the evil **rulers** and **authorities** of the unseen world, against those **mighty powers** of darkness who rule this world, and against **wicked spirits** in the heavenly realms.

이 땅의 모든 것은 천국의 그림자입니다. 모형입니다. 이 땅에서 우리의 삶은 잠시 머무는 나그네일 따름입니다. 실체가 있습니다. 영원한 것이 따로 있습니다. 그것을 위해서 일하고, 그것을 위해서 우리의 인생을 투자해야 합니다. 그것을 위해서 기도하고, 그것을 위해서 우리가 땀과 피를 흘려야만 합니다. 다니엘이 그러한 삶을 살았습니다.

하나님의 우주적 통치를 정확하게 깨달은 다니엘은, 하나님의 선한 뜻이 이 땅에서뿐만 아니라 궁창에서도 아름답게 펼쳐지기를 갈망했습니다. 그리고 그 일을 위해서 전력투구하였습니다. 따라서 그의 기도 역시 하나님의 우주적 통치를 확신하고 고백하는, 실로 우주적인 기도였습니다.

† 지혜 있는 자는 궁창의 빛과 같이 빛날 것이요, 많은 사람을 옳은 데로 돌아오게 한 자는 별과 같이 영원토록 비취리라.(단 12:3)

[NKJV]단 12:3

Those who are wise shall shine Like the brightness of the firmament, And those who turn many to righteousness Like the stars forever and ever.

3. 감사의 기도

다니엘의 기도는 철저한 감사의 기도입니다. 다니엘은 사자굴을 눈앞에 둔 상황에서도, 하나님 앞에서 감사를 드렸습니다. 무엇을 감사했을까요? 하나님의 은혜를 감사한 것입니다. 60여 년을 제국의 고위 공직자로 살게 하신 지난 세월의 은혜만도 감사한데, 마지막으로 조국과 민족을 위해서 〈특별 중보 기도〉를 할 수 있는 기회를 주심을 감사한 것입니다. 또한 자신을 택하여 〈민족 해방을 위한 제물〉로 삼아주심을 감사한 것입니다.

> † 다니엘이 이 조서에 어인이 찍힌 것을 알고도 자기 집에 돌아가서는, 그 방의 예루살렘으로 향하여 열린 창에서 전에 행하던 대로, 하루 세 번씩 무릎을 꿇고 기도하며 그 하나님께 감사하였더라.(단 6:10-11)

감사할 조건이 있을 때에만 감사하는 것은, 성경에서 말하는 감사가 아닙니다. 그것은 세상 사람들도 다 하는 감사입니다. 기쁨의 조건이 있을 때에만 기뻐하는 것은, 믿음 안에서의 기쁨이 아닙니다. 어린아이들도 가질 수 있는 기쁨이기 때문입니다.

믿음 안에서 진정한 감사와 기쁨은, 환경과 조건을 초월한 감사와 기쁨을 말합니다. 극심한 고통 속의 욥의 감사, 빌립보 감옥의 바울의 감사 등이 진정한 감사입니다. 또한 환경을 초월하여 선지자 하박국이 누리는 기쁨이 참된 기쁨입니다.

† 욥이 일어나 겉옷을 찢고 머리털을 밀고 땅에 엎드려 경배하며

가로되, 내가 모태에서 적신이 나왔사온즉 또한 적신이 그리로 돌아가올지라. 주신 자도 여호와시요 취하신 자도 여호와시오니, 여호와의 이름이 (감사)찬송을 받으실지니이다 하고, 이 모든 일에 욥이 범죄하지 아니하고 하나님을 향하여 어리석게 원망하지 아니하니라.(욥 1:20-22)

† 무리가 일제히 일어나 송사하니 상관들이 옷을 찢어 벗기고 매로 치라 하여, 많이 친 후에 옥에 가두고 간수에게 분부하여 든든히 지키라 하니, 그가 이러한 영을 받아 저희를 깊은 옥에 가두고 그 발을 착고에 든든히 채웠더니, 밤중쯤 되어 바울과 실라가 (감사)기도하고 하나님을 (감사)찬미하매 죄수들이 듣더라.(행 16:22-25)

† 비록 무화과나무가 무성치 못하며 포도나무에 열매가 없으며, 감람나무에 소출이 없으며 밭에 식물이 없으며, 우리에 양이 없으며 외양간에 소가 없을지라도, 나는 여호와를 인하여 즐거워하며, 나의 구원의 하나님을 인하여 기뻐하리로다.(합 3:17-18)

다니엘의 감사는 환경을 초월한 감사입니다. 왕의 조서를 어기고 기도하면, 그 결과가 죽음이라는 사실을 뻔히 알면서도, 감사의 기도를 드린 것입니다. 죽음 앞에서의 감사입니다. 그것은 고도로 훈련된 믿음이 아니고서는 절대로 불가능한 일입니다. 죽음과도 바꿀 수 없는 분명한 목표가 없다면, 상상조차 할 수 없는 일입니다. 다니엘 정도의 영적 수준이기에 가능한 일이었습니다.

다니엘은 경건의 훈련을 통한 경건의 능력이 쌓인 인물이었습니다. 그에게는 조국의 해방이라는 확실한 목표가 주어져 있었습니다. 그 일을 위해서 자신이 〈기도의 제물〉, 〈희생의 제물〉이 되는 것입니다. 하나님께서 다니엘을 그렇게 선택하여 주신 것입니다. 그 이름을 위하여 고난받음에 합당한 자로 선택하여 주신 것입니다. 그래서 다니엘은 그것을 기뻐하고, 그 은혜에 감사한 것입니다. 다니엘의 기도는 환경을 초월한 감사의 기도였습니다.

† 저희가 옳게 여겨 사도들을 불러들여 채찍질하며 예수의 이름으로 말하는 것을 금하고 놓으니, 사도들은 '그 이름을 위하여 능욕 받는 일에 합당한 자'로 여기심을 기뻐하면서 공회 앞을 떠나니라.(행 5:40-41)

† 항상 기뻐하라. 쉬지 말고 기도하라. 범사에 감사하라. 이는 그리스도 예수 안에서 너희를 향하신 하나님의 뜻이니라.(살전 5:16-18)

4. 찬송의 기도

다니엘은 사자굴을 눈 앞에 두고, 감사 찬송의 기도를 드렸습니다. 동족의 해방을 위하여 기도하다가 모함을 받아, 억울하게 죽음을 당할 처지에 놓인 다니엘이, 그 환경 속에서도 하나님 앞에 감사 찬송의 기도를 드린 것입니다.

기가 막힌 사실입니다. 믿음의 비밀입니다. 복음의 비밀입니다. 찬송은 하나님이 받으시는 최고의 제사이며, 모든 결박을 푸는 강력한 열쇠이기 때문입니다. 이 비밀을 간직한 다니엘은 어떤 극한 상황에서도 하나님을 찬양하는 찬송의 기도를 드렸습니다.

† 다니엘이 이 조서에 어인이 찍힌 것을 알고도 자기 집에 돌아가서는, 그 방의 예루살렘으로 향하여 열린 창에서 전에 행하던 대로 하루 세 번씩 무릎을 꿇고 기도하며 그 하나님께 감사하였더라.(단 6:10)

[공동번역]단 6:10
왕이 그 금령문서에 서명하였다는 것을 알고도, 다니엘은 집에 올라가 전처럼 자기 하느님 앞에 무릎을 꿇고 기도와 **찬양**을 올렸다. 그는 예루살렘 쪽으로 창이 나 있는 다락방에서 하루에 세 번씩 기도를 드렸다.

[GWT]단 6:10
When Daniel learned that the document had been signed, he went to his house. An upper room in his house had windows that opened in the direction of Jerusalem. Three times each day he got down on his knees and prayed to his God. He had always **praised** God this way.

다니엘은 사자굴 속에서도 하나님께 감사 찬송을 드렸습니다. 사자굴 속에서도 하나님께 찬미의 제사를 드린 것입니다. 사자들 속에서, 사자들을 거느리고, 함께 찬양의 예배를 드린 것입니다. 찬송의 집회를, 부흥회를 인도한 셈입니다. 전승에 의하면 그런 다니엘을 사자들이 포근히 감싸고 보호했다고 합니다. 찬송의 비밀입니다. 찬송의 능력입니다.

느부갓네살 왕의 꿈과 그 해석에 관한 응답을 받은 후에도, 다니엘은 먼저 하나님께 나아가 감사 찬송의 기도를 드렸습니다. 가장 결정적인 순간에 사람을 찾지 아니하고, 먼저 하나님을 찾고 하나님께 감사하는 감사 찬송의 기도를 드린 것입니다. 다니엘의 삶에 감사와 찬송이 몸에 베인 증거입니다(감사와 찬송은 히브리어 어원이 동일합니다). 믿음의 다니엘은 찬송의 비밀을 간직한 찬송의 사람이었습니다.

✝ 이에 이 은밀한 것이 밤에 이상으로 다니엘에게 나타나 보이매, 다니엘이 하늘에 계신 하나님을 찬송하니라. 다니엘이 말(=찬송)하

여 가로되, 영원 무궁히 하나님의 이름을 찬송할 것은 지혜와 권
능이 그에게 있음이로다. 그는 때와 기한을 변하시며 왕들을 폐하
시고 왕들을 세우시며, 지혜자에게 지혜를 주시고 지식자에게 총
명을 주시는도다. 그는 깊고 은밀한 일을 나타내시고 어두운 데 있
는 것을 아시며 또 빛이 그와 함께 있도다. 나의 열조의 하나님이
여 주께서 이제 내게 지혜와 능력을 주시고 우리가 주께 구한바 일
을 내게 알게 하셨사오니, 내가 주께 감사하고 주를 찬양하나이다
곧 주께서 왕의 그 일을 내게 보이셨나이다 하니라.(단 2:19-23)

해설 극적인 순간에 사람을 찾지 아니하고, 먼저 하나님께 나아가 감사
찬송의 기도를 드렸습니다. 하나님 앞에 찬양의 제사를 올려드린 것입니
다. 그것이 다니엘의 평소 신앙의 모습이었다는 증거입니다. 다니엘은 그
렇게 찬송의 비밀을 소유한 찬송의 사람이었습니다.

개역성경(=히브리 사본)에는 빠져 있으나, 다니엘서의 헬라어 사본에는
다니엘의 세 친구들이 풀무 속에서 하나님을 찬양하는 내용이 수록되
어 있습니다. 공동번역의 다니엘서에도 세 친구의 찬송이 번역되어 있
습니다. 세 친구들이 풀무불 속에서 하나님의 영광을 찬양하는 찬미
의 제사를 드린 것입니다. 다니엘의 세 친구들이 풀무불 속에서 하나
님을 찬양했듯이, 다니엘이 사자굴 속에서도 하나님을 찬양했다는 증
거입니다. ※3장에서 설명한 내용입니다. 제4권 찬미의 제사에서 상술
하였습니다.

16
기도의 결과

1. 민족의 해방

의인인 다니엘의 기도에 대한 응답으로, 〈고레스의 칙령〉이 내려지고, 조국은 70년 바벨론 포로 생활에서 해방되었습니다. 주전 538년에 선포된 고레스의 칙령으로 이듬 해인 주전 537년부터 고국에 돌아온 소수의 무리들은, 초라하지만 자신들의 성전을 재건하고, 하나님 앞에서 제사를 드렸습니다. 스룹바벨 성전입니다.

그리고 주변의 극심한 반대와 열악한 환경 속에서도, 그들은 마침내 예루살렘 성벽을 복구하였습니다. 총독 느헤미야가 자신의 모든 것을 던진 희생의 결과였습니다. 꺼져 가던 역사의 등불이 다시 회복된 것입니다. 이 모든 역사가 진행된 발단은, 바로 다니엘의 기도에 있었습니다. 다니엘의 기도가 하나님의 팔을 움직여서, 이스라엘 역사의 수레바퀴를 다시 굴러가게 만든 것입니다.

고레스의 칙령으로 포로들이 고국에 돌아온 후에도, 다니엘은 계속 바사에 남아 있었습니다. 포로 귀환에 따른 후속 조치와, 정치적인 후원을 위해서입니다. 그가 끝까지 바사 제국에 남아서, 조국을 위한 든든한 방패가 되어 준 것입니다. 또한 고국으로 돌아가지 아니하고 바벨론(=바사)제국 전역에 남아 있는 자신의 동족들에게는, 여전히 든든한 지주가 된 셈입니다.

다니엘은 그렇게 살다가 90세를 넘긴 나이에 바사에서 죽었습니다. 그렇게도 그리워하던 조국 땅은 밟아 보지도 못하고, 조국을 위해서 기도만 하다가, 그렇게 숨을 거둔 것입니다. 그렇게도 사모하던 가나안 땅을 밟아 보지 못하고 광야에서 생을 마친 모세처럼, (하나님의 사람 다니엘은) 머나먼 이국 땅에서 조국을 가슴에 품은 채 그렇게 조용히 잠이 들었습니다. 바벨론 포로 역사의 주인공이요 산 증인이 그렇게 잠이 든 것입니다.

참으로 위대한 인물입니다. 참으로 큰 별입니다. 궁창에 빛나는 찬란한 별입니다. 그의 묘역이 바사의 국경지역(=이란과 이라크의 국경 지역)에 지금도 잘 보관되어 있습니다.

> ✝ 지혜 있는 자는 궁창의 빛과 같이 빛날 것이요, 많은 사람을 옳은 데로 돌아오게 한 자는 별과 같이 영원토록 비취리라.(단 12:3)

2. 역사의 성취

다니엘서가 후대에 논란이 된 것은, 그가 기도 중에 받은 계시가 역사의 과정에서 거의 그대로 성취되었다는 사실 때문이었습니다. 다니엘이 기도했던 기도의 제목은 크게 두 가지로, 1)민족의 해방과 2)역사의 계시입니다.

1)민족의 해방은 고레스 칙령으로 성취되었습니다. 2)역사의 계시 부분은, ①다니엘서 9장의 70이레 환상과 ②10장 이하의 큰 전쟁에 관한 세계 역사입니다. 〈70이레 환상〉은, 메시야의 출현과 적그리스도의 등장, 장래에 펼쳐질 조국의 역사인데, 그것들도 거의 문자적으로 성취되었습니다.

예수님께서도 이 사실을 인정하셔서, 다니엘서의 이 부분을 인용하고 계십니다. 다니엘이 그것들을 가지고 기도했는데, 다니엘이 기도한 대로 그것들이 역사의 과정에서 그대로 성취된 것입니다. 다니엘의 기도가 역사의 성취를 불러온 셈입니다. 놀라운 사실입니다. 기도의 비밀입니다.

† 그러므로 너희가 선지자 다니엘의 말한 바, 〈멸망의 가증한 것〉이 거룩한 곳에 선 것을 보거든 (읽는 자는 깨달을진저), 그 때에 유대에 있는 자들은 산으로 도망할지어다.(마 24:15-16)

† 이러므로 너희 죄를 서로 고하며 병 낫기를 위하여 서로 기도하라. 의인의 간구는 역사하는 힘이 많으니라.(약 5:16)

다니엘서 10장 이하의 〈큰 전쟁〉에 관한 세계 역사는, 마케도니아의 왕인 알렉산더 대제의 사후에 이스라엘을 사이에 두고 펼쳐질 세계 역사의 비밀입니다. 알렉산더 대제 사후에 헬라 제국은 그의 부하 장군들에 의해서 4왕국으로 나누어지는데, 다니엘서에는 팔레스타인을 중심으로 북쪽 왕국인 수리아와 남쪽 왕국인 이집트의 역사가 계시되어 있습니다.

다니엘서 11장을 보면 그의 예언이 얼마나 구체적이고 정확한지, 마치 후대에 기록된 역사책을 읽는 느낌입니다. 그래서 "다니엘서의 저자와 저작 시기가 다니엘이 아닌, 마카비시대 이후의 어떤 역사가의 작품이 아닌가?"라는 논란이 일어난 것입니다. 기도 중에 받은 다니엘의 계시가, 그만큼 정확했다는 이야기입니다.

3. 조국의 수호

다니엘은 그의 사후에도 (그의 책인 다니엘서를 통하여) 조국을 지켜 낸 지대한 공로자입니다. 마케도니아의 왕 알렉산더 대제가, 애굽을 정복하기 위해서 지나는 길에, 먼저 예루살렘을 점령하기 위해서 군사를 이끌고 오는 길이었습니다. 이 소식을 전해 들은 예루살렘의 백성들은, 대제사장을 필두로 흰옷을 입고 성 밖에까지 나가서, 그를 열렬하게 환영했습니다. 그리고 성경의 〈다니엘서 두루마기〉를 펼쳐서 알렉산더 대왕에 대하여 기록된 부분을 보여주었습니다. 다니엘서 역사의 계시 부분에는, 알렉산더 대왕과 그의 제국이 구체적으로 언급되어 있기 때문이었습니다.

† 내가 생각할 때에 한 수염소가 서편에서부터 와서 온 지면에 두루 다니되 땅에 닿지 아니하며, 그 염소 두 눈 사이에는 〈현저한 뿔〉이 있더라. 그것이 두 뿔 가진 수양 곧 내가 본 바 강가에 섰던 양에게로 나아가되 분노한 힘으로 그것에게로 달려가더니, 내가

본즉 그것이 수양에게로 가까이 나아가서는 더욱 성내어 그 수양을 땅에 엎드러뜨리고 짓밟았으나, 능히 수양을 그 손에서 벗어나게 할 이가 없었더라. 수염소가 스스로 심히 강대하여 가더니, 강성할 때에 그 〈큰 뿔〉이 꺾이고 그 대신에 현저한 뿔 넷이 하늘 사방을 향하여 났더라.(단 8:5-8)

해설 수염소는 헬라 제국, 수양은 바사 제국, 현저한 뿔과 큰 뿔은 알렉산더 대왕, 현저한 뿔 넷은 그의 부하인 네 명의 장수들입니다.

† 네가 본 바 두 뿔 가진 수양은 곧 메대와 바사 왕들이요, 털이 많은 수염소는 곧 헬라 왕이요, 두 눈 사이에 있는 〈큰 뿔〉은 곧 그 첫째 왕이요, 이 뿔이 꺾이고 그 대신에 네 뿔이 났은즉 그 나라 가운데서 네 나라가 일어나되 그 권세만 못하리라.(단 8:20-22)

해설 큰 뿔, 첫째 왕은 알렉산더 대왕을 말합니다.

† 이제 내가 참된 것을 네게 보이리라. 보라 바사에서 또 세 왕이 일어날 것이요, 그 후의 넷째는 그들보다 심히 부요할 것이며, 그가 그 부요함으로 강하여진 후에는 모든 사람을 격동시켜 헬라국을 칠 것이며, 장차 〈한 능력 있는 왕〉이 일어나서 큰 권세로 다스리며 임의로 행하리라. 그러나 그가 강성할 때에 그 나라가 갈라져 천하 사방에 나누일 것이나, 그 자손에게로 돌아가지도 아니할 것이요 또 자기가 주장하던 권세대로도 되지 아니하리니, 이는 그 나라가 뽑혀서 이 외의 사람들에게로 돌아갈 것임이니라.(단 11:2-4)

해설 한 능력있는 왕은 알렉산더 대왕, 이 외의 사람들은 그의 부하인 네 명의 장수들입니다.

† 그 후에 내가 또 본즉 다른 짐승 곧 표범과 같은 것이 있는데 그 등에는 새의 날개 넷이 있고, 그 짐승에게 또 머리 넷이 있으며 또 권세를 받았으며(단 7:6)

해설 표범의 등에 새의 날개가 네 개나 달린 것은, 알렉산더 군대의 놀라운 기동력을 의미합니다. 8장에서는 그 발이 표면에 닿지 않을 정도로 빠른 수염소로 비유가 되었습니다.

크게 감동을 받은 알렉산더 대왕은 예루살렘을 공략하려던 계획을 바꿔, 예루살렘 성전에 들어가서 하나님 앞에 경배하고 제사를 드렸습니다. 그리고 유대인들이 율법과 안식일을 지킬 수 있도록 적극적으로 보호하며, 안식년에는 세금을 면제해 줄 것을 약속했습니다. 안식년에는 그들이 농사를 지을 수가 없었기 때문입니다.

또한 유대인들이 자신의 군대에 지원할 것을 적극 권장하며, 그들에게도 율법과 안식일을 지킬 수 있도록 혜택을 줄 것을 약속했습니다. 그래서 많은 유대인들이 그때 알렉산더의 군대에 가담하였고, 「점령군」인 그의 군대가 세계를 정복하면서, 그들 유대인들이 헬라 제국 전역에 흩어져 자리를 잡게 되었습니다. 그래서 유대인들이 헬라 제국의 전역에 골고루 자리를 잡을 수 있는 여건이 조성된 것입니다. 저 유명한 애굽의 알렉산드리아도 그때 건설된 것이며, 유대인들은 그곳에서도 많은 특권을 누렸습니다.

이 모든 과정이 다니엘과 그의 기도에서 발단이 되었습니다. 환상과 계시를 통해서 역사의 비밀을 깨달은 다니엘은, 조국은 물론 세계 역사의 진행을 위해서 기도한 것입니다. 진행될 역사의 과정에 하나님의 선한 뜻이 펼쳐지기를 위해서 기도했고, 특별히 조국의 역사를 위해서 기도한 것입니다.

그 결과 고레스를 통해서 그의 기도가 성취되었듯이, 알렉산더를 통해서 그의 기도가 성취된 것입니다. 다니엘의 기도가 그의 사후에까지 영향을 미쳐, 조국을 안전하게 지켜 낸 셈입니다. 다니엘이 사후에도 조국을 수호한 셈입니다.

4. 복음의 통로

알렉산더의 군대에 지원했던 많은 유대인들은, 전쟁이 끝난 후에도 조국으로 돌아오지 아니하고 그곳 점령지에 정착했습니다. 알렉산더 군대의 발길이 닿은 헬라 제국의 전역에, 유대인들이 정착한 것입니다. 또한 중요한 도시에는 알렉산더가 의도적으로 유대인들을 정착시켰습니다. 자신에게 충성한 그들을, 전적으로 믿고 신뢰하였기 때문입니다. 그 대표적인 도시가 바로 애굽의 알렉산드리아입니다.

또한 그들은 「점령군」인지라, 어느 곳에 가든지 상류층으로, 지배계층에 준하는 대우를 받았습니다. 그들에게는 당연히 많은 특권이 주어졌습니다. 그래서 율법과 안식일 준수는 물론, 레위기의 음식물 규정까지 그들의 고유한 신앙을 지킬 수가 있었습니다.

중요한 것은 헬라화된 그들(=유대인들)을 통하여 이방인들이 유대교를 접할 기회를 갖게 된 것입니다. 그것은 나중에 사도 바울을 통하여 복음을 듣게 될 이방인들이 미리 준비된 셈입니다. 유대인들이 정착한 헬라 제국의 도시마다 유대인의 회당이 세워지고, 회당에 출입하며 유대교를 접한 이방인들이 늘어 가면서, 나중에 바울이 복음을 전할 수 있는 저변이 확보된 셈이기 때문입니다. 참으로 놀라운 하나님의 섭리입니다.

그 모든 과정의 출발이, 다니엘이 받은 계시와 그의 기도에서부터 시작이 된 셈입니다. 펼쳐질 세계 역사의 비밀을 깨달은 다니엘이, 조국의 해방은 물론, 장래에 전개될 조국의 역사와 주변 나라의 정세, 메시야의 사역까지를 두고 기도를 했기 때문입니다. 그 결실이 대표적으로 사도 바울의 복음 전파 사역을 통해서 나타난 것입니다. 또한 중간 과정에 나타난 알렉산더를 통한 하나님의 역사입니다.

그렇다면 메시야가 이 땅에 오셔서 펼치실 복음 전파의 사역을, 세례 요한에 앞서 600여 년 전에, 다니엘이 먼저 준비한 셈입니다. 다니엘의 기도와 그의 사역이, 결과적으로 먼 훗날 복음 전파의 통로를 마련한 셈이 되었기 때문입니다.

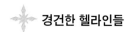 **경건한 헬라인들**

저희는 버가로부터 지나 비시디아 안디옥에 이르러 안식일에 회당에 들어가 앉으니라. 율법과 선지자의 글을 읽은 후에 회당장들이 사람을 보내어 물어 가로되, 형제들아 만일 백성을 권할 말이 있거든 말하라 하니, 바울이 일어나 손짓하며 말하되 이스라엘 사람들과 및 〈하나님을 경외하는 사람들〉아 들으라… 저희가 나갈새 사람들이 청하되 다음 안식일에도 이 말씀을 하라 하더라. 폐회한 후에 유대인과 유대교에 입교한 〈경건한 사람들〉이 많이 바울과 바나바를 좇으니, 두 사도가 더불어 말하고 항상 하나님의 은혜 가운데 있으라 권하니라. 그 다음 안식일에는 온 성이 거의 다 하나님 말씀을 듣고자 하여 모이니… 유대인들이 그 무리를 보고 시기가 가득하여 바울의 말한 것을 변박하고 비방하거늘, 바울과 바나바가 담대히 말하여 가로되, 하나님의 말씀을 마땅히 먼저 너희에게 전할 것이로되, 너희가 버리고 영생 얻음에 합당치 않은 자로 자처하기로 우리가 이방인에게로 향하노라. 주께서 이같이 우리를 명하시되, 내가 너를 이방의 빛을 삼아 너로 땅 끝까지 구원하게 하리라 하셨느니라 하니, 이방인들이 듣고 기뻐하여 하나님의 말씀을 찬송하며, 〈영생을 주시기로 작정된 자〉는 다 믿더라. 주의 말씀이 그 지방에 두루 퍼지니라. 이에 이고니온에서 두 사도가 함께 유대인의 회당에 들어가 말하니 유대와 〈헬라의 허다한 무리〉가 믿더라. (행 13:14-14:1)

✝ 저희가 암비볼리와 아볼로니아로 다녀가 데살로니가에 이르니, 거기 유대인의 회당이 있는지라. 바울이 자기의 규례대로 저희에게로 들어가서 세 안식일에 성경을 가지고 강론하며, 뜻을 풀어 그리스도가 해를 받고 죽은 자 가운데서 다시 살아야 할 것을 증명하고 이르되, 내가 너희에게 전하는 이 예수가 곧 그리스도라 하니, 그 중에 어떤 사람 곧 〈경건한 헬라인의 큰 무리〉와 적지 않은 귀부인도 권함을 받고 바울과 실라를 좇으나… 밤에 형제들이 곧 바울과 실라를 베뢰아로 보내니, 저희가 이르러 유대인의 회당에 들어가니라. 베뢰아 사람은 데살로니가에 있는 사람보다 더 신사적이어서 간절한 마음으로 말씀을 받고, 이것이 그러한가 하여 날마다 성경을 상고하므로, 그 중에 믿는 사람이 많고 또 헬라의 귀부인과 남자가 적지 아니하나… 바울이 아덴에서 저희를 기다리다가 온 성에 우상이 가득한 것을 보고 마음에 분하여, 회당에서는 유대인과 〈경건한 사람들〉과 또 저자에서는 날마다 만나는 사람들과 변론하니(행 17:1-17)

해설 유대인의 회당에 출입하던 경건한 헬라인들이, 바울이 복음을 전파할 수 있는 1차적 대상이었습니다. 그들은 유대교를 통해서 이미 하나님을 알고, 마음의 밭이 기경된 자들이었기에, 바울의 입장에서는 복음의 씨앗을 뿌릴 수 있는 좋은 밭이었습니다. 바울은 그들을 유대교의 회당에서 분리시킨 후, 별도로 양육하였습니다.

✝ 실라와 디모데가 마게도냐로서 내려오매, 바울이 하나님의 말씀에 붙잡혀 유대인들에게 예수는 그리스도라 밝히 증거하니, 저희가 대적하여 훼방하거늘 바울이 옷을 떨어 가로되, 너희 피가 너희 머리로 돌아갈 것이요 나는 깨끗하리라. 이 후에는 이방인에게로 가리라 하고, 거기서 옮겨 하나님을 공경하는 디도 유스도라 하는 사람의 집에 들어가니 그 집이 회당 옆이라. 또 회당장 그리스보가 온 집으로 더불어 주를 믿으며, 수다한 고린도 사람도 듣고 믿어 세례를 받더라.(행 18:5-8)

✝ 바울이 회당에 들어가 석 달 동안을 담대히 하나님 나라에 대하여 강론하며 권면하되, 어떤 사람들은 마음이 굳어 순종치 않고 무리 앞에서 이 도를 비방하거늘, 바울이 그들을 떠나 제자들을

따로 세우고 〈두란노 서원〉에서 날마다 강론하여, 이같이 두 해 동
안을 하매 아시아에 사는 자는 유대인이나 헬라인이나 다 주의 말
씀을 듣더라.(행 19:8-10)

5. 희생의 제물

성경의 역사는 피 흘림의 역사입니다. 누군가의 희생에 의해서 성경
의 역사가 진행되었기 때문입니다. 出애굽의 역사가 모세의 희생에 의
한 것이라면, 出바벨론(=바사)의 역사는 다니엘의 희생에 의한 작품입니
다. 또한 入애굽의 역사가 요셉의 희생에 의한 것이라면, 入바벨론의 역
사는 다니엘의 희생에 의한 것입니다.

요셉이 애굽에 종으로 팔려가서 총리가 됨으로 이스라엘이 애굽에
정착할 수 있는 기반을 마련하였듯이, 다니엘이 먼저 포로로 잡혀가서
바벨론의 총리에 등극함으로, 포로들이 정착할 수 있는 기반을 마련한
셈이기 때문입니다. 出애굽의 경우와 다른 점은, 다니엘이 '入바벨론과
出바벨론(=바사)을 모두 홀로 주도했다'는 사실입니다. 다니엘은 이스라
엘의 70년 바벨론 포로역사 전 과정의 주인공이자, 산 증인인 것입니다.

또한 다니엘의 숨은 희생이 있었기에, 이스라엘이 70년 포로 생활을 성
공리에 마치고, 무사히 고국에 돌아올 수 있었습니다. 그 과정에 〈사자
굴 사건〉과 〈풀무불 사건〉이 있었고, 다니엘의 피나는 기도의 싸움이
있었습니다.

어쩌면 다니엘의 60여 년 고위 공직자 생활도, '동족을 위한 자기희
생'의 측면이 강합니다. 하나님의 섭리가 있어서 그가 총리의 자리에 올

라 있었지만, 그것은 본인이 원해서 된 일이 아니고, 자신은 그 자리를 탐하지도 않았기에, 할 수만 있다면 그 무거운 자리에서 내려오고 싶은 생각도 있었을 것입니다. 하지만 하나님께서 그에게 맡겨주신 사명의 자리이기에, 그가 묵묵히 그 자리를 지켰을 따름입니다.

> † 내가 네게 대하여 들은즉 너는 해석을 잘하고 의문을 파한다 하도다. 그런즉 이제 네가 이 글을 읽고 그 해석을 내게 알게 하면, 네게 자주옷을 입히고 금사슬을 네 목에 드리우고 너로 나라의 〈셋째 치리자〉를 삼으리라. 다니엘이 왕에게 대답하여 가로되, 왕의 예물은 왕이 스스로 취하시며 왕의 상급은 다른 사람에게 주옵소서. 그럴지라도 내가 왕을 위하여 이 글을 읽으며 그 해석을 아시게 하리이다.(단 5:16-17)

해설 예물과 상급에는 전혀 관심이 없습니다. 총리직은 하나님께서 맡겨주신 사명을 감당하라고, 그에게 주어진 자기희생의 자리이기 때문입니다.

모세가 出애굽을 위하여 드러나게 쓰임 받은 지도자라면, 다니엘은 出바벨론(=바사)을 위하여 쓰임 받은 숨은 공로자입니다. 사실은 숨은 비밀도 아닙니다. 역사적으로 명백히 증명된 사실이고, 성경에도 밝히 기록된 사실인데, 우리가 그것들을 건성으로 스쳐 지나가기에, 그 중요한 사실들을 놓치고 있을 따름입니다. 예수님의 십자가를 상징하는 사자굴에는 관심이 없기 때문입니다.

하지만 사자굴이라는 '다니엘의 십자가'가 있었기에, 이스라엘의 해방이라는 영광이 주어졌습니다. 죄의 삯은 사망이기에, 피 흘림이 없이는 죄 사함이 없고, 누군가가 죽어야(=희생이 되어야) 누군가가 살게 되는데, 다니엘이 죽어서 이스라엘이 살게 된 것입니다.

그는 강력하게 예수님을 예표하는 인물입니다. 그가 사자굴을 눈앞에 두고 드린 기도는, 예수님의 〈겟세마네 기도〉를 연상케 합니다. 예수님께서 인류의 구원을 위해 피를 짜는 기도를 드렸듯이, 다니엘이 동족의 해방을 위해서 그렇게 피를 짜는 기도를 드린 것입니다. 그가 당한 사자굴 사건은 예수님의 갈보리 십자가와 밀접하게 관련이 됩니다. 예수님께서 십자가를 지심으로 인류의 구원을 성취하셨듯이, 다니엘이 〈희생의 제물〉이 되어 사자의 먹이로 던져짐으로, 이스라엘이 포로에서 해방이 되었기 때문입니다.

성경의 역사는 피 흘림(=희생)의 역사입니다. 누군가의 희생에 의해서 성경의 역사가 진행되었습니다. 그러한 측면에서 다니엘의 사자굴 사건은 불가피한 면이 있습니다.

우리에게는 크게 잘못된 선입견이 있습니다. 특별히 한국 교회에 그러한 성향이 강합니다. 열심히 기도하고 신앙 생활을 잘하면, 사자굴이나 풀무불을 피해 갈 수 있고, 또 피해가는 것이 상책인 것처럼 생각하는 경향입니다. 마치 사자굴이나 풀무불을 피하기 위해서 신앙 생활을 하는 것처럼도 보입니다. 그런 시험을 피하기 위해서 힘써 기도하고 헌금하고, 열심히 신앙생활을 하는 것입니다.

하지만 그것은 자신의 유익을 위한 '종교 생활'이 될지는 모르지만, 결코 '신앙 생활'은 아닙니다. 그렇다면 믿음의 선진들은 모두가 신앙의 실패자란 말입니까? 그들은 열심히 기도했고, 열심히 여호와를 섬겼지만, 그들에게는 대부분 '불같은 시험들'이 주어졌습니다. 사자굴과 풀무불과 웅덩이가 주어진 것입니다. 그러나 그들에게는 그것을 감당할 만한 믿음이 있었기에, 그 과정들을 통과한 것입니다.

이 땅에서 다니엘의 삶은, 철저한 자기희생의 삶이었습니다. 그는 동족의 해방을 위해서 〈기도의 제물〉이 되었고, 〈희생의 제물〉이 되었습니다. 마지막으로는 자신이 사자의 먹이로 던져지는 〈순교의 제물〉이 되었습니다. 조국의 해방과 인류의 역사를 위해서 열심히 기도한 결과가 사자의 제물인 것입니다.

하지만 그가 사자의 먹이로 던져지는 순교의 제물이 됨으로, 하나님의 계획하신 역사의 성취를 가져왔습니다. 그것이 기도의 비밀이요, 복음의 비밀이며, 믿음의 비밀인 것입니다. 하나님이 우리를 이 땅에 보내신 목적인 것입니다. 하나님의 선한 뜻을 이루기 위해서, 하나님께서 계획하신 역사의 성취를 위해서, 우리 자신이 이 땅에서 제물로 쓰임을 받는 삶, 그것이 믿음의 본질이며 생존의 목적인 것입니다.

믿음의 사람 다니엘은 그것을 깨닫고, 이 땅에서 온전히 그 목적에 부합한 삶을 살았습니다. 하나님의 선한 뜻을 위하여 〈희생의 제물〉이 되는 삶을 산 것입니다. 그의 희생을 바탕으로 성경의 역사는 다시 한번 큰 전진을 하게 된 것입니다. 새로운 역사의 장이 펼쳐 진 것입니다.

실로 위대한 종입니다. 참으로 큰 별입니다. 성경의 역사를 비추는 거대한 횃불입니다. 그의 영광은 궁창의 빛과 같이 세세토록 영원히 빛이 날 것입니다. 다니엘 기도의 결론입니다.

> † 지혜 있는 자는 궁창의 빛과 같이 빛날 것이요, 많은 사람을 옳은 데로 돌아오게 한 자는 별과 같이 영원토록 비취리라.(단 12:3)
>
> [NKJV]단 12:3
> Those who are wise shall shine Like the brightness of the firmament, And those who turn many to righteousness Like the stars forever and ever.

17
희생의 제물들

성경의 역사는 두 바퀴로 굴러가는, 마차의 수레바퀴와 같다고 할 것입니다. 죄의 삯은 사망이기에, 1)피 흘림이 없이는 죄 사함이 없고, 2)누군가가 죽어야(=희생이 되어야) 누군가가 살게되는, 복음의 두 바퀴입니다. 성경의 역사가 진행되는 과정에는 반드시 누군가의 희생이 있었고, 누군가의 피가 뿌려졌습니다. 누군가가 제물이 된 것입니다. 그 제물을 바퀴삼아서, 성경의 역사는 계속 앞으로 진행된 것입니다.

1. 역사의 진행

성경의 중요한 역사가 진행되는 과정에서는, 반드시 누군가가 희생이 되거나 피를 흘리는 사건이 있었습니다. 출애굽의 과정이나 바벨론 포로 해방의 과정, 초대 교회의 설립 과정 등이 다 그렇습니다. 대표적인 것은 예수님의 십자가 사건입니다.

1) 출애굽의 과정

출애굽과 관련하여 쓰임 받은 인물은, 모세와 요셉입니다. 모세는 出애굽과 관련하여 쓰임을 받았고, 요셉은 入애굽과 관련하여 쓰임을 받았습니다. 둘 다 자신을 희생하는 가운데, 하나님의 뜻을 이루는 도구로 사용된, 성경의 위대한 인물들입니다.

① 入애굽과 요셉

하나님께서 아브라함과 맺으신 언약을 이루기 위해서, 그의 후손인 요셉에게 먼저 꿈을 꾸게 하셨습니다. 그리고 그 꿈을 이루기 위해서 요셉을 애굽으로 보내셨습니다. 그리고 그를 애굽의 총리에 오르게 함으로써, 그에게 주신 꿈을 성취시키셨습니다. 이스라엘이 애굽에 정착할 수 있는 기반을 마련한 것입니다. 그리고 애굽에서 400년 동안 이스라엘을, 하나의 민족으로 만드셨습니다. 아브라함과의 언약을 성취하신 것입니다. 그 과정에서 쓰임 받은 인물이 바로 요셉입니다.

> † 여호와께서 아브람에게 이르시되, 너는 너의 본토 친척 아비 집을 떠나 내가 네게 지시할 땅으로 가라. 내가 너로 〈큰 민족〉을 이루고 네게 복을 주어 네 이름을 창대케 하리니, 너는 복의 근원이 될지라.(창 12:1-2)

> † 여호와께서 아브람에게 이르시되, 너는 정녕히 알라 네 자손이 이방에서 객이 되어 그들을 섬기겠고, 그들은 〈사백 년〉 동안 네 자손을 괴롭게 하리니(창 15:13)

> † 한 사람을 앞서 보내셨음이여 요셉이 종으로 팔렸도다. 그 발이 착고에 상하며 그 몸이 쇠사슬에 매였으니, 곧 여호와의 말씀이

응할 때까지라. 그 말씀이 저를 단련하였도다.(시 105:17)

† 하나님이 큰 구원으로 당신들의 생명을 보존하고 당신들의 후손을 세상에 두시려고, 나를 당신들 앞서 보내셨나니, 그런즉 나를 이리로 보낸 자는 당신들이 아니요 하나님이시라. 하나님이 나로 바로의 아비를 삼으시며 그 온 집의 주를 삼으시며 애굽 온 땅의 치리자를 삼으셨나이다.(창 45:7-8)

하지만 요셉이 꿈을 꾸고 그 꿈을 이루어 가는 과정은 너무나 험난했습니다. 구덩이에 빠지고, 종으로 팔려 가고, 감옥에 들어가고…. 어느 것 하나 꿈과는 상관없이, 꿈과는 정반대의 방향으로 요셉은 자꾸만 추락했습니다. 하지만 하나님은 어느 날 갑자기 요셉에게 바로의 꿈을 해몽하게 하셔서, 하루아침에 그를 총리의 자리에 오르게 하셨습니다.

참으로 신묘막측합니다. 그것이 꿈을 성취하시는 하나님의 방법인 것입니다. 우리에게 주신 꿈이 하나님의 것이라면, 그것을 성취하시는 분도 하나님이십니다. 때가 되면 하나님은 바로에게 꿈을 꾸게 하셔서, 당신께서 주신 그 꿈을 성취하게 하실 것입니다. 반드시 성취하실 것입니다. 꿈의 주인이 우리가 아닌, 당신 자신이기 때문입니다. 단지 그 과정이 험난할 따름입니다. 꿈은 그 꿈을 소유한 자를 거칠게 다루기 때문입니다.

요셉은 하나님의 주신 꿈을 잉태한 죄로 모진 고난을 당해야만 했습니다. 형제들에 의해 구덩이에 들어가서 죽음의 고비를 경험하고, 종살이하면서 억울한 누명을 쓰고 법에 의해서 처형되거나 주인에게 맞아서 죽을 수도 있는 위기를 겪었으며, 감옥에서 평생을 마무리할 수도 있는 절대절망의 시간들을 가졌습니다. 〈꿈을 잉태한 죄〉로 요셉이 겪는 자기희생의 시간들입니다.

하지만 때가 차매 하나님께서는 그를 깊은 수렁에서 끌어 올리시고, 애굽의 총리라는 높은 자리에 세우셨습니다. 그러나 그 자리는 고난에 대한 보상으로 주어진 것이 아니요, 부귀영화를 누리라고 주신 자리도 아니었습니다. 하나님께서 주신 사명을 감당하라고 그에게 맡겨 주신 무거운 자리였습니다. 이스라엘이 애굽에 정착해서 민족을 이룰 수 있도록, 후견인 역할을 잘하라고 맡겨 주신 희생의 자리였습니다.

지도자의 직책은 명예가 아닌 자기희생의 자리인 것입니다. 요셉도 그 사실을 잘 알고 있었습니다. 그래서 야곱의 가족들이 애굽에 정착하여 민족을 이룰 수 있도록, 최선을 다하여 도왔습니다. 이스라엘이 애굽에 정착하여 민족을 이룬 것은, 철저하게 요셉의 자기희생에 따른 결과입니다.

> † 그 형들이 또 친히 와서 요셉의 앞에 엎드려 가로되 우리는 당신의 종이니이다. 요셉이 그들에게 이르되 두려워 마소서 내가 하나님을 대신하리이까. 당신들은 나를 해하려 하였으나 하나님은 그것을 선으로 바꾸사, 오늘과 같이 만민의 생명을 구원하게 하시려 하셨나니, 당신들은 두려워 마소서 내가 당신들과 당신들의 자녀를 기르리이다 하고, 그들을 간곡한 말로 위로하였더라.(창 50:18-21)

② 出애굽과 모세

하나님께서 아브라함에게 약속하신 때가 다가오자, 하나님께서는 민족을 애굽에서 이끌어 낼 출애굽의 지도자를 준비시키십니다. 우리의 상상을 초월한 기묘한 방법으로, 지도자 모세를 준비시키신 것입니다.

그리고 그를 통하여 출애굽의 역사를 이루어 나가십니다.

출애굽의 역사는 철저히 모세의 희생에 의한 작품입니다. 동족을 이끌었던 광야의 40년은 물론, 바로를 피해 머물던 미디안 광야의 40년도 그가 지도자로서 훈련받는 기간이었기에, 그것은 자기희생의 삶이었습니다.

또한 왕궁의 40년 생활도, 하나님의 섭리 가운데 '본인의 의사와는 상관없이' 진행된 일이므로, 결국은 자기희생의 삶이라 볼 수 있습니다. 하나님께서 그를 지도자로 사용하기 위하여, 필요한 학문과 지식을 준비시키는 과정이었기 때문입니다.

동족이 고난당하는 가운데 자신이 왕궁에서 누리는 안락한 삶은, 결코 모세에게 편안한 시간이 아니었을 것입니다. 그것은 모세 자신에게 고통이요 고뇌의 시간이었을 것입니다. 그래서 그가 「바로의 공주의 아들」이라 칭함을 거절하고, 그 자리를 박차고 나온 것입니다. 애굽의 근로감독관을 쳐죽이고서까지, 그 자리를 벗어나고자 했던 것입니다.

† 여호와께서 아브람에게 이르시되, 너는 정녕히 알라 네 자손이 이방에서 객이 되어 그들을 섬기겠고 그들은 사백 년 동안 네 자손을 괴롭게 하리니, 그 섬기는 나라를 내가 징치할지며, 그 후에 네 자손이 큰 재물을 이끌고 나오리라.(창 15:13-14)

† 모세가 장성한 후에 한번은 자기 형제들에게 나가서 그 고역함을 보더니, 어떤 애굽 사람이 어떤 히브리 사람 곧 자기 형제를 치는 것을 본지라. 좌우로 살펴 사람이 없음을 보고, 그 애굽 사람을 쳐죽여 모래에 감추니라.(출 2:11-12)

† 믿음으로 모세는 장성하여 '바로의 공주의 아들'이라 칭함을 거절하고, 도리어 하나님의 백성과 함께 고난 받기를 잠시 죄악의 낙

을 누리는 것보다 더 좋아하고, 그리스도를 위하여 받는 능욕을 애굽의 모든 보화보다 더 큰 재물로 여겼으니 이는 상 주심을 바라봄이라.(히 11:24-26)

그렇다면 모세의 120년 삶 전체는 자기희생의 삶인 셈입니다. 희생을 위해서 80년간 준비되었고, 마지막 40년은 동족을 위해 자신을 희생하는 데 쓰임 받았기 때문입니다. 그의 희생을 바탕으로 동족 이스라엘은 400년 애굽의 종살이에서 해방이 되었기 때문입니다. 출애굽의 역사는 철저히 모세의 희생에 의한 작품입니다. 그의 희생을 바탕으로 역사의 수레바퀴가 굴러 간 것입니다.

한 사람의 준비된 지도자가 그렇게 중요합니다. 모세가 없는 출애굽은 상상할 수 없는 일이기 때문입니다. 하나님은 이 시대에도 그러한 지도자를 찾고 계십니다. 역사의 전진을 위해서 자신을 불태울 준비된 지도자를 찾고 계십니다.

† 백성의 온 가족들이 각기 장막 문에서 우는 것을 모세가 들으니라. 이러므로 여호와의 진노가 심히 크고 모세도 기뻐하지 아니하여 여호와께 여짜오되, 주께서 어찌하여 종을 괴롭게 하시나이까. 어찌하여 나로 주의 목전에 은혜를 입게 아니하시고, 이 모든 백성을 내게 맡기사 나로 그 짐을 지게 하시나이까. 이 모든 백성을 내가 잉태하였나이까. 내가 어찌 그들을 생산하였기에, 주께서 나더러 '양육하는 아비가 젖 먹는 아이를 품듯' 그들을 품에 품고, 주께서 그들의 열조에게 맹세하신 땅으로 가라 하시나이까. 이 모든 백성에게 줄 고기를 내가 어디서 얻으리이까. 그들이 나를 향하여 울며 가로되 우리에게 고기를 주어 먹게 하라 하온즉, 책임이 심히 중하여 나 혼자는 이 모든 백성을 질 수 없나이다. 주께서 내게 이같이 행하실진대 구하옵나니 내게 은혜를 베푸사 '즉시 나를 죽여 나로 나의 곤고함을 보지 않게 하옵소서'.(민 11:10-15)

해설 모세가 지도자로서의 고통과 고뇌를 여호와 앞에서 토로하는 장면입니다. 지도자의 직책은 명예가 아닌 멍에인 것입니다. 자기희생의 자리인 것입니다. 아합 왕조와 싸우느라 고달팠던 엘리야에게도 동일한 고백이 있었습니다.

† 스스로 광야로 들어가 하룻 길쯤 행하고 한 로뎀나무 아래 앉아서 죽기를 구하여 가로되, 여호와여 넉넉하오니 '지금 내 생명을 취하옵소서 나는 내 열조보다 낫지 못하니이다' 하고(왕상 19:4)

2) 바벨론 포로 해방, 다니엘

해설 16장에서 이미 설명을 했습니다.

3) 초대 교회의 설립

초대 교회가 세워지고 확장되는 과정에서도, 중요한 두 사람의 희생이 있었습니다. 스데반 집사와 야고보 사도의 순교입니다. 그들이 피를 쏟은 순교의 터전 위에, 초대 교회가 확장되고 견고하게 세워진 것입니다.

① 스데반 집사의 순교

오순절 성령강림 사건을 계기로 탄생된 초대 교회는, 베드로의 활약으로 폭발적인 부흥을 이루어, 날로 제자의 수가 늘어났습니다. 그가 한번 설교할 때마다 3000명, 5000명이 돌아오는 역사가 일어났습니다. 허다한 제사장의 무리들까지 합류할 만큼, 그 위세는 실로 대단했습니다. 그러다 보니 예루살렘 교회는 부흥에 만족한 나머지 예루살렘에 안주하는, 정체된 교회의 모습이 되고 말았습니다. 예수님은 분명히 "만민에게 복음을 전파하라. 땅 끝까지 이르러 내 증인이 되라"고 명령하셨는데, 그들은 주어진 현실에 만족한 나머지 예루살렘에 안주한 것입니다. 그러자 하나님께서 손을 들어 그 교회를 흩으십니다. 그것이 스데반 사건입니다.

† 또 가라사대 너희는 온 천하에 다니며 만민에게 복음을 전파하라. 믿고 세례를 받는 사람은 구원을 얻을 것이요, 믿지 않는 사람은 정죄를 받으리라.(막 16:15-16)

† 오직 성령이 너희에게 임하시면 너희가 권능을 받고, 예루살렘과 온 유대와 사마리아와 땅 끝까지 이르러 내 증인이 되리라 하시니라.(행 1:8)

† 그 말을 받는 사람들은 세례를 받으매, 이 날에 제자의 수가 삼천이나 더하더라.(행 2:41)

† 말씀을 들은 사람 중에 믿는 자가 많으니, 남자의 수가 약 오천이나 되었더라.(행 4:4)

† 하나님의 말씀이 점점 왕성하여 예루살렘에 있는 제자의 수가 더 심히 많아지고, '허다한 제사장의 무리'도 이 도에 복종하니라.(행 6:7)

디아스포라인 스데반은 리버디노(=자유인)의 각회당에서 헬라파 유대인들에게 열심히 복음을 전했습니다. 학문과 지식과 인품을 겸비한 스데반이 성령의 권능으로 무장하여 강력한 복음을 전파하자, 큰 기사와 표적이 나타나고, 많은 사람들의 믿음이 견고하게 세워지는 역사가 일어났습니다. 복음 전파의 중심 축이 베드로에서 스데반으로 이동한 느낌입니다. 당국자들의 눈에도 베드로보다는 스데반이 더 위험한 인물로 보였던 것 같습니다. 그래서 종교 재판을 열어 그를 처형한 것입니다. 최초의 순교자가 탄생한 것입니다.

✝ 형제들아 너희 가운데서 성령과 지혜가 충만하여 칭찬 듣는 사람 일곱을 택하라. 우리가 이 일을 저희에게 맡기고, 우리는 기도하는 것과 말씀 전하는 것을 전무하리라 하니, 온 무리가 이 말을 기뻐하여 믿음과 성령이 충만한 사람 스데반과 또 빌립과 브로고로와 니가노르와 디몬과 바메나와 유대교에 입교한 안디옥 사람 니골라를 택하여 사도들 앞에 세우니, 사도들이 기도하고 그들에게 안수하니라.(행 6:3-6)

✝ 스데반이 은혜와 권능이 충만하여 큰 기사와 표적을 민간에 행하니, 리버디노 구레네인, 알렉산드리아인, 길리기아와 아시아에서 온 사람들의 회당이라는 각 회당에서 어떤 자들이 일어나 스데반으로 더불어 변론할새, 스데반이 지혜와 성령으로 말함을 저희가 능히 당치 못하여, 사람들을 가르쳐 말시키되 이 사람이 모세와 및 하나님을 모독하는 말하는 것을 우리가 들었노라 하게 하고, 백성과 장로와 서기관들을 충동시켜 와서 잡아 가지고 공회에 이르러 거짓 증인들을 세우니(행 6:8-12)

✝ 스데반이 성령이 충만하여 하늘을 우러러 주목하여, 하나님의 영광과 및 예수께서 하나님 우편에 서신 것을 보고 말하되, 보라 하늘이 열리고 인자가 하나님 우편에 서신 것을 보노라 한 대, 저희가 큰 소리를 지르며 귀를 막고 일심으로 그에게 달려들어, 성밖에 내치고 돌로 칠새, 증인들이 옷을 벗어 사울이라 하는 청년의 발 앞에 두니라. 저희가 돌로 스데반을 치니 스데반이 부르짖어 가로되, 주 예수여 내 영혼을 받으시옵소서 하고, 무릎을 꿇고 크게 불러 가로되, 주여 이 죄를 저들에게 돌리지 마옵소서 이 말을 하고 자니라. 사울이 그의 죽임 당함을 마땅히 여기더라. 그 날에 예루살렘에 있는 교회에 큰 핍박이 나서, 사도 외에는 다 유대와 사마리아 모든 땅으로 흩어지니라. 경건한 사람들이 스데반을 장

사하고 위하여 크게 울더라.(행 7:55-8:2)

스데반의 순교는 크게 두 가지 측면에서, 아주 중요한 의미를 지닙니다.

첫째는, 초대 교회의 확장입니다. 예루살렘에 안주하던 초대 교회가, 스데반 사건을 계기로 예루살렘의 담장을 넘어서, 유대와 사마리아는 물론, 이방 지역인 베니게와 구브로, 안디옥 등으로 확장된 것입니다. 대표적인 것이 안디옥 교회로, 복음 전파의 주도권이 예루살렘 교회에서 안디옥 교회로 넘어갔습니다.

둘째는, 이방 선교의 주역인 바울이란 인물이 세워진 것입니다. 스데반이 선포한 메시지와 순교의 장면은, 그를 핍박하던 사울(=바울)에게도 엄청난 충격을 던진 사건이었습니다. 스데반을 처형하는 책임자로 현장에 가까이 있었던 바울이, 스데반이 선포한 복음의 파편을 가장 많이 뒤집어쓴 셈이기 때문입니다.

본인은 그것을 부인하려고 표면상으로는 더욱더 스데반이 선포한 도를 핍박했지만, 사실은 스데반이 선포한 복음의 파편이 그의 내면에 깊숙이 박혀 있었습니다. 그의 심장에 깊숙이 박힌 그 파편이 원인이 되어서, 그가 결국은 다메섹 도상에서 그렇게 거꾸러진 것입니다.

† 그 흩어진 사람들이 두루 다니며 복음의 말씀을 전할새, 빌립이 사마리아 성에 내려가 그리스도를 백성에게 전파하니(행 8:4)

† 때에 〈스데반의 일〉로 일어난 환난을 인하여 흩어진 자들이 베니게와 구브로와 안디옥까지 이르러 도를 유대인에게만 전하는데, 그 중에 구브로와 구레네 몇 사람이 안디옥에 이르러 헬라인에게도 말하여 주 예수를 전파하니, 주의 손이 그들과 함께 하시매 수

다한 사람이 믿고 주께 돌아오더라.(행 11:19-21)

✝ 사울이 주의 제자들을 대하여 여전히 위협과 살기가 등등하여, 대제사장에게 가서 다메섹 여러 회당에 갈 공문을 청하니, 이는 만일 그 도를 좇는 사람을 만나면 무론 남녀하고 결박하여 예루살렘으로 잡아오려 함이라. 사울이 행하여 다메섹에 가까이 가더니 홀연히 하늘로서 빛이 저를 둘러 비추는지라. 땅에 엎드러져 들으매 소리 있어 가라사대, 사울아 사울아 네가 어찌하여 나를 핍박하느냐 하시거늘, 대답하되 주여 뉘시오니이까 가라사대 나는 네가 핍박하는 예수라. 네가 일어나 성으로 들어가라 행할 것을 네게 이를 자가 있느니라 하시니, 같이 가던 사람들은 소리만 듣고 아무도 보지 못하여 말을 못하고 섰더라. 사울이 땅에서 일어나 눈은 떴으나 아무 것도 보지 못하고 사람의 손에 끌려 다메섹으로 들어가서 사흘 동안을 보지 못하고 식음을 전폐하니라.(행 9:1-9)

✝ 주께서 가라사대, 가라 이 사람은 내 이름을 이방인과 임금들과 이스라엘 자손들 앞에 전하기 위하여, 〈택한 나의 그릇〉이라. 그가 내 이름을 위하여 해를 얼마나 받아야 할 것을 내가 그에게 보이리라 하시니(행 9:15-16)

[NLT]행 9:15

But the Lord said, "Go and do what I say. For Saul is my **chosen instrument** to take my message to the Gentiles and to kings, as well as to the people of Israel."

스데반의 순교로 인하여, 초대 교회가 예루살렘 밖으로 확장되고, 바울이라는 이방 선교의 거목이 세워지는 계기가 된 것입니다. 그가 흘린 순교의 피가 원동력이 되어 복음 전파의 수레바퀴가 굴러가기 시작한 것입니다.

놀라운 사실은 그가 전파한 복음의 다음 경주자가, 바로 자신을 처형했던 책임자인 바울이라는 사실입니다. 살인자가 사도로 바뀌어, 자신이 죽인, 바로 그 사람이 선포한 복음을 듣고서 땅끝까지 달려간 것입니다.

바울의 안디옥 회당 설교의 내용을 보면, 마치 스데반의 설교를 듣는 것 같습니다. 복음의 맥이 정확하게 일치합니다. 스데반이 선포한 메시지가 얼마나 바울의 심장에 깊이 박혔는지를 보여주는 대목입니다. 바울이라는 인물이 세워지는데, 스데반의 피가 밑거름이 된 것입니다. 바울도 그 사실을 인정하여, 그것을 반복해서 간증하고 있습니다.

> ✝ 내가 말하기를 주여 내가 주 믿는 사람들을 가두고 또 각 회당에서 때리고, 또 주의 증인 스데반의 피를 흘릴 적에 내가 곁에 서서 찬성하고, 그 죽이는 사람들의 옷을 지킨 줄 저희도 아나이다. 나더러 또 이르시되 떠나가라 내가 너를 멀리 이방인에게로 보내리라 하셨느니라. (행 22:19-21)

> ✝ 나도 나사렛 예수의 이름을 대적하여 범사를 행하여야 될 줄 스스로 생각하고, 예루살렘에서 이런 일을 행하여, 대제사장들에게서 권세를 얻어 가지고 많은 성도를 옥에 가두며, 또 (그들을)죽일 때에 내가 가편 투표를 하였고, 또 모든 회당에서 여러 번 형벌하여 강제로 모독하는 말을(=신앙을 부인) 하게 하고, 저희를 대하여 심히 격분하여 외국 성까지도 가서 핍박하였고(행 26:9-11)

학문과 지식이 뛰어나고 인품과 덕망을 갖춘 스데반은, 어느 면으로 봐도 흠을 찾기가 어려운, 뛰어난 인물이었습니다. 복음의 핵심을 정확하게 관통하고 있었고, 성령의 은사가 충만한 종이었습니다. 디아스포라 출신인지라 헬라어에도 능통하고, 논리와 언변이 뛰어나 바울도 그를 당해내지 못할 정도로, 그는 탁월한 인물이었습니다. 거기다가 온유하고 겸손하여, 모든 사람에게 칭찬을 받는 종이었습니다.

전승에 의하면 '스데반은 바울과 함께 랍비 가말리엘의 가장 아끼는 제자였다'고 합니다. 두 사람의 나이도 비슷해서, 지금으로 말하면 동기 동창쯤 되는 셈입니다. 그래서 두 제자를 모두 아꼈던 스승 가말리엘은, 두 사람이 화해할 것을 늘 주문했습니다. 특히 바울에게 '동료인 스데반을 박해하지 말 것'을 요청했습니다.

하지만 그렇게 뛰어난 인재가 순교의 제물로 희생되었습니다. 그것도, 같은 스승 밑에서 수학한 자신의 동료에 의해서 희생이 된 것입니다.

† 형제들아 너희 가운데서 성령과 지혜가 충만하여 칭찬 듣는 사람 일곱을 택하라. 우리가 이 일을 저희에게 맡기고, 우리는 기도하는 것과 말씀 전하는 것을 전무하리라 하니, 온 무리가 이 말을 기뻐하여 믿음과 성령이 충만한 사람 스데반과 또 빌립과 브로고로와 니가노르와 디몬과 바메나와 유대교에 입교한 안디옥 사람 니골라를 택하여 사도들 앞에 세우니, 사도들이 기도하고 그들에게 안수하니라.(행 6:3-6)

† 저희가 듣고 크게 노하여 사도들을 없이하고자 할새, 「바리새인 가말리엘」은 교법사로 모든 백성에게 존경을 받는 자라. 공회 중에 일어나 명하사 사도들을 잠간 밖에 나가게 하고 말하되, 이스라엘 사람들아 너희가 이 사람들에게 대하여 어떻게 하려는 것을 조심하라. 이전에 드다가 일어나 스스로 자랑하매 사람이 약 사백이나 따르더니 그가 죽임을 당하매 좇던 사람이 다 흩어져 없어졌고, 그 후 호적할 때에 갈릴리 유다가 일어나 백성을 꾀어 좇게 하다가 그도 망한즉 좇던 사람이 다 흩어졌느니라. 이제 내가 너희에게 말하노니 이 사람들을 상관 말고 버려두라. 이 사상과 소행이 사람에게로서 났으면 무너질 것이요, 만일 하나님께로서 났으면 너희가 저희를 무너뜨릴 수 없겠고, 도리어 하나님을 대적하는 자가 될까 하노라 하니, 저희가 옳게 여겨 사도들을 불러들여 채찍질하며 예수의 이름으로 말하는 것을 금하고 놓으니,(행 5:33-40)

해설 사도들이 공회에 끌려가 심문을 받고, 모조리 죽임을 당할 수도 있는 위기의 순간에, 두 사람의 스승인 가말리엘이 나서서 중재하고, 사도들을 보호하는 장면입니다. 어쩌면 자신의 가장 아끼는 제자인 스데반을 염두에 두고, 그가 취한 행동일 수도 있습니다. 이 사건 이후에 스데반이 순교를 당했기 때문입니다.

하나님의 계획하시고 경영하신 일들을 우리는 다 헤아릴 수가 없습니다. 우리의 생각에는, "하나님께서 그렇게도 훌륭한 인재인 스데반이 죽임당하는 것을 막아주시고, 〈복음 전파의 도구〉로 오래오래 사용하셨더라면, 그를 통하여 훨씬 더 많은 일들을 하실 수가 있었을 텐데…" 하는 아쉬움이 있습니다. 그것이 우리의 보편적인 정서입니다.

하지만 하나님은 스데반을 그런 방법으로 데려가시고, 그 자리를 자신을 박해하던 핍박자 바울에게 맡기셨습니다. 스데반은 모든 면에서 바울에 비해 조금도 손색이 없는 인물이었습니다. 어떤 면에서는 오히려 바울을 능가합니다. 바울 대신에 그를 택해서 〈이방 선교의 도구〉로 사용하셨더라도, 그는 훌륭하게 그 사명을 감당했을 것입니다.

하지만 하나님은 젊은 나이에 그를 그렇게 데려가시고, 그대신 핍박자인 바울을 택해서 이방 선교의 도구로 사용하신 것입니다. 신묘막측한 하나님의 경륜입니다.

† 나를 능하게 하신 그리스도 예수 우리 주께 내가 감사함은, 나를 충성되이 여겨 내게 직분을 맡기심이니, 내가 전에는 훼방자요 핍박자요 포행자이었으나 도리어 긍휼을 입은 것은, 내가 믿지 아니할 때에 알지 못하고 행하였음이라. 우리 주의 은혜가 그리스도 예수 안에 있는 믿음과 사랑과 함께 넘치도록 풍성하였도다. 미쁘다 모든 사람이 받을 만한 이 말이여, 그리스도 예수께서 죄인을 구원하시려고 세상에 임하셨다 하였도다. 『죄인 중에 내가 괴수』니라. 그러나 내가 긍휼을 입은 까닭은 예수 그리스도께서 내게 먼

저 일절 오래 참으심을 보이사, 후에 주를 믿어 영생 얻는 자들에게 본이 되게 하려 하심이니라.(딤전 1:12-16)

하나님의 신비하신 경륜은, 스데반을 순교의 제물로 받으시는 것이었습니다. 그는 예수님의 십자가 보혈로 맺어진 첫 열매입니다. 이 땅에서 예수님의 사역을 인친 최초의 증인입니다. 당연히 '최고의 제물'이 필요했습니다. 그 최고의 제물로 선택된 주인공이 바로 스데반인 것입니다. 그리고 그의 희생을 바탕으로, 초대 교회를 예루살렘 밖으로 확장시킨 것입니다.

더 중요한 사실은, 그의 죽음을 밑거름 삼아서 바울이라는 인물을 세우고, 그를 이방 선교의 도구로 사용하신 것입니다. 그것이 이방 구원을 위한 하나님의 계획이었습니다. 그 놀라운 사역을 위해서, 먼저 '희생의 제물'이 필요했던 것입니다. 피 흘림이 없이는 죄 사함이 없기 때문입니다. '흠이 없는 최고의 제물'이 필요했던 것입니다. 그 제물이 바로 스데반이었습니다. 스데반은 그렇게 쓰임 받기 위해서 준비된 인물이었습니다.

스데반 자신도 그 사실을 잘 알고 있었습니다. 그래서 순교의 장면을 그렇게 아름답게 장식한 것입니다. 하나님의 구원의 역사는 반드시 누군가의 희생이 필요하고, 그 희생을 발판으로 삼아서 역사의 수레바퀴는 앞을 향하여 굴러가기 때문입니다. 그런 측면에서, 스데반의 희생이 참으로 귀하고 아름답습니다.

† 스데반이 성령이 충만하여 하늘을 우러러 주목하여, 하나님의 영광과 및 예수께서 하나님 우편에 서신 것을 보고 말하되, 보라 하늘이 열리고 인자가 하나님 우편에 서신 것을 보노라 한 대, 저

희가 큰 소리를 지르며 귀를 막고 일심으로 그에게 달려들어, 성 밖에 내치고 돌로 칠새, 증인들이 옷을 벗어 사울이라 하는 청년 의 발 앞에 두니라. 저희가 돌로 스데반을 치니 스데반이 부르짖어 가로되, 주 예수여 내 영혼을 받으시옵소서 하고, 무릎을 꿇고 크 게 불러 가로되, 주여 이 죄를 저들에게 돌리지 마옵소서 이 말을 하고 자니라.(행 7:55-60)

그래도 스데반의 죽음이 조금은 억울하나요? 그 젊은 나이에, 그렇게 순교의 제물로 희생당한….

그렇다면 그의 희생이 밑거름이 되어 세워진, 바울의 삶은 어떠했나 요? 스데반의 순교 이후에 30여 년 이상 펼쳐진 사도 바울의 삶은, 매 순간이 순교의 삶이었습니다. 하루하루의 삶이 순교 그 자체였습니다. 스데반이 전파하던 그 복음을 전파하느라, 그는 날마다 죽음의 고비를 넘겨야만 했습니다.

스데반이 '죽은 순교자'라면, 스데반을 죽인 바울의 삶은, '산 순교'인 셈이었습니다. 그리고 바울 자신도 로마 감옥에서 목이 베임으로 마침 내 순교자가 되어, 결국은 스데반의 뒤를 따라갔습니다. 시간의 차이 가 있었을 따름입니다. 스데반이 단거리 경주자로 쓰임을 받았다면, 스 데반에게 경주의 바톤을 이어받은 바울은, 장거리 경주자로 쓰임을 받 은 것입니다.

누가 더 많이 수고했나요? 누가 더 많은 경주를 뛰었나요? 당연히 바 울입니다. 수고의 분량으로 말하면 바울의 고생이 훨씬 더 했습니다. 바울 자신도 그 사실을 인정하며, 그러나 그 모든 것이 하나님의 은혜 라고 고백하고 있습니다. 그것이 신묘막측한 하나님의 경륜이었습니다.

여러분은 어느 편을 선택하시겠습니까? 스데반입니까? 바울입니까? 모든 것은 전적으로 하나님의 선택입니다. 하지만 분명한 것은, '스데반의 희생이 있었기에 바울이란 인물이 세워졌다'는 사실입니다. 따라서 스데반의 죽음이 자신에게도 결코 억울한 희생이 아니었다는 결론입니다.

† 그러나 나의 나 된 것은 하나님의 은혜로 된 것이니, 내게 주신 그의 은혜가 헛되지 아니하여, 내가 모든 사도보다 더 많이 수고하였으나, 내가 아니요 오직 나와 함께 하신 하나님의 은혜로라.(고전 15:10)

† 또 어찌하여 우리가 때마다 위험을 무릅쓰리요. 형제들아 내가 그리스도 예수 우리 주 안에서 가진 바 너희에게 대한 나의 자랑을 두고 단언하노니 '나는 날마다 죽노라'. 내가 범인처럼 에베소에서 맹수로 더불어 싸웠으면 내게 무슨 유익이 있느뇨.(고전 15:30-32)

† 형제들아 우리가 아시아에서 당한 환난을 너희가 알지 못하기를 원치 아니하노니, 힘에 지나도록 심한 고생을 받아 살 소망까지 끊어지고, 우리 마음에 '사형 선고'를 받은 줄 알았으니, 이는 우리로 자기를 의뢰하지 말고 오직 죽은 자를 다시 살리시는 하나님만 의뢰하게 하심이라. 그가 이같이 큰 사망에서 우리를 건지셨고 또 건지시리라. 또한 이후에라도 건지시기를 그를 의지하여 바라노라.(고후 1:8-10)

† 주께서 내 곁에 서서 나를 강건케 하심은, 나로 말미암아 전도의 말씀이 온전히 전파되어 이방인으로 듣게 하려 하심이니, '내가 사자의 입에서 건지웠느니라'. 주께서 나를 모든 악한 일에서 건져내시고, 또 그의 천국에 들어가도록 구원하시리니, 그에게 영광이 세세무궁토록 있을지어다 아멘.(딤후 4:17-18)

† 저희가 히브리인이냐 나도 그러하며, 저희가 이스라엘인이냐 나

도 그러하며, 저희가 아브라함의 씨냐 나도 그러하며, 저희가 그리스도의 일꾼이냐 정신 없는 말을 하거니와 나도 더욱 그러하도다. 내가 수고를 넘치도록 하고 옥에 갇히기도 더 많이 하고 매도 수없이 맞고 여러 번 죽을 뻔하였으니, 유대인들에게 사십에 하나 감한 매를 다섯 번 맞았으며, 세 번 태장으로 맞고 한 번 돌로 맞고 세 번 파선하는데 일 주야를 깊음에서 지냈으며, 여러 번 여행에 강의 위험과 강도의 위험과 동족의 위험과 이방인의 위험과 시내의 위험과 광야의 위험과 바다의 위험과 거짓 형제 중의 위험을 당하고, 또 수고하며 애쓰고 여러 번 자지 못하고 주리며 목마르고 여러 번 굶고 춥고 헐벗었노라.(고후 11:22-27)

② 야고보 사도의 순교

초대 교회가 견고하게 세워지는 과정에서 희생된 또 하나의 인물이 바로 〈사도 야고보〉입니다. 야고보의 순교는, 스데반의 사건이 있은 후 약 10년이 경과한 시점에 발생한 사건으로, 그는 12제자 가운데 최초로 순교한 인물입니다. 스데반의 순교가 초대 교회의 확장을 의미한다면, 야고보의 순교는 초대 예루살렘 교회가 견고히 세워지는 계기가 되었습니다.

베드로와 함께 초대 예루살렘 교회의 기둥이었던 야고보 사도의 순교는, 예루살렘 교회의 큰 손실이었지만, 곧 그 자리를 예수님의 친동생인 〈의인 야고보〉가 대체합니다. 즉, 사도 야고보의 희생으로 예루살렘 교회가 견고히 세워지고, 의인 야고보가 예루살렘 교회의 새로운 기둥으로 세워진 것입니다. 예루살렘 교회의 새로운 기둥이었던 의인 야고보도, 그로부터 20여 년 후인 62년에 공회에 의해 순교를 당했습니다.

✝ 그 때에 헤롯 왕이 손을 들어 교회 중 몇 사람을 해하려 하여, 〈요한의 형제 야고보〉를 칼로 죽이니, 유대인들이 이 일을 기뻐하는 것을 보고 베드로도 잡으려 할새 때는 무교절일이라. (행 12:1-3)

✝ 또 내게 주신 은혜를 알므로 〈기둥 같이 여기는 야고보〉와 게바와 요한도 나와 바나바에게 교제의 악수를 하였으니, 이는 우리는 이방인에게로, 저희는 할례자에게로 가게 하려 함이라. (갈 2:9)

또한 야고보 사도의 순교는, 나머지 12제자를 더욱 견고히 세우는 측면이 있습니다. 참고로, 12제자들은, 유다를 대신해서 뽑힌 맛디아를 포함해서, 전원이 순교하였습니다(야고보의 형제인 사도 요한이 끝까지 살아남았지만, 그도 기름 가마에 던져졌다가 살아서 나왔으니, 결과적으로 요한도 순교자인 셈입니다). 그 일을 위해서 야고보 사도가 먼저 희생의 제물(=대속물)이 된 셈입니다. 야고보 사도의 순교가 사도 중에 첫 열매가 되어, 나머지 12제자들도 순교의 제물로 주님 앞에 바쳐친 결과가 되었기 때문입니다.

또한 야고보 사도의 순교는, 그의 모친의 요구에 대한 응답의 측면이 있습니다. 그의 모친은 예수님께 그의 두 아들을 "하나는 주의 우편에 하나는 주의 좌편에 앉혀 달라"고 인사 청탁을 한 적이 있습니다. 그런데 12제자 중에서 그의 큰아들인 야고보가 제일 먼저 순교하고, 동생인 요한이 가장 나중에 죽었으니, 결과적으로 자신의 요구대로 된 셈입니다. 단지 그 기준이 우리의 생각과는 달랐을 뿐입니다. 예수님의 기준은 섬기는 자나 종이 큰 자인 것입니다. 그래서 그의 두 아들인 야고보와 요한을 그렇게 순교의 제물로 받으신 것입니다.

✝ 그 때에 〈세베대의 아들의 어미〉가 그 아들들을 데리고 예수께

와서 절하며 무엇을 구하니, 예수께서 가라사대 무엇을 원하느뇨 가로되, 이 나의 두 아들을 주의 나라에서 하나는 주의 우편에 하나는 주의 좌편에 앉게 명하소서. 예수께서 대답하여 가라사대 너희 구하는 것을 너희가 알지 못하는도다. 나의 마시려는 잔을 너희가 마실 수 있느냐 저희가 말하되 할 수 있나이다. 가라사대 너희가 과연 내 잔을 마시려니와 내 좌우편에 앉는 것은 나의 줄 것이 아니라. 내 아버지께서 누구를 위하여 예비하셨든지 그들이 얻을 것이니라.(마 20:20-23)

예수님은 그의 사역의 기간 동안에, 항상 세 명의 제자들을 따로 분리하셨습니다. 베드로와 야고보와 요한입니다. 세베대의 아들들인 야고보와 요한은, 예수님과는 이종사촌 지간이었습니다. 왜냐하면 두 사람의 모친 살로메가 예수의 모친 마리아와 자매지간이었기 때문입니다. 그래서 예수님의 이모인 살로메가 조카인 예수에게 자기 아들들을 청탁했던 것입니다.

그런데 하나님(=예수님)은 그의 아들 야고보를 제일 먼저 데려가셨습니다. 그것도 헤롯의 칼날에 의한 순교의 제물로 데려가셨습니다. 베드로는 헤롯의 손에서 건져 주시면서도, 야고보는 그렇게 순교당하도록 묵인하신 것입니다. 형평성의 관점에서 생각한다면, 우리가 잘 이해할 수 없는 대목이지만, 그것이 하나님의 경륜이었습니다. 그 시점에서 야고보를 순교의 제물로 데려가시는 것이 하나님의 뜻이었습니다. 그를 희생의 제물로 받으신 것입니다. 피 흘림이 없이는 죄 사함이 없고, 누군가가 죽어야 누군가가 세워지는 역사가 있기 때문입니다.

그 결과 예루살렘 교회가 더욱 견고히 세워지고, 베드로를 포함한 나머지 사도들이 더욱 확고하게 세워지는 성과가 있었기 때문입니다. 그런 측면에서 야고보의 희생은 값진 것이고, 결코 억울한 죽음이 아닌 셈입니다. 그것이 하나님 보시기에 큰 자이기 때문입니다.

베드로도 그 이후 20여 년을 경과한 시점에, 로마에서 결국 순교하였습니다. 시간의 차이가 있었을 따름입니다. 그는, "예수님을 3번이나 부인했던 자신이 예수님과 똑같은 방법으로 십자가를 질 수가 없다"고 생각해서, 거꾸로 매달려서 죽었습니다.

그렇다면 스데반은 '단거리 경주자'로, 사도 야고보는 '중거리 경주자'로, 베드로와 바울과 의인 야고보는 '장거리 경주자'로 각각 부르심을 받은 셈입니다. 90세가 넘도록 생존한 사도 요한은 '최장거리 경주자'로 부르심을 받은 셈입니다.

하지만 그들이 어떻게 부르심을 받았든지, 그들은 똑같은 방법으로 하나님께 영광을 돌렸습니다. 자신의 몸을 하나님 앞에 순교의 제물로 드린 것입니다. 그리고 그들이 희생의 제물로 드려진 결과, 역사는 앞을 향하여 전진한 것입니다.

4) 한국 교회의 부흥

근대 기독교 역사에서 한국 교회만큼 폭발적인 부흥을 이룬 경우는, 세계 어느 곳에서도 찾아볼 수가 없습니다. 세계가 주목할 만큼, 가장 짧은 기간에 가장 괄목할 만한 부흥과 성장을 달성한 경우입니다. 한국의 경제 성장과 더불어, 한국 교회의 부흥은 세계의 불가사의 중의 하나입니다.

그것은 전적으로 하나님의 은혜입니다. 이 민족을 들어서 사용하고자 하는 하나님의 뜻이 계서서, 그렇게 엄청난 축복을 부어주신 것입니다.

하지만 그 과정에는 그에 상응하는 〈엄청난 희생〉이 있었음을 우리
가 간과할 수 없습니다. 복음 전파의 과정에서 희생된 수많은 순교자
들과 6. 25 전쟁을 통한 민족적 희생입니다.

① 순교의 제물들

한국 교회가 근대 기독교 역사에서 전례를 찾을 수 없을 만큼 폭발
적인 부흥을 이룬 것처럼, 한국 교회만큼 복음 전파의 과정에서 많은
희생을 치른 경우도 세계 기독교 역사에서 유례를 찾아보기가 어렵습
니다.

기독교 130년(천주교를 포함하면 230년 이상) 역사의 과정에, 실로 엄청난
박해와 핍박이 있었습니다. 대원군 시절만 해도, 서양의 종교인 천주교
를 믿는다는 이유로 8,000명 이상이 이 땅에서 순교를 당했습니다. 본
인은 물론 가족과 주변의 인물들까지 모조리 잡아서 고문하고 처형시
켰습니다.

또한 길거리에서 복음을 전하는 선교사들을 돌로 쳐서 죽이고, 그들
의 시체를 토막 내어 시장 거리에 방치했습니다. 토막 난 그들의 시체
가 여기저기 흩어져서, 시장 거리에서 나뒹굴었습니다. 예수 믿는 제자
들이 가마니를 들고 가서, 그 시체의 조각들을 주워 담다가, 장례의
절차도 없이 그냥 묻어 주었습니다. 수많은 선교사들이 지구의 끝인
이 땅에 와서 복음을 전하다가, 그렇게 이름도 없이 순교의 피를 뿌린
채 삶을 마감한 것입니다. 이 땅은 그들의 피가 얼룩진 땅입니다.

중요한 사실은 이 땅을 찾은 초기 선교사들 대부분이 젊은 엘리트들
이었다는 사실입니다.

대동강에 순교의 피를 뿌린 토마스 선교사는, 영국 런던대학 출신의 27살 젊은이였습니다. 그는 14살 때 옥스퍼드대학의 지저스 칼리지(college)를 장학생으로 입학할 정도로 수재(秀才)였습니다. 그러나 나이가 어려서 입학을 못하고 외과의사가 되기 위해 2년간 의학을 공부하다가, 선교사가 되고자 하는 열망 때문에 의사 공부를 포기하고 결국은 선교사가 되었습니다.

최초의 선교사 언더우드는, 뉴욕 대학을 졸업한 26살의 젊은 청년으로, 미국 동부의 명문 집안 출신이었습니다. 그의 친구인 아펜젤러 부부도 그와 비슷한 또래의 젊은이들이었습니다. 그들은 고국에 있어도 장래가 보장된, 뛰어난 인재들이었습니다.

하지만 그들이 세상의 유익한 것들을 분토처럼 버리고, 지구의 끝인 이 조선 땅까지 와서 복음을 전하다가 목숨을 잃었습니다. 혹은 젊은 나이에 목 베임을 당하고, 혹은 사고로 혹은 과로로 얻은 병을 인하여 세상을 떠났습니다. 그리고 그들의 피 값으로, 5000년 우상 숭배로 찌든 이 조선 땅의 어둠이 물러가고, 새로운 역사가 펼쳐진 것입니다.

이 땅을 〈세계 선교의 전초기지〉로 사용하시려는 하나님의 예정하신 뜻이 있어서, 이 땅을 속하기 위하여 그들의 피가 절대적으로 필요했던 것입니다. 피 흘림이 없이는 죄 사함이 없기 때문입니다. 그리고 그들의 흘린 피가 헛되지 아니하여, 그들이 흘린 피의 대가로, 한국 교회가 폭발적인 부흥을 이룬 것입니다. 이 땅이 복음의 강국으로 선교의 대국으로 우뚝 선 것입니다. 우리의 힘, 우리의 공로가 절대로 아닙니다. 그것은 아주 작은 부분입니다. 누군가의 희생이 있었습니다.

우리는 그들 모두에게 빚을 진 자들입니다. 한국 교회는 그들 모두에게 크게 빚을 진 교회입니다. 기독교 역사에 크게 빚을 진 교회입니다. 그 빚을 갚아야 합니다. 지금보다 더 많이 갚아야 합니다. 더 많은 선교사를 파송해야 합니다. 1980년 한국 교회가 하나님 앞에서 서원한 〈10만 선교사 파송〉의 약속을 꼭 지켜야만 합니다.

② 6.25 전쟁

6.25전쟁의 발발 원인을 두고서도 우리는 의견이 분분합니다. 혹자는) 남북 관계를 포함한 국제 정세를 이야기하고, 혹자는) 일제 강점기의 신사 참배를 거론하기도 합니다. 그러나 그것만 가지고는 설명이 많이 부족합니다. 역사의 주관자는 우리 하나님이십니다. 그분의 허락이 아니면 참새 한 마리도 땅에 떨어질 수가 없습니다. 하물며 수백 만의 목숨이 희생이 된 6.25 전쟁이, 어찌 하나님의 허락이 아니고서야 일어날 수가 있었겠습니까? 하나님의 허락이 아니고서야, 그렇게 많은 인명이 희생당할 수가 있었겠습니까? 신사 참배 문제도 그렇습니다. 일본이 침공한 다른 여러 나라들(중국을 포함)도 천황 숭배를 강요받았습니다. 그런데 그들은 무사하고, 유독 우리 민족만 그로 인하여 전쟁을 치렀다는 이야기입니까? 아닙니다. 거기에는 뭔가 숨겨진 비밀이 있습니다.

조국 대한민국은 마지막 시대에 〈세계복음화〉를 위하여 쓰임 받도록 예정된 특별한 민족입니다. 〈제사장 국가〉가 되어서 복음으로 열방과 족속을 먹여 살리는 특별한 사명입니다. 그 엄청난 사역을 위해서 이 민족이 먼저 〈회개의 대가〉와 〈희생의 대가〉를 치른 것입니다.

〈회개의 대가〉에는 1)5,000년 우상 숭배의 역사, 2)복음을 핍박하고, 주의 종들과 선교사들을 죽인 죄, 3)일제 강점기의 신사 참배 등을 거론할 수가 있습니다. 전쟁을 통해서 그것들로 인한 죄를 청산한 것입니다. 죄로 인한 회개의 대가입니다.

하지만 〈희생의 대가〉는 별개입니다. 그것은 이 민족의 '특별한 사명'과 관련된 측면입니다. 하나님은 오래 전부터 이 민족을 들어 제사장 나라로 사용하시고자 하는 특별한 계획을 가지고 계셨습니다. 복음으로 열방과 족속을 먹여 살리는 아주 특별한 사명입니다. 그 일을 위해서 이 민족이 먼저 하나님 앞에서 '희생의 제물'로 드려진 것입니다. 피 흘림이 없이는 죄 사함이 없기 때문입니다.

그 준비의 과정으로 이 민족이 희생의 대가를 치른 것이, 바로 6.25 전쟁으로 볼 수가 있습니다. 그 결과 이 민족이 오늘날과 같이, 복음의 강국으로 선교의 대국으로 우뚝 선 것입니다. 복음의 제사장 나라로 열방 가운데 자리를 잡은 것입니다.

그런 의미에서 6.25 전쟁은, 이 민족의 죄로 인한 〈회개의 대가〉와, 이 민족의 특별한 사명을 인한 〈희생의 대가〉를 동시에 치른, 복합적 의미의 전쟁인 셈입니다.

5) 희생의 제물들

① 베들레헴의 아이들

예수님께서 이 땅에 오시는 과정에서도, 억울하게 희생을 당한 아이들이 있었습니다. 부모의 입장에서는 참으로 원통할 일입니다. 예수님의 출생과 관련하여, 자신의 자녀들이 이유 없이 (헤롯왕의 칼에)죽임을 당했기 때문입니다. 죄도 없는 자신의 아이들이 예수님 때문에 죽임을 당했기 때문입니다. 메시야가 이 땅에 오신 목적은 죽은 자를 살리기 위함이었는데, 반대로 자신의 자녀들은 예수님 때문에 희생을 당했기 때문입니다.

> † 이에 헤롯이 박사들에게 속은 줄을 알고 심히 노하여 사람을 보내어, 베들레헴과 그 모든 지경(=그 일대) 안에 있는 〈사내아이〉를 박사들에게 자세히 알아본 그 때를 표준하여 두 살부터 그 아래로 다 죽이니, 이에 선지자 예레미야로 말씀하신 바, 라마에서 슬퍼하며 크게 통곡하는 소리가 들리니 라헬이 그 자식을 위하여 애곡하는 것이라. 그가 자식이 없으므로 위로 받기를 거절하였도다 함이 이루어졌느니라.(마 2:16-18)

하지만 여기에도 하나님의 숨은 뜻이 있습니다. 깊은 비밀이 있습니다. 인류의 죄를 대속하기 위해서 구세주가 이 땅에 오시는데, 어찌 〈희생의 제물〉이 없이 그 일이 가능하겠습니까? 피 흘림이 전혀 없이 메시야가 이 땅에 탄생할 수가 있겠습니까? 그 중요한 역사의 전환점에, 누군가의 희생이 없이 역사의 수레바퀴가 굴러갈 수 있겠습니까?

당연히 희생의 제물이 필요한 사건입니다. 그래서 하나님은 헤롯의 행동을 묵인하신 것입니다. 그 과정에서 죄 없는 어린아이들이 희생을 당했습니다. 메시야의 탄생을 위해서 그 어린 영혼들이 희생의 제물로 바쳐진 셈입니다. 그들의 피 값으로 메시야가 이 땅에 탄생한 것입니다. 우리의 이성을 초월한 하나님의 경륜입니다. 그것이 성경의 역사입니다.

혹자는 그 당시 베들레헴의 인구를 약 1,000명으로 추산합니다. 그렇다면 2살 이하 사내아이들은 약 30명에서 50명으로 추산할 수가 있을 것입니다. 그 아이들이 억울하게 희생을 당한 것입니다. 원통한 일입니다. 하지만 그 아이들의 피 값으로 인류의 구원자인 메시야가 이 땅에 세워진 것입니다. 그렇다면 그 아이들의 죽음은 결코 헛된 죽음이 아닙니다. 인류 역사의 진행을 위한, 아주 소중한 희생인 셈입니다.

② 희생된 레위지파

민수기에는 두 차례의 인구조사에 대한 기록이 나옵니다. 그런데 눈여겨 보면 매우 특이한 점이 있습니다. 12지파 가운데 '레위 지파의 숫자가 현저하게 적다'는 사실입니다.

민수기의 2차례 인구조사를 보면 20세 이상 남자의 인구가 603,550명과 601,730명으로 나타납니다. 지파별 평균 숫자가 약 5만 명 수준입니다. 유다 지파의 경우는 76,500명이나 됩니다. 제일 적은 므낫세 지파도 32,000명입니다.

그런데 레위 지파의 숫자는 30세 이상의 인구가 겨우 8,580명으로 나타납니다. 1개월 이상 된 모든 남자를 계수해도, 겨우 22,000명에 불과합니다. 다른 지파에 비해서 현저히 적은 숫자입니다.

† 이같이 이스라엘 자손의 그 종족을 따라 이십 세 이상으로 싸움에 나갈 한 자가 이스라엘 중에서 다 계수함을 입었으니, 계수함을 입은 자의 총계가 〈육십만 삼천오백오십 명〉이었더라.(민 1:45-46)

† 이스라엘 자손의 계수함을 입은 자가 〈육십만 일천칠백삼십 명〉이었더라.(민 26:51)

† 모세와 아론과 이스라엘 족장들이 레위인을 그 가족과 종족대로 다 계수하니, 삼십 세 이상으로 오십 세까지 회막 봉사와 메는

일에 입참하여 일할만한 모든 자, 곧 그 계수함을 입은 자가 〈팔천 오백팔십 명〉이라.(민 4:46-48)

† 모세와 아론이 여호와의 명을 좇아 레위인을 각 가족대로 계수 한즉, 일 개월 이상 남자의 수효가 〈이만 이천 명〉이었더라.(민 3:39)

그렇다면 이스라엘이 애굽에서 종살이하는 기간 동안, 레위 지파가 집중적으로 핍박을 받고, 많은 희생을 당했다는 결론입니다.

두 가지 이유에서입니다. 레위지파는 대표적으로 애굽의 우상 숭배에 반대하는 지파였고, 또 하나는 그 지파에서 출애굽의 지도자인 모세가 나왔기 때문입니다. 따라서 12지파 모두가 종살이하는 과정에서도, 레위 지파는 더 특별하게 감시와 핍박을 받았다는 이야기입니다. 신앙을 지키기 위해서 고군 분투한 레위지파가, 그만큼 사단의 집중적인 공격의 대상이 되었던 것입니다.

이스라엘이 애굽 땅에서 민족을 형성하는 과정에도, 레위 지파의 숨은 희생이 있었습니다. 그래서 하나님은 그 지파에서 출애굽의 지도자(=모세, 아론, 미리암)를 배출하신 것입니다. 또한 그런 이유에서 레위지파를, 하나님을 섬기는 지파로 특별하게 분리시킨 측면이 있습니다.

† 이에 모세가 진문에 서서 가로되 누구든지 여호와의 편에 있는 자는 내게로 나아오라 하매 〈레위 자손〉이 다 모여 그에게로 오는지라. 모세가 그들에게 이르되 이스라엘의 하나님 여호와께서 이 같이 말씀하시기를, 너희는 각각 허리에 칼을 차고 진 이 문에서 저 문까지 왕래하며 각 사람이 그 형제를, 각 사람이 그 친구를, 각 사람이 그 이웃을 도륙하라 하셨느니라. 레위 자손이 모세의 말대로 행하매 이 날에 백성 중에 삼천 명 가량이 죽인 바 된지라. 모세가 이르되 각 사람이 그 아들과 그 형제를 쳤으니 오늘날 여

호와께 헌신하게 되었느니라. 그가 오늘날 너희에게 복을 내리시리라.(출 32:26-29)

해설 시내산에서 이스라엘 백성이 금송아지를 만들어 그것을 섬길 때에도, 레위지파만은 유일하게 그것을 반대하였습니다. 그만큼 우상 숭배와는 거리가 먼 깨끗한 지파였습니다. 그래서 하나님은 레위지파를 자신을 섬기는 지파로 특별하게 분리시키셨습니다.

2. 인물의 등장

1) 모세

① 레위 지파의 희생

중요한 인물이 세워지는 과정에서도, 반드시 누군가가 희생되는 사건이 발생했습니다. 애굽에서 레위 지파가 집중적으로 희생을 당한 것도, 모세의 등장과 관련이 있었던 것으로 해석이 됩니다. 레위 지파에서 출애굽의 지도자인 모세가 나왔기 때문입니다. 모세라는 민족의 지도자가 등장하는 과정에서, 가까운 친인척인 그 지파의 희생이 따른 것입니다.

② 남자 아이들

또한 출애굽의 지도자인 모세가 탄생하는 과정에서, 남자 아이들이 억울하게 희생을 당하는 사건이 있었습니다. 바로 왕의 명령에 의해 히브리 남자 아이들이 나일 강에 악어의 먹이로 던져진 것입니다. 아이들의 부모의 입장에서는 참으로 원통한 사건이지만, 그것도 모세라는 인물이 등장하는 과정에서 필연적인 제물이라는 측면이 있습니다. 예수님의 탄생과 동일한 경우입니다.

사단의 입장에서는 무슨 수를 써서라도 모세라는 인물이 태어나는 것을 막아야만 했고, 하나님의 입장에서는 모세라는 인물이 태어나는데 희생의 제물이 필요했던 것입니다. 그래서 하나님께서는 히브리 남자 아이들이 희생당하는 것을 묵인하신 셈입니다. 역사의 성취를 위해서 그들의 희생이 필요했기 때문입니다.

그런 측면에서 모세는 동족에게 큰 빚을 진 셈이고, 모세 자신도 그 사실을 잘 알고 있었습니다. 그래서 모세가 장성하여 바로의 궁중을 박차고 나온 것입니다.

> † 그러므로 바로가 그 모든 신민에게 명하여 가로되, 남자가 나거든 너희는 그를 하수에 던지고 여자여든 살리라 하였더라.(출 1:22)

> † 믿음으로 모세는 장성하여 「바로의 공주의 아들」이라 칭함을 거절하고, 도리어 하나님의 백성과 함께 고난 받기를 잠시 죄악의 낙을 누리는 것보다 더 좋아하고, 그리스도를 위하여 받는 능욕을 애굽의 모든 보화보다 더 큰 재물로 여겼으니,(히 11:24-26)

미드라쉬에는 "아브라함의 출생과 관련해서도 많은 남자아이들의 희생이 있었다"는 기록이 나옵니다(미드라쉬 아브라함 편). 모세의 출생 과정과 비슷한 케이스입니다. 점성가들이 갈대아 왕에게 보고하기를, "앞으로 한 아이가 태어나게 되는데, 그 아이가 태어나면 하나님께는 영광이 되겠지만 왕에게는 많은 손해를 끼칠 것이니, 앞으로 태어나는 남자아이들은 모조리 죽이는 것이 좋을 것"이라고 건의한 것입니다.

그래서 갈대아 왕은 아브라함의 출생을 전후해서 많은 사내아이들을 죽였고, 아브라함은 천사의 보호로 기적적으로 생존했다는 전승입니다. 모세의 출생 과정에 있었던 일들과 흡사한 장면입니다. 그렇다면 아브라함의 출생 시에도, 모세의 출생 시에도, 예수님의 출생 시에도 누군가의 희생이 있었고, 그 희생을 바탕으로 역사의 주인공들이 탄생한 셈입니다.

2) 다윗

다윗이란 역사적 인물이 등장하는 과정에서도 누군가의 특별한 희생이 있었습니다. 양육과정에서는 그의 모친의 특별한 희생이 있었고, 그가 왕으로 세워지는 과정에서는 요나단의 특별한 희생과 놉의 제사장 85명의 희생이 있었습니다.

① 친구 요나단

요나단이 왕위에 대한 욕심이 조금이라도 있었다면, 다윗이 왕위에 오르기는 현실적으로 불가능한 일이었습니다. 그는 사울 왕의 장남이자 군대의 장관이요, 확실한 왕위의 계승자였기 때문입니다. 사울 왕이 다윗을 죽이려 한 것도, 자신의 아들인 요나단을 위한 것이었습니다. 요나단에게 자신의 왕위를 물려 주어야만 하는데, 다윗이 장애물이 되기 때문이었습니다.

하지만 정작 당사자인 요나단은 기이할 만큼, 다윗을 위해서 양보하고, 왕위에 대한 욕심을 전혀 갖고 있지 않았습니다. 오히려 다윗이 왕으로 세워지는 것을 적극적으로 후원하고 도왔습니다. 다윗이 사울의 칼을 피해 도망 다니는 기간에도, 그는 끝까지 다윗을 보호하고 격려

하며, 다윗이 도피할 수 있도록 필요한 정보들을 제공해 주었습니다.

마지막으로는 길보아산 전투에서 전사함으로, 다윗의 왕위를 위해 스스로가 희생의 제물이 되어준 측면이 있습니다. 다윗이 왕위에 오르는 과정에, 친구인 요나단이 희생의 제물이 되어준 것입니다. 다윗도 그 사실을 인정하여, 그가 지은 애가 속에서 요나단의 희생을 언급하고 있습니다.

✝ 다윗이 사울에게 말하기를 마치매 요나단의 마음이 다윗의 마음과 연락되어, 요나단이 그를 자기 생명 같이 사랑하니라. 그 날에 사울은 다윗을 머무르게 하고 그 아비의 집으로 다시 돌아가기를 허락지 아니하였고, 요나단은 다윗을 자기 생명 같이 사랑하여 더불어 언약을 맺었으며, 요나단이 자기의 입었던 겉옷을 벗어 다윗에게 주었고, 그 군복과 칼과 활과 띠도 그리하였더라.(삼상 18:1-4)

✝ 사울이 요나단에게 노를 발하고 그에게 이르되, 패역부도의 계집의 소생아 네가 이새의 아들을 택한 것이 네 수치와 네 어미의 벌거벗은 수치됨을 내가 어찌 알지 못하랴. 이새의 아들이 땅에 사는 동안은 너와 네 나라가 든든히 서지 못하리라. 그런즉 이제 보내어 그를 내게로 끌어오라 그는 죽어야 할 자니라. 요나단이 그 부친 사울에게 대답하여 가로되 그가 죽을 일이 무엇이니이까 무엇을 행하였나이까.(삼상 20:30-32)

✝ 오호라 두 용사가 전쟁 중에 엎드러졌도다, 요나단이 너의 산 위에서 죽임을 당하였도다. 내 형 요나단이여 내가 그대를 애통함은 그대는 내게 심히 아름다움이라. 그대가 나를 사랑함이 기이하여, 여인의 사랑보다 승하였도다.(삼하 1:25-26)

② 놉의 제사장들

도피 중인 다윗에게 협력한 죄로, 놉의 제사장 85명이 무더기로 죽임을 당했습니다. 그들의 가족과 짐승들까지 사울의 칼날에 모조리 죽임을 당하고, 제사장의 성읍이었던 놉은 완전히 초토화가 되었습니다. 성경 전체의 역사에서도 제사장들이 이렇게 무더기로 죽임을 당한 경우는 찾아볼 수가 없을 정도로, 잔인하고 끔찍한 사건이었습니다. 공포 그 자체였습니다.

그렇다면 하나님께서는 왜 당신의 종인 제사장들이 그렇게 무더기로 죽임을 당하는, 이러한 끔찍한 사건을 묵인하셨을까요? 혹자는 이것이 엘리 제사장에 대한 저주의 성취라고 이야기합니다. 놉은 이다말 가문인, 엘리 제사장의 후손들이 거하는 성읍이었기 때문입니다.

> ✝ 왕이 가로되 아히멜렉아 네가 반드시 죽을 것이요 네 아비의 온 집도 그러하리라 하고, 왕이 좌우의 시위자에게 이르되, 돌이켜 가서 여호와의 제사장들을 죽이라. 그들도 다윗과 합력하였고 또 그들이 다윗의 도망한 것을 알고도 내게 고발치 아니하였음이니라 하나, 왕의 신하들이 손을 들어 여호와의 제사장들 죽이기를 싫어한지라. 왕이 도엑에게 이르되 너는 돌이켜 제사장들을 죽이라 하매, 에돔 사람 도엑이 돌이켜 제사장들을 쳐서 그 날에 세마포 에봇 입은 자 〈팔십오 인〉을 죽였고, 제사장들의 성읍 놉의 남녀와 아이들과 젖먹는 자들과 소와 나귀와 양을 칼로 쳤더라.(삼상 22:16-19)

 엘리 가문의 저주

보라 내가 네 팔과 네 조상의 집 팔을 끊어, 네 집에 노인이 하나도 없게 하는 날이 이를지라. 이스라엘에게 모든 복을 베푸는 중에 너는 내 처소의 환난을 볼 것이요, 네 집에 영영토록 노인이 없을 것이며, 내 단에서 내가 끊어 버리지 아니할 너의 사람이 네 눈을 쇠잔케 하고 네 마음을 슬프게 할 것이요, 네 집에 생산하는 모든

자가 젊어서 죽으리라. 네 두 아들 홉니와 비느하스가 한 날에 죽으리니(삼상 2:31-34)

✝ 여호와께서 사무엘에게 이르시되, 보라 내가 이스라엘 중에 한 일을 행하리니 그것을 듣는 자마다 두 귀가 울리리라. 내가 엘리의 집에 대하여 말한 것을 처음부터 끝까지 그 날에 그에게 다 이루리라. 내가 그 집을 영영토록 심판하겠다고 그에게 이른 것은 그의 아는 죄악을 인함이니, 이는 그가 자기 아들들이 저주를 자청하되 금하지 아니하였음이니라. 그러므로 내가 엘리의 집에 대하여 맹세하기를, 엘리 집의 죄악은 제물이나 예물로나 영영히 속함을 얻지 못하리라 하였노라.(삼상 3:11-14)

하지만 그것만 가지고는 설명이 부족합니다. 엘리 가문의 징계 차원에서 제사장이 85명이나 희생을 당했다면, 그것은 너무 지나친 측면이 있습니다. 그들의 희생이 너무나 아깝습니다. 놉의 제사장들이 특별히 잘못한 부분도 없었기 때문입니다.

그렇다면, 하나님께서 그 사건을 허락하신 배경에는, 뭔가 깊은 뜻이 있었을 것입니다. 제사장 85명의 희생과도 바꿀 수 없는 아주 중요한 무엇인가가 있었을 것입니다.

그렇다면 그 중요한 일이 과연 무엇이었을까요? 바로 다윗입니다. 메시야의 조상인 다윗이란 인물이 세워지는 일입니다. 다윗이란 역사적 인물이 세워지는 과정에, 누군가의 희생이 필요했던 것입니다. 그 희생의 대상이 놉의 제사장 85명이 된 셈입니다. 그 희생의 대가로 다윗이란 역사적 인물이 세워진 셈입니다.

그렇다면 놉의 제사장들의 희생을 보는 관점이 정리가 된 셈입니다. 표면상으로는 그들이 다윗의 도피를 도와 준 괘씸죄입니다. 사울 왕을 동원한 사단의 역사입니다. 하지만 그것도 하나님의 허락이 없이는 불가능한 일입니다. 중요한 것은 하나님께서 그 사건을 허락하신 배경입니다.

1차적으로는, 엘리 가문에 대한 저주의 성취인 셈입니다. 선지자를 통해서 그렇게 선언하셨기 때문입니다. 하지만 더 중요한 것은, 그들의 희생을 통해서 다윗이란 인물이 세워지는 것입니다. 그래야 그들의 희생이 헛되지 않습니다. 그들의 피 값이 억울하지 않습니다. 누군가의 희생을 바탕으로, 성경의 역사는 앞을 향하여 전진하기 때문입니다. 그 일을 위해서 그들이 희생의 제물이 된 셈이기 때문입니다.

3) 아론

① 두 아들의 죽음

대제사장 아론이 세워지는 과정에서도, 그의 두 아들이 희생을 당했습니다. 네 명의 아들들 가운데, 위로 두 명의 아들이 희생을 당한 것입니다. 그 원인에 대해서는 의견이 분분합니다.

성경에는 '여호와의 명하시지 않은 다른 불'을 담아 여호와 앞에서 분향하다가, 그들이 죽임을 당한 것으로 기록되어 있습니다. 제사장인 그들이 여호와의 거룩하심을 나타내지 않았기에, 백성들에게 경각심을 주는 차원에서 그들을 치신 것으로 설명되어 있습니다.

그러나 「성경 밖의 기록들」에는, 그들이 음주 상태에서 성소를 출입하였거나(9절), 수족을 씻지 않고 성소에 들어갔거나, 지성소에 들어갔기 때문일 것으로 추측하는 견해도 있습니다.

† 아론의 아들 나답과 아비후가 각기 향로를 가져다가, 「여호와의 명하시지 않은 다른 불」을 담아 여호와 앞에 분향하였더니, 불이 여호와 앞에서 나와 그들을 삼키매, 그들이 여호와 앞에서 죽은지라. 모세가 아론에게 이르되 이는 여호와의 말씀이라 이르시기를, 나는 나를 가까이 하는 자 중에 내가 거룩하다함을 얻겠고, 온 백성 앞에 내가 영광을 얻으리라 하셨느니라.(레 10:1-3)

하지만 7일간의 제사장 위임식이 끝나고 첫 번째 드리는 제사인데, 너무 가혹한 측면이 있습니다. 첫 번째 실수인데 경고 정도가 아닌, 두 제사장의 죽음이었기 때문입니다. 그래서 우리는 그 사건의 배후에 있는 하나님의 깊은 뜻이 궁금합니다. 뭔가 다른 뜻이 내포되어 있을 가능성입니다. 그것이 무엇일까요?

바로 아론의 대제사장직입니다. 대제사장은 이스라엘 백성을 대표하는 아주 중요한 자리입니다. 모든 백성이 선망하는 가장 높은 자리입니다. 그래서 모세도 내심은 본인이 그 자리를 희망했습니다. 예수님께서도 대제사장으로 이 땅에 오셨습니다.

그렇다면 그렇게 중요한 인물이 세워지는 역사의 과정이, 그냥 지나갈 성격이 아닌 것만은 분명합니다. 무언가 '특별한 희생의 제물'이 필요하다는 이야기입니다. 그런 측면에서 본다면, 그의 두 아들이 그것을 위해 희생의 제물로 바쳐진 셈입니다(의도한 것은 아니지만 결과적으로 그렇게 되었습니다).

아론이 두 아들의 죽음이라는 희생의 대가를 치르고 대제사장의 자리에 세워진 것입니다. 그것이 전반적인 성경 역사의 흐름입니다. 누군가가 죽어야 누군가가 세워지는 것이 성경의 역사이기 때문입니다. 아론이 대제사장의 자리에 세워지는 과정에서도, 두아들의 죽음이라는 희생의 대가가 있었습니다.

4) 아브라함

아브라함이란 인물이 세워지는 과정에서도, 그의 두 아들이 희생을 당하는 큰 고비가 있었습니다. 물론 하나님의 은혜로 두명 모두 생존 했지만, 그것은 죽음을 통과하는 희생의 과정이었습니다.

① 이스마엘의 추방

아브라함이 100세가 되어 이삭을 낳고 그의 젖을 뗀 후 어느 날, 하 나님은 아브라함에게 그의 장자인 하갈 소생 이스마엘을 추방하라는 명령을 내리십니다. 이스마엘의 광야 추방은 곧 그의 죽음을 의미합니 다. 광야는 그가 생존할 수 있는 환경이 아니기 때문입니다. 그래서 그 의 모친 하갈이 광야에서 그렇게 방성대곡을 했던 것입니다.

아브라함이 몹시 괴로웠지만, 그 명령에 순종했습니다. 그리고 하나 님의 기적적인 도우심으로, 그 아이는 죽음을 모면하고 생존했습니다. 하지만 아브라함에게는 그것이 아들을 죽음으로 내모는 큰 고통의 사 건이었습니다. 믿음의 사람 아브라함이란 인물이 세워지는 과정에, 그 의 가족(=하갈과 이스마엘)이 희생을 당한 셈입니다.

> † 아이가 자라매 젖을 떼고 이삭의 젖을 떼는 날에 아브라함이 대 연을 배설하였더라. 사라가 본즉 아브라함의 아들 애굽 여인 하갈 의 소생이 이삭을 희롱하는지라. 그가 아브라함에게 이르되, 이 여 종과 그 아들을 내어 쫓으라. 이 종의 아들은 내 아들 이삭과 함께 기업을 얻지 못하리라 하매, 아브라함이 그 아들을 위하여 그 일

이 깊이 근심이 되었더니, 하나님이 아브라함에게 이르시되, 네 아이나 네 여종을 위하여 근심치 말고 사라가 네게 이른 말을 다 들으라. 이삭에게서 나는 자라야 네 씨라 칭할 것임이니라. 그러나 여종의 아들도 네 씨니 내가 그로 한 민족을 이루게 하리라 하신지라. 아브라함이 아침에 일찍이 일어나 떡과 물 한 가죽부대를 취하여 하갈의 어깨에 메워 주고 그 자식을 이끌고 가게 하매, 하갈이 나가서 브엘세바 들에서 방황하더니, 가죽부대의 물이 다한지라. 그 자식을 떨기나무 아래 두며 가로되, 자식의 죽는 것을 차마 보지 못하겠다 하고 살 한 바탕쯤 가서 마주 앉아 바라보며 방성대곡하니, 하나님이 그 아이의 소리를 들으시므로 하나님의 사자가 하늘에서부터 하갈을 불러 가라사대, 하갈아 무슨 일이냐 두려워 말라. 하나님이 거기 있는 아이의 소리를 들으셨나니, 일어나 아이를 일으켜 네 손으로 붙들라. 그로 큰 민족을 이루게 하리라 하시니라. 하나님이 하갈의 눈을 밝히시매 샘물을 보고 가서 가죽부대에 물을 채워다가 그 아이에게 마시웠더라.(창 21:8-19)

② 모리아 산 이삭제물

결정적인 것은, 남은 아들 이삭마저도 제물로 바치라는 것입니다. 그것도 가장 잔인한 방법인, 번제의 제물로 바치라는 것입니다. 희생 제물을 잡아서, 가죽을 벗기고 각을 뜨고 내장까지 씻어서, 불에 태워 바치는 제사가 번제입니다. 독자 이삭을 그렇게 번제의 제물로 바치라는 것입니다. 우리의 이해와 상식으로는 도저히 납득이 가질 않는 주문입니다.

하지만 아브라함은 하나님의 그러한 명령에 이의를 달지 않고 즉각 순종하였습니다. 독자 이삭을 끌고 그를 제물로 바치기 위해서, 모리아 산 언덕길을 오른 것입니다. 그리고 그를 제물로 바친 것입니다.

하나님의 간섭하심으로 이삭이 죽임당함을 모면했지만, 그것은 이삭이 죽었다가 다시 살아난 셈입니다. 아브라함의 입장에서는 독자 이삭을 이미 죽인 것입니다. 독자 이삭을 희생시킨 것입니다. 그 희생을 발판으로 믿음의 조상 아브라함이 세워진 것입니다. 아브라함이라는 인물이 세워지는 과정에도, 독자 이삭이 희생되는 사건이 있었습니다.

† 그 일 후에 하나님이 아브라함을 시험하시려고 그를 부르시되 아브라함아 하시니, 그가 가로되 내가 여기 있나이다. 여호와께서 가라사대, 네 아들 네 사랑하는 〈독자 이삭〉을 데리고 모리아 땅으로 가서, 내가 네게 지시하는 한 산 거기서 그를 번제로 드리라. 아브라함이 아침에 일찍이 일어나 나귀에 안장을 지우고, 두 사환과 그 아들 이삭을 데리고 번제에 쓸 나무를 쪼개어 가지고, 떠나 하나님의 자기에게 지시하시는 곳으로 가더니, 제삼일에 아브라함이 눈을 들어 그곳을 멀리 바라본지라. 이에 아브라함이 사환에게 이르되, 너희는 나귀와 함께 여기서 기다리라. 내가 아이와 함께 저기 가서 경배하고 너희에게로 돌아오리라 하고, 아브라함이 이에 번제 나무를 취하여 그 아들 이삭에게 지우고, 자기는 불과 칼을 손에 들고 두 사람이 동행하더니, 이삭이 그 아비 아브라함에게 말하여 가로되, 내 아버지여 하니 그가 가로되 내 아들아 내가 여기 있노라. 이삭이 가로되 불과 나무는 있거니와 번제할 어린 양은 어디 있나이까. 아브라함이 가로되 아들아 번제할 어린 양은 하나님이 자기를 위하여 친히 준비하시리라 하고 두 사람이 함께 나아가서, 하나님이 그에게 지시하신 곳에 이른지라. 이에 아브라함이 그곳에 단을 쌓고 나무를 벌여놓고 그 아들 이삭을 결박하여 단 나무 위에 놓고, 손을 내밀어 칼을 잡고 그 아들을 잡으려 하더니, 여호와의 사자가 하늘에서부터 그를 불러 가라사대, 아브라함아 아브라함아 하시는지라. 아브라함이 가로되 내가 여기 있나이다 하매, 사자가 가라사대 그 아이에게 네 손을 대지 말라 아무 일도 그에게 하지 말라. 네가 네 아들 네 독자라도 내게 아끼지 아니하였으니, 내가 이제야 네가 하나님을 경외하는 줄을 아노라. 아브라함이 눈을 들어 살펴본즉 한 수양이 뒤에 있는데 뿔이 수풀에 걸렸는지라. 아브라함이 가서 그 수양을 가져다가 아들을 대신하여 번제로 드렸더라. (창 22:1-13)

† 아브라함은 시험을 받을 때에 믿음으로 이삭을 드렸으니, 저는 약속을 받은 자로되 그 독생자를 드렸느니라. 저에게 이미 말씀하시기를 네 자손이라 칭할 자는 이삭으로 말미암으리라 하셨으니, 저가 하나님이 능히 죽은 자 가운데서 다시 살리실 줄로 생각한지라. 비유컨대 '죽은 자 가운데서 도로 받은 것'이니라.(히 11:17-19)

중요한 것은 "이삭이 자발적으로 제단 위에 올라가서, 제물이 되어 누웠다"는 사실입니다. 그 당시 이삭의 나이가 적은 나이가 아니었습니다. 요세푸스는 25세, 미드라쉬는 37세로 기록하고 있습니다. 37세로 추정하는 이유는, 그 사건 이후에 바로 사라의 죽음이 나오는데, 사라의 향년이 127세이니 그때 이삭의 나이가 37세이기 때문입니다.

모리아 산 현장에서 부친인 아브라함의 이야기를 듣고, 자신이 기꺼이 제물이 되기로 작심하고 제단에 오른 인물이 바로 '청년 이삭'이었습니다. 이삭의 순종이 부친인 아브라함을 믿음의 조상으로 확고하게 세운 셈입니다. 자발적인 희생이요, 자발적인 순종입니다. 정말 대단한 믿음입니다.

그것은 이삭의 삶이 순탄했던 이유이기도 합니다. 그는 족장들 중에서도 삶의 기복이 없이 평탄한 삶을 살았습니다. 180세를 향수했고, 부유하고 풍성한 삶을 살았습니다.

이삭은 부모를 공경하고 하나님을 공경하는 자에게 주어지는 축복의 표본인 셈입니다. 단 한번 자신을 온전한 제물로 드림으로, 그 모든 축복을 받아 누린 것입니다.

모리아 산 이삭 제물 사건은, 2000년 후 예수님의 십자가를 예표하는 사건입니다. 번제 소용의 나무를 등에 지고 모리아 산을 오르는 청년 이삭의 모습은, 2000년 후 십자가를 등에 지고 갈보리 산 언덕길을 오르신 예수님의 모습입니다. 이삭의 나이가 37세였다면, 나이도 예수님과 비슷한 셈입니다.

또한 그 사건으로 인하여 하나님의 중요한 약속이 주어집니다. 바로 〈메시야의 약속〉입니다. "아브라함이 독자 이삭을 아끼지 아니하고 제물로 내어 놓았으니, 하나님께서도 당신의 독생자를 내어 놓겠다"는 언약입니다.

그 언약은 2000년 후에 정확하게 성취되었습니다. 그 언약으로 인하여 하나님의 독생자인 예수께서 이 땅에 오신 것입니다. 모리아 산 이삭 제물로 오신 것입니다.

† 여호와의 사자가 하늘에서부터 두번째 아브라함을 불러 가라사대, 여호와께서 이르시기를 내가 나를 가리켜 맹세하노니, 네가 이같이 행하여 네 아들 네 독자를 아끼지 아니하였은즉, 내가 네게 큰 복을 주고 〈네 씨〉로 크게 성하여 하늘의 별과 같고 바닷가의 모래와 같게 하리니, 네 씨가 그 대적의 문을 얻으리라. 또 〈네 씨〉로 말미암아 천하 만민이 복을 얻으리니, 이는 네가 나의 말을 준행하였음이니라 하셨다 하니라.(창 22:15-18)

해설 '네 씨'는, 가까이는 이삭을, 궁극적으로는 예수님을 지칭합니다. 복수가 아닌 단수임을 들어, 바울은 확실하게 예수님으로 해석하고 있습니다.

† 이 약속들은 아브라함과 그 자손에게 말씀하신 것인데, 여럿을 가리켜 그 자손들이라 하지 아니하시고, 오직 하나를 가리켜 〈네 자손〉이라 하셨으니 곧 그리스도라.(갈 3:16)

해설 요세푸스의 유대 고대사에는, 이삭이 모리아 산에서 제물로 바쳐지는 과정에, 부친인 아브라함과 부자 간에 주고 받은 대화의 내용이 기록되어 있습니다. 참으로 가슴이 뭉클한 내용입니다. 자식은 부모의 거울이기에, 참고로 게재합니다.

 ## 모리아 산의 대화

아브라함은 단을 쌓고 나무를 올려 놓은 후, 모든 것이 빠짐 없이 준비되자 아들에게 이같이 말했다. "나는 너를 얻기 위해 수없는 기도를 하였다. 네가 세상에 태어났을 때 나는 너를 양육하는 데 도움이 되는 모든 것을 구하지 않은 것이 없었고, 네가 어른으로 성장하는 것을 보는 것보다 더한 행복은 없었다. 따라서 나는 내가 죽은 후에 나의 통치권을 네게 넘기려고 했다.

그러나 내가 네 아비가 된 것도 하나님의 뜻에 의한 것이기에, 이제 내가 너를 포기하는 것도 하나님의 뜻이니, 하나님께 너를 바치는 것을 아량으로 받아 주기를 바란다. 하나님은 나의 신앙을 시험해 보기를 원하신다. 따라서 나는 나의 후원자요 보호자인 하나님이 내게 베푸신 은혜로 인해, 너를 하나님께 맡기려고 한다.

내 아들아 보통 사람들처럼 평범하게 세상을 떠나지 말고, 네 아비보다 먼저 〈희생 제물〉로 만민의 아버지이신 하나님께 가도록 해라. 나는 하나님이 다른 보통 사람들처럼 병이나 전쟁이나 다른 어떤 무서운 방법으로 죽음을 맞지 않게 하시고, 너를 이 땅에서 부르셔서, 기도와 종교의 거룩한 예식 가운데서 네 영혼을 영접하시고, 자기 곁에 두시고, 나의 노년에 너를 나의 후원자와 보호자가 되게 하실 것이라고 믿는다. 이런 까닭으로 나는 너를 하나님께 드리는 것이다. 이렇게 되면 네 대신에 하나님이 나의 위로자가 되실 것이다.

이삭은 그 아버지에 그 아들처럼 관대한 자였기에 아버지의 이 말을 기쁘게 받아들이고, "만일 제가 하나님과 아버지의 결정을 거부하고 두 분의 기쁘신 뜻에 순종하지 않는다면, 태어날 가치조차도 없었을 것입니다. 비록 아버지께서 혼자 그렇게 결정하셨다 하더라도 순종하지 않은 것은 도리가 아니겠지요"라고 말했다. 이삭은 제물이 되기 위해 즉시 단으로 올라갔다. 만일 하나님께서 막으시지 않았다면 이삭은 제물로 바쳐졌을 것이다.

하나님이 아브라함의 이름을 부르고 아들을 죽이지 못하도록 막으셨다. 그리고 말씀하셨다. "내가 너의 아들을 죽이라고 명령한 것은 인간의 피를 탐냈기 때문이 아니었다. 또한 아버지에게서 아들을 빼앗기 위한 것도 아니었다. 단지 네가 그런 명령을 순종하는지 시험해 보기 위해서였다. 이제 내가 너의 민첩성에 만족했고, 너의 놀랄 만한 믿음을 본 이상, 너에게 큰 축복을 기꺼이 베풀 것이다. 너는 부족한 것이 없을 것이며 다른 자녀들도 보게 될 것이며, 네 아들은 크게 장수할 것이고 행복을 누릴 것이며, 그의 자녀들에게 큰 나라를 남겨 줄 것이다".

하나님은 아브라함의 식구가 번창하여 열국을 이룰 것이며, 족장들은 영원한 이름을 남길 것이고, 가나안 땅을 소유할 것이며, 만인의 부러움을 사게 될 것이라고 말씀하셨다. 하나님이 이같이 말씀하시고, 조금 전까지도 보이지 않던 수양을 제물로 주셨다. 그래서 아브라함과 이삭은 의외로 함께 살게 된데다가, 그런 큰 축복의 약속을 얻은 데 감격하여 서로를 힘차게 껴안았다. 그들은 제물을 하나님께 드리고 사라에게로 되돌아왔고, 하나님이 그들의 모든 소원을 들어 주셨기에 함께 행복하게 살았다. 사라는 이로부터 얼마 후 127세를 일기로 세상을 떠났다.(요세푸스 유대고대사 1권 13장, 생명의말씀사)

3. 인물의 양육

또한 중요한 인물이 태어나고 양육되는 과정에서는, 반드시 그 부모의 남다른 희생과 헌신이 있었습니다. 특별히 그 모친의 희생입니다. 모세의 부모, 사무엘의 어머니 한나, 다윗의 어머니, 예수님의 모친 마리아 등이 그 경우입니다.

또한 성자 어거스틴의 어머니 모니카, 믿음의 여인 링컨 대통령의 모친 등은 좋은 예입니다. 그것은 세상의 역사에서도 동일한 이치입니다.

대표적인 경우가 맹자의 부모입니다. 맹자의 어머니가 맹자를 가르치기 위해 세 번 이사했다는 유래에서, 맹모삼천지교(孟母三遷之敎)라는 고사가 나왔습니다.

1) 모세의 부모

모세의 출생 당시에는, "히브리 남자 아이들이 출생하거든 모조리 죽이라"는 왕의 명령이 내려진 상태였습니다. "명령을 어기면 가족 전체를 몰살시키라"는 엄한 명령이었습니다. 자녀를 임신한 가정에는, 집 밖에 애굽의 병사들이 배치되어, 가족의 동태를 살피고 있었습니다(미드라쉬 모세 편). 그 위험 속에서 모세의 부모는, 갓난아기 모세를 3개월 동안이나 숨긴 것입니다. 그것은 가족의 목숨을 건 몹시 위험한 행위였습니다. 대단한 결단입니다. 부모의 그러한 결단으로, 모세가 이 땅에 태어나 생존할 수가 있었습니다.

> † 믿음으로 모세가 났을 때에 그 부모가 아름다운 아이임을 보고, 석 달 동안 숨겨 임금의 명령을 무서워 아니하였으며(히 11:23)

> † 레위 족속 중 한 사람이 가서 레위 여자에게 장가 들었더니, 그 여자가 잉태하여 아들을 낳아 그 준수함을 보고 그를 석달을 숨겼더니, 더 숨길 수 없이 되매 그를 위하여 갈 상자를 가져다가 역청과 나무 진을 칠하고, 아이를 거기 담아 하숫가 갈대 사이에 두고, 그 누이가 어떻게 되는 것을 알려고 멀리 섰더니(출 2:1-4)

하나님의 간섭하심으로, 그 아이는 나일 강에서 건져지고, 다시 그 어미의 품에서 양육이 됩니다. 하지만 그것도 쉬운 일은 아니었습니다.

만약 그 아이의 부모가 누구인지 밝혀진다면, 왕의 명령을 거역한 죄로, 그의 부모가 처벌을 받을 수도 있는 일이었기 때문입니다. 그 모든 과정이 하나님의 기적적인 도우심과, 부모의 목숨을 건 희생의 결단이었습니다. 그렇게 해서 출애굽의 지도자 모세가 출생하고 성장한 것입니다.

> † 바로의 딸이 목욕하러 하수로 내려오고 시녀들은 하숫가에 거닐 때에, 그가 갈대 사이에 상자를 보고 시녀를 보내어 가져다가, 열고 그 아이를 보니 아이가 우는지라. 그가 불쌍히 여겨 가로되, 이는 히브리 사람의 아이로다. 그 누이가 바로의 딸에게 이르되, 내가 가서 히브리 여인 중에서 유모를 불러다가 당신을 위하여 이 아이를 젖 먹이게 하리이까. 바로의 딸이 그에게 이르되, 가라 그 소녀가 가서 아이의 어미를 불러오니, 바로의 딸이 그에게 이르되, 이 아이를 데려다가 나를 위하여 젖을 먹이라. 내가 그 삯을 주리라. 여인이 아이를 데려다가 젖을 먹이더니, 그 아이가 자라매 바로의 딸에게로 데려가니 그의 아들이 되니라. 그가 그 이름을 모세라 하여 가로되, 이는 내가 그를 물에서 건져내었음이라 하였더라.(출 2:5-10)

2) 사무엘의 모친, 한나

사무엘이 이스라엘 역사의 주인공으로 등장하는 과정에서도, 그의 모친인 한나의 특별한 희생과 아픔이 있었습니다. 300년 사사시대의 어둠을 종식시키기 위해, 하나님은 사무엘이라는 인물을 예정하셨습니다. 그리고 그를 한나라는 믿음의 여인에게서 태어나게 하셨습니다.

한나는 참으로 뛰어난 믿음의 여인이었습니다. 현숙하고 대범하며 믿음의 스케일이 큰 여인이었습니다. 하지만 한나는 20년 동안이나 불임 여인으로서의 고통을 당해야만 했습니다. 하나님께서 그의 태의 문을 달아 놓으셨기 때문입니다. 그래서 10년 동안이나 브닌나의 멸시와 조롱을 겪어야만 했습니다.

그 고통의 과정에 한나는 몸부림치면서 기도를 했고, 그 기도의 산물이 사무엘이었습니다. 사무엘은 한나가 오랜 세월 고통 가운데 부르짖어서 얻은, 고통의 산물이요 기도의 산물인 것입니다.

> † 에브라임 산지 라마다임소빔에 에브라임 사람 엘가나라 하는 자가 있으니, 그는 여로함의 아들이요 엘리후의 손자요 도후의 증손이요 숩의 현손이더라. 그에게 두 아내가 있으니 하나의 이름은 한나요 하나의 이름은 브닌나라. 브닌나는 자식이 있고 한나는 무자하더라. 이 사람이 매년에 자기 성읍에서 나와서 실로에 올라가서 만군의 여호와께 경배하며 제사를 드렸는데, 엘리의 두 아들 홉니와 비느하스가 여호와의 제사장으로 거기 있었더라. 엘가나가 제사를 드리는 날에는 제물의 분깃을 그 아내 브닌나와 그 모든 자녀에게 주고, 한나에게는 갑절을 주니 이는 그를 사랑함이라. 그러나 여호와께서 그로 성태치 못하게 하시니, 여호와께서 그로 성태치 못하게 하시므로 그 대적 브닌나가 그를 심히 격동하여 번민케 하더라. 매년에 한나가 여호와의 집에 올라갈 때마다 남편이 그같이 하매, 브닌나가 그를 격동시키므로 그가 울고 먹지 아니하니, 그 남편 엘가나가 그에게 이르되, 한나여 어찌하여 울며 어찌하여 먹지 아니하며 어찌하여 그대의 마음이 슬프뇨. 내가 그대에게 열 아들보다 낫지 아니하뇨. 그들이 실로에서 먹고 마신 후에 한나가 일어나니, 때에 제사장 엘리는 여호와의 전 문설주 곁 그 의자에 앉았더라. 한나가 마음이 괴로워서 여호와께 기도하고 통곡하며 서원하여 가로되, "만군의 여호와여 만일 주의 여종의 고통을 돌아보시고 나를 생각하시고 주의 여종을 잊지 아니하사 아들을 주시면, 내가 그의 평생에 그를 여호와께 드리고 삭도를 그 머리에 대지 아니하겠나이다". 그가 여호와 앞에 오래 기도하는 동안에 엘리가 그의 입을 주목한즉, 한나가 속으로 말하매 입술만 동하고

음성은 들리지 아니하므로, 엘리는 그가 취한 줄로 생각한지라. 엘리가 그에게 이르되 네가 언제까지 취하여 있겠느냐 포도주를 끊으라. 한나가 대답하여 가로되 나의 주여 그렇지 아니하니이다. 나는 마음이 슬픈 여자라. 포도주나 독주를 마신 것이 아니요 여호와 앞에 나의 심정을 통한 것뿐이오니, 당신의 여종을 악한 여자로 여기지 마옵소서. 내가 지금까지 말한 것은 나의 원통함과 격동됨이 많음을 인함이니이다. 엘리가 대답하여 가로되, 평안히 가라 이스라엘의 하나님이 너의 기도하여 구한 것을 허락하시기를 원하노라. 가로되 당신의 여종이 당신께 은혜 입기를 원하나이다 하고 가서 먹고 얼굴에 다시는 수색이 없으니라. 그들이 아침에 일찍이 일어나 여호와 앞에 경배하고 돌아가서 라마의 자기 집에 이르니라. 엘가나가 그 아내 한나와 동침하매 여호와께서 그를 생각하신지라. 한나가 잉태하고 때가 이르매 아들을 낳아 사무엘이라 이름하였으니, 이는 내가 여호와께 그를 구하였다 함이더라.(삼상 1:1-20)

기도의 선물로 얻은 그 아이를, 한나는 약속대로 하나님 앞에 바쳤습니다. 결혼 20년 만에 얻은 첫 열매를, 그렇게 하나님 앞에 바친 것입니다. 그리고 다시 데려오지 않았습니다. 영원히 바친 것입니다. 라마와 실로는 가까운 거리임에도 불구하고(약 25㎞로 하루에 왕복할 수 있는 거리), 자주 찾아가서 면회했다는 기록도 없습니다. 한나의 철저한 자기희생입니다. 부모의 그 아픈 희생 위에, 사무엘이라는 이스라엘의 지도자가 탄생한 것입니다. 그것이 성경의 역사입니다.

그 사람 엘가나와 그 온 집이 여호와께 매년제와 그 서원제를 드리러 올라갈 때에, 오직 한나는 올라가지 아니하고 그 남편에게 이르되, 아이를 젖 떼거든 내가 그를 데리고 가서 여호와 앞에 뵈게 하고, 거기 영영히 있게 하리이다. 그 남편 엘가나가 그에게 이르되, 그대의 소견에 선한 대로 하여 그를 젖 뗄 때까지 기다리라. 오직 여호와께서 그 말씀대로 이루시기를 원하노라. 이에 그 여자가 그 아들을 양육하며 그 젖 떼기까지 기다리다가, 젖을 뗀 후에 그를 데리고 올라갈새, 수소 셋과 가루 한 에바와 포도주 한 가죽부대를 가지고 실로 여호와의 집에 나아갔는데 아이가 어리더라. 그들이 수소를 잡고 아이를 데리고 엘리에게 가서, 한나가 가로되 나의 주여 당신의 사심으로 맹세하나이다. 나는 여기서 나의 주 당신 곁에 서서 여호와께 기도하던 여자라. 이 아이를 위하여 내가 기도하였더니 여호와께서 나의 구하여 기도한 바를 허락하신지라. 그러므로 나도 그를 여호와께 드리되 그의 평생을 여호와께 드리나이다 하고, 그 아이는 거기서 여호와께 경배하니라.(삼상 1:21-28)

사무엘서 2장의 한나의 기도를 살펴보면, 사무엘의 믿음의 바탕이 철저하게 그의 모친 한나의 믿음임을 알 수가 있습니다. 한나는 대단한 믿음을 소유한 여인입니다. 대범하고 담대하며, 믿음의 스케일이 웅장한 여인입니다. 신앙의 각오와 결단력이 대단한 여인입니다. 그 정도의 그릇이기에, 사무엘을 잉태할 자격을 얻은 셈입니다. 한나의 기도는 나중에 사무엘을 통해서 문자적으로도 성취가 되었습니다.

 한나의 기도(삼상 2:1-10)

한나가 기도하여 가로되, 내 마음이 여호와를 인하여 즐거워하며 내 뿔이 여호와를 인하여 높아졌으며 내 입이 내 원수들을 향하여 크게 열렸으니, 이는 내가 주의 구원을 인하여 기뻐함이니이다. 여호와와 같이 거룩하신 이가 없으시니 이는 주 밖에 다른 이가 없고 우리 하나님 같은 반석도 없으심이니이다. 심히 교만한 말을 다시 하지 말 것이며 오만한 말을 너희 입에서 내지 말지어다, 여호와는 지식의 하나님이시라 행동을 달아보시느니라. 용사의 활은 꺾이고 넘어진 자는 힘으로 띠를 띠도다. 유족하던 자들은 양식을 위하여 품을 팔고 주리던 자들은 다시 주리지 않도다. 전에 잉태치 못하던 자는 일곱을 낳았고 많은 자녀를 둔 자는 쇠약하도다. 여호와는 죽이기도 하시고 살리기도 하시며, 음부에 내리게도 하시고 올리기도 하시는도다. 여호와는 가난하게도 하시고 부하게도 하시며, 낮추기도 하시고 높이기도 하시는도다. 가난한 자를 진토에서 일으키시며 빈핍한 자를 거름더미에서 드사 귀족들과 함께 앉게 하시며 영광의 위를 차지하게 하시는도다. 땅의 기둥들은 여호와의 것이라 여호와께서 세계를 그 위에 세우셨도다. 그가 그 거룩한 자들의 발을 지키실 것이요 악인으로 흑암 중에서 잠잠케 하시리니 힘으로는 이길 사람이 없음이로다. 여호와를 대적하는 자는 산산이 깨어질 것이라 하늘 우뢰로 그들을 치시리로다. 여호와께서 땅 끝까지 심판을 베푸시고 자기 왕에게 힘을 주시며 자기의 기름부음을 받은 자의 뿔을 높이시리로다 하니라.

해설 사무엘의 믿음의 바탕이 철저하게 그의 모친 한나의 믿음임을 알 수 있습니다. 한나는 믿음의 스케일이 웅장하고 대범한 여인이었습니다.

3) 다윗의 모친

성경은 왕조의 역사를 기록할 때, 통상 왕의 모친과 아내의 이름을 기록하고 있습니다. 특별히 중요한 인물을 기록할 때에는, 반드시 모친의 출신과 이름을 기록하고 있습니다. 왕을 낳아서 양육한 장본인이 바로 왕의 모친이기에, 그만큼 신앙적으로나 인격적으로 큰 영향을 끼친 인물이기 때문입니다. 특히 어머니의 신앙적인 영향력은 절대적이라 말할 수가 있기 때문입니다.

그래서 한 인물의 신앙적 뿌리를 조명하려면, 반드시 그 어머니의 신앙을 살펴볼 필요가 있습니다. 그 사람이 자라난 신앙적 토양이기 때문입니다. 모세의 어머니 요게벳, 사무엘의 어머니 한나, 디모데의 어머니 유니게 등은 좋은 예입니다. 심지어 육신을 입고 이 땅에 오신 예수님도, 그의 신앙적 토양은 위대한 여인 마리아의 믿음이었습니다. 예수님도 육신을 입고 이 땅에 오신 이상, 우리와 성정이 같은 사람이었기에, 누군가에 의해서 훈련되고 양육되었기 때문입니다.

† 아므람이 그 아비의 누이 요게벳을 아내로 취하였고, 그가 아론과 모세를 낳았으며, 아므람의 수는 일백삼십칠 세이었으며(출 6:20)

† 한나가 잉태하고 때가 이르매 아들을 낳아 사무엘이라 이름하였으니, 이는 내가 여호와께 그를 구하였다 함이더라.(삼상 1:20)

† 이는 네 속에 거짓이 없는 믿음을 생각함이라. 이 믿음은 먼저 네 외조모 로이스와 네 어머니 유니게 속에 있더니, 네 속에도 있는 줄을 확신하노라.(딤후 1:5)

그런데 가장 중요한 인물인 다윗 왕의 모친이, 성경에는 기록되어 있지 않습니다. 마태복음이나 누가복음의 계보에도 빠져 있습니다. 이방 여인 다말이나, 기생이었던 라합, 모압여인 룻까지도 기록이 되어 있는데, 다윗의 신앙의 뿌리를 조명하는 데 가장 중요한 인물인 다윗의 어머니(=이새의 아내)가 빠진 것입니다. 참으로 의아하고 궁금한 부분입니다. 하지만 그 이유는, [제5권 다윗의 뿌리]에서 이미 다룬 대로, 이 여인이 다름아닌 암몬족속의 왕 나하스와 관련이 있기 때문이었습니다.

† 아브라함과 다윗의 자손 예수 그리스도의 계보라. 아브라함이 이삭을 낳고 이삭은 야곱을 낳고 야곱은 유다와 그의 형제들을 낳고, 유다는 ①다말에게서 베레스와 세라를 낳고 베레스는 헤스론을 낳고 헤스론은 람을 낳고 람은 아미나답을 낳고 아미나답은 나손을 낳고, 나손은 살몬을 낳고 살몬은 ②라합에게서 보아스를 낳고, 보아스는 ③룻에게서 오벳을 낳고 오벳은 이새를 낳고 이새는

다윗 왕을 낳으니라. 다윗은 ④우리야의 아내에게서 솔로몬을 낳
고 솔로몬은 르호보암을 낳고 르호보암은 아비야를 낳고 아비야
는 아사를 낳고(마 1:1-7)

다윗을 출생하여 믿음으로 양육한 장본인은 바로 다윗의 모친입니
다. 모친의 신앙과 철저한 희생 위에서, 다윗이란 인물이 세워졌기 때
문입니다. 그래서 다윗은 자신의 모친을 칭할 때마다 「주의 여종」이란
표현을 사용하고 있습니다. 아버지 이새를 호칭할 때에는 「주의 종」이
란 표현을 쓰지 않았습니다. 그만큼 다윗이 자신의 어머니를 '사랑하고
존경했다'는 증거입니다. 그만큼 '어머니의 영향을 크게 받았다'는 증거
입니다.

다윗의 눈에 비친 자신의 어머니는 정확하게 「주의 종」 즉, 「주의 여
종」이었습니다. 달리 표현할 방법이 없었습니다. 철두철미하게 「신앙의
여인」이었습니다. 그 뛰어난 신앙의 유산을 다윗이 고스란히 물려받은
것입니다. 한나의 신앙의 유산을 물려받은 사무엘과 같이, 유니게의 신
앙의 유산을 물려받은 디모데와 같이, 다윗도 어머니의 그 훌륭한 인
품과 신앙의 유산을, 고스란히 물려받은 것입니다.

그래서 그의 시편 86편에서는 "나도 우리 어머니처럼 당신을 섬기고
싶습니다"라는 고백을 하고 있습니다.

✝ 내게로 돌이키사 나를 긍휼히 여기소서. 주의 종에게 힘을 주시
고, 「주의 여종」의 아들을 구원하소서(시 86:16)

[NKJV]시 86:16
Oh, turn to me, and have mercy on me! Give Your strength to
Your servant, And save the son of 'Your maidservant'.
[NIV]시 86:16

Turn to me and have mercy on me; show your strength in behalf of your servant; save me, because I serve you 'just as my mother did'.

다윗이란 인물이 출생하여 훌륭한 재목으로 양육되는 과정에는, 믿음의 여인인 그의 모친의 철저한 희생과 헌신이 있었습니다. 그녀는 자신을 희생하는 가운데, 자녀들을 철저하게 신앙으로 양육하였습니다. 시편 22편은, 이 여인이 어떻게 다윗(=자녀들)을 믿음으로 양육하였는지를 보여주는 본문입니다.

그녀는 잉태하는 순간부터 다윗이 하나님만을 의지하도록 기도했으며, 출생시에는 그 아이를 하나님의 손에 맡겼고, 어린 시절 철저하게 신앙으로 양육하면서, 범사에 하나님을 섬기는 본이 되었습니다. 그래서 다윗이 장성한 후에도, "나도 내 어머니처럼 하나님을 섬기고 싶다"는 고백을 한 것입니다.

다윗은, 철저하게 그의 모친의 희생과 좋은 믿음의 토양 위에서 세워진, 신앙의 재목이었습니다. 다윗의 모친인 이 믿음의 여인에 관하여는, [제5권 다윗의 뿌리]에서 자세히 다루었습니다.

† 오직 주께서 나를 모태에서 나오게 하시고, 내 모친의 젖을 먹을 때에 의지하게 하셨나이다. 내가 날 때부터 주께 맡긴바 되었고, 모태에서 나올 때부터 주는 내 하나님이 되셨사오니,(시 22:9-10)
[NKJV]시 22:10
I was cast upon You from birth. From My mother's womb You have been My God.
[NIV]시 22:10
From birth I was cast on you; from my mother's womb you have been my God.

'맡기다'의 히브리어 **샬라크**(שלך)는 '던지다, 내던지다, 버리다, 내 어버리다' 등의 의미가 있습니다. 영어성경은 대부분 cast on 으로 번역 했습니다. 다윗의 모친이 다윗을 그렇게 여호와 앞에 온전히 맡겨버린 것 입니다.

4) 예수의 모친, 마리아

마리아는 참으로 위대한 믿음의 여인입니다. 인류가 낳은 모든 여인 중에 가장 위대한 여인입니다. 그녀는 메시야를 잉태하고 양육한 장본 인이기 때문입니다. 복음서에 기록된 마리아의 신앙 고백을 보면, 참으 로 대범하고 믿음의 스케일이 대단한 여인임을 알 수 있습니다. 사무엘 의 모친 한나와 유사한 부분이 많습니다.

예수님도 육신을 입고 이 땅에 오신 이상, 우리와 성정이 같은 사람 이었기에, 누군가에 의해서 훈련되고 양육되었습니다. 그렇다면 예수님 을 믿음으로 양육한 인물이 누구이겠습니까? 모친 마리아입니다. 신앙 의 본이 된 것은 부친 요셉이었겠지만, 가까이서 예수님을 신앙으로 양 육한 인물은 모친 마리아입니다. 이 부분을 놓치면 곤란합니다.

예수님은 하나님의 아들이기에, 그의 복음에 관한 지식과 믿음까지 도 몽땅 하늘에서 가지고 내려온 것으로 생각한다면, 그것은 크게 잘 못된 선입견입니다. 그렇게 생각하면 예수님 십자가의 본질까지도 놓치 게 됩니다. 예수님은 하나님의 아들이며 초인적인 능력을 가졌기에, 십 자가의 고통도 (우리와는 다르게) 쉽게 견딜 수가 있었을 것으로 생각하면 서, 그 분의 아픔과 고통을 제대로 이해하지 못하고 넘어갈 가능성이 크기 때문입니다.

그러나 전혀 그렇지 않습니다. 육신을 입고 이 땅에 오신 예수님은 (단지 죄가 없을 뿐)우리와 성정이 동일한 분이시므로, 우리와 똑같은 감정으로 십자가의 고통을 당하셨습니다. 마찬가지로 예수님의 복음에 관한 지식과 믿음도 저절로 주어진 것이 아니요, 누군가에 의해서 교육되고 양육되었습니다. 그 장본인이 바로 그의 모친 마리아입니다.

 마리아의 찬가(눅 1:46-55)

마리아가 가로되, 내 영혼이 주를 찬양하며 내 마음이 하나님 내 구주를 기뻐하였음은, 그 계집종의 비천함을 돌아 보셨음이라. 보라 이제 후로는 만세에 나를 복이 있다 일컬으리로다. 능하신 이가 큰 일을 내게 행하셨으니 그 이름이 거룩하시며 긍휼하심이 두려워하는 자에게 대대로 이르는도다. 그의 팔로 힘을 보이사 마음의 생각이 교만한 자들을 흩으셨고, 권세 있는 자를 그 위에서 내리치셨으며, 비천한 자를 높이셨고, 주리는 자를 좋은 것으로 배불리셨으며 부자를 공수로 보내셨도다. 그 종 이스라엘을 도우사 긍휼히 여기시고 기억하시되, 우리 조상에게 말씀하신 것과 같이 아브라함과 및 그 자손에게 영원히 하시리로다 하니라.

해설 마리아의 기도와 한나의 기도는 흡사합니다. 웅장하고 대범하며 스케일이 큰 기도입니다. 성령이 충만한 〈감사 찬송의 기도〉입니다.

마리아가 천사의 방문을 받고 그 요청을 수락하는 장면은, 그녀의 담대한 믿음의 극치입니다. 그럴 경우 율법의 규정을 따르면, 그녀는 돌에 맞아서 죽어야 합니다. 만약에 그녀가 제사장의 딸이라면(그렇게 주장하는 설이 있습니다), 불에 살라져서 죽어야만 합니다.

그럼에도 불구하고 마리아가 그 위험한 일을 승낙한 것입니다. '죽으면 죽으리라'는 믿음입니다. 그 담대한 믿음과 희생의 바탕 위에, 예수님이 이 땅에 탄생하신 것입니다.

예수님이 육신을 입고 이 땅에 올 수 있었던 것도, 그의 모친인 마리아의 목숨을 건 희생의 결단이 있었기 때문입니다. 그녀의 희생의 바탕 위에 새 창조, 새 역사가 펼쳐진 것입니다.

✝ 여섯째 달에 천사 가브리엘이 하나님의 보내심을 받들어 갈릴리 나사렛이란 동네에 가서, 다윗의 자손 요셉이라 하는 사람과 정혼한 처녀에게 이르니 그 처녀의 이름은 마리아라. 그에게 들어가 가로되 은혜를 받은 자여 평안할지어다 주께서 너와 함께 하시도다 하니, 처녀가 그 말을 듣고 놀라 이런 인사가 어찌함인고 생각하매, 천사가 일러 가로되 마리아여 무서워 말라 네가 하나님께 은혜를 얻었느니라. 보라 네가 수태하여 아들을 낳으리니 그 이름을 예수라 하라. 저가 큰 자가 되고 지극히 높으신 이의 아들이라 일컬을 것이요, 주 하나님께서 그 조상 다윗의 위를 저에게 주시리니, 영원히 야곱의 집에 왕노릇하실 것이며, 그 나라가 무궁하리라. 마리아가 천사에게 말하되 나는 사내를 알지 못하니 어찌 이일이 있으리이까. 천사가 대답하여 가로되 성령이 네게 임하시고 지극히 높으신 이의 능력이 너를 덮으시리니, 이러므로 나실 바 거룩한 자는 하나님의 아들이라 일컬으리라. 보라 네 친족 엘리사벳도 늙어서 아들을 배었느니라. 본래 수태하지 못한다 하던 이가이미 여섯 달이 되었나니, 대저 하나님의 모든 말씀은 능치 못하심이 없느니라. 마리아가 가로되 '주의 계집종이오니 말씀대로 내게 이루어지이다' 하매 천사가 떠나가니라. (눅 1:26-38)

✝ 그 일이 참되어 그 처녀에게 '처녀인 표적'이 없거든, 처녀를 그 아비 집 문에서 끌어내고 그 성읍 사람들이 그를 돌로 쳐 죽일지니, 이는 그가 그 아비 집에서 창기의 행동을 하여 이스라엘 중에서 악을 행하였음이라. 너는 이와 같이 하여 너의 중에 악을 제할지니라. 남자가 유부녀와 통간함을 보거든 그 통간한 남자와 그 여자를 둘 다 죽여 이스라엘 중에 악을 제할지니라. 처녀인 여자가 남자와 약혼한 후에 어떤 남자가 그를 성읍 중에서 만나 통간하

면, 너희는 그들을 둘 다 성읍 문으로 끌어내고 그들을 돌로 쳐 죽일 것이니, 그 처녀는 성읍 중에 있어서도 소리지르지 아니하였음이요, 그 남자는 그 이웃의 아내를 욕보였음이라. 너는 이같이 하여 너의 중에 악을 제할지니라.(신 22:20-24)

† 아무 〈제사장의 딸〉이든지 행음하여 스스로 더럽히면, 그 아비를 욕되게 함이니 그를 불사를지니라.(레 21:9)

† 서기관들과 바리새인들이 〈간음 중에 잡힌 여자〉를 끌고 와서 가운데 세우고 예수께 말하되, 선생이여 이 여자가 간음하다가 현장에서 잡혔나이다. 모세는 율법에 이러한 여자를 돌로 치라 명하였거니와, 선생은 어떻게 말하겠나이까.(요 8:3-5)

† 마리아가 가로되 "주의 계집종이오니 말씀대로 내게 이루어지이다" 하매, 천사가 떠나가니라.(눅 1:38)

[NLT]눅 1:38
Mary responded, "I am the Lord's servant, and I am willing to accept whatever he wants. May everything you have said come true." And then the angel left.

■해설■ 기꺼이 천사의 요청을 받아들이는 모습입니다. 어린 소녀인 마리아의 담대하고 적극적인 믿음을 엿볼 수가 있습니다. 메시야가 오실 육신의 통로로 기꺼이 자신을 내어 놓는, 희생의 모습입니다. 그 담대한 믿음과 희생의 바탕 위에서, 예수님이 육신을 입고 이 땅에 탄생하신 것입니다.

4. 순교자의 면류관

믿음으로 구원을 받지만, 상급과 면류관은 행함의 열매로 주어집니다. 물론 '믿음을 바탕으로 한 행함의 열매'입니다. 천국은 계급사회입니다. 열매가 있는 자에게 상급과 보상이 주어지는, 철저한 계급사회입니다. 〈달란트 비유〉나 〈므나의 비유〉는 좋은 예입니다.

그러한 측면에서 순교자는 천국에서 특별한 존재들입니다. 이 땅에서 그들이 흘린 순교의 피가, 역사의 수레바퀴를 움직이는 원동력이 되었기 때문입니다. 당연히 그들에게는, 거기에 상응하는 특별한 보상이 있습니다. 그들이 1,000년 왕국에서 왕 노릇 할 자들인 것입니다.

구원의 등급이 다릅니다.
구원의 종류가 다릅니다.
상급과 면류관이 다릅니다.
예배하는 좌석이 다릅니다.
착용하는 복장이 다릅니다.
출입하는 통로가 다릅니다.
거주하는 지역이 다릅니다.
통치하는 영역이 다릅니다.

† 다섯째 인을 떼실 때에 내가 보니, ①하나님의 말씀과 ②저희의 가진 증거를 인하여 죽임을 당한 영혼들이 제단 아래 있어 큰 소리로 불러 가로되, 거룩하고 참되신 대주재여 땅에 거하는 자들을 심판하여 우리 피를 신원하여 주지 아니하시기를 어느 때까지 하시려나이까 하니, 각각 저희에게 흰 두루마기를 주시며 가라사대, 아직 잠시 동안 쉬되 저희 동무 종들과 형제들도 자기처럼 죽임을 받아 그 수가 차기까지 하라 하시더라.(계 6:9-11)

† 또 내가 보좌들을 보니 거기 앉은 자들이 있어 심판하는 권세를 받았더라. 또 내가 보니 ①예수의 증거와 ②하나님의 말씀을 인하여 〈목 베임을 받은 자〉의 영혼들과 또 ①짐승과 그의 우상에게 경배하지도 아니하고 ②이마와 손에 그의 표를 받지도 아니한 자들이, 살아서 그리스도로 더불어 천 년 동안 왕 노릇 하니 (그 나머지 죽은 자들은 그 천 년이 차기까지 살지 못하더라), 이는 〈첫째 부활〉이라.

이 첫째 부활에 참예하는 자들은 복이 있고 거룩하도다. 둘째 사망이 그들을 다스리는 권세가 없고, 도리어 그들이 하나님과 그리스도의 제사장이 되어 천 년 동안 그리스도로 더불어 왕 노릇 하리라.(계 20:4-6)

[공동번역]계 20:4

나는 또 많은 높은 좌석과 그 위에 앉아 있는 사람들을 보았습니다. 그들은 심판할 권한을 받은 사람들이었습니다. 또 ①예수께서 계시하신 진리와 ②하느님의 말씀을 전파했다고 해서 〈목을 잘린 사람들〉의 영혼을 보았습니다. 그들은 ①그 짐승이나 그의 우상에게 절을 하지 않고 ②이마와 손에 낙인을 받지 않은 사람들입니다. 그들은 살아나서 그리스도와 함께 천 년 동안 왕노릇을 하였습니다.

[NKJV]계 20:4

And I saw thrones, and they sat on them, and judgment was committed to them. Then I saw the souls of those who had been beheaded for their witness to Jesus and for the word of God, who had not worshiped the beast or his image, and had not received his mark on their foreheads or on their hands. And they lived and reigned with Christ for a thousand years.

해설 천년 왕국에서 왕 노릇을 할 ①순교자들과 ②순교에 준하는 삶을 살았던 자들입니다. 그들의 삶은 이 땅에서 피를 뿌리는(=희생하는) 삶이었습니다. 그래서 그들이 천국에서 왕 노릇을 하는 것입니다. 그것은 지극히 공평하신 하나님의 공의입니다.

5. 십자가의 제물

제물 중의 제물은 예수님의 십자가 제물입니다. 희생 중의 희생은 예수님의 십자가 희생입니다. 하나님의 본체이신 그 분이 인간의 형상을 입고 이 땅에 오셔서 피를 흘리심으로 말미암아 (하나님과)단절되었던 인류의 역사가 회복되었기 때문입니다. 죄와 허물로 영원히 죽을 수밖에 없었던 인류가 살 길을 얻었기 때문입니다. 예수님의 십자가는 고장난 인류 역사의 수레바퀴를 다시 (하나님을 향하여)굴러가게 만든 위대한 사건입니다. 새로운 창조의 사건입니다.

> † 너희 안에 이 마음을 품으라 곧 그리스도 예수의 마음이니, 그는 근본 하나님의 본체시나 하나님과 동등됨을 취할 것으로 여기지 아니하시고, 오히려 자기를 비어 종의 형체를 가져 사람들과 같이 되었고, 사람의 모양으로 나타나셨으매, 자기를 낮추시고 죽기까지 복종하셨으니, 곧 십자가에 죽으심이라.(빌 2:5-8)

> † 모든 사람이 죄를 범하였으매 하나님의 영광에 이르지 못하더니, 그리스도 예수 안에 있는 구속으로 말미암아 하나님의 은혜로 값없이 의롭다 하심을 얻은 자 되었느니라. 이 예수를 하나님이 그의 피로 인하여 믿음으로 말미암는 〈화목제물〉로 세우셨으니(롬 3:23-25)

> † 그런즉 누구든지 그리스도 안에 있으면 〈새로운 피조물〉이라. 이전 것은 지나갔으니 보라 새 것이 되었도다.(고후 5:17)

[NKJV]고후 5:17

Therefore, if anyone is in Christ, he is a new creation; old things have passed away; behold, all things have become new.

예수님이 이 땅에 오신 목적 자체가, 〈순교의 제물〉이 되기 위함이었습니다. 세상 죄를 지고 가는 하나님의 어린양으로 이 땅에 오셔서, 우리의 모든 죄를 대신 짊어지시고, 〈희생의 제물〉이 되기 위해서 오신 것입니다. 그리고 그가 희생의 제물이 되어, 갈보리 십자가 위에서 쏟은 피의 공로로 말미암아, 우리가 구원을 얻은 것입니다. 그 피의 공로를 믿음으로 말미암아, 죄인 괴수인 내가 구원을 받은 것입니다. 죄인 괴수인 나를 구원하기 위하여, 하나님의 본체이신 창조주가 피를 흘리신 것입니다.

그러므로 구원 받은 성도는 예수님의 피를 찬송하지 않을 수가 없습니다. 정성껏 힘껏 찬송하지 않을 수가 없습니다. 희생 중의 희생은 예수님의 십자가 희생이기 때문입니다.

† 이튿날 요한이 예수께서 자기에게 나아오심을 보고 가로되, 보라 '세상 죄를 지고 가는 하나님의 어린 양'이로다.(요 1:29)

† 또 〈충성된 증인〉으로 죽은 자들 가운데서 먼저 나시고 땅의 임금들의 머리가 되신 예수 그리스도로 말미암아 은혜와 평강이 너희에게 있기를 원하노라. 우리를 사랑하사 '그의 피로 우리 죄에서 우리를 해방하시고', 그 아버지 하나님을 위하여 우리를 나라와 제사장으로 삼으신 그에게 영광과 능력이 세세토록 있기를 원하노라. 아멘.(계 1:5-6)

† 어린 양이 나아와서 보좌에 앉으신 이의 오른손에서 책을 취하시니라. 책을 취하시매 네 생물과 이십사 장로들이 어린 양 앞에 엎드려, 새 노래를 노래하여 가로되, 책을 가지시고 그 인봉을 떼기에 합당하시도다. 일찍 죽임을 당하사 각 족속과 방언과 백성과 나라 가운데서 '사람들을 피로 사서 하나님께 드리시고', 저희로 우리 하나님 앞에서 나라와 제사장을 삼으셨으니, 저희가 땅에서

왕 노릇 하리로다 하더라.(계 5:7-10)

✝ 내가 그리스도와 함께 십자가에 못 박혔나니, 그런즉 이제는 내가 산 것이 아니요 오직 내 안에 그리스도께서 사신 것이라. 이제 내가 육체 가운데 사는 것은, '나를 사랑하사 나를 위하여' 자기 몸을 버리신, 하나님의 아들을 믿는 믿음 안에서 사는 것이라.(갈 2:20)

✝ 그러므로 형제들아 우리가 예수의 피를 힘입어 성소에 들어갈 담력을 얻었나니, 그 길은 우리를 위하여 휘장 가운데로 열어 놓으신 '새롭고 산 길'이요, 휘장은 곧 저의 육체니라.(히 10:19-20)

보혈의 능력

1. 원죄와 자범죄를 진 것 잿물로 빨래할 수 없으며
   수술도 할 수 없는 죄를 예수님 피로 씻었도다.
   예수님 피를 찬송하세 정성껏 힘껏 찬송하세
   보혈의 능력 위대하니 나 같은 죄인 속량했네.
2. 세상 종교가 못 구하고 난행 고행으로 될 수 없고
   스스로 할 수 없는 죄를 예수님 피가 구속했네.
3. 죄로 인하여 원수되어 하나님 앞에 갈 수 없건만
   보혈로 지성소는 열려 담대히 가서 면회하네.
4. 죄인의 괴수 나의 몸이 주님의 피로 씻음을 받고
   더 한층 놀라운 은혜는 의인의 자격 받았도다.
5. 나에게 아무 소질 없고 공로와 의가 없었건마는
   보혈을 믿는 믿음만을 의로써 인정해 주시네.
6. 구약 때 짐승 피를 통해 한 사람 한 번 죄 속했건만
   하나님 아들 양의 피로 전 인류 죄를 못 구할까.
7. 무조건으로 구속받고 무대가로써 칭의를 받고
   하나님 황태자가 되니 웬 은혜 웬 일이오니까.

(복음성가 89장)

다니엘의 뿌리

다니엘이 바벨론에 포로로 끌려갈 때, 그의 나이를 17세쯤으로 추정합니다. 요셉이 하나님이 주신 꿈을 이루기 위하여 애굽으로 팔려갈 때의 나이와 비슷한 나이입니다.

그는 바벨론에 도착하자마자 바로 왕립학교에 들어가서, 3년 동안 갈대아 사람의 학문과 언어를 배웠습니다. 그리고 얼마 후에 느부갓네살 왕의 꿈을 해몽함으로 총리의 자리에 오르게 되었습니다. 그때부터 시작해서 사자굴 사건이 일어나기까지 60여 년을, 그는 바벨론 제국의 총리(=고위 공직자)로서의 삶을 살았습니다.

다니엘은 말씀과 기도와 찬양이란 신앙의 3박자를 골고루 구비한, 신앙의 사람이었습니다. 무엇보다 그는, 철저한 말씀의 사람이었습니다. 모세 5경을 포함한 구약성경을 꿰뚫고 있었습니다. 아예 성경의 본문으로 기도를 할 정도로, 그는 말씀에 정통한 인물이었습니다.

또한 젊은 나이에, 신앙을 지키기 위해서 왕의 진수성찬을 거절할 정도로, 그는 자신을 절제할 줄 아는, 참으로 경건한 인물이었습니다. 다니엘은 그가 포로로 잡혀오기 이전부터 이미 철저하게 신앙으로 무장된, 준비된 하나님의 사람이었습니다.

18
신앙의 뿌리

그렇다면 다니엘의 이 위대한 신앙은 어디에서 온 것일까요? 다니엘이 하늘에서 뚝 떨어진 인물인가요? 아닙니다. 누군가가 그를 그렇게 신앙으로 양육했다는 이야기입니다. 누군가가 그를 철저하게 말씀으로 양육했다는 이야기입니다.

성경에는 나타나지 않지만, 다니엘을 어려서부터 철저히 믿음으로 양육한 주인공이 있습니다. 그를 위해서 희생한 주인공이 있습니다. 참으로 큰일을 한 주인공들입니다. 우선은 그의 부모를 생각할 수가 있습니다. 또한 깨어있던 소수의 선각자, 랍비들을 생각해 볼 수가 있을 것입니다.

1. 다니엘의 부모

성경에는 다니엘과 그의 친구들이 왕족과 귀족의 자손으로 나오고 있습니다. 요세푸스는 그들을 시드기야 왕의 친족들로 기록하고 있습니다. 그렇다면 다니엘은 왕족인 셈입니다. 또한 다니엘이 시드기야 왕의 친족이라면, 그의 부모는 경건한 요시야 왕의 형제라는 이야기입니다. 시드기야가 요시야 왕의 자손이기 때문입니다. 다니엘의 부모에 관하여 정확하게는 알 수 없지만, 몇 가지 사실을 추론할 수는 있습니다. 우선은 그의 부모가 여호와를 경외하는 경건한 인물이었다는 점입니다.

> † 그 때에 왕은 아스부나스 환관장에게 명령하여, 이스라엘 백성, 특히 「왕과 귀족의 자손」 가운데서, 몸에 흠이 없고, 용모가 잘생기고, 모든 일을 지혜롭게 처리할 수 있으며, 지식이 있고, 통찰력이 있고, 왕궁에서 왕을 모실 능력이 있는 소년들을 데려오게 하여서, 그들에게 바빌로니아의 언어와 문학을 가르치게 하였다.(단 1:3-4, 표준새번역)

1) 심판자 하나님

다니엘이란 이름의 히브리 뜻은 「하나님은 나의 심판자」, 「하나님은 나의 재판관」이란 뜻입니다. "선악간에 인간의 모든 행위를 심판하시는 공의의 하나님을 생각하며, 항상 하나님 앞에서 두려운 마음을 가지고 의롭게 살라"고, 그의 부모가 그에게 지어 준 아주 특이한 이름입니다. 그래서 다니엘은, 그의 이름에 걸맞게, 한평생을 의롭고 깨끗하게 살았습니다.

다니엘은 성경의 인물 중에서도 죄와 허물이 보이질 않는 유일한 인물입니다. 그의 정적들이 그의 실수나 허물을 찾고자 눈을 밝히고 살펴보았지만, 그에게서 아무런 실책이나 허물을 찾지 못할 정도로, 그는 깨끗하고 흠이 없는 인물이었습니다. 다니엘이란 이름이, 곧 그의 삶을 나타낸 셈입니다.

히브리식	의 미	바벨론식	의 미
다 니 엘	하나님은 나의 심판자	벨드사살	벨이 그의 생명을 보호함
하 나 냐	자비를 베푸시는 여호와	사 드 락	악의 명령으로
미 사 엘	누가 하나님과 같을까	메 삭	악같은 이가 어디있을까
아 사 랴	여호와가 도우셨다	아벳느고	느고의 종

① 부모의 믿음

우리는 아이의 이름을 지을 때, 부모의 소망을 담아서 이름을 짓습니다. 그것이 동양의 보편적인 정서입니다. 그 아이가 자라서 장차 그러한 인물이 되었으면 하는 부모의 바램입니다.

그런데 히브리인들은 자녀의 이름을 지을 때, 부모가 처한 환경이나 현실을 이름으로 사용하는 경우가 많았습니다. 즉, 아이의 이름이 부모의 간증인 셈입니다. 요셉의 두 아들의 이름이 그러하고, 모세의 두 아들 이름이 그러합니다. 야베스의 부모가 지어준 야베스란 이름도 그러합니다. 모두가 부모의 간증입니다.

† 요셉이 그 장자의 이름을 므낫세라 하였으니, 하나님이 나로 나의 모든 고난과 나의 아비의 온 집 일을 잊어버리게 하셨다 함이요, 차자의 이름을 에브라임이라 하였으니, 하나님이 나로 나의 수고 한 땅에서 창성하게 하셨다 함이었더라.(창 41:51-52)

† 모세의 장인 이드로가 모세가 돌려 보내었던 그의 아내 십보라와 그 두 아들을 데렸으니, 그 하나의 이름은 게르솜이라 이는 모세가 이르기를 내가 이방에서 객이 되었다 함이요, 하나의 이름은 엘리에셀이라 이는 내 아버지의 하나님이 나를 도우사 바로의 칼에서 구원하셨다 함이더라.(출 18:2-4)

✝ 야베스는 그의 가족들 중에서 가장 존경을 받았는데, 그의 어머니는 '고통을 겪으면서 낳은 아들'이라고 하여 그의 이름을 야베스(=고통)라고 불렀다.(대상 4:9, 표준새번역)

그렇다면 다니엘이란 아주 특이한 이름도, 그의 부모의 간증이요 신앙 고백이라고 볼 수가 있을 것입니다. 다니엘이 출생할 무렵의 시대적 배경이 그렇습니다.

그 시기의 국제 정세는, 동방의 패권자였던 1000년 제국 앗수르가 쇠퇴해 가고, 바벨론 제국이 새로운 강자로 떠오르는 시점으로, 국제정세가 요동치는 시기였습니다. 하나님을 거역하고 불순종하다가 북 이스라엘은 100여 년 전에 이미 멸망하였고, 그것을 보고서도 똑같이 죄를 범하는 남 유다를 징계하기 위해서, 하나님은 그를 칠 막대기로 바벨론을 예비하신 상태였습니다. 그래서 선지자 예레미야가 회개하고 돌아서라고 그렇게 목이 터지도록 외쳤던 것입니다.

하지만 선지자가 부르면 부를수록, 그들은 점점 더 멀리 도망했습니다. '전장을 향하여 달려가는 말'같이, 죄악을 향하여 열심히 달려갔습니다. 표면상으로는 요시야 왕의 종교개혁이 진행되고 있었지만, 그것이 근본적으로 백성들의 삶을 돌이키기에는 역부족이었습니다.

✝ 내게 배역한 이스라엘이 간음을 행하였으므로, 내가 그를 내어 쫓고 이혼서까지 주었으되, 그 패역한 자매 유다가 두려워 아니하고, 자기도 가서 행음함을 내가 보았노라.(렘 3:8)

✝ 사자가 그 수풀에서 올라왔으며 열방을 멸하는 자가 나아왔으되, 네 땅을 황폐케 하려고 이미 그 처소를 떠나 나왔은즉, 네 성읍들이 황폐하여 거민이 없게 되리니(렘 4:7)

✝ 너는 또 그들에게 말하기를 여호와의 말씀에, 사람이 엎드러지면 어찌 일어나지 아니하겠으며, 사람이 떠나갔으면 어찌 돌아오지 아니하겠느냐. 이 예루살렘 백성이 항상 나를 떠나 물러감은 어찜이뇨. 그들이 거짓을 고집하고 돌아오기를 거절하도다. 내가 귀를 기울여 들은즉 그들이 정직을 말하지 아니하며, 그 악을 뉘우쳐서 나의 행한 것이 무엇인고 말하는 자가 없고, '전장을 향하여 달리는 말' 같이 각각 그 길로 행하도다. 공중의 학은 그 정한 시기를 알고, 반구와 제비와 두루미는 그 올 때를 지키거늘, 내 백성은 여호와의 규례를 알지 못하도다 하셨다 하라.(렘 8:4-7)

✝ 선지자들이 저희를 부를수록 저희가 점점 멀리하고, 바알들에게 제사하며 아로새긴 우상 앞에서 분향하였느니라.(호 11:2)

✝ 내 백성이 결심하고 내게서 물러가나니, 비록 저희를 불러 위에 계신 자에게로 돌아오라 할지라도, 일어나는 자가 하나도 없도다.(호 11:7)

그 안타까운 시대의 현실속에서, 다니엘의 부모는 다가오는 조국의 멸망을 바라보며, 자신들의 죄값에 비추어 하나님의 심판은 너무도 당연한 것임을 자신들의 입술로 고백했습니다. 또한 왕족인 그들은, 지도자로서 백성을 잘못 인도한 자신들의 죄와, 백성의 죄를 동시에 회개하였을 것입니다. 다니엘서 9장 다니엘의 기도가, 그의 부모의 기도 내용이었을 것입니다.

그리고 그 고백이 바로 「다니엘」이란 이름인 것입니다. 멸망할 조국에서 태어난 그 불쌍한 아이에게, 지어줄 마땅한 이름이 달리는 없었던 것입니다. "너희들만큼은 하나님을 두려워하는 가운데, 하나님의 뜻대로 살아서, 이러한 비극을 당하지 말라"는 주문인 것입니다. "너희들만큼은 이런 어리석음을 되풀이하지 말라"는 것입니다.

그러므로 다니엘이란 이름은, 그의 부모의 신앙 고백인 셈입니다. 그의 부모의 경건함을 나타내는 증거인 셈입니다. 다니엘의 부모가 여호와를 두려워하는, 경건하고 의로운 인물들이었다는 결론입니다. 그리고 다니엘이 그 영향을 크게 받은 것입니다.

② 부모의 양육

그러한 절망의 역사 속에서, 그의 부모가 태어난 아이를 위해서 할 수 있는 일은 거의 없었습니다. 끓는 가마가 이미 북에서부터 기울어져 있었습니다. 멸망시키는 사자가 이미 그 처소를 떠나서 다가오는 중이었습니다. 역사의 회복이 불가능한 것입니다. 무엇을 가지고 조국을 다시 일으키겠습니까? 경제력입니까? 국방력입니까? 방법이 없었습니다. 새롭게 일어난 바벨론제국에 의해, 조국이 멸망당하는 것은 시간 문제였습니다.

그렇다면 자신들은 포로로 끌려 가든지, 아니면 전쟁의 과정에서 죽게 된다 할지라도, 그 아이들은 어떻게 한다는 말입니까? 그 아이들에게 무슨 잘못이 있습니까? 시대를 잘못 태어난, 참으로 불쌍한 아이들입니다. 어른들이 저지른 죄 값에, 죄 없는 어린 자녀들이 희생을 당하게 된 것입니다. 부모들의 고민이 깊어진 것입니다.

> † 여호와의 말씀이 다시 내게 임하니라 이르시되, 네가 무엇을 보느냐 대답하되 〈끓는 가마〉를 보나이다 그 면이 북에서부터 기울어졌나이다. 여호와께서 내게 이르시되 재앙이 북방에서 일어나 이 땅의 모든 거민에게 임하리라. 나 여호와가 말하노라 내가 북방 모든 나라의 족속을 부를 것인즉, 그들이 와서 예루살렘 성문 어귀에 각기 자리를 정하고, 그 사면 성벽과 유다 모든 성읍을 치리라.(렘 1:13-15)

✝ 사자가 그 수풀에서 올라왔으며 〈열방을 멸하는 자〉가 나아왔으되, 네 땅을 황폐케 하려고 이미 그 처소를 떠나 나왔은즉, 네 성읍들이 황폐하여 거민이 없게 되리니(렘 4:7)

✝ 내가 이 〈잡힐 양떼〉를 먹이니 참으로 가련한 양이라. 내가 이에 막대기 둘을 취하여 하나는 은총이라 하며 하나는 연락이라 하고 양떼를 먹일새(슥 11:7)

하지만 부모가 그 자녀를 위해서 할 수 있는 일이 딱 한 가지가 있었습니다. 바로 자녀들을 철저하게 신앙으로 양육시키는 일입니다. 철저하게 말씀으로 무장시키는 일입니다. 그리하여 포로 이후의 시대를 대비한 것입니다. 회복의 은총을 바라보며, 조국의 장래 역사를 대비한 것입니다.

다니엘의 부모가 다니엘을 그렇게 양육시켰습니다. 철저하게 신앙으로 양육시켰습니다. "너희들은 하나님의 말씀에 순종하여, 이러한 역사의 아픔을 되풀이하지 말라"는 것입니다. "너희들은 포로로 잡혀간다 할지라도, 절대로 우상 숭배를 하지 말라"는 것입니다. "모세의 율법을 철저하게 준수하라"는 것입니다. "기록된 성경의 모든 말씀을 철저히 준행하라"는 것입니다.

경건한 다니엘의 부모는 다니엘을 어릴적부터 그렇게 신앙으로 양육시켰습니다. 그래서 그의 이름까지 '다니엘'(=하나님은 나의 심판자)이라 지어준 것입니다. 회복의 은총을 바라보며, 그의 부모가 취한 참으로 지혜로운 처사였습니다.

✝ 나 여호와가 이같이 말하노라. 바벨론에서 칠십 년이 차면, 내가 너희를 권고하고 나의 선한 말을 너희에게 실행하여, 너희를 이곳

으로 돌아오게 하리라. 나 여호와가 말하노라 너희를 향한 나의
생각은 내가 아나니, 재앙이 아니라 곧 평안이요 너희 장래에 소망
을 주려하는 생각이라. 너희는 내게 부르짖으며 와서 내게 기도하
면 내가 너희를 들을 것이요, 너희가 전심으로 나를 찾고 찾으면
나를 만나리라. 나 여호와가 말하노라 내가 너희에게 만나지겠고
너희를 포로된 중에서 다시 돌아오게 하되, 내가 쫓아 보내었던
열방과 모든 곳에서 모아, 사로잡혀 떠나게 하던 본 곳으로 돌아오
게 하리라. 여호와의 말이니라 하셨느니라.(렘 29:10-14)

✝ 유다 왕 요시야의 아들 〈여호야김 사년〉 곧 바벨론 왕 〈느부갓
네살 원년〉에 유다 모든 백성에 관한 말씀이 예레미야에게 임하니
라. 선지자 예레미야가 유다 모든 백성과 예루살렘 모든 거민에게
고하여 가로되… 보라 내가 보내어 북방 모든 족속과 내 종 바벨
론 왕 느부갓네살을 불러다가, 이 땅과 그 거민과 사방 모든 나라
를 쳐서 진멸하여, 그들로 놀램과 치소거리가 되게 하며 땅으로 영
영한 황무지가 되게 할 것이라. 내가 그들 중에서 기뻐하는 소리와
즐거워하는 소리와 신랑의 소리와 신부의 소리와 맷돌소리와 등
불 빛이 끊쳐지게 하리니, 이 온 땅이 황폐하여 놀램이 될 것이며,
이 나라들은 칠십 년 동안 바벨론 왕을 섬기리라. 나 여호와가 말
하노라 칠십 년이 마치면 내가 바벨론 왕과 그 나라와 갈대아인의
땅을 그 죄악으로 인하여 벌하여 영영히 황무케 하되, 내가 그 땅
에 대하여 선고한 바 곧 예레미야가 열방에 대하여 예언하고 이 책
에 기록한 나의 모든 말을 그 땅에 임하게 하리니(렘 25:1-13)

해설 다니엘이 포로로 잡혀가던 바로 그 해에, 예레미야가 유다의 모든
백성과 예루살렘의 모든 거민에게 선포한 메시지입니다. 다니엘은 이 메
시지까지 듣고서, 바로 그 해에 포로로 잡혀간 것으로 보입니다.

✝ 고레스에 대하여는 이르기를 그는 나의 목자라 나의 모든 기쁨
을 성취하리라 하며, 예루살렘에 대하여는 이르기를 중건 되리라
하며, 성전에 대하여는 이르기를 네 기초가 세움이 되리라 하는
자니라. 나 여호와는 나의 기름 받은 고레스의 오른손을 잡고, 열
국으로 그 앞에 항복하게 하며 열왕의 허리를 풀며 성 문을 그 앞
에 열어서 닫지 못하게 하리라. 내가 고레스에게 이르기를, 내가

네 앞서 가서 험한 곳을 평탄케 하며 놋문을 쳐서 부수며 쇠빗장을 꺾고 네게 흑암 중의 보화와 은밀한 곳에 숨은 재물을 주어서, 너로 너를 지명하여 부른 자가 나 여호와 이스라엘의 하나님인 줄 알게 하리라. 내가 나의 종 야곱, 나의 택한 이스라엘을 위하여 너를 지명하여 불렀나니, 너는 나를 알지 못하였을지라도 나는 네게 칭호를 주었노라. 나는 여호와라 나 외에 다른 이가 없나니 나 밖에 신이 없느니라. 너는 나를 알지 못하였을지라도 나는 네 띠를 동일 것이요, 해 뜨는 곳에서든지 지는 곳에서든지 나 밖에 다른 이가 없는 줄을 무리로 알게 하리라. 나는 여호와라 다른 이가 없느니라.(사 44:28-45:6)

✝ 내가 의로 그(=고레스)를 일으킨지라. 그(=고레스)의 모든 길을 곧게 하리니, 그(=고레스)가 나의 성읍을 건축할 것이며, 나의 사로잡힌 자들을 값이나 갚음 없이 놓으리라, 만군의 여호와의 말이니라 하셨느니라.(사 45:13)

[현대인의 성경]사 45:13
"내가 나의 의로운 목적을 이루기 위해서 키루스를 일으켰다. 내가 그의 모든 길을 곧게 할 것이니 그가 내 성 예루살렘을 재건하고 포로로 잡혀 있는 내 백성을 아무런 값이나 대가를 받지 않고 거저 놓아 줄 것이다. 이것은 전능한 나 여호와의 말이다."

해설 고레스를 도구로 사용하여, 이스라엘을 해방시키는 것이 하나님의 경륜이었습니다. 그가 아무런 대가도, 보상도, 선물도 받지 아니하고, 이스라엘을 거저 해방시킬 것입니다.
- 경건한 다니엘의 부모는 이 사실을 이미 잘 알고 있었습니다. 그래서 포로 이후의 세대를 바라보며 다니엘을 철저히 말씀으로 양육시킨 것입니다.

부모의 그러한 바램은 역사의 과정에서 놀랍게 실현되었습니다. 때가 됨에 하나님께서는 그들(=다니엘과 그의 3친구들)을 바벨론으로 옮기셨습니다. 표면상으로는 느부갓네살에 의한 〈바벨론 1차 포로〉이지만, 하나님의 계획 가운데 진행된 사건입니다.

하나님께서 잘 준비된 '그 좋은 묘목'을 바벨론에 옮겨 심으신 것입니다. '그 좋은 모판'을 기름진 땅에 옮겨 심으신 것입니다. 그리고 그들을 사용하신 것입니다. 그들을 통하여 본격적으로 당신의 영광을 드러내신 것입니다.

그들로 인하여 하나님의 영광이 온 천하에 드러났습니다. 하나님의 영광이 극도로 높아졌습니다. 이스라엘 땅에서 멸시받던 여호와의 이름이 크게 존귀하게 되었습니다. 그리고 이스라엘은 70년 포로 생활을 성공리에 마치고, 마침내 조국으로 귀환하게 되었습니다. 꺼져가던 역사의 등불이 다시 회복된 것입니다.

† 유다 왕 여호야김이 위에 있은 지 삼년에 바벨론 왕 느부갓네살이 예루살렘에 이르러 그것을 에워쌌더니, '주께서' 유다 왕 여호야김과 하나님의 전 기구 얼마를 그의 손에 붙이시매, 그가 그것을 가지고 시날 땅 자기 신의 묘에 이르러 그 신의 보고에 두었더라. 왕이 환관장 아스부나스에게 명하여 이스라엘 자손 중에서 왕족과 귀족의 몇 사람, 곧 흠이 없고 아름다우며 모든 재주를 통달하며 지식이 구비하며 학문에 익숙하여 왕궁에 모실 만한 소년을 데려오게 하였고, 그들에게 갈대아 사람의 학문과 방언을 가르치게 하였고(단 1:1-4)

† 왕이 대답하여 다니엘에게 이르되, 너희 하나님은 참으로 모든 신의 신이시요 모든 왕의 주재시로다. 네가 능히 이 은밀한 것을 나타내었으니, 네 하나님은 또 은밀한 것을 나타내시는 자시로다.(단 2:47)

† 내가 이제 조서를 내리노라. 내 나라 관할 아래 있는 사람들은 다 다니엘의 하나님 앞에서 떨며 두려워할지니, 그는 사시는 하나님이시요 영원히 변치 않으실 자시며, 그 나라는 망하지 아니할 것이요 그 권세는 무궁할 것이며, 그는 구원도 하시며 건져내기도 하

시며 하늘에서든지 땅에서든지 이적과 기사를 행하시는 자로서, 다니엘을 구원하여 사자의 입에서 벗어나게 하셨음이니라 하였더라.(단 6:26-27)

✝ 너희는 목도하고 이르기를 여호와께서는 이스라엘 지경 밖에서 크시다 하리라.(말 1:5)

✝ 만군의 여호와가 이르노라. 해 뜨는 곳에서부터 해 지는 곳까지의 이방 민족 중에서 내 이름이 크게 될 것이라. 각처에서 내 이름을 위하여 분향하며 깨끗한 제물을 드리리니, 이는 내 이름이 이방 민족 중에서 크게 될 것임이니라.(말 1:11)

2. 믿음의 선각자들

또한 그가 청소년으로 성장하는 과정에서, 그를 신앙으로 지도한 선각자들이 있었을 것입니다. 그에게 영향을 끼친 주인공들이 있었을 것입니다. 그에게 영향을 끼친 사건의 주인공이 있었을 것입니다. 참으로 큰 일을 한 주인공들입니다.

선지자 예레미야는 그 중에 빼놓을 수 없는 인물이었을 것입니다. 경건한 요시야 왕의 갑작스러운 죽음은, 10대 청소년인 다니엘에게도 큰 충격으로 와 닿는 사건이었을 것입니다. 다음 장에서 다루겠습니다.

19
시대적 배경

다니엘은 BC 621년 요시야 왕의 〈제2차 종교 개혁〉이 시작되기 직전에 태어났을 것으로 추측이 됩니다. 그때는 성전에서 율법책이 발견되어, 요시야 왕의 종교개혁에 불을 당기는 아주 중요한 시기였습니다. 또한 예레미야 선지자가 왕궁을 출입하며, 활발하게 사역을 펼치던 시기였습니다.

국제적으로는, 1000년 제국 앗수르가 내분으로 인하여 쇠퇴하고, BC 612년 앗수르의 수도인 니느웨가 바벨론-메대 연합군에게 함락당하면서, 바벨론제국이 새로운 강자로 떠오르던 시기였습니다.

또한 유대의 마지막 등불이었던 요시야 왕이 므깃도 전투에서 전사해, 이스라엘 역사의 희망이 사라져버린 시기였습니다. 그러는 중에 하나님의 예정하신 뜻이 있어서, 다니엘이 바벨론 1차 포로로 잡혀가게 되었습니다.

1. 요시야의 종교개혁

1) 성전 정화(1차 개혁)

유다의 16번째 왕인 요시야는, 기원전 640년에서 609년까지 31년을 통치한, 유다의 가장 선한 왕이었습니다. 부친인 아몬 왕이 신복들의 반역으로 왕궁에서 죽임을 당하자, 그는 8세의 어린 나이에 갑자기 왕이 되었습니다. 하지만 그는 대제사장 힐기야와 서기관 사반의 조언을 들어가며, 어린 나이임에도 불구하고 나라를 잘 다스렸습니다.

재위 8년 그의 나이 16살 때에 벌써 그의 조상 다윗의 하나님을 찾기 시작했고, 재위 12년 그의 나이 20살 때에는 유다와 예루살렘을 정결케 하는 종교개혁에 착수하였습니다. 그의 선조인 므낫세와 아몬 왕에 의하여, 60여 년 동안 더럽혀진 성전과 유다 온 땅을 정화한 것입니다. 또한 그는 앗수르제국이 약해진 틈을 타서, 북쪽 이스라엘 지역까지 개혁의 손길을 뻗쳤습니다. 그것이 약 6년 정도 소요된, 요시야 왕의 〈1차 종교 개혁〉입니다.

바로 이 시기의 끝 무렵에, 다니엘이 태어난 것으로 보입니다. 다니엘과 그의 친족인 세 친구들은, 이러한 개혁의 시기에 태어나서 자란, 종교개혁 세대인 셈입니다.

> † 요시야가 위에 나아갈 때에 나이 팔 세라. 예루살렘에서 삼십일 년을 치리하며, 여호와 보시기에 정직히 행하여 그 조상 다윗의 길로 행하여 좌우로 치우치지 아니하고, 오히려 어렸을 때 곧 위에 있은지 팔 년에 그 조상 다윗의 하나님을 비로소 구하고, 그 십이 년에 유다와 예루살렘을 비로소 정결케하여, 그 산당과 아세라 목

상들과 아로새긴 우상들과 부어 만든 우상들을 제하여 버리매, 무리가 왕의 앞에서 바알들의 단을 훼파하였으며 왕이 또 그 단 위에 높이 달린 태양상들을 찍고, 또 아세라 목상들과 아로새긴 우상들과 부어 만든 우상들을 빻아 가루를 만들어 거기 제사하던 자들의 무덤에 뿌리고, 제사장들의 뼈를 단 위에서 불살라 유다와 예루살렘을 정결케 하였으며, 또 므낫세와 에브라임과 시므온과 납달리까지 사면 황폐한 성읍들에도 그렇게 행하여, 단들을 훼파하며 아세라 목상들과 아로새긴 우상들을 빻아 가루를 만들며, 온 이스라엘 땅에 있는 모든 태양상을 찍고 예루살렘으로 돌아왔더라.(대하 34:1-7)

2) 율법책의 발견

그러던 중 요시야 왕의 재위 18년에, 성전에서 〈여호와의 율법책〉이 발견되었습니다. 신명기를 포함한 모세 5경으로, 므낫세 왕의 박해 때에 누군가가 몰래 성전에 숨겨둔 것으로 추측이 됩니다. 그렇다면 그 이전에는 '성전에 율법책도 없었다'는 이야기입니다. 참으로 한심할 노릇입니다.

악한 왕 므낫세와 그 아들 아몬의 치하에서, 성전에는 율법책도 없고, 예배도 없고, 하나님께 드리는 제사도 없이, 하나님의 성전이 완전히 우상의 소굴로 전락했던 것입니다. 그것을 요시야 왕이 종교개혁을 통해서 회복한 것입니다. 그리고 이 중요한 시기에, 다니엘이 출생한 것입니다.

✝ 무리가 여호와의 전에 연보한 돈을 꺼낼 때에, 제사장 힐기야가 모세의 전한 〈여호와의 율법책〉을 발견하고, 서기관 사반에게 일러 가로되, 내가 여호와의 전에서 율법책을 발견하였노라 하고 그

책을 사반에게 주매, 사반이 책을 가지고 왕에게 나아가서 복명하여 가로되, 왕께서 종들에게 명하신 것을 종들이 다 준행하였나이다. 또 여호와의 전에 있던 돈을 쏟아서 감독자와 공장의 손에 붙였나이다 하고, 서기관 사반이 또 왕에게 고하여 가로되, 제사장 힐기야가 내게 책을 주더이다 하고, 사반이 왕의 앞에서 읽으매, 왕이 율법의 말씀을 듣자 곧 자기 옷을 찢더라.(대하 34:14-19)

✝ 왕이 힐기야와 사반의 아들 아히감과 미가의 아들 압돈과 서기관 사반과 왕의 시신 아사야에게 명하여 가로되, 너희는 가서 나와 및 이스라엘과 유다의 남은 자를 위하여, 이 발견한 책의 말씀에 대하여 여호와께 물으라. 우리 열조가 여호와의 말씀을 지키지 아니하고, 이 책에 기록된 모든 것을 준행치 아니하였으므로, 여호와께서 우리에게 쏟으신 진노가 크도다. 이에 힐기야와 왕의 보낸 사람들이 〈여선지자 훌다〉에게로 나아가니, 저는 하스라의 손자 독핫의 아들 예복을 주관하는 살룸의 아내라. 예루살렘 둘째 구역에 거하였더라. 저희가 그에게 이 뜻으로 고하매, 훌다가 저희에게 이르되, 이스라엘 하나님 여호와의 말씀으로 너희는 너희를 내게 보낸 사람에게 고하기를, 여호와의 말씀이 내가 이곳과 그 거민에게 재앙을 내리되 곧 유다 왕 앞에서 읽은 책에 기록된 모든 저주대로 하리니, 이는 이 백성이 나를 버리고 다른 신에게 분향하며, 그 손의 모든 소위로 나의 노를 격발하였음이라. 그러므로 나의 노를 이곳에 쏟으매 꺼지지 아니하리라 하라 하셨느니라.(대하 34:20-25)

3) 하나님과의 언약

경건한 요시야 왕은 율법의 말씀을 듣자 곧 자신의 옷을 찢었습니다. 그리고 율법에 기록된 하나님의 뜻을 구체적으로 묻기 위해서, 제사장과 방백들을 당시의 여선지자 훌다에게 보냈습니다. (여선지 훌다를 통해)하나님의 뜻을 확인한 요시야 왕은, 유다의 모든 백성을 성전에 불러 모으고, 자신이 직접 율법의 모든 말씀을 읽어서 백성의 귀에 들리게 하였습니다. 그리고 율법의 모든 말씀을 성실히 준행하기로, 모든 백성이 보는 앞에서 하나님과 언약을 세웠습니다. 또한 모든 백성으로 그 언약에 참어하게 하였습니다. 그리하여 그가 살아 있는 동안에는 백성이, 그들의 선조들의 하나님을 배신하지 않았습니다.

† 왕이 보내어 유다와 예루살렘의 모든 장로를 불러 모으고, 이에 여호와의 전에 올라가매, 유다 모든 사람과 예루살렘 거민과 제사장들과 레위 사람들과 모든 백성이 무론노소하고 다 함께한지라. 왕이 여호와의 전 안에서 발견한 〈언약책의 모든 말씀〉을 읽어 무리의 귀에 들리고, 왕이 자기 처소에 서서 여호와 앞에서 언약을 세우되, 마음을 다하고 성품을 다하여 여호와를 순종하고, 그 계명과 법도와 율례를 지켜 이 책에 기록된 언약의 말씀을 이루리라 하고, 예루살렘과 베냐민에 있는 자들로 다 이에 참가하게 하매, 예루살렘 거민이 하나님 곧 그 열조의 하나님의 언약을 좇으니라. 이와 같이 요시야가 이스라엘 자손에게 속한 모든 땅에서 가증한 것을 다 제하여 버리고, 이스라엘의 모든 사람으로 그 하나님 여호와를 섬기게 하였으므로, 요시야가 사는 날에 백성이 그 열조의 하나님 여호와께 복종하고 떠나지 아니하였더라.(대하 34:29-33)

4) 제2차 종교개혁

온 백성으로 더불어 하나님과의 언약을 세운 요시야 왕은, 성전을 포함한 예루살렘과 유다 전역, 그리고 북 이스라엘에 이르기까지 대대적인 정화 작업을 펼쳤습니다. 모든 우상과 우상 숭배의 잔재를 일소한 것입니다.

특별한 것은, 지금까지 아무도 손을 대지 못했던 〈벧엘의 산당〉까지 철폐한 것입니다. 그 일은 성경에서 이미 예언이 된 부분으로, 300여년 후에 그 예언이 성취된 셈입니다. 재위 12년에 이어, 재위 18년 이후에 펼친, 그의 2차종교개혁입니다. 다니엘이 출생하여 성장하는 어린 시기 입니다.

† 왕이 대제사장 힐기야와 모든 버금 제사장들과 문을 지킨 자들에게 명하여, 바알과 아세라와 하늘의 일월성신을 위하여 만든 모든 기명을 여호와의 전에서 내어다가 예루살렘 바깥 기드론 밭에서 불사르고, 그 재를 벧엘로 가져가게 하고, 옛적에 유다 왕들이 세워서 유다 모든 고을과 예루살렘 사면 산당에서 분향하며 우상을 섬기게 한 제사장들을 폐하며, 또 바알과 해와 달과 열두 궁성과 하늘의 모든 별에게 분향하는 자들을 폐하고, 또 여호와의 전에서 아세라 상을 내어 예루살렘 바깥 기드론 시내로 가져다가, 거기서 불사르고 빻아서 가루를 만들어 그 가루를 평민의 묘지에 뿌리고, 또 여호와의 전 가운데 미동의 집을 헐었으니 그곳은 여인이 아세라를 위하여 휘장을 짜는 처소이었더라. 유다 각 성읍에서 모든 제사장을 불러오고, 또 제사장이 분향하던 산당을 게바에서부터 브엘세바까지 더럽게 하고, 또 성문의 산당들을 헐어 버렸으니 이 산당들은 부윤 여호수아의 대문 어귀 곧 성문 왼편에 있었더라. 산당의 제사장들은 예루살렘 여호와의 단에 올라가지 못하고, 다만 그 형제 중에서 무교병을 먹을 뿐이었더라. 왕이 또 힌놈의 아들 골짜기의 도벳을 더럽게 하여, 사람으로 몰록에게 드리기 위하여 그 자녀를 불로 지나가게 하지 못하게 하고, 또 유다 열왕이 태양을 위하여 드린 말들을 제하여 버렸으니, 이 말들은 여호와의 전으로 들어가는 곳의 근처 시종 나단멜렉의 집 곁에 있던 것이며, 또 태양 수레를 불사르고, 유다 열왕이 아하스의 다락지붕에 세운 단들과 므낫세가 여호와의 전 두 마당에 세운 단들을 왕이 다 헐고, 거기서 빻아내려서 그 가루를 기드론 시내에 쏟아 버리고, 또 예루살렘 앞 멸망 산 우편에 세운 산당을 더럽게 하였으니, 이는 옛적에 이스라엘 왕 솔로몬이 시돈 사람의 가증한 아스

다롯과 모압 사람의 가증한 그모스와 암몬 자손의 가증한 밀곰을 위하여 세웠던 것이며, 왕이 또 석상들을 깨뜨리며 아세라 목상들을 찍고 사람의 해골로 그곳에 채웠더라. 이스라엘로 범죄케 한 느밧의 아들 여로보암이 〈벧엘에 세운 단과 산당〉을 왕이 헐고, 또 그 산당을 불사르고 빻아서 가루를 만들며 또 아세라 목상을 불살랐더라. 요시야가 몸을 돌이켜 산에 있는 묘실들을 보고, 보내어 그 묘실에서 해골을 취하여다가 단 위에 불살라 그 단을 더럽게 하니라. 이 일을 하나님의 사람이 전하였더니 그 전한 여호와의 말씀대로 되었더라. 요시야가 이르되 내게 보이는 저것은 무슨 비석이냐. 성읍 사람들이 고하되 왕께서 벧엘의 단에 향하여 행하신 이 일을 전하러 유다에서 왔던 하나님의 사람의 묘실이니이다. 가로되 그대로 두고 그 뼈를 옮기지 말라 하매, 무리가 그 뼈와 사마리아에서 온 선지자의 뼈는 그대로 두었더라. 전에 이스라엘 열왕이 사마리아 각 성읍에 지어서 여호와의 노를 격발한 산당을 요시야가 다 제하되 벧엘에서 행한 모든 일대로 행하고, 또 거기 있는 산당의 제사장들을 다 단 위에서 죽이고 사람의 해골을 단 위에 불사르고 예루살렘으로 돌아왔더라.(왕하 23:4-20)

해설 역대 어느 왕이나 선지자도 손을 대지 못한 〈벧엘의 산당〉까지 요시야 왕이 나서서 철폐하였습니다. 선지자의 예언이 300여 년 후에 성취 된 것입니다.

✝ 때에 〈하나님의 사람〉이 여호와의 말씀으로 인하여 유다에서부터 벧엘에 이르니, 마침 여로보암이 단 곁에 서서 분향하는지라. 하나님의 사람이 단을 향하여 여호와의 말씀으로 외쳐 가로되, 단 아 단아 여호와께서 말씀하시기를, 다윗의 집에 요시야라 이름하는 아들을 낳으리니, 저가 네 위에 분향하는 산당 제사장을 네 위에 제사할 것이요, 또 사람의 뼈를 네 위에 사르리라 하셨느니라 하고(왕상 13:1-2)

5) 개혁의 한계

이 시기에 태어나서 자란 다니엘과 그의 친구들은, 결과적으로 그 혜택을 본 셈입니다. 성전에서 율법책이 발견된 이후에 본격화된 요시야 왕의 개혁은, 그 주제가 '율법으로 돌아가자'였기 때문입니다. 당연히 백성들 사이에서 율법에 관한 관심이 높아지고, 자녀들에게도 율법을 가르치는 분위기가 조성되었을 것입니다.

왕족이요 지도층이면서도 경건했던 다니엘의 부모들은, 더욱 그러했을 것입니다. 다니엘이 그 혜택을 본 셈입니다. 다니엘이 어린 시기에 하나님의 말씀으로 철저하게 무장될 수 있었던 배경입니다. 그것은 포로기를 대비한 하나님의 놀라운 섭리였습니다.

하지만 요시야 왕의 종교 개혁은 분명히 한계를 지닌 개혁이었습니다. 표면적으로는 성공적인 개혁처럼 보였지만, 백성들의 마음 밭을 근본적으로 기경하는 데는 역부족이었습니다. 왜냐하면, 악한 므낫세 왕과 아몬 왕이 60여 년 간 뿌려 놓은 우상 숭배의 잔재가 너무나도 컸기 때문입니다. 장구한 세월 단단하게 굳어진 우상 숭배의 토양을, 짧은 기간에 기경하기란 결코 쉬운 일이 아니었기 때문입니다.

장구한 세월 동안 우상 숭배에 찌든 백성들의 마음을 근본적으로 정화한다는 것은 사실상 불가능한 일이었습니다. 요시야 왕의 시대에 선포된 예레미야서의 말씀을 보아도, 그것이 확인이 됩니다. 여호와께서도 그 사실을 인정하셔서, 요시야의 개혁이 있었음에도 불구하고, 유다를 멸하시기로 결심을 굳히십니다.

> ✝주 여호와 내가 말하노라. 네가 잿물로 스스로 씻으며 수다한 비누를 쓸지라도, 네 죄악이 오히려 내 앞에 그저 있으리니(렘 2:22) 구스인이 그 피부를, 표범이 그 반점을 변할 수 있느뇨. 할 수 있을진대 악에 익숙한 너희도 선을 행할 수 있으리라.(렘 13:23)

✝ 요시야 왕 때에 여호와께서 또 내게 이르시되, 네가 배역한 이스라엘의 행한 바를 보았느냐. 그가 모든 높은 산에 오르며 모든 푸른 나무 아래로 가서 거기서 행음하였도다. 그가 이 모든 일을 행한 후에 내가 말하기를, 그가 내게로 돌아오리라 하였으나 오히려 내게로 돌아오지 아니하였고, 그 패역한 자매 유다는 그것을 보았느니라. 내게 배역한 이스라엘이 간음을 행하였으므로 내가 그를 내어 쫓고 이혼서까지 주었으되, 그 패역한 자매 유다가 두려워 아니하고 자기도 가서 행음함을 내가 보았노라. 그가 돌과 나무로 더불어 행음함을 가볍게 여기고 행음하여 이 땅을 더럽혔거늘, 이 모든 일이 있어도 그 패역한 자매 유다가 진심으로 내게 돌아오지 아니하고 거짓으로 할 뿐이니라 여호와의 말이니라.(렘 3:6-10)

요시야 왕의 종교 개혁을 통하여 유다 백성들이 표면적으로는 돌아오는 것처럼 보였으나, 그 중심은 여전히 우상 숭배에 젖어 있었습니다. 그들을 정화한다는 것은, 구스인이 자신의 검은 피부를 희게 하는 것보다 더 어려운 일이었습니다. 표범이 자신의 얼룩을 지우는 것보다 더 힘든 일이었습니다.

그래서 여호와께서도 (그들을 돌이키는 것을)단념하시고, 그들을 멸하시기로 결심을 굳히십니다. 그리고 개혁을 하느라 수고한 요시야 왕을, 당신의 방법으로 데러가십니다. 더 이상 헛된 수고를 하지 말라는 배려인 셈입니다.

✝ 그러나 여호와께서 유다를 향하여 진노하신 그 크게 타오르는 진노를 돌이키지 아니하셨으니, 이는 므낫세가 여호와를 격노케 한 그 모든 격노를 인함이라. 여호와께서 가라사대, 내가 이스라엘을 물리친 것 같이 유다도 내 앞에서 물리치며, 내가 뺀 이 성 예루살렘과 내 이름을 거기 두리라 한 이 전을 버리리라 하셨더라.(왕하 23:26-27)

✝ 여호야김 시대에 바벨론 왕 느부갓네살이 올라오매 여호야김이 삼 년을 섬기다가 돌이켜 저를 배반하였더니, 여호와께서 그 종 선지자들로 하신 말씀과 같이 갈대아의 부대와 아람의 부대와 모압의 부대와 암몬자손의 부대를 여호야김에게로 보내어 유다를 쳐 멸하려 하시니, 이 일이 유다에 임함은 곧 여호와의 명하신바로 저희를 자기 앞에서 물리치고자 하심이니, 이는 〈므낫세의 지은 모든 죄〉로 인함이며, 또 저가 무죄한 자의 피를 흘려 그 피로 예루살렘에 가득하게 하였음이라. 여호와께서 사하시기를 즐겨하지 아니하시니라.(왕하 24:1-4)

2. 요시야 왕의 죽음

그런 과정에, 개혁을 추진하던 요시야 왕이 갑자기 전사합니다. 기원전 609년 〈므깃도 전투〉에서, 자국의 영토를 통과하여 북상 중이던 애굽 군대를 저지하다가, 한 병사가 쏜 화살에 맞아서 전사한 것입니다. 그의 통치 31년, 39세의 젊은 나이에 그렇게 죽은 것입니다. 이스라엘 역사의 마지막 등불이 그렇게 꺼져버린 것입니다. 회복의 소망이 영영 사라져 버린 것입니다. 동시에, 그가 추진했던 개혁도 그렇게 끝나버린 것입니다.

참으로 안타까운 일이었습니다. 그래서 온 국민이 크게 애통해하고, 예레미야는 그를 위하여 애가를 지어 백성들에게 부르도록 하였습니다. 그것은 이스라엘 역사 가운데서도 가장 큰 애통이었기에, 스가랴 선지자도 '므깃도 골짜기의 큰 애통'이라는 표현을 쓰고 있습니다.

✝ 이 모든 일 후 곧 요시야가 전을 정돈하기를 마친 후에, 애굽 왕

느고가 유브라데 강가의 갈그미스를 치러 올라온고로 요시야가 나가서 방비하였더니, 느고가 요시야에게 사자를 보내어 가로되, 유다 왕이여 내가 그대와 무슨 관계가 있느뇨. 내가 오늘날 그대를 치려는 것이 아니요, 나로 더불어 싸우는 족속을 치려는 것이라. 하나님이 나를 명하사 속히 하라 하셨은즉, 하나님이 나와 함께 계시니 그대는 하나님을 거스리지 말라. 그대를 멸하실까 하노라 하나, 요시야가 몸을 돌이켜 떠나기를 싫어하고 변장하고 싸우고자 하여, 하나님의 입에서 나온 느고의 말을 듣지 아니하고 〈므깃도 골짜기〉에 이르러 싸울 때에, 활 쏘는 자가 요시야 왕을 쏜지라. 왕이 그 신복에게 이르되 내가 중상하였으니 나를 도와 나가게 하라. 그 신복이 저를 병거에서 내리게 하고 저의 버금 병거에 태워 예루살렘에 이른 후에 저가 죽으니 그 열조의 묘실에 장사하니라. 온 유다와 예루살렘 사람들이 요시야를 슬퍼하고, 예레미야는 저를 위하여 애가를 지었으며, 노래하는 남자와 여자는 요시야를 슬피 노래하니, 이스라엘에 규례가 되어 오늘날까지 이르렀으며, 그 가사는 애가 중에 기록되었더라. (대하 35:20-25)

✝ 그 날에 예루살렘에 〈큰 애통〉이 있으리니 므깃도 골짜기 하다드림몬에 있던 애통과 같을 것이라. (슥 12:11)

그것은 당시에 10대 청소년이었던 다니엘에게도 큰 충격이었을 것입니다. 자신의 친족이자 숙부 격인 요시야 왕의 경건한 삶은, 자신에게도 큰 영향을 끼쳤기 때문입니다. 그때 다니엘의 나이가 13세쯤으로 추정됩니다. 그로부터 4년 후인 BC 605년에 다니엘이 포로로 잡혀갔기 때문입니다.

요시야 왕의 개혁이 비록 표면적이었고, 그의 죽음으로 끝나 버린 실패한 개혁이었다 할지라도, 그의 경건한 삶은 많은 사람들에게 영향을 끼쳤습니다. 특별히 다니엘에게 큰 영향을 끼쳤음이 분명합니다. 다니엘의 경건하고 깨끗한 믿음이, 경건한 요시야 왕을 닮은 구석이 많기 때문입니다. 그들은 왕족으로서 서로 가까운 친족 사이였기 때문입니다.

요시야 왕의 율법에 대한 헌신은, 다니엘이 말씀을 사랑하고 철저하게 말씀의 사람이 된 배경인 셈입니다. 또한 지혜롭고 민첩하며 용모까지 뛰어난 다니엘을, 그의 숙부 격인 요시야 왕이 평소에도 각별하게 아끼고 사랑했을 것입니다. 다니엘이란 인물이 세워지는 데, 요시야 왕이 큰 몫을 했다는 결론입니다.

그런데 그런 요시야 왕이 그렇게 세상을 떠난 것입니다. 그런 방법으로 하나님께서 그를 데려가신 것입니다. 그를 존경하고 그의 믿음을 흠모했던 다니엘에게는 그만큼 큰 충격의 사건이었을 것입니다.

요시야 왕의 죽음에 대해서는 우리가 많이 의아합니다. 많이 아쉽기도 합니다. 그 중요한 시기에 그런 방법으로 그를 데려가신 하나님의 의도가 궁금하기도 합니다. 분명코 거기에는 하나님의 어떠한 숨은 뜻이 있었을 것입니다. 참새 한 마리도 하나님의 허락 없이는 땅에 떨어지지 아니하는데, 하물며 하나님의 뜻이 아니고서야 요시야 왕이 그렇게 전사할 수가 있겠습니까?

거기에는 분명코 하나님의 깊은 뜻이 있었을 것입니다. 바로, 악인의 심판과 의인의 노고에 대한 보상입니다. "네가(=요시야) 개혁을 하려고 애쓰지만, 그것은 결코 성공할 수가 없는 일이니, 이제 수고를 멈추고 내게로 돌아오라"는 하나님의 배려인 셈입니다. "내가 이 민족을 심판하기로 결심한 이상, 앞으로 엄청난 재앙이 닥칠 터인데, 네가 더 살아서 그러한 재앙을 만나지 말고, 지금 내 곁으로 돌아오라"는 하나님의 초대인 셈입니다.

그의 나이 39세, 히스기야가 병들어서 하나님 앞에 간구했을 때의

나이와 동일한 나이입니다. 히스기야에게는 기도를 들으시고 그의 생
명을 15년이나 연장시켜 주셨지만, 요시야에게는 그럴 기회조차 없이
그냥 그렇게 데려가셨습니다. 그것이 하나님의 긍휼이었습니다. 그것이
요시야의 수고에 대한 보상인 셈이었습니다.

✝ 의인이 죽을지라도 마음에 두는 자가 없고, 자비한 자들이 취하
여감을 입을지라도 그 의인은 화액 전에 취하여 감을 입은 것인 줄
로 깨닫는 자가 없도다. 그는 평안에 들어갔나니 무릇 정로로 행
하는 자는 자기들의 침상에서 편히 쉬느니라.(사 57:1-2)

[표준새번역]사 57:1-2
의인이 망해도 그것을 마음에 두는 자가 없고, 경건한 사람이 이 세상을 떠나
도 그 뜻을 깨닫는 자가 없다. 의인이 세상을 떠나는 것은, 실상은 재앙을 피하
여 가는 것이다. 그는 평화로운 곳으로 들어가는 것이다. 바른길을 걷는 사람
은 자기 침상 위에 편히 누울 것이다.

✝ 너희를 보내어 여호와께 묻게 한 유다 왕(=요시야)에게는 너희가
이렇게 고하라. 이스라엘 하나님 여호와의 말씀이, 네가 들은 말
을 의논컨대, 내가 이곳과 그 거민을 가리켜 말한 것을 네가 듣고,
마음이 연하여, 하나님 앞 곧 내 앞에서 겸비하여 옷을 찢고 통곡
하였으므로 나도 네 말을 들었노라. 여호와가 말하였느니라. 그러
므로 내가 너로 너의 열조에게 돌아가서 평안히 묘실로 들어가게
하리니, 내가 이곳과 그 거민에게 내리는 모든 재앙을 네가 눈으로
보지 못하리라 하셨느니라. 사자들이 왕에게 복명하니라.(대하
34:26-28)

✝ 여호와의 말씀에, 내 생각은 너희 생각과 다르며 내 길은 너희
길과 달라서, 하늘이 땅보다 높음 같이 내 길은 너희 길보다 높으
며 내 생각은 너희 생각보다 높으니라.(사 55:8-9)

참고로 요시야 왕의 이후에 일어났던 네 왕들을 살펴보면, 거의가 비

극적인 종말을 맞았습니다. 애굽에 끌려가 그 곳에서 죽은 여호아하스 왕이나, 두 눈이 뽑힌 채 바벨론에 포로로 끌려간 시드기야 왕, 성벽 아래로 던져져서 죽고 장례식도 치르지 못한 여호야김 왕 등 그들의 종말은 모두가 비참했습니다. 그들은 하나같이 악한 왕들이었기 때문입니다.

그렇다면, 성대한 장례식을 치르고, 전 국민의 애도 속에 잠든 요시야 왕은, 그런 측면에서 복된 종말을 맞은 셈입니다.

왕(BC)	관계(모친)	별 칭	참 고	비 고
여호아하스 (BC 609)	아들(하무달) 23세, 3월	살 룸	애굽에 포로로 잡혀 감. 애굽에서 죽음	악 함 (국민)
여호야김 (609~598)	아들(스비다) 25세, 11년	엘리아김	두 번째로 악한 왕, 성벽아래 던져져 나귀처럼 매장	극 악 (애굽왕)
여호야긴 (598~597)	손자(느후스단) 18세, 100일	여고냐 고니야	바벨론에 항복, 볼모 잡혀감. 37년후 석방, 융숭한 대접.	악한편 (바벨론)
시드기야 (597~586)	아들(하무달) 21세, 11년	맛다니야	마지막 왕, 친 애굽 정책. 두 눈 뽑힌 채 바벨론포로.	악 함 (바벨론)

3. 믿음의 선각자들

요시야 왕의 죽음으로 유다의 멸망은 사실상 초읽기에 들어간 셈이었습니다. 신흥 제국인 바벨론의 부상으로 국제 정세가 요동치는 가운데, 이어서 등장한 4명의 왕들은 한결같이 악한 왕들이었습니다. 3개월씩 통치한 두 왕(=여호아하스, 여호야긴)을 제외하고라도, 여호야김 왕은 탐욕스럽고 잔인하여 므낫세 다음으로 악한 왕이었습니다. 마지막 왕인 시드기야는 주변의 젊은 참모들의 조언을 듣고, 어리석게도 〈친애굽 정책〉을 펼쳐, 스스로 멸망을 자초하였습니다. 요시야 왕의 종교 개혁의 성과는 자취도 없이 사라지고, 처처에 우상 숭배가 다시 고개를 들었습니다. 예레미야 선지자가 회개하고 돌아서라고 목이 터지도록 외쳤지만, 그것도 공허한 메아리에 불과했습니다.

이때 깨어 있던 〈소수의 선각자들〉이 포로 생활 이후를 준비했습니다. 선지자 예레미야의 선포처럼, 조국이 바벨론에 멸망당하는 것은 시간 문제였기에, 그 이후를 대비하여 청소년들을 철저하게 신앙으로 양육시킨 것입니다. 그들에게 새로운 역사의 소망을 두는 것입니다. 요시야 왕이 죽은 해인 기원전 609년부터, 다니엘이 포로가 된 605년 사이의 일입니다.

특별히 다음 세대를 이끌어갈 〈지도층의 자녀들〉을 철저하게 말씀으로 양육한 것입니다. 성전에서 발견된 율법책의 내용으로, 그들을 집중적으로 양육한 것입니다. 그들 중에는 당연히 왕족인 다니엘과 그의 친구들도 포함되었을 것입니다.

그리고 때가 됨에 하나님께서는 '준비된 그 묘목들'을 바벨론으로 옮기셨습니다. '그 좋은 모판들'을 바벨론에 옮겨 심으셨습니다. 그리고 그것들이 바벨론에서 마침내 거목이 되었습니다.

다니엘과 그의 친족인 세 친구들이, 사자굴 속에도 들어가고 풀무불 속에도 뛰어든 것은, 하루아침에 생긴 믿음으로 된 일이 아닙니다. 그들이 오랜 기간에 걸쳐서 그렇게 훈련되고 양육되었다는 증거입니다. 누군가가 그들을 그렇게 훈련하고 양육시켰다는 증거입니다.

다니엘을 포함한 그들을 철저하게 신앙으로 양육한 그 선각자들이 누구인지는 우리가 알지 못합니다. 그들을 철저하게 말씀으로 지도한 그 랍비들이 누구인지도 우리가 알지 못합니다. 하지만 그들은 실로 큰 일을 해낸, 〈위대한 선각자들〉입니다. 이스라엘의 역사를 회복시킨 숨은 주역들입니다. '그 좋은 묘목'을 길러낸 장본인들이기 때문입니다. '그 좋은 모판'을 조성한 주인공들이기 때문입니다.

〈인재 양성〉의 중요성은 아무리 강조해도 지나침이 없습니다. 거룩한 투자요 거룩한 소비입니다. 거룩한 희생입니다. 모세가 없이는 출애굽의 역사가 일어날 수가 없습니다. 다니엘이 없이는 바벨론 포로 해방의 역사가 불가능합니다. 오늘날 한국 교회가 정말 명심해야 할 사안입니다.

> † 지혜 있는 자는 궁창의 빛과 같이 빛날 것이요, 많은 사람을 옳은 데로 돌아오게 한 자는 별과 같이 영원토록 비취리라 (단 12:3)
>
> [공동번역]단 12:3
> 슬기로운 지도자들은 밝은 하늘처럼 빛날 것이다. 대중을 바로 이끈 지도자들은 별처럼 길이길이 빛날 것이다.

4. 예레미야의 선포

경건한 요시야 왕, 깨어 있던 믿음의 선각자들, 그들에게 율법을 가르친 이름 모를 랍비들, 모두가 다니엘의 신앙에 영향을 미친 그의 신앙의 뿌리들입니다.

하지만 청소년기 그의 신앙에 가장 큰 영향을 끼친 인물은, 바로 예레미야 선지자였을 것입니다. 선지자 예레미야가 성전과 성전 곁에 있는 왕궁을 출입하면서 외쳤던 메시지를, 가장 가까이에서 들을 수 있는 주인공이 바로 다니엘이었기 때문입니다. 왜냐하면 다니엘은 시드기야 왕의 친족인 왕족이었기에, 왕궁이나 왕궁의 근처에 살았을 것입니다.

또한 예레미야가, 요시야 왕의 종교 개혁을 이끌었던 대제사장 힐기야의 아들인 점을 감안하면, 왕족인 다니엘과 예레미야는 아주 가까운 사이인 셈입니다.

그렇다면, 선지자 예레미야는 왕궁을 출입하면서, 자신의 아들쯤 되는(물론 예레미야 선지자는 미혼입니다) 왕족 청소년 다니엘을 눈여겨 보면서, 그를 아끼고 사랑했을 것입니다. 예레미야가 다니엘에게 개별적으로 신앙적인 조언을 했을 수도 있습니다.

1) 예레미야의 출신

다니엘과 관련하여 예레미야는 아주 중요한 위치의 인물입니다. 다니엘에게 끼친 그의 영향이 지대했기 때문입니다. 다니엘이 포로로 잡혀가기 직전까지는, 예레미야가 선포하는 메시지를 가까이에서 직접 들었고, 포로 이후에는 그의 책(=글)을 곁에 두고 가까이 했으며, 다니엘이 포로 해방을 위해서 기도를 시작한 것도, 예레미야의 책을 공부하면서부터 발단이 되었기 때문입니다.

> † 메대 족속 아하수에로의 아들 다리오가 갈대아 나라 왕으로 세움을 입던 원년, 곧 그 통치 원년에 나 다니엘이 서책으로 말미암아 여호와의 말씀이 선지자 예레미야에게 임하여 고하신 그 년수를 깨달았나니, 곧 예루살렘의 황무함이 칠십 년 만에 마치리라 하신 것이니라. 내가 금식하며 베옷을 입고 재를 무릅쓰고 주 하

나님께 기도하며 간구하기를 결심하고(단 9:1-3)

[현대인의 성경]단 9:2
나 다니엘은 예언자 〈예레미야의 책〉을 통해 여호와께서 그에게 말씀하신 대로 예루살렘이 70년 동안 황폐할 것이라는 것을 알게 되었다.

† 유다 왕 요시야의 아들 〈여호야김 사년〉 곧 바벨론 왕 〈느부갓네살 원년〉에 유다 모든 백성에 관한 말씀이 예레미야에게 임하니라. 선지자 예레미야가 유다 모든 백성과 예루살렘 모든 거민에게 고하여 가로되… 보라 내가 보내어 북방 모든 족속과 내 종 바벨론 왕 느부갓네살을 불러다가, 이 땅과 그 거민과 사방 모든 나라를 쳐서 진멸하여, 그들로 놀램과 치소거리가 되게 하며 땅으로 영영한 황무지가 되게 할 것이라. 내가 그들 중에서 기뻐하는 소리와 즐거워하는 소리와 신랑의 소리와 신부의 소리와 맷돌소리와 등불 빛이 끊쳐지게 하리니, 이 온 땅이 황폐하여 놀램이 될 것이며, 이 나라들은 칠십 년 동안 바벨론 왕을 섬기리라. 나 여호와가 말하노라 칠십 년이 마치면 내가 바벨론 왕과 그 나라와 갈대아인의 땅을 그 죄악으로 인하여 벌하여 영영히 황무케 하되, 내가 그 땅에 대하여 선고한 바 곧 예레미야가 열방에 대하여 예언하고 이 책에 기록한 나의 모든 말을 그 땅에 임하게 하리니(렘 25:1-13)

해설 다니엘이 포로로 잡혀가던 바로 그 해에, 예레미야가 유다의 모든 백성과 예루살렘의 모든 거민에게 선포한 메시지입니다. 다니엘은 이 메시지까지 듣고서, 바로 그 해에 포로로 잡혀간 것으로 보입니다. 예레미야의 그 음성이 70년 포로 생활 동안에 다니엘의 귀에 쟁쟁하게 울렸을 것입니다.

† 나 여호와가 이같이 말하노라. 바벨론에서 칠십 년이 차면, 내가 너희를 권고하고 나의 선한 말을 너희에게 실행하여, 너희를 이곳으로 돌아오게 하리라. 나 여호와가 말하노라 너희를 향한 나의 생각은 내가 아나니, 재앙이 아니라 곧 평안이요 너희 장래에 소망을 주려하는 생각이라. 너희는 내게 부르짖으며 와서 내게 기도하면 내가 너희를 들을 것이요, 너희가 전심으로 나를 찾고 찾으면 나를 만나리라. 나 여호와가 말하노라 내가 너희에게 만나지겠고

너희를 포로된 중에서 다시 돌아오게 하되, 내가 쫓아 보내었던 열방과 모든 곳에서 모아, 사로잡혀 떠나게 하던 본 곳으로 돌아오게 하리라. 여호와의 말이니라 하셨느니라.(렘 29:10-14)

해설 유다 왕 시드기야의 시대에, 예레미야가 바벨론에 포로로 잡혀가 있는 동족들에게 보낸 편지의 내용입니다. 다니엘이 이미 포로로 잡혀 가서, 총리의 자리에 올라 있을 시기입니다.

예레미야의 부친인 힐기야 대제사장은, 서기관 사반과 더불어 요시야 왕의 종교개혁을 이끌었던 주역이었습니다. 성전에서 율법책을 발견하여 왕에게 전달함으로, 요시야의 종교 개혁에 불을 붙인 1등 공신입니다. 또한 어린 나이(=8세)에 왕위에 오른 요시야 왕을 잘 보필해서, 정치적 종교적 개혁을 성취시킨, 매우 훌륭한 인물입니다.

또한 예레미야의 숙부인 살룸은, 성전의 예복을 주관하는 아주 중요한 직책을 맡은 자였습니다. 마카비 시대 이후에는, 성전의 예복을 로마 총독이 직접 관리하기도 할 만큼, 성전의 예복 관리는 매우 중요한 직책이었습니다. 그가 대제사장인 힐기야의 형제이기에 가능한 일이었을 것입니다. 그의 아들이 나중에 '기업을 무르는 일'로, 시위대 뜰에 갇혀 있는 예레미야를 찾아옵니다. 하나님께서는 회복의 예표로서 그 기업을 무르라고 예레미야에게 지시하십니다. 예레미야는 은 17세겔을 지불하고 그 기업을 취했습니다.

또한 그의 숙모인, 〈살룸의 아내 훌다〉는 요시야 왕이 인정할 정도로 뛰어난 선지자였습니다. 그래서 성전에서 발견한 율법책에 대하여 하나님의 구체적인 뜻을 묻기 위해서, 제사장과 방백들을 왕이 그녀에게 보내고, 그의 해석과 지시를 따랐습니다.

그렇다면 예레미야의 집안은 정말 대단합니다. 아버지 힐기야는 왕을 보필하는 대제사장, 숙부인 살룸은 성전의 예복을 주관하는 책임자, 숙모인 훌다는 당대 최고의 선지자로, 대단한 명문 집안입니다. 특별히 예레미야의 집안과 요시야 왕과는 아주 각별한 사이입니다. 그러므로 예레미야의 출신 성분은 귀족 중의 귀족인 셈입니다.

✝ 베냐민 땅 아나돗의 제사장 중, 힐기야의 아들 예레미야의 말이라. 아몬의 아들 유다 왕 요시야의 다스린지 십 삼년에 여호와의 말씀이 예레미야에게 임하였고, 요시야의 아들 유다 왕 여호야김 시대부터 요시야의 아들 유다 왕 시드기야의 제 십 일년 말까지 임하니라. 이 해 오 월에 예루살렘이 사로잡히니라.(렘 1:1-3)

✝ 〈대제사장 힐기야〉가 〈서기관 사반〉에게 이르되, 내가 여호와의 전에서 율법책을 발견하였노라 하고 그 책을 사반에게 주니 사반이 읽으니라. 서기관 사반이 왕에게 돌아가서 복명하여 가로되, 왕의 신복들이 전에 있던 돈을 쏟아 여호와의 전 역사 감독자의 손에 붙였나이다 하고, 또 왕에게 고하여 가로되 제사장 힐기야가 내게 책을 주더이다 하고 왕의 앞에서 읽으매, 왕이 율법책의 말을 듣자 곧 그 옷을 찢으니라. 왕이 제사장 힐기야와 사반의 아들 아히감과 미가야의 아들 악볼과 서기관 사반과 왕의 시신 아사야에게 명하여 가로되, 너희는 가서 나와 백성과 온 유다를 위하여 이 발견한 책의 말씀에 대하여 여호와께 물으라. 우리 열조가 이 책의 말씀을 듣지 아니하며 이 책에 우리를 위하여 기록된 모든 것을 준행치 아니하였으므로, 여호와께서 우리에게 발하신 진노가 크도다. 이에 제사장 힐기야와 또 아히감과 악볼과 사반과 아사야가 〈여선지 훌다〉에게로 나아가니, 저는 할하스의 손자 디과의 아들 예복을 주관하는 살룸의 아내라. 예루살렘 둘째 구역에 거하였더라. 저희가 더불어 말하매, 훌다가 저희에게 이르되, 이스라엘 하나님 여호와의 말씀이 너희는 너희를 내게 보낸 사람에게 고하기를, 여호와의 말씀이 내가 이곳과 그 거민에게 재앙을 내리되, 곧 유다 왕의 읽은 책의 모든 말대로 하리니, 이는 이 백성이 나를 버리고 다른 신에게 분향하며 그 손의 모든 소위로 나의 노를 격

발하였음이라. 그러므로 나의 이곳을 향하여 발한 진노가 꺼지지
아니하리라 하라 하셨느니라. (왕하 22:8-17)

† 예레미야가 가로되 여호와의 말씀이 내게 임하였느니라 이르시
기를, 보라 네 숙부 〈살룸의 아들 하나멜〉이 네게 와서 말하기를,
너는 아나돗에 있는 내 밭을 사라. 이 기업을 무를 권리가 네게 있
느니라 하리라 하시더니, 여호와의 말씀 같이 나의 숙부의 아들
하나멜이 시위대 뜰 안 내게로 와서 이르되, 청하노니 너는 베냐민
땅 아나돗에 있는 나의 밭을 사라. 기업의 상속권이 네게 있고 무
를 권리가 네게 있으니 너를 위하여 사라 하는지라. 내가 이것이
여호와의 말씀인 줄 알았으므로, 내 숙부의 아들 하나멜의 아나
돗에 있는 밭을 사는데, 은 십칠 세겔을 달아 주되, 증서를 써서 인
봉하고 증인을 세우고 은을 저울에 달아 주고, 법과 규례대로 인봉
하고 인봉치 아니한 매매 증서를 내가 취하여, 나의 숙부의 아들
하나멜과 매매 증서에 인 친 증인의 앞과 시위대 뜰에 앉은 유다
모든 사람 앞에서 그 매매 증서를 마세야의 손자 네리야의 아들
바룩에게 부치며 (렘 32:6-12)

해설 예레미야의 숙부이자 성전의 예복 관리 책임자인 살룸의 아들 하
나멜이, 기업을 무르는 일로 시위대 뜰에 갇혀있는 예레미야를 찾아옵니
다. 하나님께서는 회복의 예표로 그 기업을 인수하라고 사전에 말씀하셨
습니다. 예레미야는 은 17세겔을 주고 자신의 사촌인 하나멜에게서 그
기업을 인수하였습니다.

2) 예레미야의 소명

그런 귀족 청년 예레미야를 하나님은 '열방의 선지자'로 부르십니다.
본인은 펄쩍 뛰면서 거절했지만, 그것이 하나님의 뜻이었습니다. 예레
미야를 창조하시고 이 땅에 보낸 목적이 그것이라는 것입니다. 그의 인
생의 길이 자신의 생각과는 전혀 다른 방향으로 결정된 것입니다. 편안
한 제사장이 아닌, 거친 선지자의 사명인 것입니다. 예레미야는 나중에

그 사실을 깨닫고, 자신의 입술로 그것을 고백합니다.

> † 여호와의 말씀이 내게 임하니라 이르시되, 내가 너를 복중에 짓기 전에 너를 알았고, 네가 태에서 나오기 전에 너를 구별하였고, 너를 〈열방의 선지자〉로 세웠노라 하시기로, 내가 가로되, 슬프도소이다 주 여호와여 보소서 나는 아이라 말할 줄을 알지 못하나이다. 여호와께서 내게 이르시되, 너는 아이라 하지 말고, 내가 너를 누구에게 보내든지 너는 가며, 내가 네게 무엇을 명하든지 너는 말할지니라. 너는 그들을 인하여 두려워 말라. 내가 너와 함께 하여 너를 구원하리라. 나 여호와의 말이니라 하시고(렘 1:4-8)

> † 여호와여 내가 알거니와 〈인생의 길〉이 자기에게 있지 아니하니, 걸음을 지도함이 걷는 자에게 있지 아니하니이다.(렘 10:23)

[표준새번역]렘 10:23
"주님, 사람이 자기 운명의 주인이 아니라는 것을, 제가 이제 깨달았습니다. 아무도 자기 생명을 조종하지 못한다는 것도, 제가 이제 알았습니다."

[현대인의성경]렘 10:23
여호와여, 내가 알기에는 사람이 자신의 운명을 다스릴 수가 없고, 삶의 방향을 마음대로 조정할 수도 없습니다.

예레미야가 선지자로 부르심을 받았을 때, 그의 나이가 20세쯤으로 추정됩니다. 그때가 요시야 왕 13년이니, 요시야의 나이가 21세 되던 해입니다(즉위 연도를 포함하면 20세). 요시야가 8세에 왕이 되었기 때문입니다. 그렇다면 예레미야와 요시야는 동갑내기쯤 되는 셈입니다. 그래서 (예레미야의 부친인)대제사장 힐기야는, 어린 나이에 왕이 된 요시야를 자신의 아들처럼 여기며, 더 정성껏 보필하였을 것입니다.

> † 아몬의 아들 유다 왕 요시야의 다스린지 십삼 년에 여호와의 말씀이 예레미야에게 임하였고(렘 1:2)

요시야 왕 12년에 〈1차 종교 개혁〉이 시작이 되어 성전을 정화하고, 요시야 왕 13년에는 백성을 깨우치기 위해서 예레미야가 선지자로 부르심을 받습니다. 〈보이는 성전〉을 정화하기 위해서 요시야가 왕으로 쓰임을 받고, 〈보이지 않는 성전〉을 정화하기 위하여 예레미야가 선지자로 부르심을 받은 것입니다.

비슷한 시기에 태어난 두 사람을, 하나님은 각자 그렇게 사용하신 것입니다. 그것이 역사를 주관하시는 하나님의 섭리입니다. 공동의 목표인 개혁이란 기치아래, 한 사람은 왕으로 한 사람은 선지자로 보조를 맞추며, 그렇게 아름답게 쓰임을 받은 것입니다.

† 요시야가 위에 나아갈 때에 나이 팔 세라. 예루살렘에서 삼십일년을 치리하며, 여호와 보시기에 정직히 행하여 그 조상 다윗의 길로 행하여 좌우로 치우치지 아니하고, 오히려 어렸을 때 곧 위에 있은지 팔 년에 그 조상 다윗의 하나님을 비로소 구하고, 그 십이년에 유다와 예루살렘을 비로소 정결케하여, 그 산당과 아세라 목상들과 아로새긴 우상들과 부어 만든 우상들을 제하여 버리매, 무리가 왕의 앞에서 바알들의 단을 훼파하였으며 왕이 또 그 단 위에 높이 달린 태양상들을 찍고, 또 아세라 목상들과 아로새긴 우상들과 부어 만든 우상들을 빻아 가루를 만들어 거기 제사하던 자들의 무덤에 뿌리고, 제사장들의 뼈를 단 위에서 불살라 유다와 예루살렘을 정결케 하였으며, 또 므낫세와 에브라임과 시므온과 납달리까지 사면 황폐한 성읍들에도 그렇게 행하여, 단들을 훼파하며 아세라 목상들과 아로새긴 우상들을 빻아 가루를 만들며, 온 이스라엘 땅에 있는 모든 태양상을 찍고 예루살렘으로 돌아왔더라.(대하 34:1-7)

† 여호와께서 그 손을 내밀어 내 입에 대시며 내게 이르시되, 보라 내가 내 말을 네 입에 두었노라. 보라 내가 오늘날 너를 열방 만국 위에 세우고, 너를 뽑으며 파괴하며 파멸하며 넘어뜨리며 건설하

며 심게 하였느니라. (렘 1:9-10)

그러다가 요시야 왕이 먼저 세상을 떠난 것입니다. 39세의 젊은 나이
에 그렇게 갑자기 떠난 것입니다. 온 국민이 슬퍼하고 애도했지만, 누구
보다도 요시야 왕의 죽음을 슬퍼한 것은 그의 친구이자 동역자인, 선지
자 예레미야였습니다. 그래서 하늘이 무너지는 것 같은 충격 속에, 예
레미야는 친구인 요시야 왕의 죽음을 애통해하는 애가를 지었습니다.
그리고 백성들에게도 그것을 가르쳐, 두고 두고 부르도록 조치하였습
니다.

그 내용을 우리가 구체적으로 알 수는 없지만, 친구의 죽음을 참으
로 애석해 하며, '동역자를 잃은 자신이 앞으로 과연 어떻게 사역을 감
당해 나갈 수 있을지, 그가 떠난 조국의 운명은 과연 어떻게 될 것인지'
를, 심히도 염려하며 애통해하는 내용이었을 것입니다. 그만큼 예레미
야의 어깨가 무거워진 것입니다.

> † 온 유다와 예루살렘 사람들이 요시야를 슬퍼하고, 예레미야는
> 저를 위하여 애가를 지었으며, 노래하는 남자와 여자는 요시야를
> 슬피 노래하니, 이스라엘에 규례가 되어 오늘날까지 이르렀으며,
> 그 가사는 애가 중에 기록되었더라. (대하 35:25)

3) 회복의 메시지

예레미야서의 주제가 표면상으로는 책망이요 심판이요 징계처럼 보
이지만, 그 이면은 희망과 소망과 회복의 메시지입니다. 하나님께서 유
다를 심판하신 궁극적인 목적은, 그들을 회복시키기 위함이었습니다.

그리고 심판의 궁극적인 목적은 〈새 언약〉을 통한 영원한 회복이었습니다. 그것은 〈의로운 가지〉이신 메시야를 통해서 성취될 것입니다.

그래서 바벨론에 가 있던 포로들에게는, 예레미야가 선포했던 그 언약이 그들의 유일한 소망이 되었습니다. 다니엘이 예레미야서를 펼쳐 놓고 열심히 연구하고 묵상한 이유입니다.

① **새 언약**(=New Covenant, New Testament)

시내 산에서 하나님과 맺었던 옛 언약(=시내산 언약)이, 백성들의 죄와 불순종으로 인하여 깨어졌습니다. 긍휼의 하나님은 깨어진 그 언약 대신에 다시 그들과 새로운 언약을 세우시겠다고 약속하십니다. 예수 그리스도의 십자가로 인하여 성취될 새로운 언약을 말합니다.

옛 언약은 돌비에 새겨졌고 언약의 표시로 몸에 할례를 행했지만, 새 언약은 마음에 새겨지고 마음에 할례를 행하는 것입니다. 옛 언약은 율법을 매개로 형벌이 따르는 무거운 것이었지만, 새 언약은 성령님이 주체가 되어서 모든 것을 행하시는 쉽고도 가벼운 멍에입니다. 진노 중에도 긍휼을 잊지 아니하시는 하나님의 사랑인 것입니다.

> ✝ 나 여호와가 말하노라 보라 날이 이르리니, 내가 이스라엘 집과 유다 집에 〈새 언약〉을 세우리라. 나 여호와가 말하노라. 이 언약은 내가 그들의 열조의 손을 잡고 애굽 땅에서 인도하여 내던 날에 세운 것과 같지 아니할 것은, 내가 그들의 남편이 되었어도 그들이 내 언약을 파하였음이니라. 나 여호와가 말하노라. 그러나 그날 후에 내가 이스라엘 집에 세울 언약은 이러하니, 곧 내가 나의 법을 그들의 속에 두며 그 마음에 기록하여, 나는 그들의 하나님이 되고 그들은 내 백성이 될 것이라. 그들이 다시는 각기 이웃과 형제를 가리켜 이르기를 너는 여호와를 알라 하지 아니하리니, 이

는 작은 자로부터 큰 자까지 다 나를 앎이니라. 내가 그들의 죄악을 사하고 다시는 그 죄를 기억지 아니하리라.(렘 31:31-34)

✝ 또 〈새 영〉을 너희 속에 두고 〈새 마음〉을 너희에게 주되 너희 육신에서 굳은 마음을 제하고 부드러운 마음을 줄 것이며, 또 내 신을 너희 속에 두어 너희로 내 율례를 행하게 하리니 너희가 내 규례를 지켜 행할지라.(겔 36:26-27)

② 회복의 언약(=Restore Covenant)

새 언약은 언약의 주체가 우리 안에 거하시는 성령님입니다. 당신께서 친히 행하시겠다는 것입니다. 그분이 친히 우리 안에 거하서서 모든 잘못된 것들을 고치시고 회복시키겠다는 것입니다. 너희들이 순종하면 바벨론 포로에서 돌아오게 할 뿐만 아니라, 영원토록 너희와 함께하여 복을 누리도록 하겠다는 것입니다. 과거의 영광을 되찾도록 하겠다는 것입니다.

참으로 기쁜 소식이 아닐 수가 없습니다. 영원한 회복의 약속이기 때문입니다. 하나님은 이 기쁜 소식(=복음)을 선지자 예레미야를 통해서 선포하신 것입니다.

✝ 그러나 이스라엘의 하나님 나 여호와가 너희의 말하는 바 칼과 기근과 염병으로 인하여 바벨론 왕의 손에 붙인 바 되었다 하는 이 성에 대하여 이같이 말하노라. 보라 내가 노와 분과 큰 분노로 그들을 쫓아 보내었던 모든 지방에서 그들을 모아내어 이곳으로 다시 인도하여 안전히 거하게 할 것이라. 그들은 내 백성이 되겠고 나는 그들의 하나님이 될 것이며, 내가 그들에게 한 마음과 한 도를 주어, 자기들과 자기 후손의 복을 위하여 항상 나를 경외하게 하고, 내가 그들에게 복을 주기 위하여 그들을 떠나지 아니하리라 하는 〈영영한 언약〉을 그들에게 세우고, 나를 경외함을 그들의 마

음에 두어 나를 떠나지 않게 하고, 내가 기쁨으로 그들에게 복을 주되 정녕히 나의 마음과 정신을 다하여 그들을 이 땅에 심으리라. 나 여호와가 이같이 말하노라 내가 이 백성에게 이 큰 재앙을 내린 것 같이 허락한 모든 복을 그들에게 내리리라. 너희가 말하기를 황폐하여 사람이나 짐승이 없으며 갈대아인의 손에 붙인 바 되었다 하는 이 땅에서 사람들이 밭을 사되, 베냐민 땅과 예루살렘 사방과 유다 성읍들과 산지의 성읍들과 평지의 성읍들과 남방의 성읍들에 있는 밭을 은으로 사고 증서를 기록하여 인봉하고 증인을 세우리니, 이는 내가 그들의 포로로 돌아오게 함이니라 여호와의 말이니라.(렘 32:36-44)

† 그러나 보라 내가 이 성을 치료하며 고쳐 낫게 하고 평강과 성실함에 풍성함을 그들에게 나타낼 것이며, 내가 유다의 포로와 이스라엘의 포로를 돌아오게 하여 그들을 처음과 같이 세울 것이며, 내가 그들을 내게 범한 그 모든 죄악에서 정하게 하며 그들의 내게 범하여 행한 모든 죄악을 사할 것이라. 이 성읍이 세계 열방 앞에서 내게 기쁜 이름이 될 것이며 찬송과 영광이 될 것이요, 그들은 나의 이 백성에게 베푼 모든 복을 들을 것이요, 나의 이 성읍에 베푼 모든 복과 모든 평강을 인하여 두려워하며 떨리라. 나 여호와가 이같이 말하노라 너희가 가리켜 말하기를 황폐하여 사람도 없고 짐승도 없다 하던 여기 곧 황폐하여 사람도 없고 주민도 없고 짐승도 없던 유다 성읍들과 예루살렘 거리에서 즐거워하는 소리, 기뻐하는 소리, 신랑의 소리, 신부의 소리와 및 만군의 여호와께 감사하라, 여호와는 선하시니 그 인자하심이 영원하다 하는 소리와, 여호와의 집에 감사제를 드리는 자들의 소리가 다시 들리리니, 이는 내가 이 땅의 포로로 돌아와서 처음과 같이 되게 할 것이니라 여호와의 말이니라. 나 만군의 여호와가 이같이 말하노라. 황폐하여 사람도 없고 짐승도 없던 이 곳과 그 모든 성읍에 다시 목자의 거할 곳이 있으리니 그 양무리를 눕게 할 것이라. 산지 성읍들과 평지 성읍들과 남방의 성읍들과 베냐민 땅과 예루살렘 사면과 유다 성읍들에서 양 무리가 다시 계수하는 자의 손 아래로 지나리라 여호와의 말이니라.(렘 33:6-13)

③ 예레미야의 편지

유다 왕 시드기야 시대의 어느 시점에, 예레미야가 '바벨론에 포로로 잡혀가 있는 동족들'에게 편지를 보냅니다. "거짓 선지자들의 말을 듣고 현혹되지 말고, 포로지에서 잘 정착하라"는 권면의 내용입니다. 그리고 "70년이 차면 포로에서 해방이 될 터이니, 그 일을 위해서 기도하라"는 당부입니다.

그 편지의 수신인이 누구인지는 알 수가 없지만, 나중에 다니엘이 그 편지를 읽고 기도한 것으로 보아서(예레미야서가 언제 지금의 형태로 편집되었는지는, 정확하게 알 수가 없습니다), 다니엘이 그 편지를 보관하고 있었다는 이야기입니다.

그렇다면 예레미야가 써서 보낸 그 편지의 최초 수신인도, 다니엘일 가능성이 높습니다. 그때는 다니엘이 이미 바벨론 총리의 자리에 올라 있을 시기이기 때문입니다.

✝ 선지자 예레미야가 예루살렘에서 이같은 편지를 느부갓네살이 예루살렘에서 바벨론으로 옮겨간 포로 중 남아 있는 장로들과 제사장들과 선지자들과 모든 백성에게 보내었는데, 때는 여고니야왕과 국모와 환관들과 및 유다와 예루살렘 방백들과 목공들과 철공들이 예루살렘에서 떠난 후라. 유다 왕 시드기야가 바벨론으로 보내어 바벨론 왕 느부갓네살에게로 가게 한, 사반의 아들 엘라사와 힐기야의 아들 그마랴의 손에 위탁하였더라 일렀으되, 만군의 여호와 이스라엘의 하나님 내가, 예루살렘에서 바벨론으로 사로잡혀 가게 한 모든 포로에게 이같이 이르노라. 너희는 집을 짓고 거기 거하며 전원을 만들고 그 열매를 먹으라. 아내를 취하여 자녀를 생산하며 너희 아들로 아내를 취하며 너희 딸로 남편을 맞아 그들로 자녀를 생산케 하여 너희로 거기서 번성하고 쇠잔하지 않게 하라. 너희는 내가 사로잡혀 가게 한 그 성읍의 평안하기를 힘쓰고 위하여 여호와께 기도하라. 이는 그 성이 평안함으로 너희도 평안

할 것임이니라. 만군의 여호와 이스라엘의 하나님이 이같이 말하
노라. 너희 중 선지자들에게와 복술에게 혹하지 말며 너희가 꾼 바
꿈도 신청하지 말라. 내가 그들을 보내지 아니하였어도 그들이 내
이름으로 거짓을 예언함이니라 여호와의 말이니라. 나 여호와가
이같이 말하노라. 바벨론에서 칠십 년이 차면, 내가 너희를 권고하
고 나의 선한 말을 너희에게 실행하여, 너희를 이곳으로 돌아오게
하리라. 나 여호와가 말하노라 너희를 향한 나의 생각은 내가 아
나니, 재앙이 아니라 곧 평안이요 너희 장래에 소망을 주려하는
생각이라. 너희는 내게 부르짖으며 와서 내게 기도하면 내가 너희
를 들을 것이요, 너희가 전심으로 나를 찾고 찾으면 나를 만나리
라. 나 여호와가 말하노라 내가 너희에게 만나지겠고 너희를 포로
된 중에서 다시 돌아오게 하되, 내가 쫓아 보내었던 열방과 모든
곳에서 모아, 사로잡혀 떠나게 하던 본 곳으로 돌아오게 하리라.
여호와의 말이니라 하셨느니라.(렘 29:1-14)

또한 그 편지를 전달하는 주체가, 사반의 아들 엘라사와 힐기야의
아들 그마랴입니다. 특이한 것은 그마랴가 여기에서 힐기야의 아들로
표기된 점입니다. 다른 곳에서는 그가 사반의 아들로 나타납니다(렘
36:10,25). 그가 만일 힐기야의 아들이라면, 예레미야의 형제인 셈입니
다. 그렇다면 더욱 그 편지의 수신인이 다니엘일 가능성이 높습니다.
예레미야와 다니엘은 각별한 사이이기 때문입니다.

4) 메시야 예언

예레미야서는 여러 곳에서 장차 오실 메시야를 구체적으로 기록하고
있습니다. 하나님께서 유다를 심판하신 근본 목적은, 그들을 회복시키
기 위함이었습니다. 그리고 심판의 궁극적인 목적은 〈새 언약〉을 통
한 영원한 회복이었습니다. 그것은 의로운 가지이신 메시야를 통해서

성취될 것입니다.

즉, 바벨론 포로의 해방은, '메시야를 통한 인류의 해방'을 예표하는 사건으로, 예레미야 선지자는 두 사건을 동일한 관점에서 보고 있는 것입니다. 가까이 있을 바벨론 포로의 회복을 통해서, 그 후에 다가올 (메시야를 통한)인류의 회복을 바라본 것입니다.

그렇다면 다니엘이 메시야에 대한 계시와 환상을 자주 보고, 그것을 깨닫기 위해 애써 기도한 것도, 이러한 예레미야의 영향이라고 볼 수 있을 것입니다. 예레미야는 그의 생애 자체가 예수님과 닮은 구석이 많고, 장차 오실 메시야를 구체적으로 예언하고 있기 때문입니다.

① 목자이신 예수

선한 목자, 참 목자, 목자 중의 목자이신 예수를 예언하고 있습니다. 예수님께서도 당신 자신을 선한 목자로 표현한 바가 있습니다.

> † 나 여호와가 말하노라 내 목장의 양무리를 멸하며 흩는 목자에게 화 있으리라. 그러므로 이스라엘 하나님 나 여호와가 내 백성을 기르는 목자에게 이같이 말하노라. 너희가 내 양무리를 흩으며 그것을 몰아내고 돌아보지 아니하였도다. 보라 내가 너희의 악행을 인하여 너희에게 보응하리라 여호와의 말이니라. 내가 〈내 양무리의 남은 자〉를 그 몰려갔던 모든 지방에서 모아 내어 다시 그 우리로 돌아오게 하리니 그들의 생육이 번성할 것이며, 내가 그들을 기르는 〈목자들〉을 그들 위에 세우리니 그들이 다시는 두려워하거나 놀라거나 축이 나지 아니하리라 여호와의 말이니라.(렘 23:1-4)

[표준새번역]렘 23:4
내가 그들을 돌보아 줄 〈참다운 목자들〉을 세워 줄 것이니, 그들이 다시는 두려워하거나 무서워 떠는 일이 없을 것이며, 하나도 잃어버리는 일이 없을 것이다. 나 주의 말이다.

그들을 위하여 〈참 목자들〉을 세워주리라. 그러면 내 양떼는 겁이 나서 무서워 떠는 일 없이 살 것이며, 하나도 잃어버리지 아니하리라. 이는 내 말이라, 어김이 없다

† 나는 〈선한 목자〉라 선한 목자는 양들을 위하여 목숨을 버리거니와, 삯꾼은 목자도 아니요 양도 제 양이 아니라. 이리가 오는 것을 보면 양을 버리고 달아나나니 이리가 양을 늑탈하고 또 헤치느니라.(요 10:11-12)

② 의로우신 예수

다윗의 후손으로 오실 의로운 가지 예수는 세상에서 공평과 의를 행할 것입니다. 그래서 그의 이름조차도 '여호와 우리의 의'라고 일컬음을 받을 것입니다.

† 나 여호와가 말하노라 보라 때가 이르리니 내가 다윗에게 「한 의로운 가지」를 일으킬 것이라. 그가 왕이 되어 지혜롭게 행사하며 세상에서 공평과 정의를 행할 것이며, 그의 날에 유다는 구원을 얻겠고 이스라엘은 평안히 거할 것이며, 그 이름은 '여호와 우리의 의'라 일컬음을 받으리라.(렘 23:5-6)

† 나 여호와가 말하노라. 보라 내가 이스라엘 집과 유다 집에 대하여 이른 선한 말을 성취할 날이 이르리라. 그 날 그 때에 내가 다윗에게 「한 의로운 가지」가 나게 하리니, 그가 이 땅에 공평과 정의를 실행할 것이라. 그 날에 유다가 구원을 얻겠고 예루살렘이 안전히 거할 것이며 그 성은 '여호와 우리의 의'라 일컬음을 입으리라.(렘 33:14-16)

③ 왕이신 예수

다윗의 후손으로 오실 메시야 예수는 왕으로 오셔서 지혜롭게 행사하며 세상에서 공평과 정의를 행할 것입니다. 하나님의 본체이신 그분은 만왕의 왕이요 만주의 주로서 세상이 끝날 때까지 영원히 다스리실 것입니다.

✝ 나 여호와가 말하노라 보라 때가 이르리니 내가 다윗에게 「한 의로운 가지」를 일으킬 것이라. 그가 왕이 되어 지혜롭게 행사하며 세상에서 공평과 정의를 행할 것이며, 그의 날에 유다는 구원을 얻겠고 이스라엘은 평안히 거할 것이며, 그 이름은 '여호와 우리의 의'라 일컬음을 받으리라.(렘 23:5-6)

✝ 만군의 여호와가 말하노라. 그 날에 내가 네 목에서 그 멍에를 꺾어버리며 네 줄을 끊으리니 이방인이 다시는 너를 부리지 못할 것이며, 너희는 너희 하나님 나 여호와를 섬기며 내가 너희를 위하여 일으킬 「너희 왕 다윗」을 섬기리라.(렘 30:8)

[표준새번역]렘 30:9
"그러면 그들이 나 주를 자기들의 하나님으로 섬기며, 내가 그들에게 일으켜 줄 〈다윗의 자손〉을 자기들의 왕으로 섬길 것이다."

✝ 저희가 어린 양으로 더불어 싸우려니와 어린 양은 만주의 주시요 만왕의 왕이시므로 저희를 이기실 터이요, 또 그와 함께 있는 자들 곧 부르심을 입고 빼내심을 얻고 진실한 자들은 이기리로다.(계 17:14)

④ 의로운 가지 예수

다윗의 후손으로 오실 의로운 가지 예수는 이사야서 11장의 예언을 성취하는 자로 이 땅에 오실 것입니다. 오셔서 공의와 공평과 정의를 실천할 것입니다.

† 나 여호와가 말하노라. 보라 내가 이스라엘 집과 유다 집에 대하여 이른 선한 말을 성취할 날이 이르리라. 그 날 그 때에 내가 다윗에게 「한 의로운 가지」가 나게 하리니, 그가 이 땅에 공평과 정의를 실행할 것이라. 그 날에 유다가 구원을 얻겠고 예루살렘이 안전히 거할 것이며 그 성은 '여호와 우리의 의'라 일컬음을 입으리라.(렘 33:14-16)

† 나 여호와가 말하노라 보라 때가 이르리니 내가 다윗에게 「한 의로운 가지」를 일으킬 것이라. 그가 왕이 되어 지혜롭게 행사하며 세상에서 공평과 정의를 행할 것이며, 그의 날에 유다는 구원을 얻겠고 이스라엘은 평안히 거할 것이며, 그 이름은 '여호와 우리의 의'라 일컬음을 받으리라.(렘 23:5-6)

† 이새의 줄기에서 한 싹이 나며 그 뿌리에서 「한 가지」가 나서 결실할 것이요, 여호와의 신 곧 지혜와 총명의 신이요 모략과 재능의 신이요 지식과 여호와를 경외하는 신이 그 위에 강림하시리니, 그가 여호와를 경외함으로 즐거움을 삼을 것이며 그 눈에 보이는 대로 심판치 아니하며 귀에 들리는 대로 판단치 아니하며, 공의로 빈핍한 자를 심판하며 정직으로 세상의 겸손한 자를 판단할 것이며, 그 입의 막대기로 세상을 치며 입술의 기운으로 악인을 죽일 것이며, 공의로 그 허리띠를 삼으며 성실로 몸의 띠를 삼으리라.(사 11:1-5)

⑤ 새 언약, 영원한 언약

다윗의 후손인 의로운 가지를 통하여 성취될, 〈영원한 새 언약〉을 말합니다. 그것은 돌에 새겨진 언약이 아니요, 마음의 한복판에 새겨질 언약이 될 것입니다. 그리스도의 피로 세워질 영원한 새 언약을 말합니다. 그리고 그 언약은 영원한 회복의 역사를 가져올 것입니다.

† 나 여호와가 말하노라 보라 날이 이르리니, 내가 이스라엘 집과 유다 집에 〈새 언약〉을 세우리라. 나 여호와가 말하노라. 이 언약

은 내가 그들의 열조의 손을 잡고 애굽 땅에서 인도하여 내던 날에 세운 것과 같지 아니할 것은, 내가 그들의 남편이 되었어도 그들이 내 언약을 파하였음이니라. 나 여호와가 말하노라. 그러나 그날 후에 내가 이스라엘 집에 세울 언약은 이러하니, 곧 내가 나의 법을 그들의 속에 두며 그 마음에 기록하여, 나는 그들의 하나님이 되고 그들은 내 백성이 될 것이라.(렘 31:31-33)

† 보라 내가 노와 분과 큰 분노로 그들을 쫓아 보내었던 모든 지방에서 그들을 모아내어, 이곳으로 다시 인도하여 안전히 거하게 할 것이라. 그들은 내 백성이 되겠고 나는 그들의 하나님이 될 것이며, 내가 그들에게 한 마음과 한 도를 주어, 자기들과 자기 후손의 복을 위하여 항상 나를 경외하게 하고, 내가 그들에게 복을 주기 위하여 그들을 떠나지 아니하리라 하는 〈영영한 언약〉을 그들에게 세우고, 나를 경외함을 그들의 마음에 두어 나를 떠나지 않게 하고, 내가 기쁨으로 그들에게 복을 주되 정녕히 나의 마음과 정신을 다하여 그들을 이 땅에 심으리라.(렘 32:37-41)

† 너희는 우리로 말미암아 나타난 그리스도의 편지니, 이는 먹으로 쓴 것이 아니요 오직 살아 계신 하나님의 영으로 한 것이며, 또 돌비에 쓴 것이 아니요 오직 육의 심비에 한 것이라.(고후 3:3)

[표준새번역]고후 3:3
여러분은 분명히 그리스도께서 쓰신 편지입니다. 우리는 그것을 작성하는 데에 봉사하였습니다. 그것은 먹물로 쓴 것이 아니라 살아 계신 하나님의 영으로 쓴 것이요, 돌판에 쓴 것이 아니라 가슴 판에 쓴 것입니다.

5. 사반의 자손들

선지자 예레미야와 관련하여 눈여겨봐야 할 중요한 인물이 바로 사반입니다. 그는 또한 다니엘과 관련해서도 중요한 인물이기 때문입니다. 서기관 사반은 대제사장 힐기야와 함께, 요시야 왕의 종교 개혁을 이끌었던 아주 중요한 인물입니다. 개혁의 쌍두마차인 셈입니다.

경건한 그의 자손들은 예레미야와 밀접한 관련이 되며, 왕족인 다니엘과도 직간접적으로 연관이 있었을 것으로 추측이 됩니다. 그들은 예레미야의 메시지를 경청하여 그를 보호하며, 율법을 수호하고 지키는 데에 열심이었던 인물들이기 때문입니다. 그들과 그 주변의 그룹들이, 다니엘을 비롯한 청소년들을 율법으로 양육시키는 데에 앞장섰을 것으로 추측이 됩니다.

1) 서기관 사반

므술람의 손자 아살리야의 아들로, 대제사장 힐기야와 함께 요시야 왕의 종교 개혁을 이끌었던 핵심 인물입니다. 힐기야가 성전에서 발견한 율법책을 가져다가 왕 앞에서 낭독한 장본인이며, 하나님의 뜻을 구하기 위해 제사장 힐기야와 함께 여선지자 훌다를 찾아갔던 방백 가운데 한 명입니다.

그의 아들들은 방백이요 서기관이며, 유다 멸망 후 바벨론 왕이 그 땅에 세운 총독 그다랴가 바로 그의 손자입니다. 또한 여호야김 왕 때에 제사장들과 거짓 선지자들이 예레미야를 죽이려하자, 그를 지키고 보호해 준 인물이, 그의 아들인 아히감입니다. 한결같이 경건하고 뛰어난 인물들이며, 예레미야와는 아주 각별한 사이입니다.

✝ 요시야 왕 십팔 년에 왕이 므술람의 손자 아살리야의 아들 〈서기관 사반〉을 여호와의 전에 보내며 가로되, 너는 대제사장 힐기

야에게 올라가서 백성이 여호와의 전에 드린 은 곧 문 지킨 자가 수납한 은을 계수하여… 대제사장 힐기야가 〈서기관 사반〉에게 이르되, 내가 여호와의 전에서 율법책을 발견하였노라 하고, 그 책을 사반에게 주니 사반이 읽으니라. 서기관 사반이 왕에게 돌아가서 복명하여 가로되, 왕의 신복들이 전에 있던 돈을 쏟아 여호와의 전 역사 감독자의 손에 붙였나이다 하고, 또 왕에게 고하여 가로되 제사장 힐기야가 내게 책을 주더이다 하고 왕의 앞에서 읽으매, 왕이 율법책의 말을 듣자 곧 그 옷을 찢으니라. 왕이 제사장 힐기야와 사반의 아들 아히감과 미가야의 아들 악볼과 서기관 사반과 왕의 시신 아사야에게 명하여 가로되, 너희는 가서 나와 백성과 온 유다를 위하여 이 발견한 책의 말씀에 대하여 여호와께 물으라. 우리 열조가 이 책의 말씀을 듣지 아니하며 이 책에 우리를 위하여 기록된 모든 것을 준행치 아니하였으므로 여호와께서 우리에게 발하신 진노가 크도다. 이에 제사장 힐기야와 또 아히감과 악볼과 사반과 아사야가 〈여선지 훌다〉에게로 나아가니, 저는 할하스의 손자 디과의 아들 예복을 주관하는 살룸의 아내라. 예루살렘 둘째 구역에 거하였더라 저희가 더불어 말하매 (왕하 22:3-14)

2) 아들, 방백 아히감

사반의 아들로 요시야 왕의 신임이 두터웠던 유다의 방백입니다. 성전에서 발견된 율법책에 대한 여호와의 뜻을 묻기 위해서, 제사장 힐기야, 부친인 서기관 사반 등과 함께, 여선지자 훌다를 찾아갔던 인물입니다. 또한 여호야김 왕 때에 제사장들과 거짓 선지자들이 일어나 예레미야를 죽이려 하자, 그를 지키고 보호해 준 의로운 인물입니다.

요시야 왕, 선지자 예레미야 등과 비슷한 나이로, 세 사람이 아주 절친했던 것으로 보입니다. 후에 유다의 총독이 된 그의 아들 그다랴도, 부친의 친구인 예레미야를 선대하고 보호했습니다.

✝ 왕이 제사장 힐기야와 〈사반의 아들 아히감〉과 미가야의 아들 악볼과 서기관 사반과 왕의 시신 아사야에게 명하여 가로되, 너희는 가서 나와 백성과 온 유다를 위하여 이 발견한 책의 말씀에 대하여 여호와께 물으라. 우리 열조가 이 책의 말씀을 듣지 아니하며 이 책에 우리를 위하여 기록된 모든 것을 준행치 아니하였으므로 여호와께서 우리에게 발하신 진노가 크도다. 이에 제사장 힐기야와 또 아히감과 악볼과 사반과 아사야가 여선지 훌다에게로 나아가니, 저는 할하스의 손자 디과의 아들 예복을 주관하는 살룸의 아내라. 예루살렘 둘째 구역에 거하였더라 저희가 더불어 말하매 (왕하 22:12-14)

✝ 방백들과 모든 백성이 제사장들과 선지자들에게 이르되, 이 사람이 우리 하나님 여호와의 이름을 의탁하고 우리에게 말하였으니 죽음이 부당하니라. 때에 그 땅 장로 중 몇 사람이 일어나 백성의 온 회중에 말하여 가로되, 유다 왕 히스기야 시대에 모레셋 사람 미가가 유다 모든 백성에게 예언하여 가로되, 만군의 여호와께서 이같이 말씀하시기를, 시온은 밭 같이 경작함을 당하며 예루살렘은 무더기가 되며 이 전의 산은 수풀의 높은 곳들 같이 되리라 하였으나, 유다 왕 히스기야와 모든 유다가 그를 죽였느냐. 히스기야가 여호와를 두려워하여 여호와께 간구하매 여호와께서 그들에게 선고한 재앙에 대하여 뜻을 돌이키지 아니하셨느냐. 우리가 이같이 하면 우리 생명을 스스로 크게 해하는 일이니라.(렘 26:16-19)

해설 사반의 사손들을 주축으로 한 방백들이 선지자 예레미야의 편에 서서 그를 옹호하였습니다. 그들은 율법을 준수하는 경건한 그룹으로 다니엘에게도 영향을 끼친 인물들로 볼 수가 있습니다.

✝ 또 여호와의 이름을 의탁하고 예언한 사람이 있었는데, 곧 기럇여아림 스마야의 아들 우리야라. 그가 예레미야의 모든 말과 같이 이 성과 이 땅을 쳐서 예언하매, 여호야김 왕과 그 모든 용사와 모든 방백이 그 말을 듣고는 왕이 그를 죽이려 하매, 우리야가 이를 듣고 두려워 애굽으로 도망하여 간지라. 여호야김 왕이 사람을 애굽으로 보내되 곧 악볼의 아들 엘라단과 몇 사람을 함께 애굽으로 보내었더니, 그들이 우리야를 애굽에서 끌어내어 여호야김 왕께로

데려오매, 왕이 칼로 그를 죽이고 그 시체를 평민의 묘실에 던지게
하였다 하니라.(렘 26:20-23)

여호야김 왕 시대에 예레미야와 똑같은 내용의 예언을 한 선지자 우
리야는, 애굽까지 도망했지만 결국 잡혀 와서 왕의 칼에 죽임을 당했습
니다. 그러나 예레미야는, 친구인 사반의 아들 아히감이 적극적으로 보
호하여, 백성의 손에 죽임당함을 모면할 수가 있었습니다. 요시야 왕이
죽은 지 얼마 되지 않은, 여호야김 왕의 즉위 초에 있었던 일입니다.

또한, 유다 멸망 후 바벨론 왕에 의해 유다의 총독으로 임명된 그의
아들 그다랴도, 예레미야를 적극적으로 보호하였습니다. 제사장 힐기
야 가문과 서기관 사반 가문 간의, 아주 각별한 인연인 것입니다. 그들
이 예레미야의 편에서 늘 든든한 보호막이 되었습니다.

> † 〈사반의 아들 아히감〉이 예레미야를 보호하여 예레미야를 백성
> 의 손에 내어주지 아니하여, 죽이지 못하게 하니라.(렘 26:24)

> [표준새번역]렘 26:24
> 그러나 예레미야는 〈사반의 아들 아히감〉이 보호하여 주었으므로, 그를 죽
> 이려는 백성의 손에서 벗어날 수 있었다.

> † 이에 시위대장 느부사라단과 환관장 느부사스반과 박사장 네르
> 갈사레셀과 바벨론 왕의 모든 장관이, 보내어 예레미야를 시위대
> 뜰에서 취하여 내어, 사반의 손자 〈아히감의 아들 그다랴〉에게 붙
> 여서 그를 집으로 데려가게 하매 그가 백성 중에 거하니라.(렘
> 39:13-14)

유다 패망 후 바벨론의 방백들은 예레미야를 선대하여, 바벨론으로
함께 동행할 것을 권유했지만, 그는 "폐허가 된 조국에서 살고 싶다"면

서 그들의 청을 거절했습니다. 그리고 그 땅의 총독이자, 절친한 친구 아히감의 아들인 그다랴에게로 가서 거기 머물렀습니다.

사반의 손자이자 아히감의 아들인 그다랴를 그 땅의 총독으로 추천한 인물은, 아마도 다니엘이었을 것입니다. 총리인 다니엘이 자신의 고국인 현지의 사정을 누구보다 잘 알고 있었고, 그들의 인물 됨됨이를 정확하게 파악하고 있었기 때문입니다.

또한 다니엘이 소년 시절에 〈사반의 자녀들〉이나 그 주변 인물들에게서 율법 교육을 받았을 가능성이 큽니다. 아히감의 아들인 총독 그다랴와 다니엘은 나이가 비슷한 또래로 추정됩니다. 다니엘이 고국에 있을 때 함께 율법을 공부했던, 절친한 친구일 수도 있습니다.

3) 아들, 서기관 그마랴

여호야김 왕 5년 9월 금식일에, 바룩이 예레미야의 구전대로 기록한 여호와의 모든 말씀을, 성전 출입구 어귀에 있는 서기관 그마랴의 방에서 모든 백성에게 들려 주었습니다. 그것을 들은 그마랴의 아들 미가야가 왕궁 서기관의 방으로 내려가서, 거기 있는 모든 방백들에게 그 내용을 들려 주었습니다. 그러자 그들은 왕에게 그 사실을 보고하고, 왕은 그 두루마기를 가져오게 하여 그 내용을 전부 듣습니다.

하지만 사악한 여호야김 왕은 두루마기의 내용을 듣고도 회개하거나 뉘우치기는커녕, 그 두루마기를 칼로 잘라서 화롯불에 태워버렸습니다. 그리고 그것을 기록한 예레미야와 서기관 바룩을 죽이기 위해서 잡아 오라고 명령합니다. 그때 사반의 아들 서기관 그마랴가 왕에게, 제발 그 두루마기를 불사르지 말 것을 간청합니다. 여호와의 말씀을 두려워하는 경건한 모습입니다.

† 유다 왕 요시야의 아들 여호야김의 오년 구월에 예루살렘 모든 백성과 유다 성읍들에서 예루살렘에 이른 모든 백성이 여호와 앞에서 금식을 선포한지라. 바룩이 여호와의 집 윗뜰 곧 여호와의 집 새문 어귀의 곁에 있는 사반의 아들 〈서기관 그마랴〉의 방에서, 그 책에 있는 예레미야의 말을 낭독하여 모든 백성에게 들리니라. 사반의 손자요 그마랴의 아들인 미가야가 그 책에 있는 여호와의 말씀을 다 듣고 왕궁에 내려가서 서기관의 방에 들어가니, 모든 방백 곧 서기관 엘리사마와 스마야의 아들 들라야와 악볼의 아들 엘라단과 사반의 아들 그마랴와 하나냐의 아들 시드기야와 모든 방백이 거기 앉았는지라. 미가야가 바룩의 백성의 귀에 책을 낭독할 때에 들은 모든 말로 그들에게 고하매, 이에 모든 방백이 구시의 증손 셀레먀의 손자 느다냐의 아들 여후디를 바룩에게 보내어 이르되, 너는 백성의 귀에 낭독한 두루마리를 손에 가지고 오라. 네리야의 아들 바룩이 두루마리를 손에 가지고 그들에게로 가매, 그들이 바룩에게 이르되 앉아서 이를 귀에 낭독하라 바룩이 그들 귀에 낭독하매, 그들이 그 모든 말씀을 듣고 놀라서 서로 보며 바룩에게 이르되 우리가 이 모든 말을 왕에게 고하리라. 그들이 또 바룩에게 물어 가로되 네가 그 구전하는 이 모든 말을 어떻게 기록하였느뇨 청컨대 우리에게 이르라. 바룩이 대답하되 그가 그 입으로 이 모든 말을 내게 베풀기로 내가 먹으로 책에 기록하였노라. 이에 방백들이 바룩에게 이르되, 너는 가서 예레미야와 함께 숨고 너희 있는 곳을 사람에게 알리지 말라 하니라. 그들이 두루마리를 서기관 엘리사마의 방에 두고 뜰에 들어가 왕께 나아가서 이 모든 말로 왕의 귀에 고하니, 왕이 여후디를 보내어 두루마리를 가져오게 하매, 여후디가 서기관 엘리사마의 방에서 가져다가 왕과 왕의 곁에 선 모든 방백의 귀에 낭독하니, 때는 구월이라 왕이 겨울궁전에 앉았고 그 앞에는 불 피운 화로가 있더라. 여후디가 삼편 사편을 낭독하면 왕이 소도로 그것을 연하여 베어 화로 불에 던져서 온 두루마리를 태웠더라. 왕과 그 신하들이 이 모든 말을 듣고도 두려워하거나 그 옷을 찢지 아니하였고, 엘라단과 들

라야와 그마랴가 왕께 두루마리를 사르지 말기를 간구하여도 왕
이 듣지 아니하였으며, 왕이 왕의 아들 여라므엘과 아스리엘의 아
들 스라야와 압디엘의 아들 셀레먀를 명하여, 서기관 바룩과 선지
자 예레미야를 잡으라 하였으나 여호와께서 그들을 숨기셨더라.(렘
36:9-26)

　

예레미야의 사환인 바룩이 여호와의 말씀을 기록한 두루마리를 〈서
기관 그마랴의 방〉에서 낭독한 것은, 예레미야의 지시에 의한 것일 것
입니다. 사반의 아들이자 아히감의 형제인 그가, 그만큼 예레미야와 절
친한 사이였다는 증거입니다. 그래서 그는 바룩에게도 예레미야와 함
께 숨을 것을 지시하고, 그들의 신변을 보호하기 위해서 애썼습니다.

　또한 서기관의 방에 그와 함께 있는 방백들(=서기관들)은, 율법을 두려
워하고 율법을 지키는 경건한 무리들로서, 요시야 왕의 종교 개혁에 적
극적으로 동참했던 주도 세력들일 것입니다. 따라서 왕궁의 서기관들
인 그들이, 다니엘을 포함한 왕족이나 귀족 청소년들에게 율법을 교육
했을 가능성이 높습니다.

　그렇다면 예레미야의 친구인 서기관 그마랴는, 다니엘과도 면식이 있
는 가까운 사이일 것입니다. 그래서 그가 시드기야 왕의 특사로 바벨
론에 갈 때 예레미야의 편지를 소지했던 것으로 보입니다. 그렇다면,
그 편지의 수신자는 총리인 다니엘일 가능성이 더욱 높습니다.

　예레미야 29장에서는 그가 힐기야의 아들로 나타나고, 36장에서는
사반의 아들로 나타나는데, 사본 상의 오류인지 동명이인인지는 정확
하게 알 수 없습니다. 동명이인이라면, 그 그마랴는 예레미야의 형제인
셈입니다.

† 선지자 예레미야가 예루살렘에서 이같은 편지를 느부갓네살이 예루살렘에서 바벨론으로 옮겨간 포로 중 남아 있는 장로들과 제사장들과 선지자들과 모든 백성에게 보내었는데, 때는 여고니야 왕과 국모와 환관들과 및 유다와 예루살렘 방백들과 목공들과 철공들이 예루살렘에서 떠난 후라. 유다 왕 시드기야가 바벨론으로 보내어 바벨론 왕 느부갓네살에게로 가게 한, 사반의 아들 엘라사와 〈힐기야의 아들 그마랴〉의 손에 위탁하였더라 일렀으되(렘 29:1-3)

4) 아들, 특사 엘라사

시드기야 왕이 보낸 바벨론 특사로, 그마랴와 함께 예레미야의 편지를 전달했습니다. 사반의 아들로, 이곳에서 딱 한 번 등장합니다.

5) 아들, 장로 야아사냐

경건한 사반의 가문에서 아주 특이한 인물로 등장합니다. 성전에서 몰래 우상을 숭배하는, 이스라엘 장로 70인 중의 한 사람으로 나타납니다. 부친의 이름이 동일한 다른 사람일지는 모르나, 매우 의아한 부분입니다.

† 그가 나를 이끌고 뜰 문에 이르시기로 내가 본즉 담에 구멍이 있더라. 그가 내게 이르시되 인자야 너는 이 담을 헐라 하시기로 내가 그 담을 허니 한 문이 있더라. 또 내게 이르시되 들어가서 그들이 거기서 행하는 가증하고 악한 일을 보라 하시기로, 내가 들어가 보니, 각양 곤충과 가증한 짐승과 이스라엘 족속의 모든 우상을 그 사면 벽에 그렸고, 이스라엘 족속의 장로 중 칠십 인이 그 앞에 섰으며, 〈사반의 아들 야아사냐〉도 그 가운데 섰고, 각기 손에 향로를 들었는데 향연이 구름 같이 오르더라. 또 내게 이르시

되 인자야 이스라엘 족속의 장로들이 각각 그 우상의 방안 어두운 가운데서 행하는 것을 네가 보았느냐. 그들이 이르기를 여호와께서 우리를 보지 아니하시며 이 땅을 버리셨다 하느니라.(겔 8:7-12)

6) 손자, 총독 그다랴

유다 멸망 후 바벨론 왕이 그 땅의 총독으로 세운, 매우 경건하고 착한 인물입니다. 사반의 손자요 아히감의 아들인 그는, 부친의 친구인 예레미야를 선대하고 보호했으며, 그 땅에 남아 있는 백성들을 선하게 다스렸습니다.

그의 나이가 다니엘과 비슷할 것으로 추정되므로, 그를 그 땅의 총독으로 천거한 인물도 총리인 다니엘일 가능성이 높습니다. 고국이 그곳인 다니엘이 그 땅의 사정을 잘 알뿐더러, 인물의 면면도 정확하게 파악하고 있었기에, 그가 신뢰할 수 있는 인물인 그다랴를 총독으로 천거한 것입니다. 나이가 비슷한 두 사람은, 왕궁에서 함께 율법을 공부한, 막역한 사이일 수도 있습니다.

† 유다 땅에 머물러 있는 백성은 곧 바벨론 왕 느부갓네살이 남긴 자라. 왕이 사반의 손자 〈아히감의 아들 그달리야〉로 관할하게 하였더라.(왕하 25:22)

† 이에 시위대장 느부사라단과 환관장 느부사스반과 박사장 네르갈사레셀과 바벨론 왕의 모든 장관이, 보내어 예레미야를 시위대 뜰에서 취하여 내어, 사반의 손자 〈아히감의 아들 그다랴〉에게 붙여서 그를 집으로 데려가게 하매 그가 백성 중에 거하니라.(렘 39:13-14)

✝ 예레미야가 아직 돌이키기 전에 그가 다시 이르되, 너는 바벨론 왕이 유다 성읍들의 총독으로 세우신, 사반의 손자 〈아히감의 아들 그다랴〉에게로 돌아가서, 그와 함께 백성 중에 거하거나 너의 가하게 여기는 곳으로 가거나 할지니라 하고, 그 시위대장이 그에게 양식과 선물을 주어 보내매, 예레미야가 미스바로 가서 아히감의 아들 그다랴에게로 나아가서, 그 땅에 남아 있는 백성 중에서 그와 함께 거하니라.(렘 40:5-6)

✝ 들에 있는 군대장관들과 그들의 사람들이, 바벨론 왕이 〈아히감의 아들 그다랴〉를 이 땅 총독으로 세우고, 남녀와 유아와 바벨론으로 옮기지 아니한 빈민을 그에게 위임하였다 함을 듣고, 그들 곧 느다냐의 아들 이스마엘과 가레아의 두 아들 요하난과 요나단과 단후멧의 아들 스라야와 느도바 사람 에배의 아들들과 마아가 사람의 아들 여사냐와 그들의 사람들이 미스바로 가서 그다랴에게 이르니, 사반의 손자 아히감의 아들 그다랴가 그들과 그들의 사람들에게 맹세하며 가로되, 너희는 갈대아인 섬기기를 두려워하지 말고 이 땅에 거하여 바벨론 왕을 섬기라 그리하면 너희에게 유익하리라. 나는 미스바에 거하여 우리에게로 오는 갈대아인을 섬기리니, 너희는 포도주와 여름 실과와 기름을 모아 그릇에 저축하고, 너희의 얻은 성읍들에 거하라 하니라. 모압과 암몬 자손 중과 에돔과 모든 지방에 있는 유다인도 바벨론 왕이 유다에 사람을 남겨 둔 것과, 사반의 손자 아히감의 아들 그다랴를 그들의 위에 세웠다 함을 듣고, 그 모든 유다인이 쫓겨났던 각처에서 돌아와 유다 땅 미스바 그다랴에게 이르러 포도주와 여름 실과를 심히 많이 모으니라.(렘 40:7-12)

주변 국가에 흩어졌던 자들이 돌아오고, 그 땅의 남은 백성들이 그다랴 총독의 선정에 힘입어 안정을 되찾아 가던 무렵, 그다랴 총독을 암살하려는 계획이 있다는 정보가 그의 귀에 들어갑니다. "암몬 왕의 조종을 받은 왕족 이스마엘이, 총독의 생명을 노리고 있다"는 정보였습니다.

그러나 인품이 선하고 심성이 착한 총독 그다랴는, 그 정보를 귀담아 듣지 않고 무시해 버렸습니다. 하지만 그것이 현실로 나타나고 말았습니다. 이스마엘의 칼에 총독인 그가 죽임을 당한 것입니다. 또한 총독을 경호하던 갈대아 군사들과 일부 백성들까지도 함께 죽임을 당한 것입니다.

> † 가레아의 아들 요하난과 들에 있던 군대장관들이 미스바 그다랴에게 이르러, 그에게 이르되 암몬 자손의 왕 바알리스가 네 생명을 취하려 하여, 느다냐의 아들 이스마엘을 보낸 줄 네가 아느냐 하되 〈아히감의 아들 그다랴〉가 믿지 아니한지라. 가레아의 아들 요하난이 미스바에서 그다랴에게 비밀히 말하여 가로되, 청하노니 나로 가서 사람이 모르게 느다냐의 아들 이스마엘을 죽이게 하라. 어찌하여 그로 네 생명을 취케 하여 네게 모인 모든 유다인으로 흩어지며 유다의 남은 자로 멸망을 당케 하라. 그러나 아히감의 아들 그다랴가 가레아의 아들 요하난에게 이르되, 네가 이 일을 행치 말 것이니라. 너의 이스마엘에 대한 말은 진정이 아니니라 하니라.(렘 40:13)

> † 칠월에 왕의 종친 엘리사마의 손자 느다냐의 아들 왕의 장관 이스마엘이 열 사람과 함께 미스바로 가서, 〈아히감의 아들 그다랴〉에게 이르러 미스바에서 함께 떡을 먹다가, 느다냐의 아들 이스마엘과 그와 함께 한 열 사람이 일어나서, 바벨론 왕의 그 땅 총독으로 세운 바 사반의 손자 아히감의 아들 그다랴를 칼로 쳐죽였고, 이스마엘이 또 미스바에서 그다랴와 함께한 모든 유다인과 거기 있는 갈대아 군사를 죽였더라.(렘 41:1-3)

참으로 한심한 노릇입니다. 도대체 이스마엘이 무엇을 노리고 그런 어리석은 짓을 했는지 도무지 이해가 가질 않습니다. 회복의 역사에 찬물을 끼얹는 처사입니다.

그 땅은 포로의 기간이 끝나면 수복될 땅입니다. 약 50년 후에 다시 회복될 땅입니다. 그들(=남은 자들)이 그 땅을 잘 관리하고 잘 정착하고 있었더라면, 그만큼 포로들이 돌아와서 그 땅을 복구하기가 쉬웠을 것입니다. 그런데 그런 엉뚱한 짓을 한 것입니다. 그다랴 총독의 죽음이 참으로 애석합니다.

하지만 누구보다 현장에 함께 있었던 예레미야 선지자의 충격이 컸을 것입니다. 고마운 친구인, 아히감의 아들의 죽음입니다. 실낱같이 희미하게 남은 마지막 등불이 그렇게 꺼져버린 것입니다. 나이 60이 넘어 늙은 예레미야는, 그의 죽음을 애통해하며 또 한 편의 애가를 지었을 것입니다.

또한 그의 죽음을 몹시도 애석해하는 또 한 사람이 있었다면, 멀리 바벨론에 있는 그의 친구 다니엘이었을 것입니다. 그를 총독으로 천거한 것도 총독인 다니엘일 가능성이 높고, 나이가 비슷한 두 사람은 성전에서 함께 율법을 공부한 막역한 사이일 가능성도 높기 때문입니다. 조국의 장래를 걱정하는 다니엘의 어깨가 그만큼 더 무거워졌을 것입니다.

갈대아의 군사들까지 죽이므로 갈대아의 보복을 두려워한 그들은, 내심 애굽으로 가기로 결정을 내리고, (형식적인 절차로)예레미야에게 하나님의 뜻을 구합니다. 10일 후에 선지자 예레미야를 통해서 주신 하나님의 응답은, "애굽으로 가지 말고 계속 그 땅에 머물라"는 것이었습니다. 하나님의 능력으로 갈대아인의 보복을 막아주시겠다는 것입니다.

하지만 그들은 이미 작심한 대로 애굽행을 선택하였습니다. 그리고 그곳에서도 계속 우상 숭배를 하다가 결국은 모두 멸망당했습니다. 나

중에 돌아와서 성전을 재건하고 성읍을 복구한 것은, 그들이 아닌 바벨론 포로에서 돌아온 무리들이었습니다.

> † 너희가 이 땅에 여전히 거하면 내가 너희를 세우고 헐지 아니하며 너희를 심고 뽑지 아니하리니, 이는 내가 너희에게 내린 재앙에 대하여 뜻을 돌이킴이니라. 나 여호와가 말하노라 너희는 그 두려워하는 바벨론 왕을 두려워 말라. 내가 너희와 함께 하여 너희를 구원하며 그의 손에서 너희를 건지리니 두려워 말라. 내가 너희를 긍휼히 여기리니 그로도 너희를 긍휼히 여기게 하여 너희를 너희 본향으로 돌려 보내게 하리라 하셨느니라. 그러나 만일 너희가 너희 하나님 여호와의 말씀을 순복지 아니하고 말하기를, 우리는 이 땅에 거하지 아니하리라 하며, 또 말하기를 우리는 전쟁도 보이지 아니하며 나팔소리도 들리지 아니하며 식물의 핍절도 당치 아니하는 애굽 땅으로 결단코 들어가 거하리라 하면 잘못되리라. 너희 유다의 남은 자여 이제 여호와의 말씀을 들으라. 만군의 여호와 이스라엘의 하나님이 이같이 말씀하시되, 너희가 만일 애굽에 들어가서 거기 거하기로 고집하면, 너희의 두려워하는 칼이 애굽 땅으로 따라가서 너희에게 미칠 것이요, 너희의 두려워하는 기근이 애굽으로 급히 따라가서 너희에게 임하리니 너희가 거기서 죽을 것이라. 무릇 애굽으로 들어가서 거기 우거하기로 고집하는 모든 사람은 이같이 되리니, 곧 칼과 기근과 염병에 죽을 것인즉, 내가 그들에게 내리는 재앙을 벗어나서 남을 자 없으리라. (렘 42:10-17)

그들은 자신들의 유익과 목적을 위해서, 고국에 머물고 싶어하는 예레미야를 강제로 애굽으로 끌고 갔습니다. 예레미야는 그곳에서도 그들의 우상 숭배를 책망하다가, 저들이 던진 돌에 맞아 애굽 땅 다바네스에서 순교했습니다. 60세를 훨씬 넘긴 나이에 가족도 없이, 누군가 슬피 울어 줄 동족도 없이 그렇게 세상을 떠난 것입니다.

친구인 요시야 왕이 세상을 떠난 지 30여년 후의 일입니다. 그것이

이 땅에서 그의 삶이었습니다. 대제사장의 아들로 명문 귀족 출신인 그가, 본인의 뜻과는 무관하게 선지자로 선택을 받아, 이 땅에서 남기고 간 파란만장했던 삶의 자취인 것입니다.

> † 이에 가레아의 아들 요하난과 모든 군대 장관과 모든 백성이 유다 땅에 거하라 하시는 여호와의 목소리를 청종치 아니하고, 가레아의 아들 요하난과 모든 군대장관이, 〈유다의 남은 자〉 곧 쫓겨났던 열방 중에서 유다 땅에 거하려하여 돌아온 자, 곧 남자와 여자와 유아와 왕의 딸들과, 시위대장 느부사라단이 사반의 손자 아히감의 아들 그다랴에게 넘겨 둔 모든 사람과 선지자 예레미야와 네리야의 아들 바룩을 영솔하고 애굽 땅에 들어가 다바네스에 이르렀으니, 그들이 여호와의 목소리를 청종치 아니함이 이러하였더라.(렘 43:4-7)

> † 여호와여 내가 알거니와 〈인생의 길〉이 자기에게 있지 아니하니, 걸음을 지도함이 걷는 자에게 있지 아니하니이다.(렘 10:23)

제자인 바룩이 스승인 그의 시신을 거두어 슬픔 가운데 매장했을 것입니다. 그리고 평소에 그가 전한 메시지를 두루마기에 기록하여 책으로 남겼을 것입니다. 그것이 오늘날 우리가 접하는 성경 예레미야서입니다.

그렇다면 예레미야의 삶을 우리는 어떻게 평가해야 할까요? 불행한 것입니까? 억울한 것입니까? 실패한 것입니까? 그의 눈물은 과연 헛된 것이었습니까?

아닙니다. 그가 뿌린 눈물이 있었기에 이스라엘의 역사가 다시 회복된 것입니다. 바벨론에 잡혀간 포로들에게는, 예레미야가 선포한 메시지가 그들의 유일한 소망이었습니다. 예레미야가 선포한 회복의 메시지가, 그들의 고달픈 포로의 삶을 지탱하게 만든 희망의 촛불이었기 때문입니다.

더욱 중요한 것은 그의 삶이 다니엘에게 큰 영향을 끼친 사실입니다. 그가 남긴 서신이 다니엘에게 결정적인 영향을 미친 사실입니다. 다니엘이 그의 서신을 읽는 중에 깨달음을 얻어, 포로 해방을 위해서 기도하게 되었고, 그가 희생의 제물이 되므로 조국이 포로에서 해방되었기 때문입니다. 그 모든 과정이 예레미야가 눈물로 뿌린 씨앗들의 결실이기 때문입니다.

그렇다면 선지자 예레미야의 삶은, 결코 억울한 삶이 아니요 불행한 삶도 아니며, 그가 흘린 눈물이 결코 헛된 것도 아님이 증명된 셈입니다. 그의 삶이, 그의 눈물이 밑거름이 되어 단절된 역사를 회복시키고 조국을 포로에서 건져낸 셈이기 때문입니다. 산 순교자요 죽은 순교자이기도 한 선지자 예레미야의 삶은 그러한 측면에서 결단코 성공한 삶이었습니다.

역사도 이 사실을 인정해서, 후대 사람들은 그를 엘리야와 같은 위대한 선지자의 반열에 두고 있습니다. 이 땅에 오실 메시야는 엘리야나 예레미야와 같은 인물일 것으로 기대한 것입니다. 후대의 역사가 예레미야를 그렇게 위대하게 평가한 것입니다.

† 예수께서 가이사랴 빌립보 지방에 이르러 제자들에게 물어 가라사대, 사람들이 인자를 누구라 하느냐. 가로되 더러는 세례 요한, 더러는 엘리야, 어떤 이는 〈예레미야〉나 선지자 중의 하나라 하나이다. 가라사대 너희는 나를 누구라 하느냐. 시몬 베드로가 대답하여 가로되 주는 그리스도시요 살아계신 하나님의 아들이시니이다.(마 16:13-14)

7) 손자, 미가야

사반의 손자이자 서기관인 그마랴의 아들입니다. 여호야김 왕 5년 9월 금식일에, 바룩이 예레미야의 구전대로 기록한 여호와의 모든 말씀을, 성전 출입구 어귀에 있는 서기관 그마랴의 방에서 모든 백성에게 들려 줄 때, 그것을 다 듣고서 왕궁 서기관의 방으로 내려가서, 거기 있는 모든 방백들에게 그 내용을 전달해 준 장본인입니다. 총독 그다랴와 사촌지간으로, 다니엘과 비슷한 또래일 것입니다. 예레미야의 말씀을 경청하고 예레미야를 존경한, 경건한 젊은이입니다.

> † 유다 왕 요시야의 아들 여호야김의 오년 구월에 예루살렘 모든 백성과 유다 성읍들에서 예루살렘에 이른 모든 백성이 여호와 앞에서 금식을 선포한지라. 바룩이 여호와의 집 윗뜰 곧 여호와의 집 새문 어귀의 곁에 있는 사반의 아들 서기관 그마랴의 방에서, 그 책에 있는 예레미야의 말을 낭독하여 모든 백성에게 들리니라. 사반의 손자요 〈그마랴의 아들인 미가야〉가 그 책에 있는 여호와의 말씀을 다 듣고 왕궁에 내려가서 서기관의 방에 들어가니, 모든 방백 곧 서기관 엘리사마와 스마야의 아들 들라야와 악볼의 아들 엘라단과 사반의 아들 그마랴와 하나냐의 아들 시드기야와 모든 방백이 거기 앉았는지라. 미가야가 바룩의 백성의 귀에 책을 낭독할 때에 들은 모든 말로 그들에게 고하매.(렘 36:1-13)

이상이 다니엘의 신앙에 영향을 끼친 인물들입니다. 그들의 신앙이 직접 혹은 간접적으로 다니엘에게 영향을 미쳤습니다. 그들의 희생과 그들의 수고가 다니엘이란 신앙의 거목을 키워 낸 것입니다. 실로 큰 일을 행한 위대한 선각자들입니다. 다니엘의 신앙의 뿌리들입니다.

20
확실한 증인

1. 하나님의 경륜

    기원전 605년 〈제2차 갈그미스 전투〉에서 애굽과 앗수르의 연합군을 격파하고, 유대에 대한 지배권을 확보한 바벨론 왕 느부갓네살은, 바벨론에 대한 충성심을 확보하기 위하여 유대의 지도층을 인질로 데려갔습니다. 거기에는 왕족인 다니엘과 그의 친척이자 친구인 하나냐, 미사엘, 아사랴도 포함되어 있었습니다.

    그들은 곧장 바벨론 왕이 세운 왕립학교에 들어가, 3년 동안 갈대아인의 학문과 언어를 배우기 시작했고, 탁월한 지혜를 인정받아 왕궁에서 왕의 업무를 보는 자리에 이르게 되었습니다. 하나님의 말씀으로 철저히 무장된 다니엘이, 바벨론 제국의 통치자인 느부갓네살 왕의 주변에 머물게 된 것입니다.

1) 역사의 주관자

그런데 성경은 분명히 기록하기를, "주께서 그들을 바벨론 왕의 손에 붙이셨다"는 것입니다. 아주 중요한 사실입니다. 표면상으로는 바벨론 왕 느부갓네살이 취한 행동처럼 보이지만, 그 사건을 그렇게 주관하신 이가 하나님이시라는 것입니다. 역사의 주관자가 바벨론제국이나 느부갓네살 왕이 아닌, 하나님이시라는 이야기입니다. 그래서 하나님의 뜻이 계셔서, (세 친구를 포함)다니엘을 그의 손에 붙이셨다는 것입니다. (세 친구를 포함)다니엘을 통해 하나님께서 하실 일이 계셨던 것입니다.

> † 유다 왕 여호야김이 위에 있은 지 삼년에, 바벨론 왕 느부갓네살이 예루살렘에 이르러 그것을 에워쌌더니, '주께서' 유다 왕 여호야김과 하나님의 전 기구 얼마를 그의 손에 붙이시매, 그가 그것을 가지고 시날 땅 자기 신의 묘에 이르러 그 신의 보고에 두었더라. 왕이 환관장 아스부나스에게 명하여, 이스라엘 자손 중에서 왕족과 귀족의 몇 사람, 곧 흠이 없고 아름다우며 모든 재주를 통달하며 지식이 구비하며 학문에 익숙하여 왕궁에 모실 만한 소년을 데려오게 하였고, 그들에게 갈대아 사람의 학문과 방언을 가르치게 하였고, 또 왕이 지정하여 자기의 진미와 자기의 마시는 포도주에서 그들의 날마다 쓸 것을 주어 삼 년을 기르게 하였으니, 이는 그 후에 그들로 왕의 앞에 모셔 서게 하려 함이었더라. 그들 중에 유다 자손 곧 다니엘과 하나냐와 미사엘과 아사랴가 있었더니, 환관장이 그들의 이름을 고쳐 다니엘은 벨드사살이라 하고 하나냐는 사드락이라 하고 미사엘은 메삭이라 하고 아사랴는 아벳느고라 하였더라.(단 1:1-7)

(세 친구를 포함)다니엘을 통해서 당신의 하실 일들을 계획하신 하나님은, 그런 방법으로 (세 친구를 포함)다니엘을 바벨론으로 옮기셨습니다. 요셉을 통해서 하실 일들을 계획하시고, 그를 애굽으로 데려가신 방법과 흡사합니다. 한 사람은 종으로, 한 사람은 포로로 끌려가게 하신 것입

니다. 역사의 주관자이신 우리 하나님의, 신묘막측한 방법입니다.

✝ (하나님이)한 사람을 앞서 보내셨음이여, 요셉이 종으로 팔렸도다.(시 105:17)

✝ 당신들이 나를 이곳에 팔았으므로 근심하지 마소서 한탄하지 마소서. 하나님이 생명을 구원하시려고 나를 당신들 앞서 보내셨나이다.(창 45:5)

✝ 여호와의 말씀에 내 생각은 너희 생각과 다르며 내 길은 너희 길과 달라서, 하늘이 땅보다 높음 같이 내 길은 너희 길보다 높으며 내 생각은 너희 생각보다 높으니라.(사 55:8-9)

✝ 깊도다 하나님의 지혜와 지식의 부요함이여. 그의 판단은 측량치 못할 것이며 그의 길은 찾지 못할 것이로다.(롬 11:33)

2) 하나님의 경륜

다니엘에게 탁월한 지혜를 주시고, 이상과 몽조까지 깨달아 알 수 있는 능력을 주신 하나님은, 그 다니엘을 위해서 느부갓네살 왕에게 꿈을 꾸게 하십니다. 그리고 다니엘로 하여금 그 꿈을 기억하고 해석하게 하심으로, 그를 총리에 자리에 올리십니다.

참으로 기묘한 하나님의 방법입니다. 요셉을 애굽의 총리로 만드시는 과정과 정확하게 일치합니다. 공통적으로 왕에게 꿈을 꾸게 하시고, 그 꿈을 그들이(=요셉,다니엘) 해석하게 하심으로, 하루아침에 그들을 총리의 자리로 올리신 것입니다.

✝ 하나님이 이 네 소년에게 지식을 얻게 하시며 모든 학문과 재주

에 명철하게 하신 외에, 다니엘은 또 모든 이상과 몽조를 깨달아 알더라.(단 1:17)

† 이에 아리옥이 다니엘을 데리고 급히 왕의 앞에 들어가서 고하되, 내가 사로잡혀 온 유다 자손 중에서 한 사람을 얻었나이다 그가 그 해석을 왕께 아시게 하리이다. 왕이 대답하여 벨드사살이라 이름한 다니엘에게 이르되, 내가 얻은 꿈과 그 해석을 네가 능히 내게 알게 하겠느냐. 다니엘이 왕 앞에 대답하여 가로되, 왕의 물으신바 은밀한 것은 박사나 술객이나 박수나 점장이가 능히 왕께 보일 수 없으되, 오직 은밀한 것을 나타내실 자는 하늘에 계신 하나님이시라. 그가 느부갓네살 왕에게 후일에 될 일을 알게 하셨나이다. 왕의 꿈 곧 왕이 침상에서 뇌 속으로 받은 이상은 이러하니이다. 왕이여 왕이 침상에 나아가서 장래 일을 생각하실 때에, 은밀한 것을 나타내시는 이가 장래 일을 왕에게 알게 하셨사오며, 내게 이 은밀한 것을 나타내심은, 내 지혜가 다른 인생보다 나은 것이 아니라, 오직 그 해석을 왕에게 알려서 왕의 마음으로 생각하던 것을 왕으로 알게 하려 하심이니이다… 이 열왕의 때에 하늘의 하나님이 한 나라를 세우시리니, 이것은 영원히 망하지도 아니할 것이요 그 국권이 다른 백성에게로 돌아가지도 아니할 것이요, 도리어 이 모든 나라를 쳐서 멸하고 영원히 설 것이라. 왕이 사람의 손으로 아니하고 산에서 뜨인 돌이 철과 놋과 진흙과 은과 금을 부쉬뜨린 것을 보신 것은 크신 하나님이 장래 일을 왕께 알게 하신 것이라. 이 꿈이 참되고 이 해석이 확실하니이다.(단 2:25-45)

† 이에 느부갓네살 왕이 엎드려 다니엘에게 절하고 명하여 예물과 향품을 그에게 드리게 하니라. 왕이 대답하여 다니엘에게 이르되 너희 하나님은 참으로 모든 신의 신이시요 모든 왕의 주재시로다. 네가 능히 이 은밀한 것을 나타내었으니 네 하나님은 또 은밀한 것을 나타내시는 자시로다. 왕이 이에 다니엘을 높여 귀한 선물을 많이 주며, 세워 바벨론 온 도를 다스리게 하며(=총리) 하며, 바벨론 모든 박사의 어른을 삼았으며, 왕이 또 다니엘의 청구대로 사드락과 메삭과 아벳느고를 세워 바벨론 도의 일을 다스리게 하였고 다니엘은 왕궁에 있었더라.(단 2:46-49)

✝ 이에 바로가 보내어 요셉을 부르매 그들이 급히 그를 옥에서 낸
지라. 요셉이 곧 수염을 깎고 그 옷을 갈아 입고 바로에게 들어오
니, 바로가 요셉에게 이르되 내가 한 꿈을 꾸었으나 그것을 해석하
는 자가 없더니, 들은즉 너는 꿈을 들으면 능히 푼다더라. 요셉이
바로에게 대답하여 가로되, 이는 내게 있는 것이 아니라 하나님이
바로에게 평안한 대답을 하시리이다.(창 41:14-16)

✝ 바로가 그 신하들에게 이르되 이와 같이 〈하나님의 신에 감동한
사람〉을 우리가 어찌 얻을 수 있으리요 하고, 요셉에게 이르되 하
나님이 이 모든 것을 네게 보이셨으니 너와 같이 〈명철하고 지혜있
는 자〉가 없도다. 너는 내 집을 치리하라 내 백성이 다 네 명을 복
종하리니 나는 너보다 높음이 보좌뿐이니라. 바로가 또 요셉에게
이르되 내가 너로 애굽 온 땅을 총리하게 하노라 하고, 자기의 인
장 반지를 빼어 요셉의 손에 끼우고 그에게 세마포 옷을 입히고 금
사슬을 목에 걸고, 자기에게 있는 버금 수레에 그를 태우매 무리
가 그 앞에서 소리 지르기를 엎드리라 하더라. 바로가 그로 애굽
전국을 총리하게 하였더라.(창 41:38-43)

바벨론 제국의 말기인 벨사살 왕 때에도, 왕궁의 촛대 맞은 편 분벽
에 쓰인 글자를 다니엘이 읽고 해석하게 하심으로, 그를 다시 총리의
자리에 올리십니다. 다니엘을 통해서 또 하나님의 하실 일이 계신 것입
니다.

그날 밤에 바벨론이 함락을 당하고, 바벨론 제국이 멸망당하면서, 새
로운 바사 제국이 들어섰습니다. 다니엘은 새로운 바사 제국에서도 계
속 총리가 되었고, 그가 사자굴을 통과하면서 고레스 왕의 칙령을 이
끌어 내어, 결국은 이스라엘 포로 해방의 길을 열었습니다.

참으로 놀라운 하나님의 경륜입니다. 기묘한 하나님의 방법입니다.
우리 하나님은 그렇게 모든 역사를 주관하는 분이십니다.

† 다니엘이 왕에게 대답하여 가로되, 왕의 예물은 왕이 스스로 취하시며 왕의 상급은 다른 사람에게 주옵소서. 그럴지라도 내가 왕을 위하여 이 글을 읽으며 그 해석을 아시게 하리이다…기록한 글자는 이것이니 곧 『메네 메네 데겔 우바르신』이라. 그 뜻을 해석하건대 메네는 하나님이 이미 왕의 나라의 시대를 세어서 그것을 끝나게 하셨다 함이요, 데겔은 왕이 저울에 달려서 부족함이 뵈었다 함이요, 베레스는 왕의 나라가 나뉘어서 메대와 바사 사람에게 준 바 되었다 함이니이다. 이에 벨사살이 명하여 무리로 다니엘에게 자주옷을 입히게 하며 금 사슬로 그의 목에 드리우게 하고 그를 위하여 조서를 내려 나라의 〈셋째 치리자〉를 삼으니라. 그날 밤에 갈대아 왕 벨사살이 죽임을 당하였고, 메대 사람 다리오가 나라를 얻었는데 때에 다리오는 육십이 세였더라.(단 5:17-31)

2. 확실한 증인

하나님께서 다니엘을 통해 하신 일은 크게 두 가지입니다.

첫째는, 하나님의 하나님 되심을 만방에 선포하신 것입니다. 그의 능력과 권세와 영광을 온 천하에 명백하게 드러내신 것입니다. 이방 왕들의 입에서까지 하나님의 영광을 찬양하는 고백이 나오도록 만드신 것입니다. 그 일을 위해서 (세 친구를 포함한)다니엘을 도구로 사용하신 것입니다. 그 일을 위해서 그를 오래 전부터 준비하시고, 때가 됨에 바벨론으로 데려가시고, 그를 총리의 자리에 올리신 것입니다.

둘째는, 이스라엘을 위해서입니다. "너희들이 섬기는 하나님이 얼마나 뛰어난 하나님이신 줄을 똑똑히 보고 알라"는 것입니다. "너희들이 조국에서 멸시하고 천대했던 그 하나님이, 얼마나 크고 위대하신 분이신 줄을 명백히 깨달아 알라"는 것입니다. 그리하여 "이후로는 헛된 우상을 섬기지 말고, 오직 그 하나님만을 잘 섬기라"는 것입니다. 그 일에 (세 친구를 포함한)다니엘을 확실한 증인으로 사용하신 것입니다. 그 결과 그들은(=이스라엘) 우상 숭배를 영원히 졸업한 것입니다. 그래서 "하나님을 바로 알고 잘 믿기 위해서, 율법으로 돌아가자"하여, 그 시기에 탄생한 것이 바로 오늘날의 유대교입니다.

사 건	시 기	결 과	영 향	비 고
1. 꿈 해몽(1차)	느부갓네살2년	총리 등극 방백 취임	(하나님 영광)	다니엘 (3친구)
2. 풀무불(금신상)	느부갓네살	직위 상승	왕의 조서 (하나님 찬송)	3친구 (다니엘)
3. 꿈 해몽(2차)	느부갓네살		왕의 조서 (하나님 찬송)	다니엘
4. 글자 해석	벨사살 말년	총리 복직, 바벨론멸망	왕의 조서	다니엘
5. 사자굴	다리오 원년	고레스조서, 포로 해방	왕의 조서 (하나님 찬송)	다니엘

1) 꿈 해몽 사건(1차)

느부갓네살 2년에 왕이 꾼 꿈을 기억해 내고 해석함으로, 하나님의 영광이 크게 드러난 사건입니다. 바벨론 제국의 왕 느부갓네살이 20대 청년 다니엘 앞에 엎드려 경배할 정도로, 하나님께서 크게 영광을 받으셨습니다. 다니엘이 박사장과 총리의 자리에 등극하며, 세 친구들은 방백의 자리를 차지함으로, 이스라엘이 포로로 정착할 수 있는 정치적 기반이 마련된 셈입니다. 요셉이 애굽의 총리가 됨으로, 이스라엘이 애굽에 정착할 수 있는 기반이 마련된 경우와 동일한 케이스입니다.

✝ 이에 느부갓네살 왕이 엎드려 다니엘에게 절하고, 명하여 예물

과 향품을 그에게 드리게 하니라. 왕이 대답하여 다니엘에게 이르되, 너희 하나님은 참으로 모든 신의 신이시오 모든 왕의 주재시로다. 네가 능히 이 은밀한 것을 나타내었으니 네 하나님은 또 은밀한 것을 나타내시는 자시로다. 왕이 이에 다니엘을 높여 귀한 선물을 많이 주며, 세워 바벨론 온 도를 다스리게(=총리) 하며, 또 바벨론 모든 박사의 어른을 삼았으며, 왕이 또 다니엘의 청구대로 사드락과 메삭과 아벳느고를 세워 바벨론 도의 일을 다스리게 하였고, 다니엘은 왕궁에 있었더라. (단 2:46-49)

2) 풀무불 사건

표면상으로는 다니엘이 빠진 사건처럼 보이이지만, 실제로는 다니엘이 깊숙이 개입된 사건입니다. 신상의 제막 행사가 하루아침에 결정되어 진행된 일이 아니기 때문입니다. 당연히 신상의 제막에 대한 사전 계획이 있었습니다.

위치 선정과 부지의 매입 과정이 있었고, 업자를 선정하여 부지를 조성하고 신상을 만드는 공사의 기간이 있었고, 신상의 제막 행사를 위한 날짜의 지정이 있었고, 행사에 참여할 대상의 선정과 그들에게 공문을 발송하는 과정이 있었습니다. 행사를 위한 사전 점검과 예행 연습도 있었을 것입니다. 그 모든 과정을 거쳐서 마침내 그 행사가 열린 것입니다. 느부갓네살 왕의 주관으로 이루어진 바벨론 제국의 국책사업인 셈입니다.

그렇다면 그 모든 일이 진행되는 과정을 누구보다도 잘 알고 있는 인물이, 바로 총리인 다니엘입니다. 따라서 다니엘은 그 문제를 두고 많이 고민했을 것입니다. 그 문제의 대처 방안을 두고 심각하게 고민하며 기도했을 것입니다. 방백들인 세 친구와도 서로 연락을 취하며, 거기에 대한 대처 방안을 긴밀하게 논의했을 것입니다. 그리고 합심해서 기도했을 것입니다.

그 결과 그들이 내린 결론이, "우리가 풀무불에 들어가는 한이 있더라도, 신상의 제막을 막아야 한다"는 것이었습니다. 그 일을 위해서 행동을 통일하기로 결정을 내린 것입니다. 그래서 당일에 그들이 그렇게 일사분란한 행동을 취할 수 있었던 것입니다.

하나님의 기도 응답도 그들의 생각과 동일했을 것입니다. "너희들의 몸으로 신상의 제막을 막으라"는 것입니다. "너희들의 믿음으로 그 신상을 박살내라"는 것입니다. 전에 느부갓네살 왕의 꿈 에서 보여준 장면대로, 너희들이 그대로 행하라는 것입니다.

† 또 왕이 보신즉 사람의 손으로 하지 아니하고 『뜨인 돌』이 신상의 철과 진흙의 발을 쳐서 부숴뜨리매, 때에 철과 진흙과 놋과 은과 금이 다 부숴져 여름 타작 마당의 겨 같이 되어 바람에 불려 간 곳이 없었고, 우상을 친 돌은 태산을 이루어 온 세계에 가득하였었나이다. (단 2:34-35)

해설 신상을 쳐부순 뜨인 돌은 곧 '예수, 예수 믿음'을 상징합니다. "너희들이 그 이름으로 신상을 쳐서 부수라"는 것입니다. "너희들이 그 믿음으로 그 우상을 박살내라"는 것입니다. "그 일을 위해서 너희의 몸을 던지라"는 것입니다.

† 사람에게는 버린 바가 되었으나, 하나님께는 택하심을 입은 『보배로운 산 돌』이신 예수에게 나아와, 너희도 산 돌 같이 신령한 집으로 세워지고, 예수 그리스도로 말미암아 하나님이 기쁘게 받으실 신령한 제사를 드릴 거룩한 제사장이 될지니라. (벧전 2:4-5)

† 다 같은 신령한 식물을 먹으며 다 같은 신령한 음료를 마셨으니, 이는 저희를 따르는 〈신령한 반석〉으로부터 마셨으매, 그 반석은

곧 그리스도시라.(고전 10:3-4)

✝또 내가 네게 이르노니 너는 베드로라. 내가 이 반석 위에 내 교회를 세우리니, 음부의 권세가 이기지 못하리라.(마 16:18)

그래서 그들은 자신들의 몸을 던져서 신상의 제막을 막았습니다. 예수 이름으로 신상을 쳐서 부숴뜨린 것입니다. 그 믿음으로 신상을 쳐서 박살 낸 것입니다. 그리고 그 자리에 예수의 이름을 높이 세운 것입니다.

그 엄청난 광경을 지켜보던 바벨론 권력자들의 입에서 저절로 탄성이 나오고, 느부갓네살 왕의 입에서는 찬송이 터져 나왔습니다. 하나님의 영광이 극도로 높아진 것입니다. 신상의 제막식이 〈신상의 폐막식〉으로 변모되고, 우상의 잔재는 흔적도 없이 사라져 버렸습니다. 두라 평지에서, 〈여호와의 축제 한 마당〉이 벌어진 셈입니다.

그 결과 바벨론 제국의 전역에 왕의 조서가 내려가고, 여호와의 이름이 만방에 널리 알려졌습니다. 하나님의 영광이 이방 가운데서 크게 높아진 것입니다. 확실한 증인인 세 친구의 공로입니다. 다니엘의 숨은 공로입니다.

✝때에 느부갓네살 왕이 놀라 급히 일어나서 모사들에게 물어 가로되, 우리가 결박하여 불가운데 던진 자는 세 사람이 아니었느냐 그들이 왕에게 대답하여 가로되 왕이여 옳소이다. 왕이 또 말하여 가로되, 내가 보니 결박되지 아니한 네 사람이 불 가운데로 다니는데, 상하지도 아니하였고 그 넷째의 모양은 〈신들의 아들〉과 같도다 하고, 느부갓네살이 극렬히 타는 풀무 아구 가까이 가서 불러 가로되, 지극히 높으신 하나님의 종 사드락, 메삭, 아벳느고야 나와서 이리로 오라 하매, 사드락과 메삭과 아벳느고가 불 가운데서

나온지라. 방백과 수령과 도백과 왕의 모사들이 모여 이 사람들을 본즉, 불이 능히 그 몸을 해하지 못하였고 머리털도 그슬리지 아니하였고 고의 빛도 변하지 아니하였고 불 탄 냄새도 없었더라. 느부갓네살이 말하여 가로되, 사드락과 메삭과 아벳느고의 하나님을 찬송할지로다. 그가 그 사자를 보내사 자기를 의뢰하고 그 몸을 버려서 왕의 명을 거역하고, 그 하나님 밖에는 다른 신을 섬기지 아니하며 그에게 절하지 아니한 종들을 구원하셨도다. 그러므로 내가 이제 조서를 내리노니, 각 백성과 각 나라와 각 방언하는 자가 무릇 사드락과 메삭과 아벳느고의 하나님께 설만히 말하거든, 그 몸을 쪼개고 그 집으로 거름터를 삼을지니, 이는 이같이 사람을 구원할 다른 신이 없음이라 하고, 왕이 드디어 사드락과 메삭과 아벳느고를 바벨론 도에서 더욱 높이니라.(단 3:24-30)

만약에 그들이 여기에서 신상의 제막을 막아내지 못했다면, 그 신상은 전국에 걸쳐서 추가로 세워졌을 것입니다. 북한의 김일성 동상과 비슷한 현상입니다. 그렇게 되면 모든 바벨론 제국의 백성이 그 신상 앞에서 의무적으로 절을 해야 하고, 그 신상을 섬겨야만 했을 것입니다.

그렇다면 그것은 정말 심각한 문제입니다. 무엇보다도, 바벨론 제국 내에는 포로로 잡혀와 있는 〈이스라엘 백성들〉이 있습니다. 그렇다면 "그들도 의무적으로 그 우상에게 절을 해야만 한다"는 이야기입니다. 고국에서 우상 숭배하다가 하나님의 견책으로 포로로 잡혀와 있는데, 그곳에서 또 우상을 숭배한다면, 그들의 포로 해방은 영원히 불가할 것입니다.

그것은 정말 심각한 문제입니다. 그래서 자신들의 동족을 위해서라도, 그들이 어떻게 하든 신상의 제막을 막아야만 했던 것입니다. 그들의 희생이 동족을 바벨론 포로에서 1차적으로 건진 셈입니다. 2차는 다니엘의 사자굴 사건입니다.

세 친구가 당한 풀무불 사건은, 사실상 다니엘 자신이 당한 사건과 마찬가지입니다. 왕의 신상에게 절하지 아니한 것은 다니엘 역시 마찬가지였지만, 그들(갈대아 점성가들)이 감히 다니엘은 고발할 엄두를 내지 못했기 때문에, 그가 사건에서 제외되었을 뿐입니다. 왜냐하면, 전에 느부갓네살의 〈꿈 해몽 사건〉에서, 자신들이 '다니엘에게 진 빚'이 있었기 때문입니다. 또한 다니엘은 그 사건 이후로 느부갓네살 왕과 함께, 이미 '신적인 대우'를 받는 위치에 있었기 때문에, 고발의 대상이 되질 않았을 뿐입니다.

하지만 세 친구가 그렇게 담대한 믿음의 행동을 취할 수 있었던 것은, 자신들의 믿음뿐만 아니라, 동료이자 리더인 다니엘의 절대적인 영향력이라고 볼 수 있습니다. 우선은 그들이 신상에게 절을 하는지의 여부를, 단상에서 다니엘이 지켜보고 있었을 것입니다. 느부갓네살 왕은 단상에서 '절하지 아니하는 자'를 색출하기 위하여 지켜보았을 것이고, 다니엘은 자신의 동료인 세 친구가 '우상에게 절을 하는지' 여부를 지켜보았을 것입니다.

† 그 때에 어떤 갈대아 사람들(=점성가들)이 나아와 유다 사람들을 참소하니라. 그들이 느부갓네살 왕에게 고하여 가로되, 왕이여 만세수를 하옵소서. 왕이여 왕이 명령을 내리사 무릇 사람마다 나팔과 피리와 수금과 삼현금과 양금과 생황과 및 모든 악기 소리를 듣거든, 엎드리어 금 신상에게 절할 것이라. 누구든지 엎드리어 절하지 아니하는 자는 〈극렬히 타는 풀무〉 가운데 던져 넣음을 당하리라 하지 아니하셨나이까. 이제 몇 유다 사람 사드락과 메삭과 아벳느고는 왕이 세워 바벨론 도를 다스리게 하신 자이어늘, 왕이여 이 사람들이 ①왕을 높이지 아니하며, ②왕의 신들을 섬기지 아니하며, ③왕이 세우신 금 신상에게 절하지 아니하나이다. 느부갓네살 왕이 노하고 분하여 사드락과 메삭과 아벳느고를 끌어 오라 명

하매, 드디어 그 사람들을 왕의 앞으로 끌어온지라. 느부갓네살이 그들에게 물어 가로되, 사드락, 메삭, 아벳느고야. 너희가 내 신을 섬기지 아니하며 내가 세운 그 신상에게 절하지 아니하니 짐짓 그리하였느냐. 이제라도 너희가 예비하였다가 언제든지 나팔과 피리와 수금과 삼현금과 양금과 생황과 및 모든 악기 소리를 듣거든, 내가 만든 신상 앞에 엎드리어 절하면 좋거니와, 너희가 만일 절하지 아니하면 즉시 너희를 〈극렬히 타는 풀무〉 가운데 던져 넣을 것이니, 능히 너희를 내 손에서 건져낼 신이 어떤 신이겠느냐. 사드락과 메삭과 아벳느고가 왕에게 대답하여 가로되, 느부갓네살이여 우리가 이 일에 대하여 왕에게 대답할 필요가 없나이다. 만일 그럴 것이면 왕이여 우리가 섬기는 우리 하나님이 우리를 〈극렬히 타는 풀무〉 가운데서 능히 건져 내시겠고, 왕의 손에서도 건져내시리이다. 그리 아니하실지라도 왕이여, 우리가 왕의 신들을 섬기지도 아니하고, 왕의 세우신 금 신상에게 절하지도 아니할 줄을 아옵소서.(단 3:8-18)

3) 꿈 해몽 사건(2차)

느부갓네살 왕이 왕궁에서 꾼 불길한 꿈을 다니엘이 해석합니다. 그리고 왕에게 하나님 앞에서 겸손할 것과 백성들에게 선정을 베풀 것을 요구합니다. 하지만 느부갓네살 왕이 그 경고를 무시하고 교만한 언행을 취하다가, 왕위에서 쫓겨나서 들짐승과 같은 처지로 전락을 했습니다.

그러나 그가 회개하고 겸손해져서 역사의 주관자가 하나님이심을 인정하고 돌아서자, 하나님은 다시 그를 회복시켜 주셨습니다. 그래서 그가 하나님의 영광을 찬양하는 조서를 전국에 내려 보냅니다. 다니엘을 통해서 이방 왕인 그가 하나님을 만나고, 하나님의 영광을 찬양하는 자로 변모한 것입니다.

† 느부갓네살 왕은 천하에 거하는 백성들과 나라들과 각 방언하는 자에게 조서하노라 원하노니 너희에게 많은 평강이 있을지어다. 지극히 높으신 하나님이 내게 행하신 이적과 기사를 내가 알게 하기를 즐겨하노라. 크도다 그 이적이여 능하도다 그 기사여. 그 나라는 영원한 나라요 그 권병은 대대에 이르리로다. 나 느부갓네살이 내 집에 편히 있으며 내 궁에서 평강할 때에, 한 꿈을 꾸고 그로 인하여 두려워하였으되 곧 내 침상에서 생각하는 것과 뇌 속으로 받은 이상을 인하여 번민하였었노라. 이러므로 내가 명을 내려 바벨론 모든 박사를 내 앞으로 불러다가 그 꿈의 해석을 내게 알게 하라 하매, 박수와 술객과 갈대아 술사와 점장이가 들어왔기로 내가 그 꿈을 그들에게 고하였으나, 그들이 그 해석을 내게 알게 하지 못하였느니라. 그 후에 다니엘이 내 앞에 들어왔으니 그는 내 신의 이름을 좇아 벨드사살이라 이름한 자요, 그의 안에는 〈거룩한 신들의 영〉이 있는 자라. 내가 그에게 꿈을 고하여 가로되, 박수장 벨드사살아 네 안에는 거룩한 신들의 영이 있은즉 아무 은밀한 것이라도 네게는 어려울 것이 없는 줄을 내가 아노니, 내 꿈에 본 이상의 해석을 내게 고하라.(단 4:1-9)

† 왕이여 그 해석은 이러하니이다. 곧 지극히 높으신 자의 명정하신 것이 내 주 왕에게 미칠 것이라. 왕이 사람에게서 쫓겨나서 들짐승과 함께 거하며 소처럼 풀을 먹으며 하늘 이슬에 젖을 것이요 이와 같이 일곱 때를 지낼 것이라. 그 때에 지극히 높으신 자가 인간 나라를 다스리시며 자기의 뜻대로 그것을 누구에게든지 주시는 줄을 아시리이다. 또 그들이 그 나무 뿌리의 그루터기를 남겨 두라 하였은즉, 하나님이 다스리시는 줄을 왕이 깨달은 후에야 왕의 나라가 견고하리이다. 그런즉 왕이여 나의 간하는 것을 받으시고, 공의를 행함으로 죄를 속하고 가난한 자를 긍휼히 여김으로 죄악을 속하소서. 그리하시면 왕의 평안함이 혹시 장구하리이다 하였느니라. 이 모든 일이 다 나 느부갓네살 왕에게 임하였느니라.(단 4:24-28)

† 그 기한이 차매 나 느부갓네살이 하늘을 우러러 보았더니 내 총명이 다시 내게로 돌아온지라. 이에 내가 〈지극히 높으신 자〉에게 감사하며 〈영생하시는 자〉를 찬양하고 존경하였노니, 그 권세는 영

원한 권세요 그 나라는 대대에 이르리로다. 땅의 모든 거민을 없는 것 같이 여기시며 하늘의 군사에게든지, 땅의 거민에게든지 그는 자기 뜻대로 행하시나니, 누가 그의 손을 금하든지 혹시 이르기를 네가 무엇을 하느냐 할 자가 없도다. 그 동시에 내 총명이 내게로 돌아왔고, 또 나라 영광에 대하여도 내 위엄과 광명이 내게로 돌아왔고, 또 나의 모사들과 관원들이 내게 조회하니 내가 내 나라에서 다시 세움을 입고, 또 지극한 위세가 내게 더하였느니라. 그러므로 지금 나 느부갓네살이 〈하늘의 왕〉을 찬양하며 칭송하며 존경하노니, 그의 일이 다 진실하고 그의 행하심이 의로우시므로, 무릇 교만하게 행하는 자를 그가 능히 낮추심이니라.(단 4:29-37)

4) 글자 해석 사건

다니엘을 통해서 다시 한번 하나님의 영광이 드러난 사건입니다. 벨사살 왕의 잔치에 왕궁의 촛대 맞은편 분벽에 나타난 글씨를 다니엘이 읽고 해석함으로, 그가 총리의 자리에 복직하는 사건입니다. 다니엘의 해석대로, 바벨론 성은 그날 밤에 메대-바사의 연합군에 의해서 점령을 당하고, 벨사살 왕은 죽임을 당했습니다. 그리고 새로운 왕조인, 바사의 고레스 왕조가 출범한 것입니다. 다니엘은 새로운 바사제국에서도 계속 총리의 자리를 유지하며 하나님의 영광을 크게 드러냈습니다.

† 이에 다니엘이 부름을 입어 왕의 앞에 나오매 왕이 다니엘에게 말하여 가로되, 네가 우리 부왕이 유다에서 사로잡아 온 유다 자손 중의 그 다니엘이냐. 내가 네게 대하여 들은즉 네 안에는 〈신들의 영〉이 있으므로, 네가 명철과 총명과 〈비상한 지혜〉가 있다 하도다. 지금 여러 박사와 술객을 내 앞에 불러다가 그들로 이 글을 읽고 그 해석을 내게 알게 하라 하였으나, 그들이 다 능히 그 해석을 내게 보이지 못하였느니라. 내가 네게 대하여 들은즉 너는 해석

을 잘하고 의문을 파한다 하도다. 다니엘이 왕에게 대답하여 가로되, 왕의 예물은 왕이 스스로 취하시며 왕의 상급은 다른 사람에게 주옵소서. 그럴지라도 내가 왕을 위하여 이 글을 읽으며 그 해석을 아시게 하리이다… 기록한 글자는 이것이니 곧 『메네 메네 데겔 우바르신』이라. 그 뜻을 해석하건대 메네는 하나님이 이미 왕의 나라의 시대를 세어서 그것을 끝나게 하셨다 함이요, 데겔은 왕이 저울에 달려서 부족함이 뵈었다 함이요, 베레스는 왕의 나라가 나뉘어서 메대와 바사 사람에게 준 바 되었다 함이니이다. 이에 벨사살이 명하여 무리로 다니엘에게 자주옷을 입히게 하며 금 사슬로 그의 목에 드리우게 하고 그를 위하여 조서를 내려 나라의 〈셋째 치리자〉를 삼으니라. 그날 밤에 갈대아 왕 벨사살이 죽임을 당하였고, 메대 사람 다리오가 나라를 얻었는데 때에 다리오는 육십이 세였더라.(단 5:13-31)

5) 사자굴 사건

조국의 해방을 위해서 기도하다가 억울하게 모함을 받아 사자굴 속에 들어간 다니엘이, 하나님의 보호하심으로 살아서 나옴으로, 이스라엘 포로 해방의 길이 열린 사건입니다. 하나님의 위대하심과 권능이 명백하게 드러난 사건으로, 하나님의 영광을 크게 높이는 왕의 조서가 전국에 내려갑니다. 그리고 고레스 왕의 조서를 통해서, 이스라엘은 70년 포로 생활을 청산하고 해방됩니다. 신앙의 사람 다니엘을 통해서 하나님의 영광이 크게 드러난 사건입니다.

다니엘은 그의 전 생애를 통하여, 하나님의 살아 계심을 온 천하에 증거한, 확실한 증인이었습니다. 일평생을 겸손하게 하나님과 동행함으로, 그의 삶에서 흠을 찾을 수가 없는, 참으로 경건한 인물이었습니다. 성경의 의인들 중에서도 더욱 뛰어난 의인이었습니다. 자신을 희생하는 가운데 많은 사람을 옳은 길로 인도한 그의 삶은, 궁창의 밝은 빛과 같이 영원토록 빛날 것입니다.

✝ 이튿날에 왕이 새벽에 일어나 급히 사자굴로 가서, 다니엘의 든 굴에 가까이 이르러는 슬피 소리질러 다니엘에게 물어 가로되, 사시는 하나님의 종 다니엘아, 너의 항상 섬기는 네 하나님이 사자에게서 너를 구원하시기에 능하셨느냐. 다니엘이 왕에게 고하되, 왕이여 원컨대 왕은 만세수를 하옵소서. 나의 하나님이 이미 그 천사를 보내어 사자들의 입을 봉하셨으므로 사자들이 나를 상해치 아니하였사오니, 이는 나의 무죄함이 그 앞에 명백함이오며, 또 왕이여 나는 왕의 앞에도 해를 끼치지 아니하였나이다. 왕이 심히 기뻐서 명하여 다니엘을 굴에서 올리라 하매, 그들이 다니엘을 굴에서 올린즉 그 몸이 조금도 상하지 아니하였으니, 이는 그가 자기 하나님을 의뢰함이었더라. 이에 다리오 왕이 온 땅에 있는 모든 백성과 나라들과 각 방언하는 자들에게 조서를 내려 가로되, 원컨대 많은 평강이 너희에게 있을지어다. 내가 이제 조서를 내리노라. 내 나라 관할 아래 있는 사람들은 다 다니엘의 하나님 앞에서 떨며 두려워할지니, 그는 사시는 하나님이시요 영원히 변치 않으실 자시며, 그 나라는 망하지 아니할 것이요 그 권세는 무궁할 것이며, 그는 구원도 하시며 건져내기도 하시며, 하늘에서든지 땅에서든지 이적과 기사를 행하시는 자로서, 다니엘을 구원하여 사자의 입에서 벗어나게 하셨음이니라 하였더라. 이 다니엘이 다리오 왕의 시대와 바사 사람 고레스 왕의 시대에 형통하였더라.(단 6:19-28)

✝ 지혜 있는 자는 궁창의 빛과 같이 빛날 것이요, 많은 사람을 옳은 데로 돌아오게 한 자는 별과 같이 영원토록 비취리라.(단 12:3)

3. 고레스의 배경

1) 고레스의 생애

고레스는 메대 왕 아스티아게스(Astyages)의 통치하에 있던, 동부 엘람(Elam)의 한 작은 지역 안산(Anshan)에서 주전 599년에 출생하였습니다. 부친은 캄비세스(Cambysys) 1세이며, 모친은 메대 왕 아스티아게스(Astyages)의 딸인 만다네(Mandane)입니다. 그는 주전 559년에 부친의 위를 이어 안산의 왕이 되어 바사(=페르시아) 민족을 통합한 후에, 쇠약하고 부패한 메대 왕 아스티아게스(Astyages)를 공격하였습니다. 자신의 외조부가 통치하는 나라를 공격한 것입니다.

이 전쟁에서 (전에 아스티아게스 왕으로부터 억울한 일을 당한 적이 있는)메대의 장수 하르파구스(Harpagus)가 자신의 군대를 이끌고 고레스 편에 가담함으로, 주전 550년에 고레스는 메대의 수도 엑바타나(=악메다)에 무혈입성하였습니다. 메대와 바사를 통일 민족으로 만든 고레스는 순식간에 서진(西進)하여, 소아시아의 할리스(Halys)강에 이르기까지 메대의 전영토를 흡수했습니다. 그 당시의 강국이자 막대한 재산을 소유한, 소아시아의 리디아(Lydia) 왕 크로에수스(Croesus)가 자신의 통치권을 인정하지 않으려 하자, 고레스는 그를 공격하여 그의 제국 리디아를 정복했습니다(주전 546년). 그리고 7년 후에 있을 바벨론제국에 대한 대 공략을 준비하고 있었습니다.

바벨론은 주전 539년 메대-바사의 침공에 저항할 힘이 없었습니다. 우상의 종교에 심취한 바벨론 왕 나보니두스(Nabonidus)는, 바벨론의 실제적 통치권을 그의 방탕한 아들 벨사살(Belshazzar)에게 넘겨 주고, 수도에서 멀리 떨어진 아라비아의 테마(Teima)에다가 신전을 짓고, 우상들을 섬기며 살았습니다.

그러다가 위험을 감지한 나보니두스는 주전 539년 봄에 바벨론으로 돌아와, 자신이 섬기던 우상들의 도움으로 나라를 지키고자 했지만, 소용이 없었습니다. 고레스의 군대가 유브라데 강 상류의 물줄기를 돌려서, 난공불락으로 여겨졌던 바벨론 성을 점령한 것입니다. 다니엘서 5장의 기록대로, 술에 취해서 흥청거리다가 바벨론이 그렇게 멸망을 당한 것입니다.

주전 539년 10월 12일, 자신에게 닥칠 운명을 모르고 요란한 잔치를 벌이던 벨사살 왕은, 그날 밤에 죽임을 당했습니다. 고레스는 그해 10월 29일 바벨론 성에 입성하여, 필요한 조직과 통치 기반을 정비하기 시작했습니다. 그리고 행정권을 바벨론 점령의 공신인 구바루(Gubaru) 총독에게 맡긴 후, 이듬해인 주전 538년 초에 메대의 수도인 악메다로 출발합니다.

이때에 다니엘을 존중한 고레스가, 그를 자신의 곁에 두고자 메대로 데려간 것으로 보입니다(요세푸스 고대사). 이때 고레스의 나이가 60대 초반으로, 다니엘서 5장의 기사와 일치합니다. 그래서 다리오란 인물을 더욱 고레스 왕으로 보는 것입니다. 그래서 70인 역은 다리오 원년을 아예 고레스 원년으로 번역했습니다.

† 그날 밤에 갈대아 왕 벨사살이 죽임을 당하였고, 메대 사람 다리오가 나라를 얻었는데, 때에 다리오는 〈육십이 세〉였더라.(단 5:31)

† 이 다니엘이 다리오 왕의 시대 와, 바사 사람 고레스 왕의 시대

에 형통하였더라.(단 6:28)

아람어 접속사 '와'(**우브말쿠트**)를 '즉'으로 해석하면, 다리오 왕은 고레스 왕이 됩니다. 아람어 **우브말쿠트**는 '즉'이란 의미도 지니고 있습니다.

† 내가 또 메대 사람 다리오 원년에 일어나, 그를 돕고 강하게 한 일이 있었느니라.(단 11:1)

[LXX영문구약]단 11:1

And I in the first year of **Cyrus** stood to strengthen and confirm him.

인품과 덕망을 갖춘 이 정복자는, 그로부터 약 10년 후인 주전 530년 가을에 세상을 떠났습니다. 정복 전쟁을 계속하던 중, 카스피해 동안(東岸) 평원에서의 파르티아인(Parthians)과 마사게테인(Massagete)과의 싸움에서 부상을 당하여 그만 전사했습니다. 그리고 그 유해는 충신의 손에 의해 옮겨져서, 파사르가데(Pasargade) 대평원의 거대하고 장려한 묘소에 매장되었습니다.

세상은 그와 견줄 만한 자를 보지 못했으므로 당장 그를 잊어버릴 수가 없었습니다. 정복민에 대해서는 동정심이 많고 싸움터에서는 전략가 또는 지휘관으로서 뛰어났으며, 그 이전의 누구와도 견줄 수가 없는 훌륭한 인물이었습니다.

특히 다니엘과는 아주 각별한 사이로, 그가 다니엘을 매우 존경하고 그의 의견을 경청했던 것으로 보입니다. 그 결과가 고레스의 칙령을 통한 이스라엘의 포로 해방입니다. 이사야의 예언대로, 고레스는 분명코 하나님이 예정 가운데 선택한 하나님의 도구였습니다.

† 고레스에 대하여는 이르기를 그는 나의 목자라 나의 모든 기쁨

을 성취하리라 하며, 예루살렘에 대하여는 이르기를 중건 되리라 하며, 성전에 대하여는 이르기를 네 기초가 세움이 되리라 하는 자니라. 나 여호와는 나의 기름 받은 고레스의 오른손을 잡고, 열국으로 그 앞에 항복하게 하며 열왕의 허리를 풀며 성 문을 그 앞에 열어서 닫지 못하게 하리라. 내가 고레스에게 이르기를, 내가 네 앞서 가서 험한 곳을 평탄케 하며 놋문을 쳐서 부수며 쇠빗장을 꺾고 네게 흑암 중의 보화와 은밀한 곳에 숨은 재물을 주어서, 너로 너를 지명하여 부른 자가 나 여호와 이스라엘의 하나님인 줄 알게 하리라. 내가 나의 종 야곱, 나의 택한 이스라엘을 위하여 너를 지명하여 불렀나니, 너는 나를 알지 못하였을지라도 나는 네게 칭호를 주었노라. 나는 여호와라 나 외에 다른 이가 없나니 나 밖에 신이 없느니라. 너는 나를 알지 못하였을지라도 나는 네 띠를 동일 것이요, 해 뜨는 곳에서든지 지는 곳에서든지 나 밖에 다른 이가 없는 줄을 무리로 알게 하리라. 나는 여호와라 다른 이가 없느니라.(사 44:28-45:6)

✝ 내가 의로 그(=고레스)를 일으킨지라. 그(=고레스)의 모든 길을 곧게 하리니, 그(=고레스)가 나의 성읍을 건축할 것이며, 나의 사로잡힌 자들을 값이나 갚음 없이 놓으리라, 만군의 여호와의 말이니라 하셨느니라.(사 45:13)

2) 출생과 성장

고레스의 출생 배경은, 역사의 아버지인 헤로도투스의 〈역사 이야기〉에서 언급됩니다. 고레스는 그의 어린 시절 기구한 운명으로, 친어머니가 아닌 어떤 하녀의 손에서 길러졌습니다. 고레스는 메대 왕 아스티아게스(Astyages)의 공주인 만다네(Mandane)가 바사 지역인 안산(Anshan)의 캄비세스(Cambysys) 1세에게 시집을 가서 낳은 아들이었습니다.

당시 동쪽에서는 메대가 세력을 가지고 있었고, 서쪽으로는 크로에수스(Croesus)가 통치하는 리디아(Lydia)가 사데를 수도로 하여 크게 융성하였습니다. 리디아의 크로에수스가 자기의 여동생을 메대 왕 아스티아게스에게 주어서 결혼을 시켰는데, 그녀가 만다네(Mandane)라는 공주를 낳고 아들을 낳지는 못했습니다.

아스티아게스 왕이 하루는 꿈을 꾸었는데, 그 꿈이 예사롭지가 않는 꿈이었습니다. 자신의 딸인 공주 만다네가 오줌을 싸는데, 그 오줌에 온 아시아가 다 잠겨버린 것이었습니다. 그 꿈이 하도 해괴해서 왕이 박사(=마고스)들을 불러서 해몽을 들었더니, 해몽인 즉, "장차 공주의 몸에서 태어날 아이가 세계를 다스릴 것"이라는 것이었습니다.

그 해석을 들은 아스티아게스 왕은 불길한 생각이 들어서, 딸이 나이가 차자 공주인 만다네를 멀리 떨어진 남쪽 페르시아 지방의 캄비세스(Cambysys)라는 청년에게 시집을 보내버렸습니다. 그 꿈을 이루지 못하게 하기 위함이었습니다. 그런데 공주를 시집보낸 바로 그 해에 왕이 다시 꿈을 꾸었는데, 이번에는 그 공주의 아랫배(=자궁)에서 포도나무 한 구루가 자라나, 그 포도넝쿨이 아시아 전역을 다 덮어버리는 것이었습니다.

아스티아게스 왕은 불쾌한 생각에 다시 박사(=마고스)들을 불러들여서 해몽을 물었더니, 한결같이 전의 꿈과 동일한 해석이었습니다. 그러자 왕은 이미 임신 중인 공주에게 사람을 보내어, "아기를 낳되 친정인 메대의 엑바타나(=악메다)로 와서, 좋은 조산원의 도움을 받아서 출산을 하라"고 권면을 했습니다. 그래서 그 공주는 친정인 메대의 엑바타나로 와서 출산하게 되었습니다.

아스티아게스 왕은 자신이 가장 신임하는 신하인 하르파구스(Harpa-gus)를 시켜서, "공주가 낳은 아이를 그의 집으로 데려가 죽이고 땅에 묻으라"고 지시를 내렸습니다. 왕의 지시를 받은 하르파구스가, 산파를 시켜서 아이를 목욕시키는 것처럼 해서 빼내가지고, 떨리는 손으로 들고 나오면서 생각해 보았습니다. 왕의 시키는 일이 옳지도 아니할 뿐만 아니라, 만일 그 사실이 공주에게 알려지는 날에는 자신의 목이 날아갈 것이라는 생각이 들어서입니다. 그래서 두려운 마음에 그 아이를 왕의 하인인 소치기 미트라다테스에게 넘겨 주며, "왕의 명령이니, 네가 반드시 죽여서 땅에 묻으라"고 지시했습니다.

그런데 바로 그날 그 하인의 아내가 출산을 하다가 그만 사산을 하게 되었습니다. 그러자 그 하인은 죽은 자신의 아이와 만다네 공주가 낳은 아이를 바꾸어서, 죽은 자신의 아이를 땅에 묻고, 공주의 아이를 자신의 아이인 양 그렇게 길렀습니다.

고레스는 그렇게 왕의 하인인 소치기의 아들로 10년을 자랐습니다. 그런데 그가 10살이 되었을 때에 결국 그의 혈통이 밝혀지게 되었습니다. 그 아이가 남다른 데가 있어서, 하인의 아들인 주제에 골목대장 정도가 아니라 언제나 임금 노릇을 하였습니다. 대신들의 아들들까지 다 신하로 삼고 왕 노릇을 할 뿐만 아니라, 그 군기가 엄격하여 불충한 아이들을 엄하게 벌을 주고 있다는 소문이 왕궁에까지 들렸습니다.

왕은 심상치 않은 일이라고 생각하여, 신하에게 그 아이를 데려와 보라고 지시를 했습니다. 왕이 그 아이를 보는 순간 소스라치게 놀라서 기절할 뻔하였습니다. 그 아이의 얼굴이 자신의 딸인 만다네(Mandane) 공주의 얼굴과 똑같았기 때문입니다. 왕이 정신을 차리고 나서 신하인

하르파고스를 불러서 자초지종을 물었습니다. 그러자 더 이상은 숨길 수가 없는 줄로 알고 하르파고스가 이실직고를 했고, 왕은 어쩔 수 없이 그 아이를 돌려보냈습니다.

아이는 자신의 친모인 공주 만다네(Mandane)의 품으로 돌아가서 씩씩하게 자랐습니다. 만다네 공주는 죽은 줄 알았던 자신의 아들이 살아서 돌아오자, 기뻐서 어찌 할 줄을 몰랐습니다. 그리고 그의 이름을, 그를 양육한 하인의 아내 이름인 키노를 본따서 키루스(=고레스, 키노의 아들)라고 지었습니다. 고레스는 훌륭한 인품과 덕망을 갖추고, 건강하고 용감하게 자랐습니다.

그러던 어느날, 왕이 하르파고스를 만찬에 초대하여 만찬석에 들어가 자신의 식탁 앞에 놓인 바비큐 요리를 맛있게 먹었습니다. 하르파고스가 양껏 먹었을 때 아스티아게스 왕은 그에게 맛있게 들었느냐고 물었습니다. 그리고 하인들을 시켜 당신이 좋아하는 것을 더 드시라며 음식이 담긴 바구니를 보냈습니다.

그런데 하르파고스가 그 바구니의 뚜껑을 열어보니 거기에는 놀랍게도 자기 아들의 머리와 손발이 들어 있었습니다. 자신이 맛있게 먹었던 요리가 그의 아들의 인육을 삶아서 구운 요리였던 것입니다.

아스티아게스 왕이 신하인 하르파고스가 자신의 명령을 어긴 것을, 그렇게 잔인한 방법으로 보복을 한 것입니다. 하르파고스는 얼굴을 감싸 쥐고 만찬장을 빠져나왔습니다. 그리고는 식음을 전폐하고 몸져 누웠습니다.

세월이 지난 후, 하루는 메대의 아스티아게스 왕이 신하인 하르파고스에게 군대를 소집하게 한 후에, 정식으로 명령을 내렸습니다. "고레스가 반역을 도모하고 있으니, 총력을 기울여서 그를 잡아 오라"는 것이었습니다. 그래서 하르파고스는 군대를 이끌고 바사로 진군하였습니다. 그 소식을 들은 고레스는 젊은이들을 군대로 소집하여 대비하고 있었습니다.

그런데 하르파고스가 바사에 가까이오자, 고레스와 내통을 한 후(물론 사전 내통이 있었음), 군대의 지휘관들을 설득하여 고레스에게 투항을 하고 말았습니다. 아스티아게스 왕이 자기의 아들을 죽인 데 대한 앙갚음인 셈입니다.

고레스는 그 여세를 몰아서 메대로 쳐들어가서, 아스티아게스를 쳐부수고, 결국은 메대와 바사를 합병하고 말았습니다. 이것이 헤로도투스의 〈역사 이야기〉에 기록된, 고레스의 출생과 성장 과정의 비사입니다(하나님의 사람들, 하나출판).

그렇다면 이것은 고레스의 운명을 철저히 하나님께서 주관하셨다는 증거인 셈입니다. 고레스가 다니엘이 전해 준 성경 이사야서의 두루마기에 자신에 관하여 기록된 본문을 읽고 크게 감동을 받은 배경입니다. 그렇다면, 고레스 대신 죽은 소치기의 아들과(물론 의도한 것은 아닐지라도) 희생된 신하의 아들은, 고레스를 세우기 위한 제물인 셈입니다.

3) 이사야의 예언

고레스 왕보다 150여 년 전에 기록된 성경 이사야서에도, 고레스 왕에 관하여 기록한 대목이 10군데 이상이나 됩니다. 특별히 이사야 45

장은 고레스의 이름을 거명하면서, 그의 사역을 구체적으로 기록하고 있습니다. 하나님의 영광과 선한 뜻을 위하여, 하나님은 고레스를 예정하시고 사용하실 것이란 내용입니다. 그가 이스라엘을 바벨론 포로에서 해방시키고, 예루살렘 성전과 성읍을 건축할 것이란 내용입니다. 그 모든 것은 〈고레스의 칙령〉을 통하여 현실로 나타났습니다.

† 고레스에 대하여는 이르기를 그는 〈나의 목자〉라 나의 모든 기쁨을 성취하리라 하며, 예루살렘에 대하여는 이르기를 중건 되리라 하며, 성전에 대하여는 이르기를 네 기초가 세움이 되리라 하는 자니라. 나 여호와는 나의 기름 받은 고레스의 오른손을 잡고, 열국으로 그 앞에 항복하게 하며 열왕의 허리를 풀며 성 문을 그 앞에 열어서 닫지 못하게 하리라. 내가 고레스에게 이르기를, 내가 네 앞서 가서 험한 곳을 평탄케 하며 놋문을 쳐서 부수며 쇠빗장을 꺾고 네게 흑암 중의 보화와 은밀한 곳에 숨은 재물을 주어서, 너로 너를 지명하여 부른 자가 나 여호와 이스라엘의 하나님인 줄 알게 하리라. 내가 나의 종 야곱, 나의 택한 이스라엘을 위하여 너를 지명하여 불렀나니, 너는 나를 알지 못하였을지라도 나는 네게 칭호를 주었노라. 나는 여호와라 나 외에 다른 이가 없나니 나 밖에 신이 없느니라. 너는 나를 알지 못하였을지라도 나는 네 띠를 동일 것이요, 해 뜨는 곳에서든지 지는 곳에서든지 나 밖에 다른 이가 없는 줄을 무리로 알게 하리라. 나는 여호와라 다른 이가 없느니라. 나는 빛도 짓고 어두움도 창조하며 나는 평안도 짓고 환난도 창조하나니, 나는 여호와라 이 모든 일을 행하는 자니라 하였노라.(사 44:28-45:7)

† 내가 의로 그(=고레스)를 일으킨지라. 그(=고레스)의 모든 길을 곧게 하리니, 그(=고레스)가 나의 성읍을 건축할 것이며, 나의 사로잡힌 자들을 값이나 갚음 없이 놓으리라, 만군의 여호와의 말이니라 하셨느니라. 여호와께서 말씀하시되, 애굽의 수고한 것과 구스의 무역한 것과 스바의 장대한 족속들이 다 네게로 돌아와서 네게 속할 것이요, 그들이 너를 따를 것이라. 사슬에 매여 건너와서 네게 굴

복하고 간구하기를, 하나님이 과연 네게 계시고 그 외에는 다른 하나님이 없다 하리라 하시니라.(사 45:13-14)

✝ 내가 동방에서 〈독수리〉를 부르며, 먼 나라에서 〈나의 모략을 이룰 사람〉을 부를 것이라. 내가 말하였은즉 정녕 이룰 것이요 경영하였은즉 정녕 행하리라.(사 46:11)

✝ 너희는 다 모여 들으라. 〈나 여호와의 사랑하는 자〉가 나의 뜻을 바벨론에 행하리니, 그의 팔이 갈대아인에게 임할 것이라. 그들 중에 누가 이 일을 예언하였느뇨. 나 곧 내가 말하였고 또 내가 그를 부르며 그를 인도하였나니 그 길이 형통하리라. 내가 처음부터 그것을 비밀히 말하지 아니하였나니, 그 말이 있을 때부터 내가 거기 있었노라 하셨느니라.(사 48:14-16)

해설 '나의 목자, 독수리, 나의 모략을 이룰 사람, 여호와의 사랑하는 자'는 모두가 고레스를 지칭하는 단어들입니다. 그를 선택하여 당신의 뜻을 이루는 도구로 사용하시겠다는 하나님의 선언입니다.

4. 고레스와 다니엘

1) 사자굴 사건

사자굴 속에서 '죽었다가 살아난' 다니엘의 모습을, 다리오가 지켜보고 있었습니다. 고레스 왕이 지켜본 것입니다. 그 다니엘을 고레스가 부둥켜안고, "살아 돌아와 주어서 고맙다. 네 소원이 무엇이냐? 나라의 절반까지라도 주겠노라"고 말했을 것입니다.

✝ 왕이 궁에 돌아가서는 밤이 맞도록 금식하고 그 앞에 기악을 그치고 침수를 폐하니라. 이튿날에 왕이 새벽에 일어나 급히 사자굴

로 가서 다니엘의 든 굴에 가까이 이르러는, 슬피 소리질러 다니엘에게 물어 가로되, 사시는 하나님의 종 다니엘아, 너의 항상 섬기는 네 하나님이 사자에게서 너를 구원하시기에 능하셨느냐. 다니엘이 왕에게 고하되, 왕이여 원컨대 왕은 만세수를 하옵소서, 나의 하나님이 이미 그 천사를 보내어 사자들의 입을 봉하셨으므로 사자들이 나를 상해치 아니하였사오니 이는 나의 무죄함이 그 앞에 명백함이오며, 또 왕이여 나는 왕의 앞에도 해를 끼치지 아니하였나이다. 왕이 심히 기뻐서 명하여 다니엘을 굴에서 올리라 하매, 그들이 다니엘을 굴에서 올린즉, 그 몸이 조금도 상하지 아니하였으니, 이는 그가 자기 하나님을 의뢰함이었더라.(단 6:18-23)

2) 이사야서의 전달

지혜로운 다니엘은 충분히 기도한 후에, 나중에 성경 이사야서의 두루마기를 펼쳐서 고레스 왕에 관하여 기록된 부분들을 보여주었을 것입니다. 고레스 왕보다 150여 년 전에 기록된 성경 이사야서에는, 고레스 왕을 나타내는 대목이 많이 있습니다.

✝ 고레스에 대하여는 이르기를 그는 나의 목자라 나의 모든 기쁨을 성취하리라 하며, 예루살렘에 대하여는 이르기를 중건 되리라 하며, 성전에 대하여는 이르기를 네 기초가 세움이 되리라 하는 자니라. 나 여호와는 나의 기름 받은 고레스의 오른손을 잡고, 열국으로 그 앞에 항복하게 하며 열왕의 허리를 풀며 성 문을 그 앞에 열어서 닫지 못하게 하리라.(사 44:28-45:1)

✝ 내가 의로 그(=고레스)를 일으킨지라. 그(=고레스)의 모든 길을 곧게 하리니, 그(=고레스)가 나의 성읍을 건축할 것이며, 나의 사로잡힌 자들을 값이나 갚음 없이 놓으리라, 만군의 여호와의 말이니라 하셨느니라.(사 45:13)

(사자굴 속에서 살아 나온)다니엘이 성경 이사야서의 두루마기를 펼쳐서, 바로 이 본문을 고레스 왕에게 보여드린 것입니다. 이 성경 본문을 자신의 눈으로 직접 확인한 고레스 왕은, 깜짝 놀라서 졸도할 뻔합니다. 성경에 〈자신의 이름〉이 기록되어 있는 것입니다. 그것도 〈150여 년 전〉에 기록된 것입니다.

고레스 왕은 그때부터 성경에 기록된 자신의 역사를 이루기 위해, 혼신의 힘을 다 기울입니다. 요세푸스의 기록에는, "고레스가 자신에 대해서 기록한 이사야서의 예언을 읽고, 하나님의 능력에 감탄한 나머지, 그 예언을 성취시켜야겠다는 진지한 열정과 소원에 불타올랐다"고 기록되어 있습니다.(유대고대사)

3) 고레스 칙령

그 첫 번째 조치가, 이스라엘의 포로 석방을 알리는 〈고레스 칙령〉입니다. 그리고 예루살렘에 하나님의 성전을 재건하도록, 최선을 다하여 지원합니다. 에스라서 6장에 보면, 성전의 치수와 규격, 공사 방법, 경비의 조달 방법까지 구체적으로 지시하고 있습니다. 유대인 중 누군가가 그 건의를 올렸다는 증거입니다.

> † 바사 왕 고레스 원년에 여호와께서 예레미야의 입으로 하신 말씀을 응하게 하시려고 바사 왕 고레스의 마음을 감동시키시매, 저가 온 나라에 공포도 하고 조서도 내려 가로되, 바사 왕 고레스는 말하노니, 하늘의 신 여호와께서 세상 만국으로 내게 주셨고, 나를 명하사 유다 예루살렘에 전을 건축하라 하셨나니, 이스라엘의 하나님은 참 신이시라. 너희 중에 무릇 그 백성 된 자는 다 유다 예루살렘으로 올라가서 거기 있는 여호와의 전을 건축하라. 너희

하나님이 함께 하시기를 원하노라. 무릇 그 남아 있는 백성이 어느 곳에 우거하였든지 그곳 사람들이 마땅히 은과 금과 기타 물건과 짐승으로 도와주고, 그 외에도 예루살렘 하나님의 전을 위하여 예물을 즐거이 드릴지니라 하였더라.(에스라 1:1-4)

† 고레스 왕 원년에 조서를 내려 이르기를, 예루살렘 하나님의 전에 대하여 이르노니, 이 전 곧 제사드리는 처소를 건축하되, 지대를 견고히 쌓고 그 전의 고는 육십 규빗으로, 광도 육십 규빗으로 하고, 큰 돌 세 켜에 새 나무 한 켜를 놓으라. 그 경비는 다 왕실에서 내리라. 또 느부갓네살이 예루살렘 전에서 취하여 바벨론으로 옮겼던 하나님의 전 금, 은 기명을 돌려 보내어, 예루살렘 전에 가져다가 하나님의 전 안 각기 본처에 둘지니라 하였더라.(에스라 6:3-5)

해설 성전의 치수와 규격까지 구체적으로 지시하고 있습니다. (이스라엘 백성 중)누군가가 그것을 고레스 왕에게 건의했다는 증거입니다.
- 참고로 에스라 1장에 기록된 고레스 칙령과 17년 후 엑바타나(=악메다) 궁에서 발견된 사본의 차이는, 전자가 일반적인 선포였음에 비하여, 후자는 더 자세한 공인 문서로서 기록 보관소에 보관된 사본이었습니다.

그렇다면 (이스라엘 백성 중)누가 그 건의를 올렸을까요? 절대 권력자인 바벨론(바사) 제국의 왕 고레스에게, 누가 감히 접근할 수가 있었을까요?

다니엘입니다. 제국의 총리인, 바로 그 다니엘입니다. 사자굴 속에서 살아 나온 바로 그 다니엘이, 조국의 해방을 위한 건의서를 손수 작성하여, 고레스 왕에게 올린 것입니다. 성전의 치수와 규격까지 구체적으로 명기해서, 고레스 왕에게 건의한 것입니다. 고레스 왕은 그냥 서명 날인만 한 것입니다. 다 다니엘이 진행시킨 작품입니다.

참고로 역대기와 에스라서에 수록된 〈고레스 왕의 조서〉를 보면, 그 문체와 어투가 철저히 '다니엘서의 어투'입니다. 다니엘이 직접 그 조서를 작성했다는 증거인 것입니다.

4) 다니엘의 조언

바벨론이 멸망하고 바사제국이 들어설 당시에, 다리오(=고레스)의 나이가 62세이며, 다니엘은 90세를 바라보는 노인이었습니다. 다니엘의 명성을 들어서 익히 알고 있던 고레스는, 경건하고 탁월한 지혜를 지닌 다니엘을 몹시 존경하여, 자기의 곁에 두고 원로로 모시며, 국정 전반에 걸쳐서 그의 자문을 구하고자 했습니다. 그래서 고레스는 그를 메대(=바사)로 데려간 후에, 수석 총리를 삼고자 했던 것입니다.

고레스는 하나님의 사람 다니엘의 신적 지혜와 경륜을 높이 평가하여, 모든 중요한 일들을 그에게만 맡기곤 했습니다. 그렇게 왕이 다니엘만을 총애하자, 그것을 시기한 다른 총리와 방백들이 소위 <다니엘 죽이는 법령>을 제정하게 만들어 그를 사자굴 속에 던진 것입니다.

다니엘이 공식적으로는 고레스 원년까지 왕궁에 있었던 것으로 나타납니다. 하지만 그 이후에도 고레스 왕의 주변에 머물며, 왕이 필요로 할 때마다 유익한 자문을 했을 것입니다. 특별히 새롭게 출범한 바사제국의 기틀을 세우는 데, 다니엘이 고레스 왕을 도와서 큰 기여를 했을 것입니다. 열방을 통치하는 고레스에게, 다니엘이 곁에서 든든한 조언자가 된 것입니다.

> ✝ 그날 밤에 갈대아 왕 벨사살이 죽임을 당하였고, 메대 사람 다리오가 나라를 얻었는데, 때에 다리오는 육십 이세였더라.(단 5:31)

> ✝ 다니엘은 고레스 왕 원년(=주전 538년)까지 왕궁에 있으니라.(단 1:21)

> ✝ 바사 왕 고레스 삼년(=주전 536년)에 한 일이 벨드사살이라 이름한

다니엘에게 나타났는데, 그 일이 참되니 곧 큰 전쟁에 관한 것이
라.(단 10:1)

5. 하나님의 사람

1) 확실한 증인

다니엘은 하나님의 살아 계심을 만방에 선포한 확실한 증인입니다.
이방 왕들의 입에서까지, 하나님의 영광을 찬양하는 찬송이 터져 나오
도록 만든 주인공입니다. 하나님의 영광을 선포하는 조서가, 온 아시아
(Asia)의 전역에 방으로 나붙도록 만든 주역이었습니다.

또한 조국을 70년 포로 생활에서 해방시킨 지대한 공로자입니다. 자
신을 희생의 제물로 던져, 동족을 무덤과도 같은 바벨론 포로에서 건
져 낸 것입니다. 그는 600여 년 후에 이 땅에 오실 예수님을 예표하는
인물이었습니다.

일은 하나님께서 행하시지만, 사람을 통해서 역사하십니다. 하나님
의 말씀으로 잘 준비된 믿음의 사람을 통해서 역사하십니다. 그 주인
공이 바로 다니엘이었습니다.

> † 이에 다리오 왕이 온 땅에 있는 모든 백성과 나라들과 각 방언
> 하는 자들에게 조서를 내려 가로되, 원컨대 많은 평강이 너희에게
> 있을지어다. 내가 이제 조서를 내리노라. 내 나라 관할 아래 있는
> 사람들은 다 다니엘의 하나님 앞에서 떨며 두려워할지니, 그는 사
> 시는 하나님이시요 영원히 변치 않으실 자시며, 그 나라는 망하지
> 아니할 것이요 그 권세는 무궁할 것이며, 그는 구원도 하시며 건져

내 기도 하시며, 하늘에서든지 땅에서든지 이적과 기사를 행하시는 자로서, 다니엘을 구원하여 사자의 입에서 벗어나게 하셨음이라 하였더라. 이 다니엘이 다리오 왕의 시대와 바사 사람 고레스 왕의 시대에 형통하였더라. (단 6:19-28)

✝ 느부갓네살이 말하여 가로되, 사드락과 메삭과 아벳느고의 하나님을 찬송할지로다. 그가 그 사자를 보내사 자기를 의뢰하고 그 몸을 버려서 왕의 명을 거역하고, 그 하나님 밖에는 다른 신을 섬기지 아니하며 그에게 절하지 아니한 종들을 구원하셨도다. 그러므로 내가 이제 조서를 내리노니, 각 백성과 각 나라와 각 방언하는 자가 무릇 사드락과 메삭과 아벳느고의 하나님께 설만히 말하거든, 그 몸을 쪼개고 그 집으로 거름터를 삼을지니, 이는 이같이 사람을 구원할 다른 신이 없음이라 하고(단 3:28-29)

✝ 그 기한이 차매 나 느부갓네살이 하늘을 우러러 보았더니 내 총명이 다시 내게로 돌아온지라. 이에 내가 〈지극히 높으신 자〉에게 감사하며 〈영생하시는 자〉를 찬양하고 존경하였노니, 그 권세는 영원한 권세요 그 나라는 대대에 이르리로다. 땅의 모든 거민을 없는 것 같이 여기시며 하늘의 군사에게든지, 땅의 거민에게든지 그는 자기 뜻대로 행하시나니, 누가 그의 손을 금하든지 혹시 이르기를 네가 무엇을 하느냐 할 자가 없도다… 그러므로 지금 나 느부갓네살이 〈하늘의 왕〉을 찬양하며 칭송하며 존경하노니, 그의 일이 다 진실하고 그의 행하심이 의로우시므로, 무릇 교만하게 행하는 자를 그가 능히 낮추심이니라. (단 4:29-37)

✝ 오직 성령이 너희에게 임하시면 너희가 권능을 받고, 예루살렘과 온 유대와 사마리아와 땅 끝까지 이르러 〈내 증인〉이 되리라 하시니라. (행 1:8)

✝ 이같이 너희 빛을 사람 앞에 비취게 하여, 저희로 너희 착한 행실을 보고 하늘에 계신 너희 아버지께 영광을 돌리게 하라. (마 5:16)

2) 신앙의 뿌리

중요한 것은 다니엘이란 인물이 하늘에서 그냥 뚝 떨어진 인물이 아니라는 사실입니다. 그는 누군가에 의해서 훈련되고 양육된 인물입니다. 다니엘과 그의 친족인 세 친구가, 사자굴 속에도 들어가고 풀무불 속에도 뛰어든 것은, 하루아침에 생긴 믿음으로 된 일이 결코 아닙니다. 그들이 누군가에 의해 오랜 기간에 걸쳐서, 그렇게 훈련되고 양육되었다는 증거입니다.

다니엘을 포함한 그들을 철저하게 신앙으로 양육한 선각자들이 누구인지는 우리가 알지 못합니다. 그들을 철저하게 말씀으로 지도한 랍비들이 누구인지도 우리가 알지 못합니다. 하지만 그들은 실로 큰 일을 해낸, 위대한 선각자들입니다. 이스라엘의 역사를 회복시킨 숨은 주역들입니다. 그들이 그 좋은 묘목을 길러낸 장본인들이기 때문입니다. 그 좋은 모판을 조성한 주인공들이기 때문입니다.

인재 양성의 중요성은 아무리 강조해도 지나침이 없습니다. 거룩한 투자요 거룩한 소비입니다. 거룩한 희생입니다. 모세가 없이는 출애굽의 역사가 일어날 수가 없습니다. 사무엘이 없이는 사사시대의 어둠을 종식시킬 수가 없습니다. 다니엘이 없이는 바벨론 포로 역사가 불가능합니다.

하나님은 전능하시지만 사람을 통해서 일하십니다. 준비된 믿음의 사람을 통해서 역사하십니다. 특히, 복음으로 잘 준비된 지도자를 통해서 역사하십니다. 그 주인공이 바로 다니엘이었습니다. 그는 말씀과 기도와 찬양으로 완벽히 준비된 십자가의 특공대였습니다. 사자굴도 풀무불도 그 어떤 장애물도, 그 앞에서는 통하질 않았습니다.

이제는 우리도 그러한 인재를 준비시켜야 합니다. 통일 한국을 위해서 그러한 지도자를 준비시켜야 합니다. 세계 선교와 세계 복음화를 위해서 그러한 지도자를 준비시켜야만 합니다. 이 시대가 다니엘을 필요로 하기 때문입니다. 오늘날 한국 교회가 명심해야 할 사안입니다. 이것이 다니엘아카데미(성경학교)의 설립 목적입니다. 아멘.

2013년 6월 성지동산에서, 장 덕 재 (Paul)

참고도서 목록

- 요세푸스 유대고대사/ 생명의말씀사
- 요세푸스 유대전쟁사/ 생명의말씀사
- 이스라엘역사(존 브라이트)/ 크리스챤
- 신약사(F.F.브루스)/ 기독교문서선교회
- 헤로도토스 역사/ 범우사
- 미드라쉬 전체/ 가능성계발원
- 성막, 성전 교재/ 가능성계발원
- 하나님의 사람들/ 하나 출판
- 성서백과대사전/ 성서교재간행사
- 기독교대백과사전/ 교문사
- 아가페 성경사전/ 아가페 출판
- 비전 성경사전/ 두란노
- 비전 성구사전/ 두란노
- 히브리어, 헬라어 사전/ 로고스 출판
- 표준새번역 성경/ 성서공회
- 공동번역 성경/ 성서공회
- 제2의 성서(외경)/ 해누리
- 복음성가집/ 기독교 대한수도원